Wenn Kinder krank werden

Barbara Nees-Delaval

Wenn Kinder krank werden

FALKEN

Zum Thema Kinder und Gesundheit sind im FALKEN Verlag außerdem u. a. erschienen:
„Das Babybuch" (Nr. 531)
„Die Kunst des Stillens" (Nr. 701)
„Babyfitneß" (Nr. 1034)
„Wir werden Eltern" (Nr. 4269)
„Der große FALKEN Babykurs" (Nr. 4739)

Die Deutsche Bibliothek – CIP-Einheitsaufnahme

Nees-Delaval, Barbara:
Wenn Kinder krank werden : Ratgeber für Eltern / Barbara
Nees-Delaval. [Zeichn.: Gisela Häring]. – Niedernhausen/Ts. :
FALKEN, 1995
ISBN 3-8068-4816-5

ISBN 3 8068 4816 5

Umschlaggestaltung: Andreas Jacobsen
Nachauflagenredaktion: Herbert Habicht
Herstellung: Norbert Happel
Umschlagabbildungen: U1 Bavaria Bildagentur, FPG, Rob Goldman, Gauting;
U4 Hans Erhardt, München
Zeichnungen: Gisela Häring, Frankfurt/Main

Satz: Dinges & Frick GmbH, Wiesbaden
Druck: Offizin Andersen Nexö Leipzig GmbH

817 2635 4453 6271

Inhalt

Einleitung

Ein Kind aufzuziehen ist eine der schönsten Aufgaben, die das Leben stellt. Sie bedeutet aber zugleich Verantwortung und Verpflichtung für die Familie und für die Gesellschaft. Kinder haben ein Recht auf eine ungestörte Entwicklung; körperliche und seelische Gesundheit sind dafür die wichtigsten Voraussetzungen.

Eltern wünschen sich vor allem ein gesundes Kind, das sich gut entwickelt und sich wohl fühlt, und nichts bereitet ihnen mehr Sorgen als die Vermutung oder das Wissen, daß ihr Kind krank ist. Zwar lassen sich viele Krankheiten heutzutage durch Vorsorge und Früherkennung vermeiden oder rechtzeitig behandeln, doch keiner Familie bleiben die Probleme erspart, die auch kleinere Verletzungen und harmlose Infektionen mit sich bringen.

Früher wurde das Wissen über die Pflege des gesunden und des kranken Kindes von einer Generation an die nächste weitergegeben. Heute geschieht dies nur noch selten, und durch den enormen Fortschritt in der Medizin sind viele dieser Überlieferungen inzwischen auch berichtigt worden. Doch ohne konkrete Unterstützung und Anleitung sind viele Eltern verunsichert. So rufen schon harmlose Erkrankungen, wie die häufigen Infektionen der Atemwege, bei im Umgang mit kleinen Kindern unerfahrenen Eltern Aufregungen hervor. Und oft werden aus Unkenntnis entweder leichte Gesundheitsprobleme dramatisiert, Gefahren falsch eingeschätzt oder Fehlentwicklungen übersehen.

Ob es sich nun um eine ernste oder um eine eher harmlose Situation handelt, Eltern, die über Krankheiten im Kindesalter informiert und auf das Kranksein ihres Kindes vorbereitet sind, können ihm in jedem Fall besser helfen. Dieses Buch versetzt Mütter und Väter in die Lage, Erkrankungen ihres Kindes als solche zu erkennen und richtig darauf zu reagieren. Es ist ein umfassender Ratgeber für die Jahre von der Geburt bis zum Jugendalter.

Die einführenden Kapitel liefern Ihnen grundlegende Informationen über alle Fragen, die sich aus der Zusammenarbeit mit dem Arzt ergeben können. Sie erhalten Einblick in die ärztliche Untersuchungspraxis und in die Methoden zur Diagnosefindung. Weiterhin erfahren Sie alles Wichtige über die Durchführung der ärztlichen Verordnungen und lernen verstehen, warum Impfungen und Früherkennungsuntersuchungen für die Gesunderhaltung Ihres Kindes unverzichtbar sind. Eine Aufstellung der häufigsten Krankheitssymptome gibt Hinweise darauf, welche Erkrankung sich im einzelnen dahinter verbergen kann.

Im weiteren informiert Sie dieses Buch über Symptome, Verlauf und Behandlung der häufigsten im Kindesalter auftretenden Krankheiten. Die Beschreibung der Krankheitsbilder verweist auch auf mögliche Komplikationen und ernste Krankheitsverläufe, die eine sofortige ärztliche Behandlung notwendig machen. Außerdem erhalten Sie Ratschläge, welche Vorsorgemaßnahmen zu treffen sind, damit Ihr Kind erst gar nicht erkrankt, und was Sie für ein krankes Kind tun können, wenn Sie es zu Hause pflegen. Zur schnelleren Orientierung sind die wichtigsten Aspekte jeder Krankheit in der Randspalte noch einmal aufgeführt.

In einem eigenen Kapitel wird die besondere Situation behinderter Kinder und ihrer Eltern behandelt. Weitere Abschnitte machen auf Unfallgefahren aufmerksam, die die Gesundheit des Kindes, ja sein Leben heute mehr bedrohen als ansteckende Krankheiten. Die oft lebensrettenden Maßnahmen der Ersten Hilfe werden eingehend dargestellt.

Der Kinderarzt – Partner der Eltern zum Wohle des Kindes

Kinder bringen Glück und Freude in eine Familie, aber sie bereiten gelegentlich auch Sorgen. Da ist es tröstlich zu wissen, daß Sie in Ihrer Verantwortung für Ihr Kind nicht allein stehen. Bei den alltäglichen Problemen, die im Zusammenleben mit Kindern auftreten, können Sie sich ratsuchend an Ihre eigenen Eltern, an Verwandte und gute Freunde, an eine Eltern-Gesprächsgruppe sowie an die Erzieherin im Kindergarten oder an die Lehrer Ihres Kindes wenden.
Fragen, die die Gesundheit des Kindes betreffen, sollten Sie jedoch immer mit einem Arzt besprechen, und zwar am besten mit einem Pädiater, einem Kinderarzt oder einer Kinderärztin – der Einfachheit halber wird in diesem Buch die Berufsbezeichnung Arzt gewählt. Der Kinderarzt ist der Spezialist für alle Fragen, die das Kind betreffen; sein Fachgebiet umfaßt sowohl die körperliche als auch die seelische und die soziale Entwicklung in den verschiedenen Altersstufen und alle krankhaften Störungen, die sich daraus ergeben.
In manchen Gegenden sind keine oder zuwenig Kinderärzte niedergelassen. Ihr Hausarzt – ein Arzt für Allgemeinmedizin oder ein praktischer Arzt – ist aber sicher ebenfalls erfahren genug, um die häufigsten Gesundheitsstörungen im Kindesalter zu erkennen und zu behandeln.

Wie finden Sie einen Arzt für Ihr Kind?

Schon bald nachdem Sie Ihr Kind bekommen haben, müssen die ersten Vorsorgeuntersuchungen gemacht werden.
Wenn es sich um Ihr erstes Kind handelt und Sie noch keinen guten niedergelassenen Kinderarzt kennen, können Sie sich im Krankenhaus oder bei Ihrer Hebamme danach erkundigen. Meist geben auch Verwandte, Freunde oder Bekannte eine Empfehlung. Sind Sie gerade erst umgezogen und noch fremd in Ihrer Umgebung, dann fragen Sie bei Nachbarn mit Kindern an, holen Sie sich Rat in der örtlichen Apotheke oder beim Gesundheitsamt, oder schauen Sie im (Branchen-) Fernsprechbuch nach.
Besteht die Möglichkeit, unter mehreren Ärzten zu wählen, sollten Sie sich für einen in Ihrer Nähe entscheiden. Umständliche, weite Fahrwege bleiben Ihnen so erspart, und auch der Arzt kann Sie in Kürze erreichen. Falls es an Ihrem Wohnort keinen Kinderarzt gibt, dann suchen Sie Ihren Hausarzt auf, wenn es um die Behandlung alltäglicher Krankheiten geht. Für die Kindervorsorgeuntersuchungen sowie in schwierigen Fällen sollten Sie allerdings besser zu einem Kinderarzt gehen.
Die erste Kontaktaufnahme geschieht gewöhnlich telefonisch in einem Gespräch mit der Arzthelferin. Erkundigen Sie sich dabei nach den Sprechstundenzeiten, nach den Gepflogenheiten der Anmeldung und der Terminausgabe, nach der Bereitschaft des Arztes, Hausbesuche zu machen und Ihnen im Notfall auch nachts oder am Wochenende zur Verfügung zu stehen.
Wenn Sie in einer Klinik entbunden haben, wurden in der Regel die ersten beiden Vorsorgeuntersuchungen (U1 und U2) bei Ihrem Kind schon durchgeführt. Die dritte (U3) ist dann in

der vierten bis sechsten Lebenswoche fällig. Überlegen Sie am besten gleich in den ersten Tagen zu Hause, zu welchem Arzt Sie gehen wollen, und melden Sie sich in seiner Praxis an. So vermeiden Sie auch unnötige Aufregung bei der Suche nach einem geeigneten Arzt, falls Ihr Baby schon vor dem Untersuchungstermin erkranken sollte.

Haben Sie zu Hause entbunden oder die Klinik bald nach einer ambulanten Geburt verlassen, müssen Sie bereits für die zweite Vorsorgeuntersuchung (U2) des Neugeborenen, für die Zeit zwischen dem dritten und dem zehnten Lebenstag, einen Arzttermin vereinbaren. Die erste Untersuchung (U1) wurde auch in diesem Fall direkt nach der Geburt durchgeführt.

Was können Sie von einem Arzt erwarten?

Das Wichtigste, was Sie von einem Arzt erwarten können, ist seine fachliche Qualifikation. Aber allein das Vertrauen in seine Fähigkeiten genügt nicht, um eine gute partnerschaftliche Beziehung aufzubauen. Der Arzt sollte Ihnen und Ihrem Kind sympathisch sein und Ihnen das Gefühl vermitteln, daß er sich ernsthaft für Sie und Ihr Kind interessiert. Eine Voraussetzung dafür ist, daß er sich Zeit nimmt, um Ihnen zuzuhören und Ihr Kind gründlich zu untersuchen. Er muß freundlich, einfühlsam und geduldig auf seine kleinen Patienten eingehen und deren Zutrauen gewinnen. Und schließlich darf er nicht in Ihre Kompetenzen als Eltern eingreifen, sondern er sollte Ihre Entscheidungen, die Ihr Kind betreffen, akzeptieren; er muß Sie als gleichberechtigten Partner respektieren. Mit der Bitte um Hilfe im Krankheitsfall geben Sie ja nicht Ihre Verantwortung für die Gesundheit Ihres Kindes an den Arzt ab. Sie haben ein Recht darauf, vollständig über die Erkrankung Ihres Kindes aufgeklärt zu werden. Dazu gehören die genaue Bezeichnung der vorliegenden Krankheit und ihrer Ursache, soweit sie bekannt ist; der voraussichtliche Krankheitsverlauf und die möglichen Komplikationen; die Art der Behandlung, deren Wirkungsweise und Risiken sowie die Aussichten auf Heilung oder Besserung. Dabei müssen die Informationen des Arztes für Sie auch verständlich sein. Wie die meisten Spezialisten sind Ärzte oft so vertraut mit ihrer Fachterminologie, daß es ihnen manchmal schwerfällt, sich in einfachen Worten auszudrücken. Scheuen Sie sich aber nicht nachzufragen, wenn Ihnen etwas unklar geblieben ist. Der Arzt sollte Ihnen auch ganz genau erklären, wie die verordneten Maßnahmen, zum Beispiel das Verabreichen von Medikamenten, durchzuführen sind und was Sie für Ihr Kind zu Hause tun können, um seine Beschwerden zu lindern.
Es kann durchaus einmal vorkommen, daß Sie mit der Meinung des Arztes nicht übereinstimmen, sei es, daß Sie seine Diagnose in Zweifel ziehen oder daß Sie mit seinen Behandlungsmethoden unzufrieden sind. Zögern Sie in diesem Falle nicht, Ihren gegenteiligen Standpunkt klarzumachen. Ein guter Arzt wird Ihre Einwände ernst nehmen und sachlich mit Ihnen durchsprechen, denn gerade in der Medizin gibt es viele unterschiedliche Ansichten. Kann er Sie nicht davon überzeugen, daß seine Entscheidung richtig ist, oder kann er Ihnen keine akzeptable Alternative anbieten, steht es ihnen frei – nach Rücksprache mit der Krankenkasse – die Meinung eines zweiten Arztes einzuholen.
Wenn Ihr Kind einer speziellen Untersuchung bedarf oder wenn eine ungewöhnliche Erkrankung vorliegt, wird ein verantwortungsbewußter Arzt einen Kollegen hinzuziehen. Tut er das nicht, bestehen Sie auf einer Überweisung.
Wie in jeder guten Partnerschaft sollten Sie auch zu dem Arzt Ihres Kindes offen und ehrlich sein. Wenn Sie aus irgendeinem Grund unzufrieden sind, lassen Sie das bitte Ihren Arzt wissen. Geben Sie ihm die Möglichkeit, Ihr Problem zu erfahren und es aus der Welt zu schaffen, und wechseln Sie nicht stillschweigend zu einem anderen Arzt. Ist das Vertrauensverhältnis jedoch ernstlich gestört, gibt es keine Basis mehr für eine gute Zusammenarbeit.
Wenn Sie in der Arztpraxis anrufen, werden Sie zunächst mit der Arzthelferin reden, die für viele

Ihrer Anliegen zuständig ist. Als medizinisch ausgebildete Fachkraft kann sie auch viele Ihrer Fragen beantworten. Handelt es sich jedoch um ein Problem, das die Fachkenntnis des Arztes erfordert, oder um eine besonder Auskunft, die nur er geben kann, wird sie Ihren Anruf weiterleiten. Nur in dringenden Fällen sollten Sie darauf bestehen, sofort mit dem Arzt verbunden zu werden, denn Telefongespräche während der Untersuchung eines Patienten sind unliebsame Störungen. Auch sie werden dies so empfinden, wenn Sie mit Ihrem Kind in der Sprechstunde sind.

Bei Ihrem Anruf sollten Sie Papier und Stift griffbereit haben, damit Sie Anweisungen und Verordnungen notieren können. Außerdem sollten Sie darauf vorbereitet sein, folgende Informationen zu geben:

- Sagen Sie Ihren Namen und den Namen sowie das Alter des Kindes;
- Nennen Sie den Grund Ihres Anrufs, beispielsweise ob Sie sofort einen Untersuchungstermin wünschen oder dies für einen späteren Zeitpunkt vereinbaren wollen, ob Sie den Arzt um einen Hausbesuch oder um einen Rat bitten möchten. Denken Sie daran, daß manche Ärzte sehr viel zu tun haben und kurzfristige Terminabsprachen daher dringenden Fällen vorbehalten bleiben. Wenn Sie eine Routine- oder Vorsorgeuntersuchung vornehmen lassen wollen, sollten Sie sich rechtzeitig anmelden. Erfordert die Krankheit Ihres Kindes einen Hausbesuch, rufen Sie möglichst schon am frühen Morgen in der Praxis an, damit der Arzt seine Planung darauf einstellen kann.
- Haben Sie an Ihrem Kind Auffälligkeiten beobachtet, dann sollten Sie sie in allen Einzelheiten und so präzise wie möglich wiedergeben, ohne die Situation zu dramatisieren oder zu bagatellisieren. Schreiben Sie sich vorher alles Wesentliche auf, damit Sie nichts vergessen. Der Arzt wird zwar am Telefon keine Diagnose stellen, aber er kann meist aufgrund Ihrer Mitteilungen beurteilen, ob die Erscheinungen harmlos sind und gewartet werden kann, oder ob Sie besser bald mit Ihrem Kind die Praxis aufsuchen sollten.
- Weisen Sie auf die Körpertemperatur des Kindes hin. Hat es Fieber, so kontrollieren Sie alle vier bis sechs Stunden, wie hoch es ist. Notieren Sie sich die Uhrzeit und die ermittelten Werte. Informieren Sie den Arzt über den Verlauf des Fiebers und über die augenblickliche Höhe.
- Sie helfen dem Arzt, wenn Sie angeben können, ob das Kind kürzlich irgendwelchen Krankheitsrisiken ausgesetzt war, ob zum Beispiel ansteckende Krankheiten im Kindergarten oder in der Schule aufgetreten sind. Falls Ihr Kind bereits einen Hautausschlag zeigt, der möglicherweise von einer infektiösen Krankheit verursacht sein könnte, machen Sie bei Ihrem Anruf darauf aufmerksam. Vielleicht zieht der Arzt es in diesem Falle vor, zu Ihnen nach Hause zu kommen.
- Unterrichten Sie den Arzt über bestehende Gesundheitsstörungen, chronische Krankheiten oder Behinderungen, die zwar nicht der Grund Ihres Anrufs sind, die aber bei dem gerade aufgetretenen Problem ein zusätzliches Risiko bedeuten können. Nicht immer hat der Arzt seine Krankenunterlagen griffbereit, und allein der Name Ihres Kindes sagt ihm unter Umständen nicht viel.

Wann muß ein Kind zum Arzt?

In bestimmten Situationen ist es ganz klar, daß ein Kind sofort einen Arzt braucht. Ist es beispielsweise bei einem Unfall erheblich verletzt worden, hat es einen Krampfanfall oder ringt es mühsam nach Atem, ist schnelle ärztliche Hilfe genauso wichtig, wie wenn es über anhaltende, heftige Schmerzen klagt oder wenn es bewußtlos ist. In vielen Fällen können Eltern die Tragweite auftretender Symptome nicht abschätzen. Sie wissen dann nicht, ob sie einen Arzt bemühen müssen oder ob sie allein zurechtkommen. Grundsätzlich sollten Sie Ihr Kind immer dann dem Arzt vorstellen oder zumindest seinen telefonischen Rat einholen, wenn Sie den Eindruck haben, daß mit ihm etwas nicht ganz in Ordnung ist.

Hausbesuche

Nicht alle Kinderärzte machen Hausbesuche, und als Fachärzte sind sie dazu auch nicht verpflichtet. Aber viele von ihnen stehen dennoch Tag und Nacht ihren kleinen Patienten zur Verfügung; sie sind der Meinung, daß es sinnvoll ist, das Kind in seiner häuslichen Umgebung näher kennenzulernen und etwas von der familiären Atmosphäre aufzunehmen, in der es lebt. Der Arzt wird jedoch nur dann zu Ihnen ins Haus kommen, wenn die Art oder das Ausmaß der Erkrankung dies erfordert. Es geht bei Hausbesuchen nicht darum, Ihnen Unbequemlichkeiten zu ersparen. Ein Kinderarzt, der Hausbesuche oder Beratungen nach Feierabend ablehnt, muß deswegen kein schlechter Arzt sein. Er ist vielleicht der Ansicht, daß eine exakte Diagnosestellung weder im häuslichen Bett noch am Telefon möglich ist, sondern daß es dazu einer angemessenen medizinischen Ausrüstung bedarf, die er nur in seiner Praxis zur Verfügung hat. Darum halten es die meisten Ärzte für besser, daß Eltern mit ihrem Kind in die Sprechstunde gehen, selbst wenn es Fieber hat.

Wenn ein Notfall vorliegt und Sie Ihren Arzt nicht erreichen können, wenden Sie sich an den ärztlichen Notdienst oder an die kinderärztliche Ambulanz einer Klinik.

Die ärztliche Untersuchung

Auch wenn Ihr Baby gesund zur Welt gekommen ist, werden Sie es schon bald einem Kinderarzt vorstellen, denn in der vierten bis sechsten Lebenswoche ist die dritte Vorsorgeuntersuchung (U3) fällig. Vereinbaren Sie dafür frühzeitig einen Termin – viele Ärzte haben für Routineuntersuchungen festgelegte Zeiten reserviert –, und nehmen Sie dann das gelbe Vorsorgeuntersuchungsheft, Ihren Mutterpaß, den Berechtigungsschein der Krankenkasse und gegebenenfalls den Impfpaß Ihres Kindes mit. Halten Sie auch einen Krankenschein bereit, falls der Arzt eine Verordnung oder eine Überweisung ausschreibt.

Der erste Arztbesuch dient natürlich auch dem gegenseitigen Kennenlernen von Arzt und Eltern. Als Eltern können Sie sich mit den Gewohnheiten der ärztlichen Praxis vertraut machen und Einzelheiten über die Arbeitsweisen erfahren. Der Arzt benötigt seinerseits einige Informationen von Ihnen. Er wird die Körpermaße Ihres Kindes notieren und sie als Grundlage für die Beurteilung des Gesundheitszustandes und der Entwicklung Ihres Kindes heranziehen. Daneben stellt er Ihnen aber auch persönliche Fragen, etwa über Ihre Familienverhältnisse oder über Ihre Gesundheit und die Krankheiten in Ihrer Familie; das Wissen um eine erbliche Belastung des Kindes kann ihm die Diagnose erleichtern, wenn eines Tages Symptome einer solchen Erkrankung auftreten. Generell ist es wichtig für den Arzt, daß er etwas über das soziale Umfeld seiner Patienten weiß, er kann dann vieles besser beurteilen.

Weil es für den Arzt von Interesse ist, wie sich das Kind bisher entwickelt hat, ob Sie Auffälligkeiten beobachtet haben oder ob Probleme bei Pflege, Ernährung oder Erziehung aufgetreten sind, sollten Sie sich alles, was Ihnen wichtig erscheint oder was Sie den Arzt fragen möchten, vorher auf einem Zettel notieren. Nur so können Sie absolut sichergehen, daß alles Wesentliche auch angesprochen und auch nichts vergessen wird.

Dem einführenden Gespräch zwischen Eltern und Arzt folgt die Untersuchung des Kindes, bei der der Arzt besonders auf Gesundheitsstörungen achtet, die direkt nach der Geburt noch nicht deutlich in Erscheinung treten können. Manche Erkrankungen oder Fehlbildungen zeigen sich schon in den ersten Lebenstagen, andere erst nach Wochen, Monaten oder Jahren. Aus diesem Grund wurden die verschiedenen Vorsorgeuntersuchungen zur Früherkennung von Krankheiten eingeführt; nutzen Sie sie im Interesse Ihres Kindes.

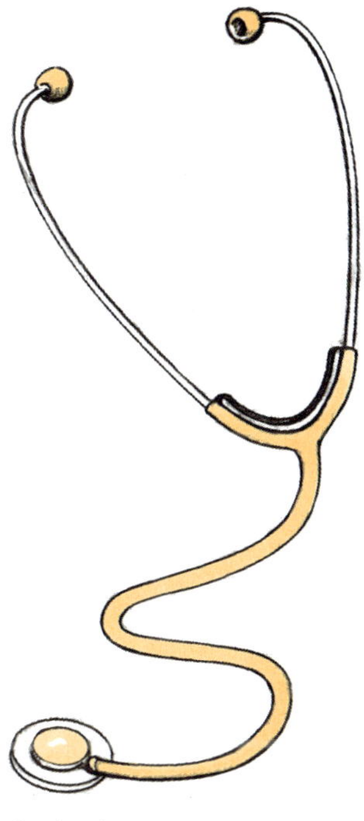

Stethoskop

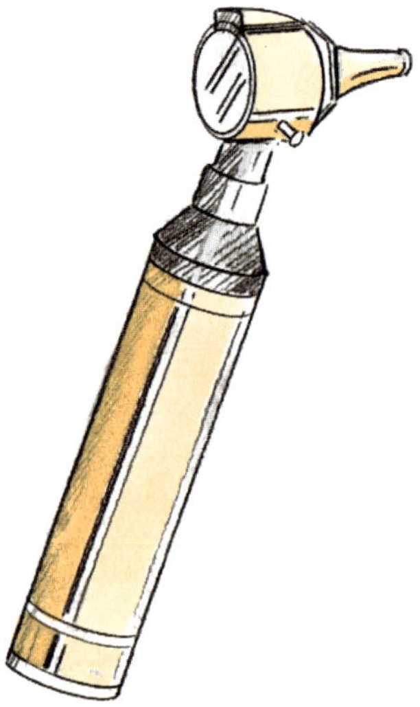

Ohrenspiegel

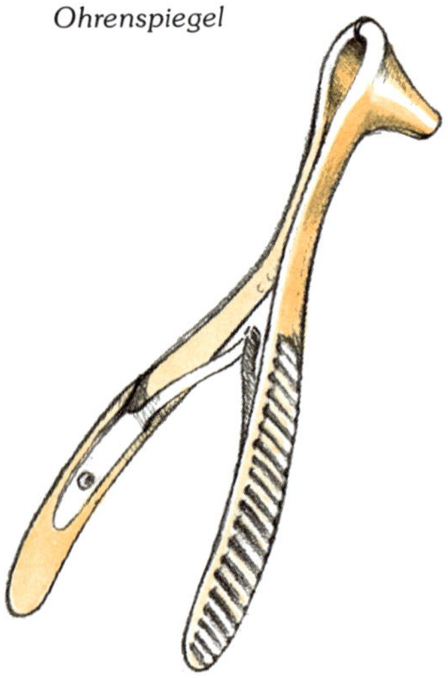

Nasenspiegel

Augenspiegel

Wenn der Gesundheitszustand und die Entwicklung Ihres Kindes normal sind, können Sie auch zwischen den Vorsorgeuntersuchungen die von den staatlichen Gesundheitsämtern eingerichtete Mütterberatung aufsuchen, um sich Ratschläge für die Pflege und Ernährung Ihres Kindes einzuholen, das Baby wiegen zu lassen oder um die benötigten Rachitis- und Kariestabletten (siehe Seite 59) zu erhalten.

Wenn Sie mit Ihrem Kind zum Arzt gehen, weil es offensichtlich krank ist oder weil Sie Auffälligkeiten festgestellt haben, die Sie beunruhigen, denken Sie daran, daß Sie für den Arzt eine wichtige Vermittlerrolle einnehmen. Er sieht das Kind ja nur kurze Zeit und muß sich bei seiner Diagnose auf Ihre Beobachtungen oder Ihre Schilderungen des bisherigen Krankheitsverlaufs verlassen können.

Versuchen Sie, ruhig und sachlich die Symptome und die zeitliche Reihenfolge ihres Auftretens zu beschreiben. Machen Sie sich am besten vorher Notizen, und nehmen Sie sie mit. Liefern Sie dem Arzt keine fertige Diagnose, auch wenn Sie in diesem Buch schon einmal nachgelesen haben, was hinter den Krankheitszeichen stecken könnte; die endgültige Beurteilung ist allein Sache des Arztes. Lassen Sie bei der Untersuchung auch Ihr Kind zu Wort kommen. Kleine Kinder sind noch nicht fähig, ihre Beschwerden genau anzugeben, aber Schulkinder ab etwa acht Jahren sollten immer in das Arztgespräch miteinbezogen werden.

Konsultieren Sie ebenfalls den Kinderarzt, falls Schwierigkeiten bei der Erziehung Ihres Kindes auftreten. Manchmal liegen den Verhaltensabweichungen eines Kindes nämlich körperliche Ursachen zugrunde, und die müssen zunächst entweder gefunden oder ausgeschlossen werden. Handelt es sich um eine Gesundheitsstörung, die mit einer entsprechenden Therapie behoben werden kann, wird sich auch das Verhalten des Kindes ändern. Hat die Erkrankung gleichzeitig seelische Auswirkungen oder findet der Kinderarzt keine organische Ursache, wird er das Kind zur Behandlung an einen Psychologen oder Psychotherapeuten überweisen.

Zu einer gründlichen ärztlichen Untersuchung gehört die Prüfung der Sinnesorgane, der Nervenfunktionen (Reflextätigkeit) und aller Organsysteme. Unter anderem werden dazu benutzt:

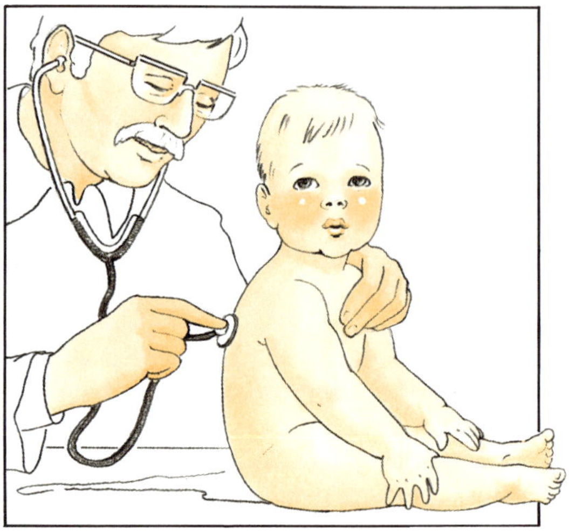

Das Abhorchen

Das Stethoskop (Hörrohr) zum Abhören der Herztöne und der Atemgeräusche; das Otoskop (Ohrenspiegel) zum Betrachten des äußeren Gehörgangs und des Trommelfells; das Ophthalmoskop (Augenspiegel) zur Beurteilung des Augenhintergrundes; das Nasenspekulum (Nasenspiegel) zur Untersuchung der Nase; Reflexhammer und -nadel, um die Haut- und Sehnenreflexe auszulösen, und einen Spatel zur Mund- und Racheninspektion.

Im Verlauf der Untersuchung wird sich der Arzt das völlig entkleidete Kind genau ansehen (Inspektion). Zunächst achtet er auf Veränderungen an der Haut, zum Beispiel auf einen Hautausschlag (Exanthem) oder einen Schleimhautausschlag (Enanthem). Er tastet die Lymphknoten und die inneren Organe ab (Palpation), die durch die Haut tastbar sind. Er wird den Rücken, die Brust und den Bauchraum abklopfen (Perkussion) und die Töne beurteilen, die dabei entstehen. Er horcht das Herz, die Lunge und den Bauchraum mit dem Stethoskop ab (Auskultation) und achtet dabei ebenfalls auf die zu hörenden Geräusche. Auch der Blutdruck sollte bereits im Kindesalter gemessen werden. Zu einer vollständigen Gesundheitsprüfung gehören ferner verschiedene Tests und Laboruntersuchungen, wie ein Hör- und ein Sehtest (siehe Seite 52, 69–75), eine Blutuntersuchung (Blutbild, siehe Seite 15) und eine Urinanalyse (siehe Seite 16), die häufig routinemäßig durch-

geführt werden. Bei auftretenden Gesundheitsstörungen sind differenziertere Tests nötig, etwa eine Untersuchung der weißen Blutkörperchen, da typische Veränderungen auf bestimmte Krankheiten hinweisen.
Über die erhobenen Befunde, die Diagnose und die Behandlung wird der Arzt mit Ihnen sprechen. Stellen Sie sicher, daß Sie seine Erklärungen auch wirklich verstehen. Wenn Sie noch Fragen haben, und mögen sie Ihnen noch so einfältig erscheinen, tragen Sie sie vor. Erkundigen Sie sich außerdem – falls es sich um eine ansteckende Krankheit handelt –, wie lange Ihr Kind für andere infektiös ist und wann es wieder die Spielgruppe, den Kindergarten oder die Schule besuchen darf.

Medizinische Untersuchungen und Tests

Zum Erkennen von Krankheiten setzt der Arzt neben seinem Wissen und seiner Erfahrung in den meisten Fällen verschiedene diagnostische Hilfsmittel ein. Mittels einer Vielzahl von Labortests, medizinischen Geräten und Instrumenten verschafft er sich Aufschluß über die Erkrankungsursache, den Krankheitsverlauf, den Ernst der Situation und den Erfolg einer Behandlung.

Blutuntersuchungen

Blut zirkuliert durch den ganzen Körper und durch alle Organsysteme und gibt darum mit seinen Inhaltsstoffen Auskunft über die allgemeine Gesundheit und auch über spezielle Erkrankungen.
Blut ist ein flüssiges Gewebe. Es besteht aus Blutzellen, nämlich roten Blutkörperchen (Erythrozyten), weißen Blutkörperchen (Leukozyten) und Blutplättchen (Thrombozyten) sowie aus der Blutflüssigkeit (Blutplasma).
Die Blutprobe wird in den meisten Fällen entweder einer Blutader (Vene) entnommen oder durch Einstich in die Fingerkuppe oder in das Ohrläppchen gewonnen, je nachdem wieviel Blut für eine bestimmte Untersuchung nötig ist.
Bei einem *Blutbild* wird unter anderem die Zahl der roten und weißen Blutkörperchen sowie der Blutplättchen bestimmt.
Rote Blutkörperchen (Erythrozyten) haben die Aufgabe, den in der Lunge aufgenommenen Sauerstoff zu den Körperzellen zu bringen. Sie werden bei Kindern vorwiegend im roten Knochenmark der platten Knochen gebildet, zirkulieren etwa vier Monate im Blut und werden dann von Leber und Milz abgebaut.
Weiße Blutkörperchen (Leukozyten) sind ein Teil des körpereigenen Abwehrsystems. Sie werden im Knochenmark und im Lymphsystem gebildet. Entstehen sie im Lymphsystem, nennt man sie *Lymphozyten.* Zu viele oder zu wenige weiße Blutkörperchen können auf eine Infektion im Körper oder auf eine Bluterkrankung hinweisen.
Blutplättchen (Thrombozyten) spielen eine wichtige Rolle bei der Blutgerinnung. Sie entstehen ebenfalls im Knochenmark.
Hämoglobin ist ein Eiweißstoff der roten Blutkörperchen, der dem Blut seine rote Farbe gibt. Es bindet den Sauerstoff in den Lungen und transportiert ihn zu den Organen, wozu aber auch Eisen vorhanden sein muß. Die Menge des im Blut vorhandenen Hämoglobins ist wichtig für die Versorgung des Körpers mit Sauerstoff, sie wird ebenfalls bei einem Blutbild bestimmt.
Von den weißen Blutzellen gibt es fünf verschiedene Unterarten, jede mit einer typischen Form und einer besonderen Aufgabe. Die Anzahl dieser Zellen kann bei Krankheitsprozessen auf charakteristische Weise verändert sein; das läßt sich unter dem Mikroskop bei einem *Differentialblutbild* feststellen.
Bei einem Differentialblutbild wird auch der *Hämatokritwert* bestimmt, der den Anteil der Blutkörperchen und der Blutplättchen an der Blutmenge wiedergibt.
Anhand des Hämoglobin- und des Hämatokritwertes können bestimmte Krankheiten, wie ein Mangel an roten Blutzellen (Anämie), erkannt werden.
Dann kann auch noch die Geschwindigkeit untersucht werden, mit der die roten Blutkörper-

chen in einer ungerinnbar gemachten Blutprobe zu Boden sinken *(Blutkörperchensenkungsgeschwindigkeit* –BSG/BKS –). Sie gibt Auskunft darüber, ob krankhafte, insbesondere infektiöse Prozesse im Körper ablaufen. In diesem Falle ist die Senkung beschleunigt.

Erregernachweise

Rachenabstrich

Wenn mit einem Watteträger an der hinteren Rachenwand und an den Gaumenmandeln entlanggestrichen wird, können die daran haftenden Erreger (Bakterien, Viren) auf einem Nährboden oder in einer Nährflüssigkeit zur Vermehrung angeregt und unter dem Mikroskop näher bestimmt werden. Der Nachweis, um welche Art von Krankheitserreger es sich handelt, ist sowohl für die Diagnose als auch für die richtige Behandlung wichtig.

Blutkultur

Auch Krankheitskeime aus dem Blut können angezüchtet und identifiziert werden.

Stuhlkultur

Ebenso ist dies aus einer Stuhlprobe möglich. Man entnimmt sie dem frischen Stuhl mit Hilfe des am Stopfen eines Versandglases befestigten Blech- oder Plastiklöffels.

Immunologische Tests

Mit verschiedenen Testmethoden können die Antikörper gegen bestimmte Krankheitserreger im Blutserum nachgewiesen und so Rückschlüsse auf die Krankheitsursache gezogen werden. Der direkte Nachweis der Erreger wird dadurch überflüssig.

Lumbalpunktion

Sie dient der Entnahme von Gehirn- und Rückenmarksflüssigkeit. Diese wird durch Einstechen einer Hohlnadel in den Wirbelkanal in Höhe der Lendenwirbelsäule entnommen. Unter anderem dient die Lumbalpunktion zur Diagnose der Hirnhautentzündung (Meningitis) und Gehirnentzündung (Enzephalitis).

Urinanalysen

Dabei handelt es sich um die Untersuchung einer Urinprobe auf chemische Reaktion und auf die Zusammensetzung des Harns.

Das Auffangen von Urin bei Säuglingen bereitet keine Schwierigkeiten. Dazu bedient man sich eines Urinbeutels aus Kunststoff.

Bei älteren Kindern gewinnt man eine Harnprobe, indem man einen sauberen Nachttopf verwendet und einen Teil der Flüssigkeit in ein steriles Untersuchungsglas oder in ein Gläschen mit Schraubdeckel füllt.

Das Gefäß wird mit Namen und Geburtsdatum des Kindes beschriftet und in das ärztliche Labor gebracht. Manchmal ist es allerdings nötig, daß der Arzt den Urin unter keimfreien Bedingungen direkt aus der Blase entnimmt.

Der Urin wird unter verschiedenen Gesichtspunkten geprüft: auf Aussehen, Farbe, Beschaffenheit und Geruch. Normaler Urin ist eine klare, gelbe Flüssigkeit. Ist er trübe, rötlich, bräunlich oder sehr hell gefärbt, kann eine Infektion oder eine Verletzung im Körper vorhanden sein. Dunkler, also konzentrierter Urin wird bei hohem Fieber, starkem Schwitzen oder eingeschränkter Flüssigkeitszufuhr ausgeschieden.

Daneben werden die Mengen der Ausscheidungen gemessen sowie der Säuregehalt und das spezifische Gewicht des Urins festgestellt. Diese Werte zeigen an, ob die Nieren richtig arbeiten und ihre Filterfunktion erfüllen.

Weiterhin wird untersucht, ob der Urin wichtige chemische Substanzen enthält (Eiweiß, Zucker), die der Körper bei sich behalten sollte. Eiweiß im Urin wird bei fieberhaften Erkrankungen, Nierenentzündungen und Blasenkatarrhen ausgeschieden. Das Vorhandensein von Zucker deutet auf die Stoffwechselkrankheit „Diabetes mellitus“ hin.

Schließlich kann eine Probe der festeren Substanzen des Urins unter dem Mikroskop betrachtet werden, um krankhafte Beimengungen wie Zellen oder Bakterien zu erkennen, die sich bei Entzündungen der Nieren und der ableitenden Harnwege im Urin befinden.

Apparative Diagnoseverfahren

Elektrokardiogramm (EKG)

Die Ableitung und Aufzeichnung der elektrischen Herzaktionsströme erlauben dem erfahrenen Arzt, aus den entstandenen Zickzacklinien und Kurven ein Bild der normalen oder der krankhaft veränderten Herztätigkeit zu gewinnen. Die Meßelektroden, die an Armen und Beinen sowie auf der Brust befestigt werden, stören das Wohlbefinden der kleinen Patienten nur wenig. Die Abnahme des EKGs ist in jedem Fall völlig schmerzlos.

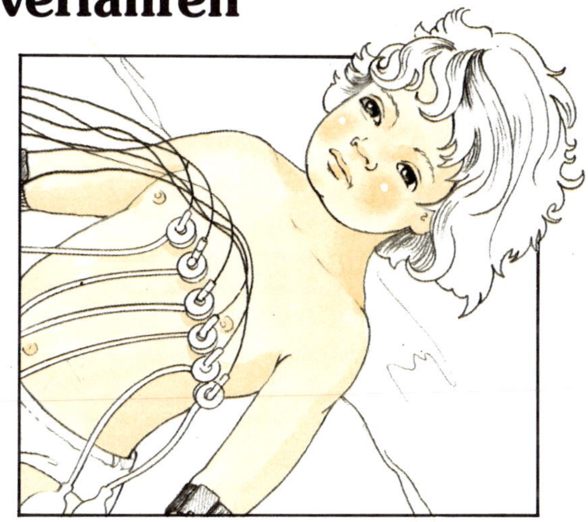

Elektrokardiogramm

Phonokardiographie (PKG)

Während ein EKG angefertigt wird, können gleichzeitig mit Hilfe eines Mikrofons die Herztöne und -geräusche lokalisiert und registriert werden. Dadurch erhält das Elektrokardiogramm für den Arzt größere Aussagekraft.

Echokardiographie

Das ist die Untersuchung des Herzens mit Ultraschall, bei der u. a. die Größe des Herzens und der einzelnen Herzkammern, die Dicke der Muskelwand und die Bewegung der Herzklappen festgestellt werden kann. Dieses schmerzlose und unschädliche Diagnoseverfahren findet heute zunehmend Anwendung.

Elektroenzephalogramm

Elektroenzephalogramm (EEG)

Auch die Messung der elektrischen Hirnströme beeinträchtigt das Kind nicht. Rings um den Kopf werden Elektroden angebracht, die vom Gehirn ausgesendete elektrische Impulse an ein Aufzeichnungsgerät weiterleiten.

Entsprechend der Reife des Gehirns entstehen auf einem Papierstreifen alterstypische Kurven, die – bei Krankheiten wie Epilepsie und sonstigen Krampfleiden, Hirntumoren und Gehirnentzündung – in charakteristischer Weise verändert sein können.

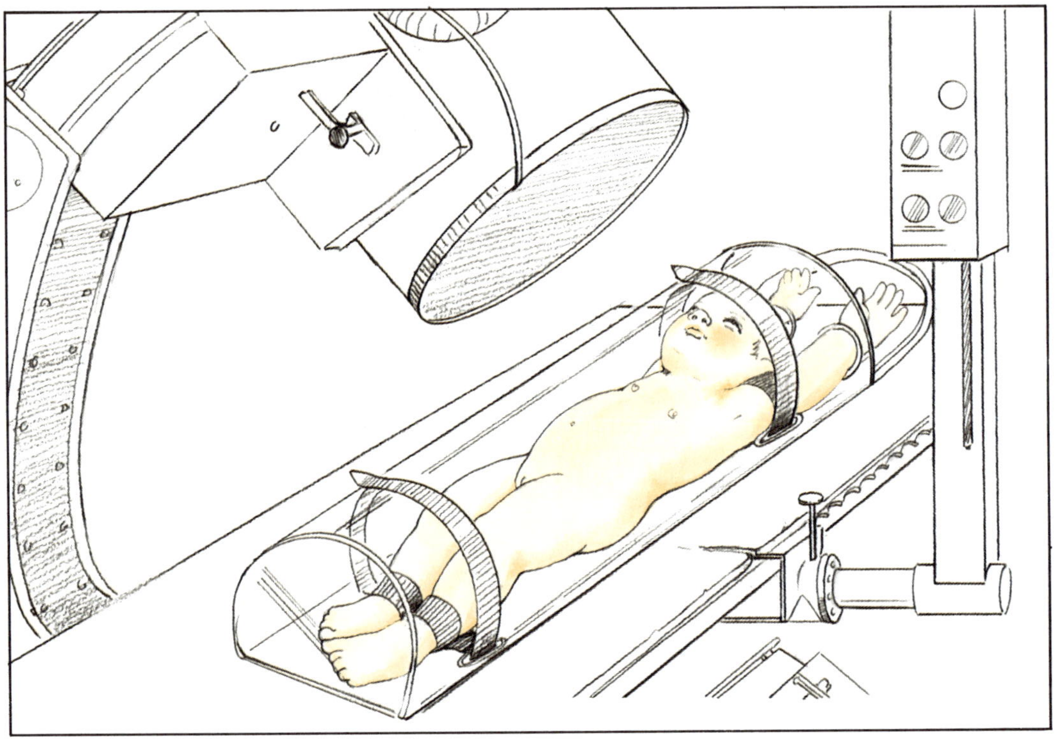

Röntgendiagnostik

Röntgendiagnostik

Bei der Durchleuchtung mit Röntgenstrahlen entstehen durch die unterschiedliche Gewebedichte der Knochen und Organe Schattenbilder vom Inneren des Körpers. Hohlräume, Gefäßsysteme und Weichteile werden erst durch Füllung mit einem Kontrastmittel sichtbar, zum Beispiel bei der Untersuchung der Nieren durch ein in die Vene gespritztes Präparat. Auf der Röntgenaufnahme lassen sich krankhafte Veränderungen, Mißbildungen, Knochenbrüche, Fremdkörper und Geschwülste erkennen.

Allerdings belasten die energiereichen Strahlen den Organismus auch und können, im Übermaß angewendet, lebendes Gewebe schädigen. Besonders empfindlich sind die Keimdrüsen (Hoden und Eierstöcke) und das Knochenmark (Bildungsstätte der Blutzellen). Darum sollte gerade bei Kindern die Strahlenbelastung so gering wie möglich gehalten werden. Bei einer notwendigen Röntgenuntersuchung schützt eine Bleiabdeckung die Geschlechtsorgane vor etwaiger Streustrahlung.

Computertomographie (CT)

Dabei handelt es sich um ein verfeinertes Röntgenverfahren, bei dem Schichtaufnahmen vom Körperinneren angefertigt und von einem Computer zu einem äußerst genauen Bild zusammengesetzt werden. Dies ermöglicht dem Arzt auch eine Unterscheidung zwischen den verschiedenen Geweben und läßt Einblicke in unzugängliche Körperpartien zu. Damit kann zum Beispiel das Ausmaß innerer Blutungen oder die Lage einer Geschwulst auf einfache und gefahrlose Weise erkannt werden.

Der Patient liegt bei der Untersuchung auf einer beweglichen Platte, die durch die tunnelförmige Öffnung des Gerätes geschoben werden kann. Darin befindet sich die um den Körper kreisende Röntgenröhre, deren feingebündelte Strahlen den Körper von vielen verschiedenen Ebenen aus abtasten. Diese Methode läßt sich auch bei schwerkranken oder schwerverletzten Kindern schonend anwenden.

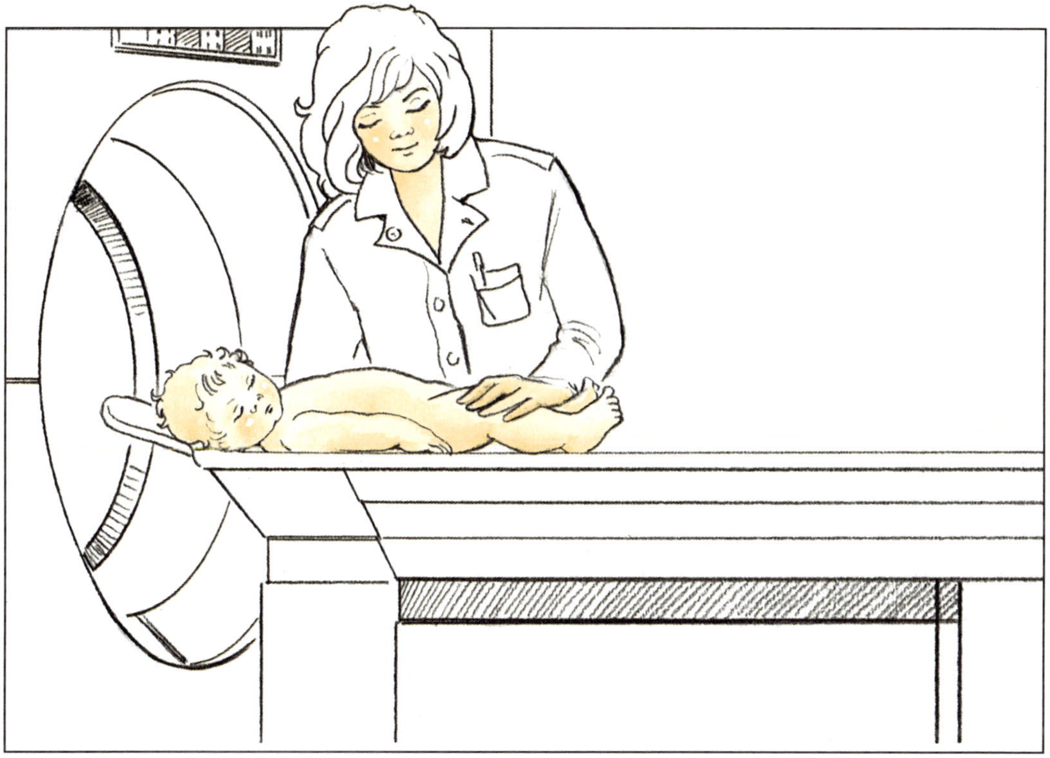

Computertomographie

Kernspintomographie

Dieses neue Bildgebungsverfahren (auch MRT = magnetische Resonanztomographie genannt) ermöglicht eine Untersuchung ohne Strahlenbelastung: Der Körper(-teil) des Patienten wird kurzfristig einem starken äußeren Magnetfeld ausgesetzt. Dadurch wird auf die Kreiselachsen der in den Körperzellen enthaltenen Wasserstoff-Atomkerne eine Drehkraft ausgeübt, so daß diese sich – Kompaßnadeln gleich – in einer Richtung anordnen. Nach Abschalten des Magneten kehren sie wieder in ihre Ausgangslage zurück. Dabei erzeugen sie einen elektrischen Strom, der je nach Art der chemischen Substanz geringfügige Unterschiede aufweist. Ein Computer analysiert die übermittelten Signale und stellt daraus detaillierte Bilder vom Körperinneren her.

Die Methode gilt bisher als unschädlich, jedoch bleibt der Einsatz solcher Geräte wegen der hohen Anschaffungskosten auf bestimmte Diagnosezentren und wenige Arztpraxen beschränkt.

Szintigraphie

Das ist die Darstellung innerer Organe mit Hilfe kurzlebiger radioaktiver Substanzen, die in den Körper eingebracht (injiziert) werden. Sie sammeln sich in dem abzubildenden Organ an und senden Strahlen aus, die mittels eines speziellen Gerätes (Scanner) als leuchtende Punkte sichtbar werden. Das Szintigramm zeigt Form, Größe, Lage und eventuell die Funktion des untersuchten Organs. Das Verfahren wird besonders zur Erkennung von Krankheitsherden oder Stoffwechselstörungen eingesetzt, vorwiegend im Bereich von Schilddrüse, Lunge, Leber, Milz, Nieren, Knochen und Gehirn.

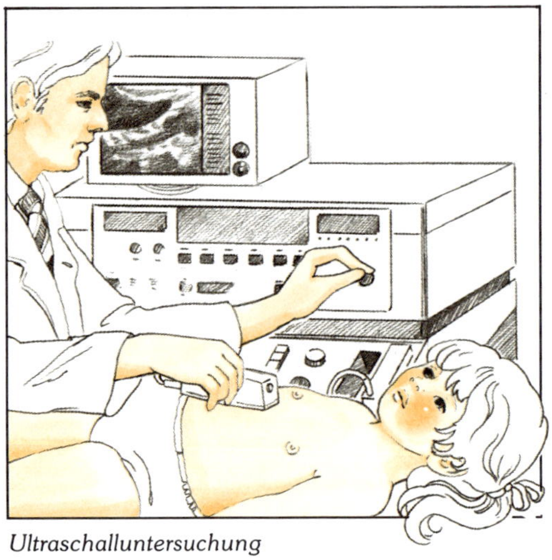

Ultraschalluntersuchung

Ultraschalluntersuchung (Sonographie)

Von einem Abtastgerät werden schnellschwingende, unhörbare und unschädliche Schallwellen ausgesendet, gleich einem Echolot von den unterschiedlichen Gewebeschichten des Körpers reflektiert und auf einem Bildschirm in abgestuften Grautönen als Abbildung sichtbar gemacht. Bei der Diagnose innerer Krankheiten löst diese schmerzlose und ungefährliche Methode immer mehr das Röntgenverfahren ab, wird es aber nicht völlig zurückdrängen, da ihrer Anwendung und Aussagekraft Grenzen gesetzt sind.

Echoenzephalographie

Mit der Ultraschalluntersuchung des Gehirns lassen sich Erweiterungen der Hirnkammern (Hydrozephalus = Wasserkopf), Hirnfehlbildungen, Tumore und Hirnblutungen erfassen.

Medizinische Verordnungen

Medikamente

Wenn der Arzt Ihr Kind mit Arzneimitteln behandelt, um eine Krankheit zu verhüten, zu lindern oder zu heilen, dann überträgt er damit auch Ihnen eine große Verantwortung. Es ist seine Aufgabe, eine korrekte Diagnose zu stellen und die richtige Medizin auszuwählen; aber Sie als Eltern sind dafür verantwortlich, daß diese in der verordneten Weise verabreicht wird.
Häufig bleibt der Erfolg einer Therapie aus, weil Medikamente nicht vorschriftsmäßig oder gar nicht gegeben wurden. Andererseits wollen manche Eltern jede körperliche oder seelische Störung mit einer wirksamen Arznei zum Verschwinden bringen und erwarten vom Arzt, daß er ihnen bei allen Unpäßlichkeiten des Kindes ein Heilmittel verschreibt. Beide Verhaltensweisen schaden Ihrem Kind.
Bevor der Arzt Ihnen ein Rezept oder ein Medikament aushändigt, sollte er Sie über die Anwendung des Mittels genau informieren. Oft folgt er mit seinen Anweisungen der „Gebrauchsinformation", die den Arzneimittelpackungen beigefügt ist. Diesen Zettel sollten Sie sich in Ruhe durchlesen. Wenn die Dosierungsvorschrift des Arztes von den allgemeinen Angaben abweicht, muß er Sie ausdrücklich darauf hinweisen und seine Verordnung auf dem Rezept oder der Medikamentenpackung notieren. Versichern Sie sich, bevor Sie die Arztpraxis verlassen, daß Sie alles richtig verstanden haben.

Wieviel?

Die verordnete Menge eines Medikaments richtet sich nach dem Alter des Kindes und nach seinem Körpergewicht, bei bestimmten Arzneimitteln auch nach der Körperoberfläche. Es ist wichtig, dem Kind exakt die vorgeschriebene Menge zu geben, das heißt, Sie dürfen die Dosis nicht willkürlich ändern, denn das würde für Ihr Kind eine zusätzliche Gesundheitsgefährdung bedeuten, da es harmlose Medikamente nicht gibt. Jedes wirkungsvolle Präparat hat auch seine Nebenwirkungen, das eine mehr, das andere weniger. Sie werden durch eine Erhöhung der Dosis mit Sicherheit verstärkt, so daß mehr Schaden als Nutzen entsteht.
Aber auch von einer eigenmächtigen Reduzierung der Dosis ist abzuraten. In zu geringer Menge eingenommen, verlieren die meisten Arzneimittel an Wirksamkeit. Manche Krankheit kann dadurch einen ernsten Verlauf nehmen oder chronisch werden, auch können sich komplikationsreiche Zweitinfektionen anschließen. Viele Bakterienarten lassen sich nur durch hohe Dosierung eines Antibiotikums erfolgreich bekämpfen. Halten Sie sich nicht genau an die Anweisungen, riskieren Sie, daß die Keime gegen das Mittel unempfindlich werden.

Wie lange?

Viele Eltern meinen, ihrem Kind nur so lange die verordneten Medikamente geben zu müssen, wie die Anzeichen der Erkrankung überwiegen. Doch ein Kind, das wieder einen gesunden Eindruck macht, muß deswegen noch nicht von seiner Krankheit geheilt sein. Die Symptome können verschwinden, lange bevor die Erkrankung auskuriert ist. Streptokokkeninfektionen zum Beispiel erfordern eine zehntägige Antibiotikatherapie, und Sie dürfen das Arzneimittel keinen Tag früher absetzen. Einige andere Krankheiten – vor allem Mittelohr- und Harnweginfektionen – müssen häufig längere Zeit behandelt werden, damit die Krankheitserreger vollständig vernichtet werden, selbst wenn die Beschwerden innerhalb eines Tages nachlassen. Die Angaben des Arztes oder des Medikamentenherstellers, wie Einnahme „für volle zehn Tage" oder „bis zum völligen Verbrauch", dürfen Sie nicht etwa als Ratschlag auffassen, dem Sie folgen können oder auch nicht, sondern sie sind notwendige Anweisungen, die Sie exakt befolgen müssen.

Wie?

Sie können davon ausgehen, daß kein Arzt Kindern leichtfertig Arzneimittel verschreibt. Darum ist es wichtig, daß das Kind ein verordnetes Medikament wirklich erhält, auch wenn die Verabreichung unangenehm ist. Bitten, Jammern und Schreien Ihres Kindes dürfen Sie keinesfalls von der Arzneimittelgabe abbringen, was Sie durch Ihre feste Haltung deutlich machen sollten. Wenn Sie Ihrem Kind die verordneten Medikamente nicht verabreichen, ist Ihr Arzt unter Umständen gezwungen, eine andere Behandlungsmethode zu wählen, die für den kleinen Patienten noch unangenehmer ist, zum Beispiel Spritzen statt Tabletten. Sind Sie nicht in der Lage, Ihrem Kind die notwendige Medizin zu geben, muß es möglicherweise sogar in ein Krankenhaus eingewiesen werden. Über diese Konsequenzen sollten Sie sich im klaren sein. Dennoch dürfen Sie Ihrem Kind aber niemals damit drohen.
Säuglinge machen bei der Medikamenteneinnahme im allgemeinen am wenigsten Schwierigkeiten, ebenso ältere Kinder, die schon vernünftigen Argumenten zugänglich sind. Aber bei Kleinkindern kann es geschehen, daß Sie Tricks und Überredungskünste anwenden müssen, um Ihr Ziel zu erreichen. Es kommt dabei also sehr auf Ihr eigenes Verhalten an.
Viele der für Kinder geeigneten Medikamente gibt es in flüssiger Darreichungsform; Ihr Kinderarzt wird das bei der Verordnung beachten. Für den inneren Gebrauch stehen unter anderem zur Verfügung: Tropfen, Säfte, Sirupe, Suspensionen, Brausetabletten und Pulver, die in Wasser aufgelöst werden, sowie Rectiolen (Miniaturklistiere), die ein flüssiges Arzneimittel enthalten.
Manche Medikamente werden für Kinder besonders schmackhaft gemacht, so daß die Einnahme wirklich nicht unangenehm ist. Dennoch sollten Sie einem Kind das Arzneimittel niemals als „Bonbon“ anbieten oder es als „Süßigkeit“ bezeichnen. Zahlreiche Vergiftungsunfälle ereignen sich einfach deshalb, weil Kinder die bunten Pillen, Tabletten, Dragees und Säfte mit einer Nascherei verwechseln. Zwar haben viele Medikamente inzwischen eine kindersichere Verpackung, aber die hindert manches Kind doch nicht daran, an den begehrten Inhalt heranzukommen. Machen Sie Ihrem Kind durch Worte und durch Ihr Verhalten deutlich, daß es sich hier um eine Medizin handelt, die es nur ausnahmsweisse nehmen darf, weil es krank ist. Bewahren Sie das Arzneimittel nach Gebrauch wieder für Ihr Kind unerreichbar auf.
Und noch ein Ratschlag zum Schluß: Seien Sie Ihrem Kind ein gutes Vorbild! Greifen Sie nicht bei jedem Kopfschmerz gleich zur Tablette, vor allem nicht in Gegenwart eines Kindes. Der unkritische Umgang der Eltern mit Medikamenten verführt die Kleinen leicht zur Nachahmung. Bei ihnen kommt es dadurch möglicherweise einmal zu einem tragischen Irrtum, und bei den Großen ist der Weg zur Gewöhnung an die Mittel vielleicht nicht mehr weit.

Der Umgang mit Medikamenten

- Alle Medikamente müssen kühl, trocken und für Kinder unerreichbar aufbewahrt werden. Besser als das Badezimmer, in dem es meistens etwas feucht ist, eignet sich dazu das Schlafzimmer, in dem Sie ein verschließbares Arzneischränkchen unterbringen oder eine abschließbare Schublade einrichten sollten.
Manche Präparate müssen kühl gelagert werden. Legen Sie diese Medikamente aber nicht einfach in den Kühlschrank, sondern verwahren Sie sie zusätzlich in einem Plastikbehälter, den Sie sicherheitshalber noch mit einem Klebestreifen umwickeln.
- Alle verordneten Medikamente und auch solche, die Sie rezeptfrei in der Apotheke kaufen, sollten ein Etikett erhalten, auf dem das Datum der ersten Verwendung, der Name des Familienmitglieds und die Bezeichnung der Krankheit (Verwendungszweck) notiert sind. Dadurch haben Sie stets einen Überblick über Anwendungsbereich und Alter des jeweiligen Präparats. Zwar sollen künftig alle Medikamente mit einem Haltbarkeits- oder Verfalldatum gekennzeichnet sein, doch bis zum Inkrafttreten und zur

lückenlosen Verwirklichung dieser Vorschrift dauert es noch einige Zeit.

- Lesen Sie sich die dem Medikament beigefügte Gebrauchsinformation gut durch. Achten Sie auf Dosierungsvorschriften (falls vom Arzt nichts anderes angegeben ist), auf die Lagerungshinweise, die Anwendungsverordnungen und auf die möglichen Nebenwirkungen. Stellen sich diese bei Ihrem Kind ein, setzen Sie umgehend Ihren Arzt davon in Kenntnis. Brechen Sie die Medikamenteneinnahme nicht ohne seine ausdrückliche Anweisung ab, es sei denn, der Arzt ist nicht erreichbar, und die Nebenwirkungen treten besonders heftig auf.

Bewahren Sie den Beipackzettel während der Anwendungszeit sorgfältig auf und, falls etwas von dem Arzneimittel übriggeblieben ist, auch noch länger. Die Hinweise auf den Verpackungen und den Etiketten liefern meistens nur wenig Informationen, die Ihnen oft nichts nützen.

- Geben Sie Ihrem Kind nur die vom Arzt für die entsprechende Krankheit verordneten Medikamente. Verwenden Sie niemals solche, die irgendwann von irgendwem in einem ähnlich erscheinenden Fall übriggeblieben sind. Haben Sie noch eine Medizin von einer früheren Krankheit des Kindes im Hause, fragen Sie Ihren Arzt, ob Sie sie verwenden dürfen.
- Halten Sie die vom Arzt gegebenen Verordnungen bezüglich Anwendungsdauer und Einnahmezeit gewissenhaft ein. Es kann für den Behandlungserfolg wesentlich sein, ob ein Arzneistoff „zwischen den Mahlzeiten", „vor", „während" oder „nach der Mahlzeit" eingenommen wird. Einige Präparate müssen in exakt einzuhaltenden Abständen verabreicht werden. Beachten Sie aber, daß „viermal täglich" und „alle 6 Stunden" nicht dasselbe bedeuten. Wenn der Arzt die Anordnung getroffen hat (oder es so auf dem Beipackzettel steht), daß das Medikament viermal täglich eingenommen werden muß, bedeutet dies: Das Kind erhält tagsüber vier Dosen in zeitlich gleichen Abständen. Alle sechs Stunden aber besagt: Jede Dosis muß jeweils sechs Stunden nach der letzten gegeben werden, notfalls müssen Sie Ihr Kind zur rechten Zeit wecken.
- Flüssigen Medikamenten ist häufig ein besonders markierter Meßbecher oder -löffel beigelegt. Benutzen Sie diesen auf alle Fälle, wenn Sie die Dosis abmessen. Besteht Ihr Kind darauf, die Medizin nur vom „eigenen" Löffel zu nehmen, füllen Sie das Arzneimittel eben um. Stellen Sie sicher, daß die abgemessene Medizin vollständig geschluckt wird.
- Wenn das Kind innerhalb von 20 Minuten nach der Einnahme erbricht, können Sie davon ausgehen, daß das Medikament verlorengegangen ist. Nach Möglichkeit sollten Sie dann eine neue Dosis verabreichen. Machen Sie den Arzt gegebenenfalls darauf aufmerksam, daß das Kind die Medizin häufiger erbricht, vielleicht kann er eine andere Darreichungsform wählen, die besser vertragen wird.
- Medikamente sollten nicht mit Fruchtsaft, Milch, Tee oder Kaffee zusammen eingenommen werden. Es gibt Präparate, die dadurch ihre Wirksamkeit verlieren oder mit diesen Flüssigkeiten schädliche Verbindungen eingehen. Es ist immer am besten, reichlich Wasser nachtrinken zu lassen. Bei sehr schlecht schmeckenden Tropfen und Säften ist etwas Zuckerwasser erlaubt.

Bei Säuglingen können Medikamente fast immer in flüssiger Form oder als Zäpfchen angewendet werden. Tabletten lassen sich zerstoßen oder zerdrücken, und Kapseln kann man das Pulver entnehmen. Erkundigen Sie sich jedoch vorher bei Ihrem Apotheker, ob die Wirkung dadurch nicht beeinträchtigt wird. Die kleinen Medikamentmengen lösen Sie in etwas Wasser auf oder rühren sie unter einen Löffel Brei. Fügen Sie das Medikament nicht der ganzen Mahlzeit zu, Sie können ja nicht sicher sein, daß Ihr Kind alles ißt. Außerdem verändert sich möglicherweise der Geschmack der Nahrung, so daß Ihr Kind dieses Essen ablehnt. Kleinkinder sollten keine unzerkleinerten Dragees, Tabletten und Kapseln schlucken, die Gefahr ist groß, daß sie ihnen in die Luftröhre geraten. Erst wenn Ihr Kind fünf oder sechs Jahre alt ist, können Sie ihm zeigen, wie man solche Medikamente auf den Zungengrund legt und mit einem Schluck Flüssigkeit hinunterspült. Vergewissern Sie sich aber, daß der Mund danach wirklich leer ist.

- Etwa alle sechs Monate sollten Sie Ihren Arzneischrank entrümpeln. Überalterte Medikamente sind wirkungslos, manchmal sogar schädlich. Achten Sie auf das Verfallsdatum oder auf das von Ihnen notierte Verwendungsdatum. Bröckelige oder verfärbte Tabletten, verblaßte oder rissige Dragees, eingetrocknete oder sich zersetzende Salben, trüb gewordene Tropfen und ausgeflockte Tinkturen sind auf jeden Fall unbrauchbar. Werfen Sie sie aber keinesfalls in den Mülleimer oder in die Toilette. Bringen Sie den Arzneimüll in die Apotheke, dort wird er sicher und umweltschonend entsorgt.

Medikamente zur inneren Anwendung

Ampullen
bestehen aus einem zugeschmolzenen Glaskörper, der das Arzneimittel enthält. In der Regel wird es vom Arzt als Einspritzung (Injektion) in den Körper gebracht, zum Beispiel intravenös (in die Vene), intramuskulär (in den Muskel) oder subkutan (unter die Haut). Es gibt aber auch Trinkampullen, deren Inhalt eingenommen werden muß. Dazu bricht man den Ampullenhals vorsichtig ab.

Brausetabletten
werden zuerst in Wasser aufgelöst und dann getrunken.

Dragees
sind linsenförmige, mit einem lackartigen Überzug versehene Arzneimittel. Meistens müssen sie unzerkaut geschluckt werden, weil die Inhaltsstoffe erst im Darm wirken sollen. Einige spezielle Präparate sind jedoch zum Lutschen oder zum Zerkauen gedacht.

Kapseln
bestehen aus einer rundlich-ovalen Hülle aus Stärke oder Gelatine, die den flüssigen oder pulverförmigen Arzneistoff enthält. Sie müssen mit reichlich Flüssigkeit geschluckt werden, damit sie sich im Magen oder im Darm gut auflösen. Die Kapsel darf geöffnet und das Pulver ohne Umhüllung genommen werden, wenn es in der Gebrauchsanweisung gestattet wird.

Pulver
werden in Flüssigkeit aufgelöst oder in Ausnahmefällen einem Löffel Brei zugefügt.

Säfte und Sirupe
sind wäßrige Lösungen eines Medikaments, die zur Geschmacksverbesserung mit reichlich Zucker und Aromastoffen versetzt sind. Die Arzneimittelpackung enthält oft einen kleinen Becher oder Löffel zum Abmessen der Dosis. Bewahren Sie ihn sorgfältig auf. Ansonsten werden Säfte teelöffel- oder eßlöffelweise eingenommen. Dabei soll ein Teelöffel 5 Milliliter, ein Eßlöffel 15 Milliliter Flüssigkeit fassen. Sirupe müssen Sie vor Gebrauch gut durchschütteln.

Sprays, Aerosole und Inhalate
werden direkt mit Hilfe eines Dosierungsgerätes in Mund, Rachen oder Nase gesprüht.

Suspensionen
bestehen aus einem ungelösten Arzneistoff, der sich in feinster Verteilung in einer Flüssigkeit befindet. Er sinkt nach einiger Zeit zu Boden, darum müssen Suspensionen vor Gebrauch kräftig durchgeschüttelt werden. Neuerdings stehen einige Medikamente auch in Einzelbeuteln zur Verfügung.

Tabletten
bestehen aus einem zusammengepreßten Pulvergemisch. Sie werden entweder als Ganzes geschluckt oder, bei geringerer Dosierung, im Verlauf der Bruchkerbe geteilt. Steht ein Medikament nur in Tablettenform zur Verfügung, kann man es für Kinder zwischen zwei Löffeln zerdrücken und mit etwa Flüssigkeit oder Brei vermischen. Ferner gibt es Tabletten, die in Wasser aufgelöst, im Mund zerkaut oder gelutscht werden. Zum Teil müssen sie auch unter der Zunge bzw. in den Wangentaschen zerfallen. Vaginaltabletten werden in die Scheide eingeführt.

Tropfen
sind flüssige Lösungen eines Wirkstoffs, die in besondere Flaschen abgefüllt werden. Ihre Dosierung ist nicht einfach. Halten Sie die Flasche senkrecht mit der Öffnung nach unten. Falls sich kein Tropfen löst, klopfen Sie mit dem Finger leicht auf den Flaschenboden. Zählen Sie die verordnete Tropfenzahl sorgfältig ab. Manche Präparate schmecken sehr schlecht, träufeln Sie diese auf etwas Zucker.

Zäpfchen (Suppositorien)
bestehen aus einem bei Körpertemperatur schmelzenden Grundstoff, zum Beispiel Kakaobutter, und dem Arzneimittel, das durch die Darmwand ins Blut aufgenommen wird.
Nach Entfernen der Hülle benetzt man sie gegebenenfalls mit etwas Wasser oder Creme, um sie gleitfähiger zu machen, und führt sie – vorsichtig, aber tief genug – durch die Afteröffnung in den Darm ein. Bei Säuglingen und Kleinkindern drückt man anschließend für einen Moment die Gesäßbacken zusammen, damit das Zäpfchen nicht wieder herausgepreßt wird.
Wegen der einfachen Anwendung dieser Arzneiform werden Zäpfchen in der Behandlung von Kindern häufig eingesetzt, außerdem wird auf diese Weise der Magen nicht belastet. Allerdings ist die Medikamentenaufnahme im unteren Darmabschnitt oft nicht vollständig.
Zäpfchen vertragen nicht mehr als 25°C, sie sind daher in heißen Sommertagen im Kühlschrank aufzubewahren.

Medikamente zur äußeren Anwendung

Augensalbe
streichen Sie behutsam direkt aus der feinen Tubenspitze vom inneren zum äußeren Augenwinkel in das heruntergezogene Augenlid. Vermeiden Sie aber nach Möglichkeit den direkten Kontakt zwischen Haut und Tubenspitze, damit keine Krankheitserreger in die Salbe kommen. Nach dem Auftragen massiert man das Lid leicht, um die Salbe zu verteilen.

Augentropfen
dürfen nach dem ersten Öffnen des Fläschchens nur bis zu sechs Wochen lang verwendet oder aufgehoben werden. Bewahren Sie sie während der Anwendungszeit bei normaler Zimmertemperatur auf, damit sie nicht kalt ins Auge kommen.
Wenn Sie Ihrem Kind die Augentropfen verabreichen, muß es auf dem Rücken liegen. Bei kleinen Kindern spreizen Sie die Augenlider mit zwei Fingern und träufeln einen Tropfen der Flüssigkeit ein. Ein älteres Kind können Sie auffordern, nach oben zu blicken, dann ziehen Sie das untere Augenlid nach unten und tropfen die Flüssigkeit in den Bindehautsack. Halten Sie die Tropfpipette immer so, daß sie die Augen nicht berührt, weil auf diesem Wege sonst Krankheitserreger in die Flasche gelangen.

Cremes und Salben
sind weiche, öl- oder fetthaltige Substanzen, denen Arzneistoffe beigemischt sein können. Sie werden zunächst auf die Haut aufgetragen, dann eingerieben oder einmassiert.

Gele
sind geleeartige Arzneimittel, die schnell in die Haut einziehen, ohne fettende Rückstände zu hinterlassen.

Nasentropfen
Vor ihrer Anwendung ist die Nase des Kindes zu reinigen. Bei kleinen Kindern streichen Sie dazu mit dem Finger seitlich an der Nase herunter und entfernen austretenden Schleim mit einem Zellstoffzipfel. Beugen Sie den Kopf des Kindes leicht zurück, und lassen Sie einen, eventuell mehrere Tropfen der Lösung neben der Nasenscheidewand hinunterlaufen; dabei sollten Sie die direkte Berührung von Nase und Pipette vermeiden. Nach dem Einträufeln muß der Kopf zunächst noch kurze Zeit nach hinten, dann aber auf die Brust gebeugt werden, damit sich die schleimhautabschwellende Lösung verteilt.

Ohrentropfen
sollten vor der Anwendung mit der Hand auf Körpertemperatur erwärmt werden. Das Kind muß auf der Seite liegen. Ziehen Sie die Ohrmuschel mit Daumen und Zeigefinger leicht nach hinten oben, um den Gehörgang zu strecken. Mit der anderen Hand träufeln Sie aus der Pipette einen Tropfen Flüssigkeit so in den Gehörgang, daß er seitlich hinunterläuft, dadurch kann die im Gehörgang befindliche Luft entweichen. Das Kind soll noch einige Minuten liegenbleiben.

Pasten
werden aus einer fetthaltigen Substanz zubereitet und enthalten einen Anteil Pulver. Sie dienen meist zum Abdecken der Haut und sollen darum nicht eingerieben werden.

Pflaster
gibt es nicht nur als Verbandsmaterial, sie können auch mit speziellen Wirkstoffen präpariert sein, die über die Haut aufgenommen werden.

Puder
werden locker auf die Haut gestäubt und leicht eingerieben.

Heilpflanzen und ihre Verwendung

Viele Heilkräuter sind heute in praktischen Aufgußbeuteln zu haben. Die Zubereitung ist denkbar einfach: Man übergießt den Teebeutel mit kochendem Wasser und läßt ihn fünf Minuten ziehen. Einige medizinisch wirksame Tees sollten so warm wie möglich getrunken werden. Gröbere getrocknete Pflanzenteile müssen Sie aufbrühen und dann etwa zehn Minuten ziehen lassen.

Anis
ist krampflösend und auswurffördernd
Verwendung: als Tee gegen Husten, Magen-Darmstörungen und Blähungskoliken

Arnika
wirkt entzündungshemmend und schwellungslindernd
Verwendung: als Tinktur (einen Eßlöffel auf einen Viertelliter Wasser) für Umschläge bei Wunden, Entzündungen, Prellungen und Blutergüssen

Baldrian
ist nervenberuhigend
Verwendung: als Tinktur tropfenweise gegen Nervosität und Schlafstörungen

Basilikum
ist blähungstreibend und stuhlanregend
Verwendung: als Aufguß bei Blähungskoliken, Verdauungsstörungen und Verstopfung

Eibischwurzel
ist schleimlösend, auswurffördernd und desinfizierend
Verwendung: als Tee bei Husten und Bronchitis, zum Gurgeln bei Rachenentzündung

Fenchel
wirkt krampflösend, blähungstreibend und schleimlösend
Verwendung: als Tee gegen Heiserkeit, Husten, Blähungen und Verdauungsstörungen

Hagebutte
stärkt die Abwehrkräfte
Verwendung: als Tee bei fieberhaften Erkältungen und Infektionskrankheiten

Heublumen
sind krampflösend und durchblutungsfördernd
Verwendung: als Auflage im Leinentuch bei Muskelverkrampfungen und Rückenschmerzen, als Leibwickel bei Bauchschmerzen

Holunderblüten
sind schweißtreibend und verdauungsfördernd
Verwendung: als Tee bei fieberhaften Erkältungskrankheiten zum Ausschwitzen

Johanniskraut
wirkt entspannend, beruhigend, durchblutungsfördernd, schmerzlindernd und hautpflegend
Verwendung: als Tee gegen Nervosität und Anspannung, als Umschlag gegen Prellungen, Verstauchungen und Zerrungen, als Einreibung zur Hautpflege und zur Wundheilung

Kamille
ist beruhigend, krampflösend, entzündungshemmend und desinfizierend
Verwendung: als Tee gegen Magen-Darm-Störungen, als Aufguß für Bäder, Spülungen, Umschläge, Inhalationen, Pinselungen und zum Gurgeln. Kamille ist auch als Extrakt und als Salbe zu haben.

Lindenblüten
sind schweißtreibend, krampfstillend, auswurffördernd, nervenberuhigend und fiebersenkend
Verwendung: als Tee bei Erkältungskrankheiten, Fieber und bei Magen-Darm-Störungen

Melisse
ist schmerz- und krampfstillend
Verwendung: als Tee bei Magen-Darm-Krämpfen, Übelkeit, Brechreiz, Nervosität, Schlaflosigkeit und Erschöpfungszuständen

Pfefferminze
ist belebend, verdauungsanregend, krampflösend und blähungstreibend
Verwendung: als Tee gegen Magen-Darm-Störungen und Blähungen, als Kompresse bei Kopfschmerzen

Ringelblume
wirkt entzündungshemmend, schmerzstillend und blutreinigend
Verwendung: als Tee bei Kopf- und Leibschmerzen sowie bei Durchfall, als Umschlag, Einreibung, Tinktur, Salbe oder Öl bei Wunden, Verletzungen, Hautentzündungen und Sonnenbrand

Salbeiblätter
sind desinfizierend und magenstärkend
Verwendung: als Tee gegen Bauchschmerzen, Blähungen, Durchfall und Appetitlosigkeit, zum Gurgeln bei Halsentzündungen, als Aufguß gegen Wundinfektionen

Thymian
ist beruhigend, nervenstärkend, verdauungsfördernd, krampflösend und desinfizierend
Verwendung: als Tee bei Husten und Bronchitis, bei Verdauungsbeschwerden und krampfartigen Magen- und Darmerkrankungen, für Bäder und Inhalationen bei Erkältungskrankheiten und zur Nervenstärkung

Fiebermessen

Falls Sie den Eindruck haben, daß mit Ihrem Kind etwas nicht in Ordnung ist – wenn es einen glühend roten Kopf hat und sich heiß anfühlt oder wenn es extrem blaß aussieht und seine Haut auffallend kalt ist –, dann messen Sie seine Körpertemperatur. Wenn allerdings die letzte warme Mahlzeit nur kurze Zeit zurückliegt, das Kind aufgeregt ist oder geschrien hat, dann besagt der Anstieg der Körpertemperatur nicht viel. Warten Sie nach solchen Situationen noch mindestens eine halbe Stunde ab, und sorgen Sie dafür, daß sich das Kind inzwischen ruhig verhält.
Einen wirklich zuverlässigen Wert erhalten Sie nur durch die Messung im Darm (rektal). Dazu legen Sie Ihr kleines Kind auf den Rücken, he-

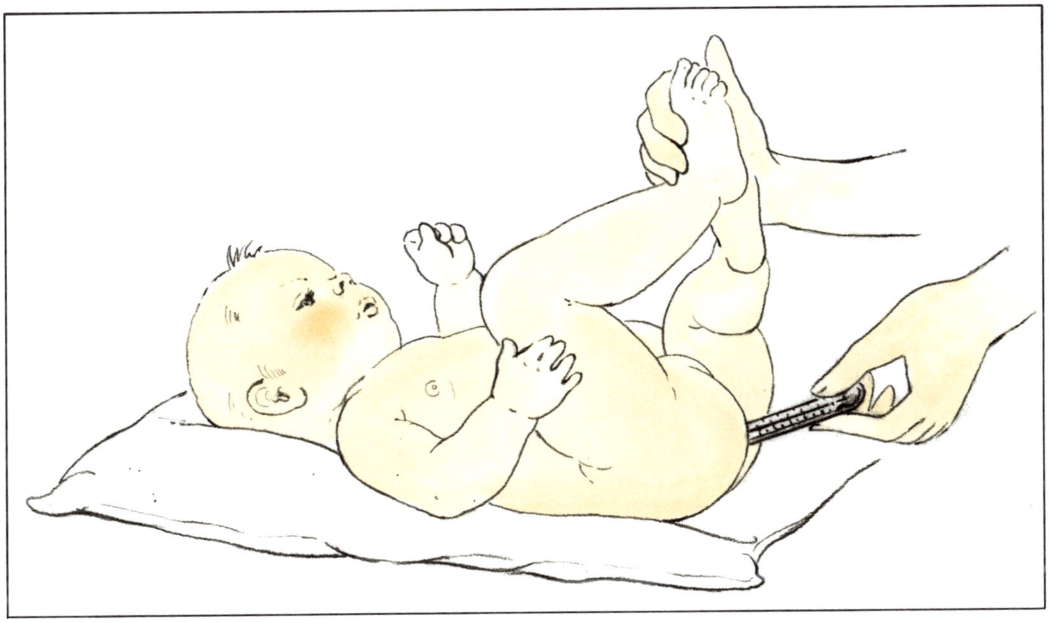

Das Fiebermessen

ben seine Beine an und drücken die Oberschenkel leicht gegen den Bauch. Dadurch spreizen sich die Pobacken, und die Analöffnung ist zu sehen. Führen Sie nun die leicht befeuchtete oder mit Creme betupfte Spitze des Thermometers behutsam in den After ein, bis das Quecksilber nicht mehr zu sehen ist, und halten Sie Kind und Thermometer ein bis drei Minuten fest. Einfacher und ohne die mit Glas und Quecksilber verbundenen Gefahren läßt sich die Temperaturmessung mit einem der neuen elektronischen Digitalthermometer vornehmen.

Bei größeren Kindern kann man die Temperatur auch in Seitenlage messen. Sie sollten aber immer dabei sein, wenn ein herkömmliches Thermometer aus Glas verwendet wird.

Ängstliche Kinder verkrampfen häufig die Schließmuskulatur des Afters. Dann müssen Sie versuchen, Ihr Kind zu beruhigen, damit es sich entspannt; das Fiebermessen geht so viel leichter, und ansonsten könnte es wirklich weh tun.

Beim gesunden Kind liegt die Körpertemperatur zwischen 36,5 und 37,5° C. Stellen Sie bei Ihrem Kind erhöhte Temperatur oder gar Fieber fest, nehmen Sie während der Erkrankung mindestens zweimal am Tag – am Morgen gegen 8 Uhr und am Nachmittag zwischen 17 und 18 Uhr – eine Kontrolle vor. Die Messung am Nachmittag ist wichtig, da das Fieber dann meist am höchsten ist. Fragen Sie Ihren Arzt zumindest telefonisch um Rat, wenn Ihr Baby mehr als 38,5° C Temperatur, das ältere Kind mehr als 39,5° C Fieber hat oder wenn Temperaturerhöhungen länger als zwei Tage anhalten. In besonderen Fällen muß auf ärztliche Anordnung dreimal täglich, bisweilen noch öfter, gemessen werden. Notieren Sie sich die jeweils ermittelten Werte. Der Verlauf der Fieberkurve ist typisch für manche Krankheiten, und der Arzt erhält dadurch in vielen Fällen wichtige Hinweise für seine Diagnose.

Schlagen Sie nach der Messung das Thermometer herunter, reinigen Sie es mit Seife und kaltem Wasser, und bewahren Sie es sicher geschützt in seinem Behälter auf. Für Digitalthermometer gibt es Einmalschutzhüllen aus dünner Plastikfolie, die Sie vor dem Gebrauch überstreifen und danach wegwerfen. So bleibt das Thermometer immer sauber

Möchte Ihr großes Kind lieber unter der Achsel (axillar) gemessen werden, achten Sie auf folgendes: Die Achselhöhle muß trocken sein, Schweiß wischen Sie vorher ab. Bringen Sie das Thermometer mit seiner Spitze in die Mitte der Achselhöhle, und veranlassen Sie das Kind, den Oberarm eng an den Körper zu legen. Mit der Hand sollte es den Ellenbogen des anderen Armes umfassen. Nach fünf bis zehn Minuten kann das Thermometer entnommen werden. Das Ergebnis ist normalerweise um 0,5° C niedriger als bei der rektalen Messung, was Sie bei der Bewertung berücksichtigen müssen. Es kann jedoch sein, daß der Arzt Sie bittet, die Temperatur sowohl axillar als auch rektal zu messen. Wundern Sie sich nicht darüber, für manche Krankheiten ist eine über 0,5° C hinausgehende Temperaturdifferenz typisch und erleichtert die Diagnose.

Maßnahmen zum Fiebersenken

Hohes Fieber kann plötzlich auftreten; das ist bei Säuglingen und kleinen Kindern häufig der Fall, wenn es sich um eine der zahlreichen Virusinfektionen handelt. Es kann sich aber auch erst allmählich entwickeln, dann steigt die Temperatur Tag für Tag etwas an, bis sie schließlich ihren Höhepunkt erreicht. Auch der Fieberabfall kann schnell oder langsam erfolgen.

Temperaturen von 41–42° C werden von Kindern im allgemeinen besser vertragen als von Erwachsenen. Hohes Fieber allein ist nicht schädlich; es handelt sich ja nur um ein Symptom und nicht um die Krankheit selbst. Nur sehr hohe und über mehrere Tage anhaltende Temperaturen sollten Sie mit fiebersenkenden Medikamenten behandeln, denn diese chemischen Mittel beeinflussen direkt das Wärmezentrum im Gehirn und damit die sinnvolle Abwehrreaktion des Körpers. Temperaturen bis 39° C sind kein Grund, etwas zu unternehmen. Wenn Ihr Kind allerdings zu Fieberkrämpfen neigt, müssen Sie schon vorher eingreifen.

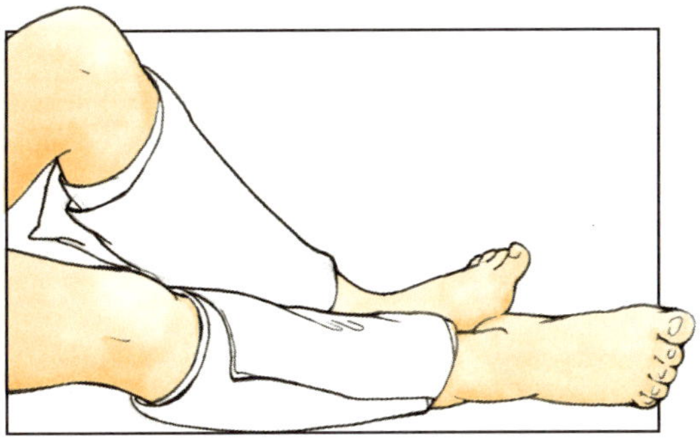

Wadenwickel

Bei Fieber um 39° C helfen bewährte Hausmittel (siehe unten) die Körpertemperatur am Steigen zu hindern oder sie etwas zu senken.
Erst ab 39,5° C ist in der Regel ein Fiebermittel angebracht. Sinnvoll ist die Medikamentengabe vor allem bei Säuglingen und für die Nacht, denn die meisten dieser Präparate wirken auch beruhigend. In Frage kommen besonders Arzneistoffe wie Paracetamol in Tabletten-, Saft- und Zäpfchenform. Geben Sie sie aber nur nach Verordnung des Arztes, denn dabei muß stets die altersgemäße Dosierung beachtet werden.
Zu den bewährten Hausmitteln bei Fieber gehört der *Wadenwickel.* Er darf aber nur angewendet werden, wenn sich die Beine des Kindes warm anfühlen und es keinen Schüttelfrost hat, sonst hätte der Wickel keinen Sinn und wäre eher schädlich.
Ein Wadenwickel bewirkt durch Ableitung der Körperwärme eine Temperatursenkung und wird folgendermaßen durchgeführt:
Schützen Sie das Bettlaken des Kindes mit einem Gummi- oder Plastiktuch. Nehmen Sie zwei Tücher aus Baumwolle oder Leinen, und tauchen Sie sie in eine Schüssel mit kaltem Wasser (für Säuglinge sollte das Wasser mindestens Zimmertemperatur haben, also etwa 20° C). Wringen Sie die Tücher gut aus, und umwickeln Sie damit die Unterschenkel Ihres Kindes, bei Säuglingen das ganze Bein. Darüber kommt am besten ein Woll- oder Flanelltuch; ist kein solches vorhanden, dann ein Frotteetuch. Lassen Sie den Wickel zehn Minuten liegen, danach ist er durchwärmt und muß erneuert werden, insgesamt drei- bis viermal. Eine Kontrolle der Körpertemperatur ist erst 30 Minuten nach der letzten Anwendung sinnvoll, denn die fiebersenkende Maßnahme muß ihre Wirkung ja erst noch entfalten. Die Temperatur sinkt nun nicht rapide, das wäre auch eine zu große Belastung für den Kreislauf; gewöhnlich ist sie eine halbe Stunde nach den Wadenwickeln etwa 1° C niedriger als vorher. Manchmal ist der Wickel weniger effektiv, dann können Sie ihn unbedenklich wiederholen, sofern die Beine des Kindes warm sind.
Ein *Abkühlungsbad* ist zwar wirkungsvoller als ein Wadenwickel, aber die Kreislaufbelastung ist auch größer. Befindet sich Ihr Kind in einem schlechten Allgemeinzustand, ist die Haut kalt und blaß oder bläulich, darf es auf keinen Fall angewendet werden. Am besten fragen Sie vorher Ihren Arzt um Rat. Das Abkühlungsbad wird wie folgt durchgeführt:
Die Wassertemperatur liegt 1° C unter der Körpertemperatur des Kindes. Durch langsames Zulaufenlassen von kaltem Wasser senken Sie die Temperatur des Badewassers innerhalb von zehn Minuten auf etwa 30° C. Überprüfen Sie diesen Vorgang mit dem Badethermometer, und mischen Sie das Wasser mit der Hand durch. Nach Beendigung des Bades frottieren Sie das Kind kräftig ab, kleiden es in angewärmte Wäsche und bringen es in das vorgewärmte Bett. Kontrollieren Sie seine Körpertemperatur sofort und auch nach einer Stunde.
Weniger aufwendig und belastend sind *Ganzkörperabwaschungen* mit kühlem bis kaltem Wasser. Sie brauchen keine Angst zu haben, daß das Kind sich dadurch „erkältet“. Ursache einer Erkrankung ist in den meisten Fällen eine Infektion mit Krankheitskeimen und nicht die Lufttemperatur.
Selbstverständlich darf ein fieberndes Kind nicht zu warm angezogen und zugedeckt werden. Die Kleidung und die Bettdecke sollten leicht und luftdurchlässig sein. Wenn das Kind stark schwitzt, müssen Sie die Leib- und die Bettwäsche öfter wechseln. Bei Kreislaufstörungen und Schüttelfrost friert das Kind allerdings und benötigt eher noch eine zusätzliche Decke, wollene Bettschuhe oder eine Wärmflasche an den Füßen.
Die Zimmertemperatur liegt tagsüber am besten bei 18–20° C, nachts darf es auch kühler sein, das Fenster kann geöffnet werden; achten Sie aber darauf, daß das Kind dann gut zugedeckt ist.

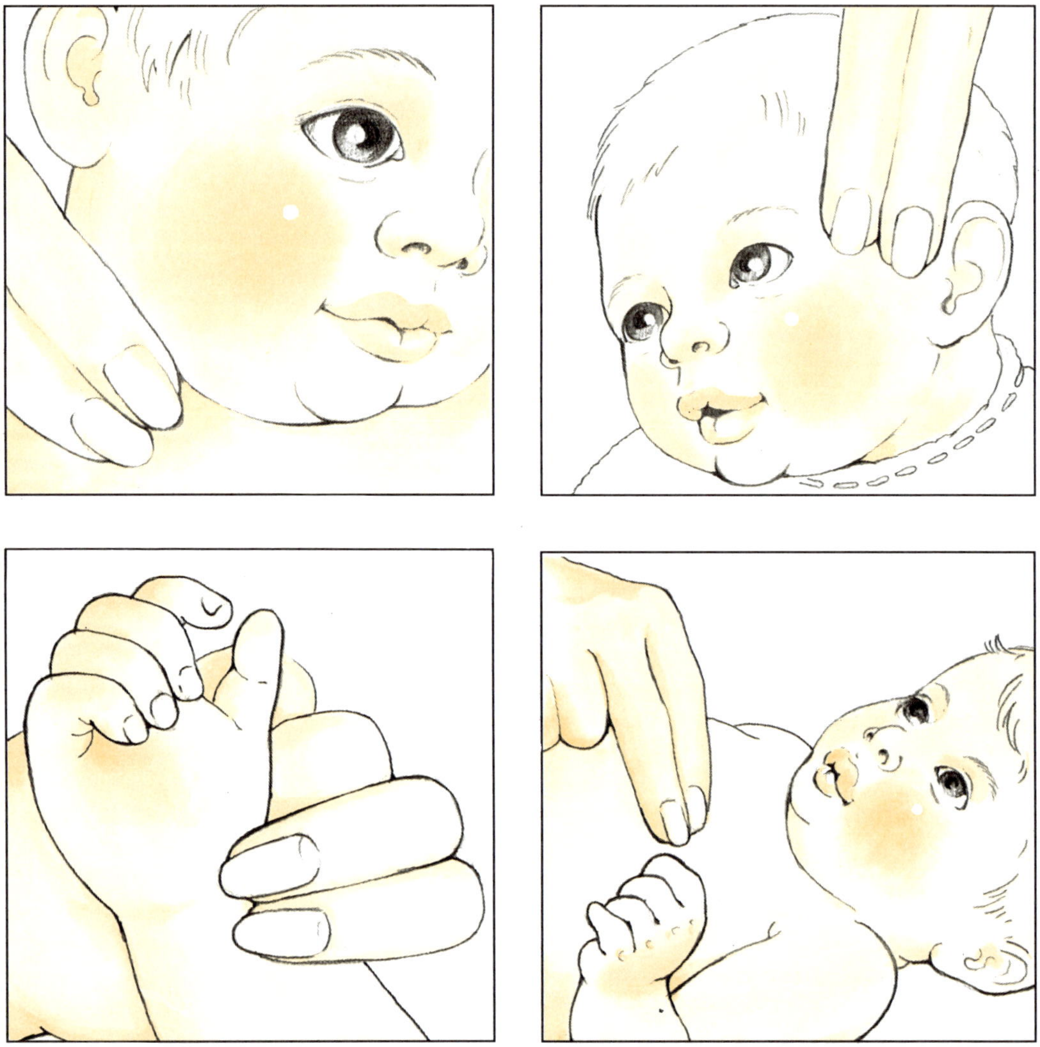

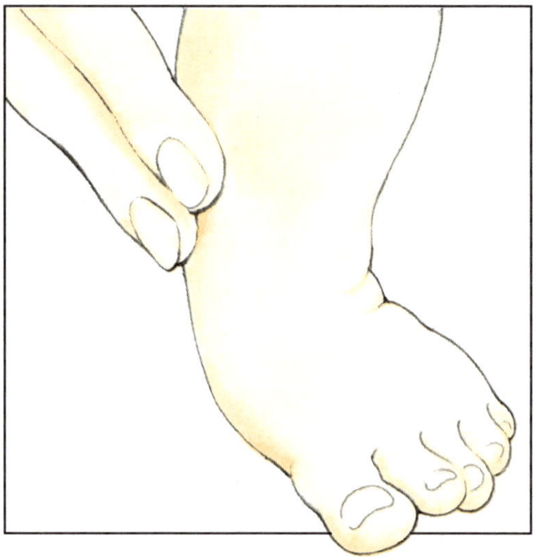

Pulskontrolle an
der Halsschlagader,
an der Schläfenschlagader,
an der Speichenschlagader,
über der Herzspitze
oder über dem inneren Fußknöchel

Die Ernährung eines fiebernden Kindes besteht in erster Linie aus reichlich Flüssigkeit (Tee, Fruchtsäften, Mineralwasser). Nehmen Sie auf seinen gewöhnlich geringen Appetit Rücksicht. Zwingen Sie Ihr Kind keinesfalls zum Essen, bieten Sie ihm nur kleine, leichtverdauliche Speisen an, und bereiten Sie ihm vor allem während der Genesungsphase das zu, was es sich am meisten wünscht, und was es am liebsten essen mag.

Pulskontrolle

Wenn sich der Herzmuskel zusammenzieht und Blut in den Körperkreislauf pumpt, entsteht eine Druckwelle, die die Gefäßwände kurzfristig dehnt. Sie kann an allen oberflächlich gelegenen Schlagadern (Arterien) als Puls getastet werden.

Die Pulswelle ist also vom Rhythmus der Herztätigkeit abhängig. Aber nicht nur die Häufigkeit der Pulsschläge läßt sich zählen, auch die Regelmäßigkeit und die Stärke des Pulses kann man beurteilen und damit Rückschlüsse auf die Herzaktion ziehen.

Die Schlagfolge des Herzens ändert sich mit dem Lebensalter. Die durchschnittliche Pulszahl pro Minute beträgt:

bei Neugeborenen	130
im 1. Lebensjahr	120
im 2. Lebensjahr	110
mit 4 Jahren	100
mit 8 Jahren	90
mit 12 Jahren	80
mit 16 Jahren	70

Bei körperlicher Aktivität und seelischer Erregung nimmt die Pulsfrequenz zu. Sie steht auch in einem bestimmten Verhältnis zur Körpertemperatur; Fieber ist die häufigste Ursache einer Pulsbeschleunigung.

Bei älteren Kindern können Sie den Puls an der Speichenschlagader am Handgelenk fühlen. Legen Sie dazu die Fingerkuppen Ihres Ring-, Mittel- und Zeigefingers unterhalb des Daumens an das Handgelenk und ertasten Sie unter leichtem Druck die Schlagader. Wenn Sie den Puls deutlich fühlen, zählen Sie die Schläge, die Sie innerhalb von 15 Sekunden spüren, und multiplizieren diese Zahl mit vier. So erhalten Sie die Pulsfrequenz pro Minute.

Achten Sie auch auf den Rhythmus und die Stärke des Pulses; er kann unregelmäßig sein oder aussetzen, kann kräftig oder schwach, eventuell kaum tastbar oder leicht unterdrückbar sein.

Bei Säuglingen und Kleinkindern ist der Puls am Handgelenk wegen des gut entwickelten Fettpolsters kaum zu fühlen. Bei ihnen mißt man ihn an der Schläfenschlagader seitlich über der Ohrmuschel, an der Halsschlagader rechts oder links vom Kehlkopf, an der auf dem inneren Fußknöchel verlaufenden Arterie oder über der Herzspitze selbst. Allerdings muß sich das Kind dabei ruhig verhalten und darf zuvor nicht geschrien haben. Sollte der Arzt Sie beauftragen einmal den Puls zu kontrollieren, tun Sie das, während das Kind schläft

Krankheiten kündigen sich an – häufige Krankheitssymptome

Häufiges Kranksein

Viele Eltern klagen darüber, daß Ihre Kinder zu häufig krank sind. Manchmal scheint es tatsächlich so, als ob ein Kind eine Krankheit nach der anderen durchmacht. In der Regel handelt es sich dabei um Infekte der oberen Luftwege, und die sind in den ersten Lebensjahren etwas ganz Normales.

Die körpereigenen Abwehrkräfte entwickeln sich erst mit der Zeit zu ihrer vollen Leistungsfähigkeit. Gleichzeitig muß sich das Kind aber bereits mit einer Vielzahl von Keimen aus seiner Umwelt auseinandersetzen. Untersuchungen belegen, daß Kinder zwischen dem ersten und dem zehnten Lebensjahr durchschnittlich achtmal im Jahr krank sind. Im Alter von zehn bis zwölf Jahren ist die Krankheitsanfälligkeit am geringsten, danach steigt sie wieder an.

Bei den meisten kindlichen Erkrankungen handelt es sich um Infektionskrankheiten; die Möglichkeit der Ansteckung spielt also eine entscheidende Rolle. Deshalb ist beispielsweise das erste Kind einer Familie relativ selten krank. Sobald es aber mit anderen Kindern zusammenkommt, häufen sich die Erkrankungen.

Teilweise liegt es auch an Ihnen und an Ihren Lebensgewohnheiten, wie sehr Ihr Kind für Krankheiten empfänglich ist. Gesunde Ernährung, erholsamer Schlaf, ausgiebige Bewegung in frischer Luft, körperliche Abhärtung und eine liebevolle Erziehung stärken seine Abwehrkräfte.

Ein Kind mit häufigen, schweren Erkrankungen oder wiederholten Komplikationen hat womöglich eine Abwehrschwäche, einen Defekt in seinem Immunsystem. Der Arzt kann das durch verschiedene Blutuntersuchungen herausfinden. Solche angeborenen Störungen sind nicht selten. Sie treten bei Familien auf, bei denen eine besondere Erbanlage dafür vorliegt.

Eine andere Ursache hat das seit einigen Jahren bekannte „erworbene Immundefekt Syndrom“ AIDS (engl. Acquired Immuno Deficiency Syndrome), von dem aber überwiegend Erwachsene betroffen sind. Es wird nicht vererbt, sondern durch Infektion mit Retroviren, dem sogenannten HIV (Human Immunodeficiency Virus = menschliches Immundefekt-Virus) ausgelöst. Das Virus befällt bevorzugt Zellen in „Schlüsselpositionen“ des Abwehrsystems, so daß der Körper allmählich seine Fähigkeit verliert, sich gegen Krankheitskeime zu wehren. Nach monate- oder jahrelanger symptomloser Ruhezeit (Latenz) kann die gesamte Immunabwehr zusammenbrechen, und Infektionen, mit denen der gesunde Organismus normalerweise fertig wird, können sich zu lebensbedrohlichen Krankheiten entwickeln.

Doch nicht jede Ansteckung mit HIV führt zwangsläufig zu AIDS, und mit dieser Krankheit kann man sich auch nicht so leicht anstecken wie mit einem Schnupfen. Sie kann nur übertragen werden, wenn Körperflüssigkeiten mit hoher Viruskonzentration in die Blutbahn eines anderen Menschen gelangen. Ein solches Risiko besteht vor allem beim Sexualverkehr ohne Kondom. Als weitere Infektionswege kommen die gemeinsame Benutzung von Injektionsbestecken sowie die Übertragung von der Mutter auf das Kind während der Schwangerschaft, bei der Geburt oder durch die Muttermilch in Frage. Bei Bluttransfusionen ist eine HIV-Übertragung heute weitestgehend ausgeschlossen.

Es besteht auch keine Ansteckungsgefahr im täglichen Umgang miteinander, beispielsweise beim Händeschütteln, beim Umarmen und Streicheln, beim Küssen auf den Mund oder auf die Wange und bei der gemeinsamen Benutzung von Eßgeschirr, Toiletten und Bädern. Weil das Virus außerhalb des Körpers kaum überleben kann, reichen die üblichen Hygiene- und Desinfektionsmaßnahmen aus, um es unschädlich zu machen.

Appetitlosigkeit

Appetitlosigkeit kann das erste Zeichen einer beginnenden Krankheit sein, vor allem bei solchen Kindern, die bisher keinerlei Schwierigkeiten bei der Nahrungsaufnahme gemacht haben. Andererseits gibt es viele „schlechte Esser", die trotzdem munter sind und prächtig gedeihen. In solchen Fällen kann man davon ausgehen, daß Eltern die Nahrungsmenge überschätzen, die ihr Kind braucht. Auch falsche Eßgewohnheiten in der Familie führen häufig zur Klage über mangelnden Appetit. Letztlich kommen auch seelische Ursachen bei Appetitlosigkeit sonst gesunder Kinder in Frage, und nicht selten tyrannisiert ein Kind mit der Weigerung zu essen die ganze Familie und erzwingt damit besondere Aufmerksamkeit und Nachgiebigkeit.
Natürlich muß ausgeschlossen werden, daß ein Kind sich durch häufige – und manchmal heimlich verschaffte – Zwischenmahlzeiten (Süßigkeiten, Obst, Kekse, Knabbergebäck, Limonade oder Milch) den Appetit verdirbt.
Auf keinen Fall sollten Sie ein Kind zum Essen zwingen. Sie verstärken damit nur seine Abwehr und zeigen ihm eine Möglichkeit, wie es Sie unter Druck setzen kann. Machen Sie sich keine Sorgen, Ihr Kind wird nicht verhungern, wenn es nur wenig zu sich nimmt oder hin und wieder eine Mahlzeit ausläßt. Bieten Sie ihm zu den üblichen Zeiten kleinere Mengen liebevoll zurechtgemachter Speise an, und bleiben Sie ruhig, wenn es auch diese ablehnt. Ihr Kind „darf" essen, es muß aber nicht.
Ungewohnte Trinkunlust bei Säuglingen und Nahrungsverweigerung bei älteren Kindern sollten für Sie ein Grund sein, Ihr Kind aufmerksam zu beobachten. Stecken krankhafte Ursachen dahinter, werden sich schon bald weitere Symptome einstellen.

Appetitlosigkeit durch
- Krankheit (fast jede Gesundheitsstörung geht bei Kindern mit Appetitlosigkeit einher)
- häufige Zwischenmahlzeiten
- reichliches Trinken (vor allem Milch)
- Naschen von Süßigkeiten (oft heimlich)
- falsche elterliche Vorstellung vom Nahrungsbedarf des Kindes
- ständige Nötigung zum Essen
- die Möglichkeit, damit verstärkt elterliche Zuwendung zu erzwingen

Atemstörungen

Der normale Atmungsvorgang ist ein Wechsel von Einatmung, Ausatmung und Atempause in ruhiger, geräuschloser, rhythmischer Regelmäßigkeit. Die Zahl der Atemzüge ist abhängig vom Alter. Sie beträgt im Ruhezustand durchschnittlich pro Minute:

bei Neugeborenen	50
bei Säuglingen	40
bei Kleinkindern	35
bei Schulkindern	25
bei Jugendlichen	20

Die Atemtätigkeit können Sie am besten bei einem schlafenden Kind beurteilen. Legen Sie dazu Ihre Hand locker auf seinen Brustkorb, und zählen Sie dessen Hebungen bei der Einatmung, die Sie als Bewegung unter Ihrer Hand spüren.
Aufgabe der Lungenatmung ist es, den für die Stoffwechselvorgänge in den Körperzellen benötigten Sauerstoff aufzunehmen und die bei der Verbrennung angefallene Kohlensäure (Kohlendioxid) wieder an die Außenluft abzugeben. Bei Sauerstoffmangel und Kohlensäureüberladung in den Geweben wird das Atemzentrum im Gehirn gereizt. Es steuert den Rhythmus der Atembewegungen und versucht in diesem Fall, die Störung durch vertiefte oder beschleunigte Atmung (Tachypnoe) auszugleichen. Ist die Anzahl der Atemzüge (Atemfrequenz) doppelt so hoch wie oben angegeben, liegt eine beschleunigte Atmung vor.
Die Atemfrequenz ist auch von der Körpertemperatur und der Pulsfrequenz abhängig. Fieber

Atemstörungen durch
- hohes Fieber
- Angstzustände
- Bronchitis, Bronchiolitis, Asthma, Kehldeckelentzündung, Krupphusten, Lungenentzündung, Kollaps der Lungen, Fremdkörpereinatmung in die Luftwege
- Herzkrankheiten
- Blutarmut
- Vergiftungen
- Austrocknung des Körpers (Exsikkose)
- Keuchhusten, Diphtherie

- Nahrungsmittelallergie
- zystische Fibrose
- diabetisches Koma (bei Zuckerkrankheit)
- Schilddrüsenvergrößerung
- Lymphknotentumore
- Tuberkulose

verursacht immer einen Anstieg der Atembewegungen, wobei zwei bis drei Atemzüge pro Minute mehr für jedes Grad Temperaturerhöhung als normal anzusehen sind.
Eine beschleunigte Atmung tritt besonders dann auf, wenn die Atemwege oder die Lunge selbst erkrankt ist oder mechanische Atembehinderungen vorliegen. Beispiele dafür sind Krupphusten, Kehldeckel- oder Luftröhrenentzündung, Bronchitis, Asthma, Lungenentzündung, eingeatmete Fremdkörper (Aspiration) oder Kollaps der Lungen (Pneumothorax). Eine schlechte Sauerstoffversorgung, die Kurzatmigkeit hervorruft, kann für das Vorliegen einer Herzerkrankung, einer schweren Anämie oder einer Kohlenmonoxidvergiftung (durch Autoabgase oder defekte Heizung) sprechen. Ferner tritt eine schnelle Atemtätigkeit nach einer Aspirinvergiftung auf, durch die das Atemzentrum im Gehirn angeregt wird; eine beschleunigte Atmung ist ebenso zu verzeichnen bei entgleistem Blutzucker (Diabetes) und bei Austrocknung oder Vergiftung des Körpers (Dehydratation, Toxikose). Auch Angstzustände verursachen manchmal eine veränderte Atemtätigkeit.
Bei der *Atemnot* (Dyspnoe) handelt es sich um eine teils beschleunigte, teils vertiefte, aber immer deutlich angestrengte Atmung unter Zuhilfenahme der Atemmuskulatur. Beim Kind beobachtet man Einziehungen unter dem Rippenbogen, Bewegungen der Nasenflügel (Nasenflügelatmen) und stöhnende Ausatmung. Die Dyspnoe kann das wichtigste Zeichen einer schweren Erkrankung der Bronchien und der Lungen (wie eine Bronchopneumonie) sein.
Am gefährlichsten sind *Atemunterbrechungen* (Apnoen, apnoische Anfälle). Dabei kommt es nach einigen Atemzügen zu einem Atemstillstand, dem einzelne kurze Atemzüge folgen (Schnappatmung).

Augenbrennen - Augenausfluß

Augenbrennen durch
- Fremdkörper im Auge
- Infektionskrankheiten (Masern, Kawasaki-Syndrom, Typhus, eventuell Scharlach, Herpes, Windpocken)
- allergische Reaktionen (Augenallergie, Heuschnupfen, Nesselsucht)
- Gerstenkorn
- Tränen-Nasen-Gang-Verstopfung
- Bindehautentzündung
- Erkältungskrankheiten
- Nasennebenhöhlenentzündung
- Sehfehler

Wenn ein Kind über Brennen und Schmerzen in den Augen klagt, kann ein Fremdkörper, zum Beispiel ein Staubkorn, eingedrungen sein, der auf der Bindehaut der Augenlider sitzt und bei jedem Lidschlag auf der Hornhaut kratzt. Befindet er sich unter dem Oberlid, faßt man dieses an den Wimpern und zieht es mehrmals nach unten. Läßt er sich dadurch nicht entfernen, legt man ein Streichholz quer auf das Oberlid und zieht dieses darüber, indem man die Wimpern festhält. Den nun sichtbaren Fremdkörper wischt man mit dem Zipfel eines sauberen Taschentuchs oder mit einem Wattestäbchen vorsichtig zur Nase hin aus.
Sitzt ein Fremdkörper auf der Hornhaut, sollte er vom Arzt entfernt werden. Eine Verletzung des Auges durch einen eingedrungenen Fremdkörper gehört umgehend in augenärztliche Behandlung. Bei einer Schwellung der Augenlider, verbunden mit einer örtlichen Druckschmerzhaftigkeit und einem Fremdkörpergefühl im Auge, kann es sich um die Bildung eines Gerstenkorns handeln (siehe Seite 69).
Bei Neugeborenen sind die Augenlider manchmal geschwollen und sondern ein Sekret ab. Das ist eine normale Reaktion auf den starken Druck beim Durchtritt durch den Geburtskanal und auf die Augentropfen, die Neugeborene vorbeugend erhalten (siehe Seite 68). Diese Erscheinung ist harmlos. Bei stärkerer oder länger andauernder Sekretabsonderung sollte das Kind jedoch dem Arzt vorgestellt werden. Denn es kann sich hierbei auch um eine Tränen-Nasen-Gang-Verstopfung handeln, die vom Arzt beseitigt werden muß.
Ist das Auge entzündlich gerötet und tränt, kann eine Augenbindehautentzündung dahinterstecken (siehe Seite 68).
Kommen alle diese Möglichkeiten nicht in Frage und sind keine sichtbaren Veränderungen am Auge wahrzunehmen, muß an das Vorliegen einer Sehstörung gedacht werden, besonders wenn gleichzeitig Lichtempfindlichkeit und Kopfschmerzen bestehen.
Ein brennendes Gefühl in den Augen mit Schmerzen im Schläfenbereich oder im Oberkiefer unterhalb der Augen kann auf eine Nasennebenhöhlenentzündung hinweisen (siehe Seite 92). Bei Infekten der oberen Luftwege sind die Augen meist mehr oder weniger stark

in Mitleidenschaft gezogen, da durch die Anschwellung der Nasenschleimhaut der Tränenabfluß in die Nase oftmals sehr behindert ist.

Häufigeres Augenreiben bei Säuglingen und Kleinkindern ist in der Regel lediglich ein Zeichen für Müdigkeit.

Bauchschmerzen

Wegen „Bauchschmerzen" werden Kinder am häufigsten dem Arzt vorgestellt. Das liegt daran, daß kleine Kinder, aber auch noch Schulkinder bis etwa zum zehnten Lebensjahr, Schmerzen im Körper noch nicht genau lokalisieren können und den Bauchraum meist als Sitz ihrer Beschwerden empfinden, selbst wenn sich die Krankheit in bauchfernen Organen abspielt. Beispielsweise gehen grippale Infekte, Hals- und Mandelentzündungen, Mittelohr- und Lungenentzündungen häufig mit Bauchschmerzen einher. Seelische Probleme können aber ebenfalls dahinterstecken. Bei Säuglingen sind Blähungen oftmals der Grund für die Beschwerden, die sich bei ihnen durch Unruhe und anhaltendes Schreien äußern.

Bauchschmerzen bei Kindern können harmlos sein und vorübergehen, aber mitunter deuten sie auch auf eine ernste Erkrankung hin. So sollte stets an die Möglichkeit einer „Blinddarmentzündung" (Wurmfortsatzentzündung = Appendizitis) gedacht werden. Klagt das Kind zuerst über Schmerzen in der Nabelgegend und später im rechten Unterbauch, beugt es beim Gehen den Oberkörper nach vorn und „hinkt" mit dem rechten Bein, oder zieht es im Liegen das rechte Bein an den Körper, kann eine Appendizitis vorliegen. Fühlt sich die Bauchdecke zusätzlich hart an, muß das Kind sofort zum Arzt gebracht werden.

Eine Verstopfung ist als Ursache der Bauchschmerzen anzunehmen, wenn das Kind über längere Zeit keinen oder kürzlich einen sehr harten Stuhlgang hatte, wenn krampfartige Schmerzen in der linken Körperseite auftreten und der Bauch dabei weich und nicht druckempfindlich ist. Hat das Kind verdorbene Nahrung, zuviel oder alles mögliche durcheinander gegessen oder wenn es mit jemandem Kontakt hatte, der an einer Magen-Darm-Infektion leidet, liegt den Bauchschmerzen wahrscheinlich eine allgemeine Darmstörung zugrunde. Dies ist auch der Fall, wenn die Schmerzen kolikartig (wiederkehrend) im Oberbauch oder um den Nabel herum auftreten. Oft folgen diesen Darmstörungen auch Durchfall und/oder Erbrechen.

Schuld an den Bauchschmerzen kann ebenfalls eine Harnwegsinfektion sein, wobei das Kind zudem noch Fieber bekommt, häufig auf die Toilette muß und Schmerzen beim Wasserlassen hat. Ständige, sich verschlimmernde Schmerzen sind im allgemeinen ernster zu nehmen als wiederkehrende, krampfartige Beschwerden. Mit Schleim- oder Blutbeimengungen im Stuhl verbundene Bauchkrämpfe dürfen Sie jedoch nicht leichtnehmen.

Durch seelische Spannungen oder tiefen Kummer verursachte Bauchschmerzen geben sich meistens durch tröstlichen Zuspruch, zärtliche Bauchmassage und liebevolle Zuwendung.

<u>Bauchschmerzen bei</u>

- Durchfallerkrankungen
- Magen-Darm-Infektionen, Salmonellen, Ruhr, Typhus
- Appendizitis
- Harnwegsinfektionen
- Nahrungsmittelallergie
- Leberentzündung
- Magen- und Zwölffingerdarmgeschwüren
- eingeklemmtem Leistenbruch, Hodentorsion
- Colitis ulcerosa, Morbus Crohn
- Darmverschluß, Darmeinstülpung
- Koliken, Verstopfung
- Grippe, Kinderlähmung
- Pfeifferschem Drüsenfieber, Mumps, Scharlach
- Lungenentzündung, Angina
- Würmern
- Vergiftungen
- diabetischem Koma
- Angst, seelischen Konflikten

Blässe

Die Farbe der Haut ist abhängig von ihrer Durchblutung und von ihrem natürlichen Gehalt an Pigmentstoffen. Bei auffallender Blässe, verbunden mit farblosem Aussehen der Mundschleimhaut und der Bindehautsäcke der Augen, kann eine Blutarmut (Anämie) zugrunde liegen.

Schwere Nierenkrankheiten, angeborene Herzfehler und Erkrankungen wie Leukämie führen zu einer durchscheinenden Gesichtsfarbe.

Plötzlich auftretende Blässe bei gleichzeitig raschem, schwachem Puls, Schweißausbruch und zunehmender Schwäche kann durch einen Schock hervorgerufen werden.

<u>Blässe durch</u>

- Kreislaufstörungen
- Blutarmut
- Harnwegsinfektionen
- Herzfehler
- Nierenkrankheiten
- Schockzustand

Brustschmerzen

Brustschmerzen bei
- Erkältungskrankheiten mit Husten
- Bronchitis
- Rippenfellentzündung
- Gürtelrose
- Muskelzerrung oder -prellung
- Rippenbruch
- Zwerchfellbruch
- Lungenverletzungen
- Fremdkörperaspiration

Ein vorübergehender stechender Schmerz im Brustraum unterhalb des Brustkorbs oder an den Rippenbögen kann bei Krämpfen im Zwerchfell durch falsches Atmen, bei Gasbildung im Dickdarm oder bei ungewohnter körperlicher Betätigung, beispielsweise bei oder nach schnellem Laufen, auftreten. Dieses sogenannte „Seitenstechen" in der linken Körperseite wird von Zusammenziehungen der Milz verursacht, die bei körperlicher Anstrengung ihre Blutreserve an den Kreislauf abgibt. Solche Beschwerden sind harmlos, sie hören nach einer kurzen Ruhepause wieder auf.

Infektionen der oberen Luftwege sind beim Einatmen häufig von Schmerzen hinter dem Brustbein begleitet, wenn Luftröhre und Bronchien entzündet sind (Tracheobronchitis). Häufige, schwere Hustenattacken können das Zwerchfell reizen und Schmerzen am unteren Rippenbogen auslösen.

Starke Beschwerden in der Brust, die besonders beim tiefen Durchatmen und beim Husten empfunden werden, entstehen bei einer Lungenentzündung, wenn die Erkrankung auf das schmerzempfindliche Brustfell (Pleura) übergegriffen hat, das als zarte Gewebshaut die innere Brustkorbwand (Rippenfell) und die Lungenoberfläche (Lungenfell) überzieht. Eine solche Pleuritis wird gemeinhin als Rippenfellentzündung bezeichnet. Einseitige Brustschmerzen und flache Atembewegungen der betroffenen Seite weisen auf den Sitz der Entzündung hin.

Wenn Lungenbläschen infolge schwerer Lungenveränderungen zerplatzen, etwa nach chronischen Lungenentzündungen oder bei Bronchialasthma, oder wenn die Lunge bei einem Unfall verletzt wird, kann Luft aus der Lunge in den Brustfellraum austreten oder von außen eindringen, so daß der Lungenflügel ganz oder teilweise zusammenfällt (Pneumothorax). Als Symptome treten plötzliche Atemnot, stechende, einseitige Schmerzen in der Brust und Kreislaufschwäche auf.

Bei Fehlbildungen oder Verletzungen des Zwerchfells kann es zu einem Zwerchfellbruch (Hiatushernie) kommen. Die Brustschmerzen sind dabei im Liegen deutlich spürbar, bei aufrechter Körperhaltung dagegen nehmen sie ab oder verschwinden ganz.

Verletzungen im Bereich des Brustkorbs, wie Muskelzerrungen, Prellungen oder Rippenbrüche, rufen Beschwerden hervor, die sich bei tiefem Atmen verstärken.

Ein in der Luftröhre festsitzender Fremdkörper, den ein Kind unbemerkt verschluckt hat, löst anfangs Hustenanfälle, Brustschmerzen und eventuell Atemstörungen aus. Die Beschwerden können nachlassen, nach Tagen oder Wochen treten dann aber die Symptome einer Lungenentzündung auf.

Erkrankungen oder Fehlbildungen des Herzens verursachen bei Kindern selbst in schweren Fällen selten die typischen Brustschmerzen, wie wir sie von Erwachsenen kennen.

Durchfall (Diarrhö)

Durchfall durch
- falsche Ernährung, verdorbene Nahrungsmittel
- Darminfektionen (u. a. Salmonellen, Ruhr, Typhus)
- Nahrungsmittelallergie
- Kuhmilchunverträglichkeit
- Appendizitis
- Harnwegsinfektion
- Mittelohrentzündung

Bei Durchfall verliert der Stuhl seine gewohnte Konsistenz, er wird weich oder flüssig, ist oftmals übelriechend und manchmal grünlich verfärbt; außerdem kann er Blut- oder Schleimbeimengungen enthalten. Wichtig für die Beurteilung der Schwere der Erkrankung ist auch die Häufigkeit der Stuhlentleerungen. Es können in leichten Fällen nur einige wenige oder aber in schweren Fällen bis zu zwanzig dünnflüssige Stühle innerhalb von 24 Stunden auftreten. Sind es nur ein oder zwei dünne Stühle und normalisiert sich der Zustand anschließend, liegt keine besorgniserregende Darmstörung vor.

Mit wäßrigen Stühlen gehen immer auch Körperflüssigkeit und Mineralsalze verloren, was insbesondere bei Säuglingen und Kleinkindern unter fünf Jahren sehr rasch zu Austrocknungserscheinungen (Exsikkose) führen kann. Je jünger das Kind ist, desto schneller entwickeln sich unter Umständen ernste Komplikationen mit lebensgefährlichen Störungen des Kreislaufs und des Stoffwechsels.

Die meisten akuten Durchfallerkrankungen werden durch Infektionen des Verdauungstrakts mit verschiedenen Viren oder Bakterien hervorgerufen. Als weitere Ursachen kommen Pilze, Parasiten, Vergiftungen sowie Ernährungsfehler in Betracht. Kinder reagieren auch auf viele Antibiotikapräparate mit Durchfall. Manche Nahrungsmittelbestandteile lösen bei bestimmten Erkrankungen langanhaltende Durchfälle aus, zum Beispiel Getreideprodukte bei Zöliakie (siehe Seite 142), Milchprodukte bei Kuhmilcheiweißunverträglichkeit oder Milchzucker bei Laktoseintoleranz.

Auch während der Zahnungszeit des Kleinkindes kann man häufiger dünne Stühle beobachten. Sie sind aber nicht direkt auf das Zahnen zurückzuführen, sondern auf eine erhöhte Infektanfälligkeit in dieser Zeit. Infektionen der Atemwege, Harnwegserkrankungen und Mittelohrentzündungen werden dagegen bei kleinen Kindern oft von Durchfall begleitet, ohne daß der Darm infiziert ist.

Bei Durchfall leidet das Kind meist unter krampfartigen Bauchschmerzen, hauptsächlich vor und nach den Stuhlentleerungen. Es hat gewöhnlich keinen Appetit, Erbrechen kann sich einstellen und auch Fieber, das auf eine infektiöse Ursache hinweist. Bei Säuglingen kündigt sich die Verdauungsstörung in vielen Fällen schon durch Nahrungsverweigerung, Unruhe, häufiges Schreien und wunde Haut im Windelbereich an, noch ehe die eigentlichen Durchfälle auftreten.

Bei Kindern, die älter sind als fünf Jahre, verlaufen Durchfallerkrankungen oft leichter und dauern weniger lang als bei jüngeren Kindern, und es kommt nicht so schnell zu Austrocknungserscheinungen. Allerdings ist diese Gefahr dennoch gegeben, wenn mit dem Durchfall Erbrechen einhergeht und deshalb zuwenig Flüssigkeit aufgenommen wird.

Die häufigste Ursache von Durchfällen bei größeren Kindern sind Virusinfektionen (Darmgrippe). Ruhrbakterien und Parasiten wie Salmonellen sind die zweithäufigsten Krankheitserreger. Und schließlich können Durchfälle noch von verdorbener Nahrung und durch die im Nahrungsmittel von Bakterien gebildeten Gifte (Lebensmittelvergiftung) ausgelöst werden oder auf einer allergischen Reaktion nach dem Genuß bestimmter Nahrungsmittel beruhen. Andere Krankheiten, die langanhaltende und häufige Durchfälle hervorrufen, sind:

die *Colitis ulcerosa* – eine entzündliche Erkrankung des Dickdarms (Colon) mit geschwürigen Veränderungen der Schleimhaut und blutigschleimigen Durchfällen,

die *Crohn-Krankheit (Morbus Crohn)* – eine sich wiederholende Entzündung der Dünn- und Dickdarmschleimhaut,

die *zystische Fibrose (Mukoviszidose)* – eine erbliche Erkrankung der schleimbildenden Drüsen, die unter anderem zu einer chronischen Verdauungsschwäche mit sehr massigen, fettglänzenden und stark übelriechenden Stühlen führt.

- grippalen Infekt
- Vergiftung
- Arzneimittelreaktionen
- Zöliakie
- zystische Fibrose (Mukoviszidose)
- Colitis ulcerosa, Morbus Crohn

Erbrechen (Emesis)

Erbrechen tritt während der Kindheit häufig auf, und meist steckt nichts Ernstes dahinter. Viele Säuglinge spucken oder erbrechen hin und wieder, das ist völlig harmlos, wenn die normale Gewichtszunahme dadurch nicht beeinträchtigt wird. Übermäßiges Erbrechen allerdings kann eine Unverträglichkeit der Babynahrung, der Milch oder Nahrungsmittel anzeigen. Häufiges schwallweises Erbrechen nach den Mahlzeiten in den ersten drei Lebensmonaten läßt den Verdacht auf einen Magenpförtnerkrampf zu. Alle Infektionen des Magen-Darm-Kanals und alle Ernährungsstörungen der Säuglinge können von Erbrechen begleitet sein. Aber auch Infektionskrankheiten, die sich außerhalb des Magen-Darm-Traktes abspielen, können die Ursache dafür sein; manchmal gehört es zu den ersten Anzeichen einer beginnenden Krankheit (grippaler Infekt, Harnwegsinfektion, Angina, Gehirnentzündung, Scharlach). Gemeinsam mit Bauchschmerzen findet es sich bei Appendizitis (Wurmfortsatzentzündung), Darmverschluß (Ileus), bei Einstülpung eines Dünndarmabschnittes in den Dickdarm (Invagi-

<u>Erbrechen durch</u>
- seelische Labilität, psychische Belastung, Aufregung
- verdorbenen Magen
- Magen-Darm-Infektionen
- Erkältungskrankheiten, Mandelentzündung
- Nahrungsmittelallergie
- Magenpförtnerkrampf
- Harnwegsinfektionen
- Scharlach, Keuchhusten

- Hirnhaut- und Gehirnentzündung, Gehirnerschütterung, Gehirntumor, Migräne
- Appendizitis
- Darmverschluß, Darmeinstülpung
- eingeklemmten Leistenbruch
- Vergiftungen

nation) und eingeklemmten Brüchen (Hernien). Schwere Kopfschmerzen etwa bei Migräne, Gehirntumoren und Gehirnerschütterung lösen ebenfalls Erbrechen aus. Tritt es zusammen mit Fieber, Kopfschmerzen und Nackensteifigkeit auf, muß an eine Hirnhautentzündung (Meningitis) gedacht werden.

Doch nicht nur das Erbrechen selbst kann das Symptom einer Krankheit sein, auch die Farbe, der Geruch und die Beimengungen des Erbrochenen geben Hinweise auf die vorliegende Krankheit. Gewöhnlich werden zuerst säuerlich riechende Speisereste, dann gelblich-schleimiger Magensaft und schließlich gelblich-grüne Galle erbrochen. Bluterbrechen zeigt sich durch dunkelbraunes, kaffeesatzähnliches Aussehen des Erbrochenen, wenn der Magensaft das Blut zersetzt hat. Bei einem Darmverschluß kann Kot erbrochen werden.

Psychisch labile Kinder reagieren manchmal auf Beeinträchtigungen ihres Wohlbefindens mit unstillbarem Erbrechen. Bei der dadurch hervorgerufenen Stoffwechselstörung entsteht vermehrt Aceton, das über die Lunge ausgeatmet wird und wodurch das Kind einen obstartigen Acetongeruch ausströmt *(acetonämisches Erbrechen)*.

Der Flüssigkeits- und Salzverlust führt bei anhaltendem Erbrechen zu Austrocknungserscheinungen. Häufiges Erbrechen, das sich nicht durch Nahrungsentzug und schluck- oder löffelweise Gabe von kühler bis eiskalter Flüssigkeit beheben läßt, gehört in ärztliche Behandlung: Je jünger das Kind ist, desto früher muß der Arzt eingeschaltet werden.

Fieber

Beim gesunden Kind liegt die Körpertemperatur bei 36,5–37,5° C. Sie ist morgens niedriger als abends und kann kurzfristig über 37,5° C ansteigen, wenn das Kind lange schreit, herumtobt oder aufgeregt ist. Bis zu 38° C besteht eine erhöhte Temperatur, bis 38,5° C leichtes und zwischen 38,5 und 38,9° C mäßiges Fieber. Bei Temperaturen von 39,0 bis 40,5° C liegt hohes und darüber sehr hohes Fieber vor.

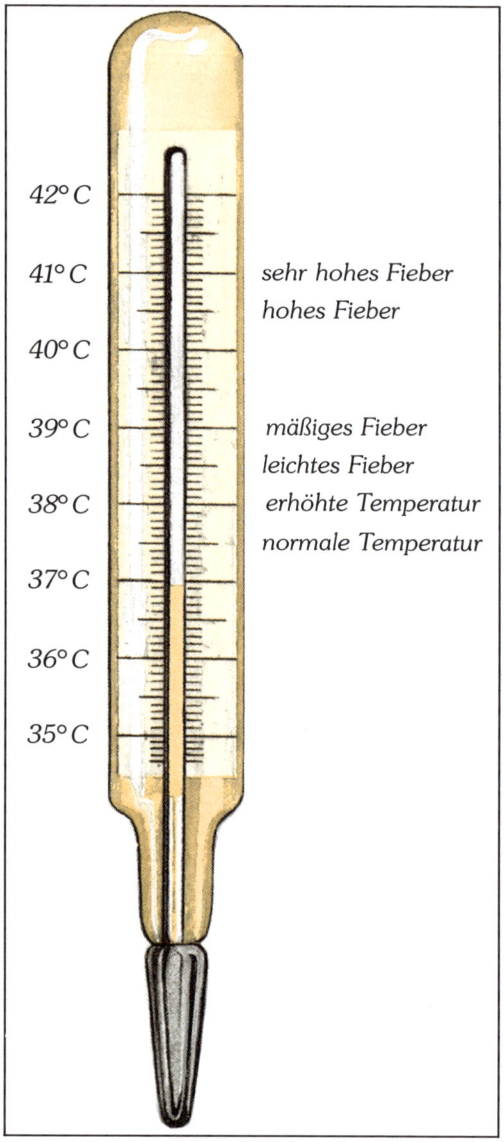

Die zuverlässigste Anzeige der Körpertemperatur erhält man im Kindesalter durch die rektale Messung im After (siehe Seite 27). Durch bloßes Handauflegen oder Farbveränderungen auf Teststreifen kann man den Grad des Fiebers nicht bestimmen. Bei älteren Kindern ist auch die axillare Messung möglich (siehe Seite 28); dabei liegt die Temperatur allerdings um 0,5° C niedriger als im Körperinneren. Zeigt das Thermometer also 37° C und mehr an, handelt es sich um erhöhte Temperatur oder Fieber.

Ausgelöst wird Fieber durch bestimmte fiebererzeugende (pyrogene) Substanzen, Gifte oder Stoffwechselprodukte von Krankheitserregern, Zerfallsprodukte von bösartigen Geschwülsten, Blutergüsse und andere Prozesse im Körper, durch die das Temperaturzentrum im Zwischenhirn gereizt wird. Dessen Regelmechanismen halten gewöhnlich die normale Körpertemperatur konstant, auch wenn sich die Umweltbedingungen ändern. Dieser „Thermostat" wird nun durch das Krankheitsgeschehen zu hoch eingestellt. Fieber entsteht. Bei Kindern, insbesondere bei Säuglingen, ist die Funktion des Temperaturzentrums aber noch nicht vollständig ausgereift, sie fiebern daher schneller und höher als Erwachsene. Oft genug allerdings entsteht Fieber einfach dadurch, daß ein Baby zu warm angezogen ist und sich ein Wärmestau bildet. Bei Neugeborenen und kleinen Säuglingen kommt es auch sehr schnell zu dem sogenannten „Durstfieber", wenn sie zuwenig Flüssigkeit erhalten. Ebenso führt Flüssigkeitsverlust bei Durchfall und/oder Erbrechen zu Fieber und kann die Temperatur noch weiter in die Höhe treiben.

Da Kinder nun einmal während der ersten Lebensjahre dazu neigen, auch bei geringen Anlässen hohes Fieber zu entwickeln, verursachen relativ harmlose Krankheiten oft Temperaturen von 41° C, während ernste Erkrankungen, wie Leukämie oder Kinderlähmung, nur einen leichten oder gar keinen Temperaturanstieg hervorrufen. Nicht das Thermometer zeigt die Gefährlichkeit einer Krankheit an, sondern die zugrundeliegende Ursache und der Verlauf sind die Maßstäbe zur Beurteilung der Situation. Ein Kind mit einer Mandelentzündung und 38,5° C Fieber ist nicht weniger krank als ein anderes mit einer Temperatur von über 40° C.

Tritt bei einem Kind Fieber auf, geraten viele Eltern fast in Panik. Sie nehmen irrtümlicherweise an, je höher das Fieber ist, desto schlechter gehe es dem Kind. Sie glauben, das Fieber bekämpfen und die Temperatur so schnell wie möglich auf normale Werte bringen zu müssen. Sie sollten lernen, Fieber als einen Freund des Kindes zu betrachten, denn es hilft dem Körper, seine Abwehrmechanismen zu mobilisieren und gegen die Krankheitserreger einzusetzen. Hohe Temperaturen hemmen das Wachstum von Viren – gegen die es noch kein Heilmittel gibt – und einigen Bakterienarten. Außerdem wird der Organismus in die Lage versetzt, den wirksamen Abwehrstoff Interferon zu bilden, der möglicherweise sogar als ein Mittel gegen bestimmte Krebsarten angesehen werden kann. Außerdem beschleunigt Fieber die Stoffwechselprozesse und fördert die Durchblutung des Körpers; auch diese sinnvollen Vorgänge helfen bei der allgemeinen Überwindung einer Krankheit.

Der unbeeinflußte Fieberverlauf zeigt wie ein Barometer an, ob eine Krankheit überstanden ist oder nicht. Das Muster der Temperaturschwankungen kann für eine Krankheit charakteristisch sein und dem Arzt die Diagnose erleichtern. Auch die Wirksamkeit eines Antibiotikums kann nach der Temperaturkurve beurteilt werden.

Leidet ein krankes Kind, das sich ohnehin nicht wohl fühlt, unter dem Fieber, verursachen ansteigende Temperaturen Schüttelfrost oder besteht bei einem dafür empfänglichen Kleinkind die Gefahr von Krampfanfällen, dann ist es vernünftig, das Fieber mit entsprechenden Medikamenten zu senken. Sie müssen sich jedoch klarmachen, daß Sie mit Ihren Maßnahmen zur Fieberbekämpfung Ihrem Kind nicht schaden dürfen und daß mit erfolgreicher Temperatursenkung noch längst nicht die zugrundeliegende Krankheit auskuriert ist.

<u>Fieber durch</u>
- Austrocknung des Körpers bei Flüssigkeitsverlust, Durstfieber bei Säuglingen
- Überhitzung des Säuglings durch zu warme Kleidung oder Decken

<u>mäßiges Fieber bei</u>
- Erkältung
- Krupphusten
- Bronchitis
- Lungenentzündung
- Fieberkrampf
- Leukämie
- Appendizitis
- Harnwegsinfektionen
- Diphtherie, Kinderlähmung, Röteln, Keuchhusten, Pfeifferschem Drüsenfieber, Windpocken
- Salmonelleninfektionen
- Tuberkulose
- infektiöser Leberentzündung

<u>hohes Fieber bei</u>
- Mittelohrentzündung
- eitriger Angina
- Nasennebenhöhlenentzündung
- Kehlkopfentzündung
- Bronchiolitis
- Lungenentzündung
- Fieberkrampf
- Hirnhaut- und Gehirnentzündung
- akute Magen-Darm-Infektion
- akuter Nierenentzündung
- rheumatischem Fieber
- Blutvergiftung
- Dreitagefieber, Grippe, Herpes, Typhus, Masern, Mumps, Scharlach, Kawasaki-Syndrom, Toxoplasmose
- Hitzschlag

Gliederschmerzen

Gliederschmerzen durch
- Hüftgelenkserkrankungen, Fußschäden
- Leukämie, Kawasaki-Syndrom
- Rachitis
- Purpura Schönlein-Henoch, Nesselsucht
- Frühsommermeningoenzephalitis (FSME)
- Grippe, Kinderlähmung
- Pfeiffersches Drüsenfieber
- Ruhr, Typhus, Paratyphus
- Tetanus, Tuberkulose
- Tumore

Gliederschmerzen begleiten viele akute Krankheiten, und auch Schmerzen und Schwellungen der Gelenke können Zeichen eines krankhaften Geschehens im Körper sein.
Die Schmerzen aber, über die Kinder am häufigsten klagen, treten meistens während der Wachstumsphasen und besonders an den Knien, den Waden und den Schienbeinen auf (4.–6. und 10.–15. Lebensjahr), darum werden sie oft als „Wachstumsschmerzen" bezeichnet. Das Wachsen selbst verursacht dem Kind natürlich keine Beschwerden, sondern es spürt sie durch übermäßigen Gebrauch der Muskeln, Sehnen und Bänder, die noch nicht voll entwickelt sind.

Bewegungsfreudige Kinder nehmen bei ihren Aktivitäten keine Rücksicht auf ihren Körper; die noch im Wachsen befindlichen Muskeln, Knochen und Gelenke werden dadurch zu sehr strapaziert. Die Schmerzen treten typischerweise in Ruhephasen in Erscheinung, gewöhnlich also in der Nacht, und können heftig genug sein, das Kind zu wecken. Im aktiven Zustand machen sie sich nicht bemerkbar; das ist der Unterschied zu krankhaften Störungen, bei denen sich die Beschwerden ja gerade dann verschlimmern. Wenn das Kind jedoch angibt, öfter Schmerzen an einer bestimmten Stelle zu haben, sollte vorsichtshalber ein Arzt aufgesucht werden.

Hautausschlag (Exanthem)

Hautausschlag bei
- Masern
- Röteln
- Scharlach
- Windpocken
- Dreitagefieber
- Gürtelrose
- Herpes simplex
- Allergien
- Ekzem
- Gneis (Kopfgrind)
- Windeldermatitis
- Pilzinfektionen
- Typhus
- Pfeifferschem Drüsenfieber
- Kawasaki-Syndrom
- Leberentzündung
- Meningokokkensepsis

Von gelegentlichen Hautausschlägen bleibt kaum ein Kind verschont. Sie erscheinen oft plötzlich mit rötlichen Flecken, Papeln (Knötchen), Pusteln (Eiterbläschen), Quaddeln (hellrosa oder weißliche Erhebungen) und/oder flüssigkeitsgefüllten Bläschen und sind häufig von Juckreiz begleitet. Die Hautveränderungen können am ganzen Körper auftreten, sich auf größeren Hautflächen oder nur auf eng begrenzten Hautbezirken zeigen. Sie sind so vielgestaltig und die Ursachen so zahlreich, daß nicht immer herausgefunden werden kann, was den Hautausschlag ausgelöst hat. Er kann unter anderem die Folge eines direkten Kontaktes mit Chemikalien beispielsweise in Haushaltsprodukten, Pflegemitteln und Medikamenten oder mit Geweben wie Wolle oder Kunstfasern sein, aber auch aufgrund von Sonnen-, Hitze- oder Kälteeinwirkung auftreten. Bestimmte Nahrungsmittel oder Nahrungsmittelzusätze verursachen bei allergischer Reaktionsbereitschaft ebenfalls einen Hautausschlag.
Auch einige Infektionskrankheiten, wie Masern, Röteln, Windpocken, Scharlach, Herpes und Gürtelrose, machen sich durch Reaktionen der Haut bemerkbar. Sie bringen einen für die Krankheit typischen Ausschlag hervor, der jedoch meistens nicht allein auftritt, sondern im allgemeinen sind noch andere Symptome vorhanden.
Hautverfärbungen, wie eine auffallende Rötung besonders im Gesicht, zeigen sich bei Fieber, starker Erregung und Blutandrang im Kopf; eine bläuliche Verfärbung, vornehmlich der Lippen und der Fingerspitzen, tritt bei Unterkühlung, Atemnot oder Kreislaufstörungen auf. Eine Gelbfärbung, die meist mit einer Erkrankung der Leber einhergeht, ist zuerst an der Lederhaut der Augen erkennbar und breitet sich dann über den ganzen Körper aus.

Heiserkeit

Heiserkeit, von einer leisen, klanglosen, rauhen Stimme an bis hin zum völligen Stimmverlust, ist meist die Folge von entzündlichen Veränderungen an den Stimmbändern, so daß diese nicht mehr frei schwingen können. Solche Entzündungen entstehen meist aufgrund eines grippalen Infekts.
Bei Kindern wird Heiserkeit auch häufig durch eine übermäßige Beanspruchung der Stimmbänder, durch langes und lautes Sprechen oder Schreien, hervorgerufen. Bei anhaltender oder wiederholter Heiserkeit durch ständige Überanstrengung des Stimmapparats können sich kleine warzenähnliche Gewebsknoten (Sänger- oder Schreiknötchen) an den Stimmbändern bilden. Kinder, die unter Heiserkeit leiden, müssen deshalb dazu angehalten werden, ihre Stimme zu schonen.
Eine Schleimhautschwellung im Kehlkopfbereich, wie sie als allergische Reaktion, bei Kehlkopfentzündung oder Krupphusten auftritt, verursacht Heiserkeit bis hin zur Stimmlosigkeit und mehr oder weniger schwere Atemnot.
Eine heisere oder veränderte Klangfarbe der Stimme haben auch Kinder, die Wucherungen der Rachenmandeln (Polypen) aufweisen, denn bei der Tonerzeugung spielt der Nasen-, Mund- und Rachenraum eine wichtige Rolle. Durch hormonelle Einflüsse, zum Beispiel bei einer Schilddrüsenunterfunktion, kann die Stimme ebenfalls heiser klingen.
Manches Baby kommt mit einer angeborenen Weichheit des Kehlkopfes zur Welt, so daß dieser beim Einatmen teilweise nach innen gesogen wird. Durch die Verengung entsteht ein pfeifendes Geräusch (Stridor connatus), und auch das Schreien des Kindes hört sich heiser an, vor allem, wenn es auf dem Rücken liegt. Aber bis zum Ende des zweiten Lebensjahres ist das Atemgeräusch gewöhnlich verschwunden.
Dauert eine Heiserkeit länger als zwei Wochen, muß unbedingt der Arzt aufgesucht werden.

Heiserkeit bei
- Halsentzündung
- Krupphusten
- Kehlkopfentzündung
- Diphtherie
- Allergien
- Stimmbandreizung durch Überanstrengung
- Polypen
- Schilddrüsenunterfunktion
- Stridor

Herzjagen (Tachykardie)

Eine Steigerung der Zahl der Herzschläge pro Minute ist bei körperlicher Aktivität, seelischer Erregung und hohem Fieber normal. Die erhöhte Herzfrequenz wird dann als „Herzklopfen“ wahrgenommen.
Ein anfallsweises Auftreten solcher Tachykardien, das als unangenehmes Herzjagen empfunden wird, hat meistens ebenfalls keine krankhaften Ursachen. Es handelt sich im allgemeinen um vegetative Regulationsstörungen bei Kindern und Jugendlichen, die zu solchen Fehlsteuerungen des vegetativen Nervensystems neigen.
Das vegetative Nervensystem – Sympathikus und Parasympathikus – beeinflußt die Drüsentätigkeit und die Muskulatur der inneren Organe. Es arbeitet selbständig (autonom) und unabhängig von einer willkürlichen Beeinflussung. Seine Tätigkeit steht aber zweifellos in enger Beziehung zur seelischen Verfassung des Menschen. Durch psychische Belastungssituationen, familiäre Spannungszustände, schulische Überforderung, also durch jede Art von Streß, kann das empfindliche Gleichgewicht des vegetativen Nervensystems gestört werden, und es stellen sich Fehlregulationen der Organe ein.
Unter Herzklopfen leiden besonders die sogenannten „Orthostasekinder“ (siehe Seite 100).
Als krankhafte organische Ursachen für das Herzjagen kommen in Frage: eine angeborene Mißbildung des Herzmuskels; eine Herzmuskelentzündung (Myokarditis) als Folge rheumatischen Fiebers, einer Infektionskrankheit, zum Beispiel nach Grippe, Diphtherie, Meningitis, Scharlach oder Toxoplasmose, und von chronischen Eiterherden, etwa bei häufigen Mandelentzündungen.
Ein erworbener Herzklappenfehler, der durch eine rheumatische Herzinnenhautentzündung (Endokarditis) verursacht wurde, ist ebenfalls von Herzjagen begleitet. Ferner ist es Symptom einer Schilddrüsenüberfunktion.

Herzjagen bei
- seelischem Streß
- Orthostasesyndrom
- Herzmißbildungen
- Herzmuskelentzündung
- Herzklappenfehler
- Herzinnenhautentzündung
- Schilddrüsenüberfunktion
- Herzrhythmusstörungen

Husten

Husten bei
- Erkältungskrankheiten
- Bronchiolitis, Bronchitis
- Kehlkopfentzündung
- Krupphusten
- Lungenentzündung
- Nasennebenhöhlenentzündung
- Grippe, Asthma
- Masern, Keuchhusten, Scharlach, Diphtherie
- zystischer Fibrose

Husten ist ein Reflex, der immer dann einsetzt, wenn ein fremdes Objekt in die Atemwege eindringt oder deren Schleimhaut reizt. Husten ist nicht gefährlich, er stört lediglich den Schlaf, verursacht vielleicht Muskelschmerzen und Erschöpfung, falls er ständig auftritt und sehr hart ist. Heftiger Husten führt bei kleinen Kindern leicht zum Erbrechen. Er ist nur so ernst zu nehmen wie die Krankheit, die ihn hervorbringt. Besteht Fieber, ist ein hustendes Kind nicht weniger krank, wenn Sie den Husten mit Medikamenten unterdrücken. Er ist das Symptom einer Krankheit, die behandelt werden muß. Meistens wird sie durch Viren ausgelöst (Erkältung, Krupphusten und Bronchitis), bei anderen sind dagegen Bakterien die Erreger (Nasennebenhöhlen-, Kehlkopf- und Lungenentzündung sowie Keuchhusten).

Einige Krankheiten, die mit Husten einhergehen, beruhen auf einer Allergie (Asthma) oder auf dem Einatmen von Reizstoffen, zum Beispiel Schwefeldioxid, aus der Luft.

Kopfschmerzen

Kopfschmerzen bei
- hohem Fieber
- seelischem Streß
- Erkältungskrankheiten
- Grippe
- Nasennebenhöhlenentzündung
- Heuschnupfen
- Hirnhaut- und Gehirnentzündung, Hirntumor, Gehirnerschütterung, Hirnblutung
- Bluthochdruck
- Pfeifferschem Drüsenfieber
- Mumps
- Migräne
- Sehfehlern
- Hitzschlag, Sonnenstich
- Vergiftungen

Kinder klagen ebenso häufig über Kopfschmerzen wie Erwachsene. Auslöser dieser harmlosen, wenngleich als unangenehm empfundenen Beschwerden kann ein Wetterumschwung, schlechte Luft, Schlafmangel, Lärmbelastung oder auch – durch zu niedrigen Blutzuckerspiegel – Hunger sein. Kinder, die seelische Probleme oder soziale Schwierigkeiten haben oder die sich in der Schule überfordert fühlen, leiden häufig an wiederholten Kopfschmerzattacken. Allgemeinerkrankungen mit hohem Fieber bringen vorübergehend Kopfschmerzen mit sich. Dies gilt vor allem für Krankheiten, die sich im Kopfbereich abspielen, wie Entzündungen der Nasennebenhöhlen, der Mittelohren und der Zähne, sowie Erkrankungen, die das Gehirn selbst betreffen, beispielsweise Schädelverletzung, Gehirnerschütterung, Hirntumor, Hirnblutung oder Hirnhautentzündung. Anhaltende oder plötzlich einsetzende, heftige Kopfschmerzen im Stirnbereich können auf eine Überanstrengung der Augen bei unerkannter Sehschwäche hinweisen. Bluthochdruck geht mit starken, pochenden Schmerzen einher, die sich meist am frühen Morgen bemerkbar machen.

Die Ursache der Kopfschmerzen herauszufinden fällt dem Arzt leichter, wenn Sie oder das Kind angeben können, wo die Beschwerden lokalisiert sind, zu welcher Tageszeit sie auftreten, wie lange sie andauern und wie sie empfunden werden, ob sie in Beziehung zu bestimmten Situationen stehen und ob sie von weiteren Symptomen begleitet werden.

Bei Migräne treten anfallsweise und meist halbseitig stechende und klopfende Kopfschmerzen auf, die oft mit Lichtscheu, Blässe, Übelkeit, Erbrechen und Bauchweh verbunden sind. In den meisten Fällen liegt eine familiäre Belastung vor. Migräne ist bei Kindern zwar seltener als bei Erwachsenen, sie kann aber in jedem Alter vorkommen. Die Beschwerden können im Laufe der Zeit weniger werden oder ganz ausbleiben, mitunter aber auch lebenslang immer wieder auftreten. Die Kopfschmerzen werden dabei wahrscheinlich durch eine plötzliche Verengung und eine anschließende Erweiterung der Blutgefäße im Gehirn hervorgerufen. Als Auslöser gelten psychischer Streß oder Wettereinflüsse, jedoch ebenso Inhaltsstoffe von Nahrungs- und Genußmitteln, zum Beispiel von Käse oder Schokolade. Bei dauernden, immer wiederkehrenden oder von Mal zu Mal schlimmer werdenden Kopfschmerzen müssen Sie die Ursache natürlich vom Arzt klären lassen. Bei heftigen Beschwerden, die mit Fieber, Erbrechen, Sehstörungen und Nackensteife einhergehen, rufen Sie sofort den (Not-) Arzt; hier kann eine Hirnhautentzündung vorliegen. Wenn sich Kopfschmerzen mit Bettruhe und tröstendem Zuspruch beheben lassen, sind sie in der Regel harmlos.

Ohrenschmerzen

Die häufigste Ursache für Ohrenschmerzen im frühen Kindesalter ist eine Mittelohrentzündung. Sie wird meist von Schmerzen und Fieber begleitet und ist oft Folge einer vorangegangenen Erkältung, wenn über den Verbindungskanal zum Mittelohr (Eustachische Röhre oder Ohrtrompete) Keime aus dem Nasen-Rachen-Raum eingedrungen sind.
Von einer akuten eitrigen Mittelohrentzündung sind am häufigsten Kinder bis zu zwei Jahren betroffen, weil bei ihnen die Ohrtrompete noch sehr kurz und weit ist – Krankheitserreger gelangen deshalb leicht bis ins Ohr. Nach dem achten Lebensjahr kommt diese Erkrankung nur noch selten vor.

Bei älteren Kindern kann eine Verstopfung der Ohrtrompete durch Anschwellen der Schleimhaut, beispielsweise bei allergischem Schnupfen, grippalem Infekt, infizierten Gaumen- oder Rachenmandeln, beim Starten/Landen mit dem Flugzeug oder beim Eindringen von gechlortem Wasser beim Schwimmen die Belüftung des Mittelohrs beeinträchtigen, so daß sich Flüssigkeit absondert und im Mittelohrraum verbleibt. Daraus kann sich eine eitrige Entzündung entwickeln.
Ohrenschmerzen können ferner durch Fremdkörper im Gehörgang, verhärtetes Ohrenschmalz und durch von den Backenzähnen ausstrahlende Schmerzen hervorgerufen werden.

Ohrenschmerzen bei
- ausstrahlenden Zahnschmerzen
- Fremdkörper im Ohr
- Ohrenschmalzpfropf
- Erkältung
- Gaumen- oder Rachenmandelinfektion
- Polypen, Mittelohrentzündung
- Kinderkrankheiten (Begleitsymptom)

Rückenschmerzen

Schmerzgefühl oder Steifigkeit in der Rückenpartie sind meist eine Folge körperlich anstrengender Betätigungen, die für Muskeln und Bänder ungewohnt sind. Die Beeinträchtigungen sind gewöhnlich gering und gehen nach einer Zeit des Ausruhens zurück.
Ernstere Ursachen sind: Infektionen oder Mißbildungen der Nieren, Verkrümmungen oder entzündliche Veränderungen an der Wirbelsäule, ein Defekt der Wachstumszonen an den Wirbelkörpern (Scheuermann-Krankheit) und Verletzungen des Rückgrats bei einem Unfall. Abnorme Krümmungen der Wirbelsäule zur einen oder anderen Seite sind manchmal äußerlich sichtbar, wenn sich das unbekleidete Kind nach vorn beugt, bis beide Hände den Boden berühren. Achten Sie darauf, ob bei Ihrem Kind Abweichungen vom normalen Wirbelsäulenverlauf zu erkennen sind, damit gegebenenfalls rechtzeitig Gegenmaßnahmen ergriffen werden können.
Durch eine Nierenentzündung verursachte Rückenschmerzen treten häufig nur einseitig auf. Zusätzlich zeigen sich meist noch andere Symptome, zu ihnen zählen Brennen beim Wasserlassen, Harndrang und verfärbter Urin.

Rückenschmerzen durch
- Muskelverspannungen
- Haltungsfehler
- Wirbelsäulenverkrümmungen
- Rückenprellung
- Wirbelsäulenverletzung
- degenerative oder entzündliche Veränderungen an den Wirbelkörpern
- Mißbildungen oder Entzündungen an den Nieren

Stimmungsänderungen

Stimmungsänderungen Ihres Kindes können, wie die Appetitlosigkeit, der erste Hinweis auf eine gesundheitliche Störung sein. Da Sie Ihr Kind genau kennen, wird es Ihnen auffallen, wenn es häufig weint, schrill schreit oder vor sich hinwimmert, wenn es sich auffallend ruhig verhält oder von einer nicht gekannten Unruhe gepackt wird, wenn es ein vermehrtes Schlafbedürfnis zeigt oder unter Schlafstörungen leidet.

Schlechte Laune und Reizbarkeit bei Ihrem sonst so fröhlichen Kind, Spielunlust, Unkonzentriertheit und Fahrigkeit können ferner untrügliche Zeichen dafür sein, daß etwas nicht stimmt. Rasche Ermüdbarkeit, Desinteresse und ein Abfall der schulischen Leistungen sind bei älteren Kindern Signale, auf die Sie achten, und bei denen Sie im Zweifelsfall etwas unternehmen sollten.

Stimmungsänderungen
- ständiges Quengeln
- Apathie
- Unruhe
- Schläfrigkeit
- Reizbarkeit
- Unkonzentriertheit
- Desinteresse

Die Pflege des kranken Kindes – allgemeine Ratschläge

Ein krankes Kind befindet sich nicht nur körperlich in einer besonderen Situation, es lebt auch seelisch in einem Ausnahmezustand. Ebenso geht es den Eltern, wenn sie erleben müssen, wie sehr ihr Kind unter einer Krankheit leidet und daß sie ihm diese Erfahrung nicht ersparen können. Vielleicht entwickeln sie sogar Schuldgefühle, weil sie glauben, irgend etwas falsch gemacht zu haben. Natürlich gibt es gesundheitliche Störungen, die durch mangelnde Pflege, falsche Ernährung, Unvernunft oder eine versäumte Vorsorge begünstigt oder ausgelöst werden. Dann hätten Eltern allen Grund, sich Vorwürfe zu machen. Aber selbst, wenn Sie immer vorbildlich für Ihr Kind gesorgt haben, können Sie nicht verhindern, daß es einmal krank wird und ihm bestimmte Beschwerden zu schaffen machen.

Sie müssen zwar nicht bei jeder Unpäßlichkeit Ihres Kindes den Arzt konsultieren, doch zu Ihrer eigenen Beruhigung sollten Sie lieber einmal zu oft seinen Rat einholen als im Zweifelsfall gar nicht. Wenn Sie über die Krankheit Ihres Kindes Bescheid wissen und genaue Anweisungen für die Pflege und Behandlung erhalten haben, wird Ihre Besorgnis weichen.

Es ist wichtig, daß Sie Ihrem Kind gegenüber Ruhe und Zuversicht ausstrahlen. Besonders das kranke Baby und das Kleinkind, denen noch jede Möglichkeit fehlt, das veränderte Körpergeschehen zu begreifen, sich mit Schmerz und Leiden auseinanderzusetzen, erleben eine Erschütterung ihres Sicherheitsgefühls. Sie sind den unangenehmen Empfindungen hilflos ausgeliefert und brauchen um so mehr Ihre vertraute Nähe, das Gefühl der Geborgenheit und einen gleichmäßigen Ablauf der gewohnten Pflegemaßnahmen, ohne jede Hektik und ängstliche Geschäftigkeit.

Die Pflege eines kranken Kindes setzt Geduld und Einfühlungsvermögen voraus, und natürlich beansprucht sie auch sehr viel Zeit, denn das Wichtigste sind vor allem die elterliche Fürsorge und Zuwendung, die allein schon wesentliche Faktoren für den Gesundungsprozeß des kleinen Patienten sind.

Das Krankenzimmer

Wenn Ihr Kind in einem eigenen Zimmer untergebracht ist, haben Sie keine Probleme, für die nötige Ruhe, die richtige Raumtemperatur und frische Luft zu sorgen. Das Zimmer sollte etwa 20° C warm sein und mehrmals täglich durchgelüftet werden. In den Sommermonaten kann das Fenster auch ganz geöffnet bleiben, im Winter bringen Sie das Kind am besten in einen anderen Raum, während Sie gründlich lüften und das Bett machen.

Hat das Kind stark geschwitzt, wechseln Sie so oft wie möglich die Bettwäsche.

Bei der Reinigung des Zimmers denken Sie daran, alle Möbelstücke, Gegenstände und gegebenenfalls den Fußboden feucht abzuwischen, um keinen Staub aufzuwirbeln, da er viele Keime enthält.

Ist die akute Phase der Krankheit überwunden und es geht Ihrem Kind besser, wird es ihm – abgeschieden von den anderen Familienmitgliedern – bald langweilig werden. Hat der Arzt aber weiterhin Bettruhe angeordnet, können Sie das Kind tagsüber auf die Couch im Wohnzimmer umquartieren oder das Gitterbett eines Kleinkindes dorthin schieben, wo sich das Familienleben abspielt. So fühlt sich das Kind nicht ausgeschlossen und ist eher bereit, sich ruhig zu verhalten.

Teilt ein krankes Kind das Zimmer mit Geschwistern, kann es, je nach Art und Schwere der Krankheit, nötig werden, die Kinder zu trennen oder gar voneinander zu isolieren. Das jüngere Kind ist dann am besten bei den Eltern im Schlafzimmer aufgehoben, sofern sich das einrichten läßt.

Muß ein krankes Kind im Bett bleiben?

Krankheiten, die strengste Bettruhe erfordern, machen auch meistens einen Krankenhausaufenthalt nötig. In den meisten anderen Fällen sollte ein Kind nur während der ersten Tage im Bett bleiben. Solange das Allgemeinbefinden stark gestört ist und das Kind sich wirklich krank fühlt, macht es dabei gewöhnlich keine Schwierigkeiten. Ist es jedoch nicht ernstlich krank, empfindet es die Bettruhe eher als Strafe, und Sie haben Probleme damit, es im Bett zu halten. Lassen Sie Ihr Kind ruhig aufstehen, selbst wenn es Fieber hat. Erzwungene Bettruhe ist der Genesung im allgemeinen nicht förderlich und verursacht lediglich Konflikte. Sorgen Sie aber dafür, daß Ihr Kind nicht viel herumrennt oder gar herumtobt.

Es gibt allerdings Krankheiten, bei denen die verordnete Bettruhe eine wesentliche Maßnahme für den Gesundungsprozeß darstellt, ja ein Teil der Behandlung ist. Bei einer Leber- oder Nierenentzündung beispielsweise werden die Organe im Liegen besser durchblutet. Darum sollte ein Kind mit einem dieser Leiden auch nach der akuten Phase im Bett bleiben.

Für diese Notwendigkeit fehlt ihm aber das Verständnis, es fühlt sich in der Regel gesund; nur die veränderten Blutwerte zeigen noch das Vorliegen einer Krankheit an. Da kommt leicht Langeweile auf, das Kind beginnt zu nörgeln und verlangt verstärkt nach Unterhaltung.

Auch wenn Sie sich mit viel Liebe und Anteilnahme um Ihr Kind kümmern, können Sie nicht den ganzen Tag an seinem Bett sitzen. Suchen Sie also nach Beschäftigungen, die das Kind ablenken und ihm die Zeit vertreiben.

Wenn Ihr eigener Vorrat an geeigneten Büchern erschöpft ist und das Kind keine ansteckende Krankheit hat, suchen Sie eine öffentliche Bibliothek auf, und decken Sie sich dort mit spannender und interessanter Lektüre ein.

Darf man ein krankes Kind verwöhnen?

Mitleid, Ängstlichkeit und allzu große Besorgnis verleiten Eltern leicht dazu, ein krankes Kind über die Maßen zu verwöhnen. Kinder sind in dieser Situation besonders zärtlichkeits- und anlehnungsbedürftig und wollen Mutter und Vater am liebsten ständig um sich haben. Das ist verständlich, und bis zu einem gewissen Grad kann man ihren Wünschen auch nachkommen. Aber eine maßlose Anspruchshaltung sollte man nicht unterstützen. Die Krankheit eines Kindes stellt manchmal den ganzen Haushalt auf den Kopf und verlangt den Eltern persönliche Einschränkungen, wenn nicht sogar Opfer ab. Doch wenn sich das Kind auf dem Weg der Besserung befindet, sollte auch der normale Alltag wieder einkehren. Gehen Sie auf die berechtigten Bedürfnisse Ihres Kindes nach sachgerechter Pflege und Versorgung ein, aber gestatten Sie ihm nicht, grenzenlos über Ihre Zeit zu verfügen oder Sie herumzukommandieren. Versuchen Sie, Ihren gewohnten Tagesrhythmus beizubehalten und die normalerweise anfallenden Arbeiten zu erledigen. Planen Sie dabei feste Zeiten ein, in denen Sie sich mit Ihrem Kind beschäftigen. Dann weiß es, wann Sie ihm zur Verfügung stehen und daß es keinen Zweck hat, ständig nach Ihnen zu rufen.

Gewähren Sie Ausnahmen in dieser für das Kind schwer zu ertragenden Situation: Lassen Sie es zu ungewohnter Tageszeit fernsehen, besorgen Sie sich altersentsprechende Videofilme, geben Sie ihm Tonbandkassetten und Schallplatten, die es noch nicht kennt und die Sie sich bei Freunden und Verwandten ausleihen können.

Eine kleine Aufmerksamkeit dann und wann und die Erfüllung eines Sonderwunsches wird Ihr Kind erfreuen und ihm das Kranksein ein wenig erleichtern. Aber überhäufen Sie es nicht mit Geschenken, und lassen Sie Ausnahmen nicht zur Regel werden. Manche Kinder genießen dann ihren Zustand in einem solchen Maße, daß sie gar nicht wieder gesund werden möchten. Und bei nächster Gelegenheit bemühen sie sich darum, krank zu werden oder täuschen Krankheitssymptome vor, nur um wieder verhätschelter Mittelpunkt zu sein. Ihr falsches Verhalten anläßlich einer Krankheit des Kindes kann möglicherweise der Grund sein, daß es künftig ständig „herumkränkelt".

Muß das Kind das Bett hüten, sind eine Rückenlehne und ein Bettischchen, wie es sie in jedem Warenhaus zu kaufen gibt, sowie eine große Plastikdecke hilfreiche Mittel, um ihm den Aufenthalt und das Spielen im Bett angenehm zu gestalten. So beschränkt sich die Beschäftigung nicht nur auf das Lesen und Anschauen von Büchern. Es kann basteln, handarbeiten, Puzzlespiele legen, malen, kneten, mit Steckbausteinen und Spielfiguren spielen und anderes mehr. Einige Ihrer häuslichen Tätigkeiten lassen sich durchaus auch im Zimmer des Kindes verrichten, vielleicht kann es Ihnen dabei sogar helfen. Wenn es Sie in Ihrer Nähe weiß, ist die Langeweile meistens schon vertrieben.

Sofern die Krankheit es erlaubt, sollten Sie die Spielkameraden und Mitschüler Ihres Kindes nacheinander zu einem Besuch einladen. Ein Schulkind, das längere Zeit dem Unterricht fernbleiben muß, gerät leicht in Schwierigkeiten, das Versäumte nachzuholen und den Anschluß zu behalten.

Nehmen Sie darum möglichst bald Verbindung zur Schule auf. Bitten Sie Lehrer und Lehrerin um Unterstützung, damit Sie Ihrem Kind den täglich durchgenommenen Unterrichtsstoff zukommen lassen können. Vielleicht ist ein Schulfreund bereit, Ihr Kind stets auf dem laufenden zu halten und mit ihm zu üben. Auch Sie selbst sollten eine Stunde des Tages dafür vorsehen, mit ihrem Kind in die Bücher zu schauen und mit ihm zu lernen.

Die Ernährung des kranken Kindes

Es gibt Krankheiten, bei denen eine besondere Diät eingehalten werden muß. Darüber informiert Sie der Arzt, von ihm erhalten Sie dann auch einen entsprechenden Ernährungsplan.

In allen anderen Fällen sollte das Kind kleine, leichtverdauliche und vitaminreiche Mahlzeiten erhalten, sofern es überhaupt essen mag, denn ein krankes, vor allem hochfieberndes Kind hat gar keinen Appetit. Und ein bettlägeriges Kind ohne körperliche Bewegung braucht auch sehr viel weniger Nahrung als ein gesundes. Zwingen Sie das Kind nicht zum Essen, und machen Sie sich keine Sorgen, wenn es tatsächlich etwas schmaler geworden ist. In der Regel holt das Kind alles schnell wieder auf, es sei denn, mittlerweile haben sich Eßschwierigkeiten als Resultat einer ständigen Nötigung zum Essen während der Krankheitsphase eingestellt. Bieten Sie Ihrem Kind abwechslungsreiche, appetitlich zurechtgemachte Speisen an, und gehen Sie dabei nach Möglichkeit auf seine Wünsche ein. Vielleicht haben Sie damit Erfolg, vielleicht auch nicht. Schimpfen Sie in diesem Fall nicht mit Ihrem Kind, es ist bestimmt kein Trotz.

Säuglinge, die (noch) gestillt werden, verlangen im Krankheitsfall meist in kürzeren Abständen als gewohnt nach der Brust, manchmal möchten sie auch nur zum Trost angelegt werden.

Dem Flaschenkind sollten Sie ebenfalls häufiger kleine Mahlzeiten anbieten. Bereiten Sie die Nahrung mit Fencheltee zu. Bei Fieber reduzieren Sie die Milchmenge und erhöhen den Wasser- oder Teeanteil. Ältere Säuglinge und Kleinkinder, die bereits die Flasche aufgegeben hatten, wollen vielleicht wieder daraus trinken. Diesem Wunsch sollten Sie nachgeben. Überhaupt ist zu empfehlen, Kleinkinder während der akuten Krankheitsphase wieder wie in der vorangegangenen Altersstufe zu ernähren. Sie können Ihrem Kind zum Beispiel eine Milchflasche geben, die Milch mit etwas Grieß oder Vollkornflocken angedickt, eventuell auch mit

Kakao oder Fruchtsaft geschmacklich verfeinert. Es kann auch Obst- und Gemüsebrei mit Wasser oder Tee verdünnt aus der Flasche zugefüttert werden. Besonders Früchtepüree mit etwas Quark oder Joghurt wird von kranken Kindern gern gegessen.

Wichtig ist, daß Ihr Kind viel trinkt, denn gerade fiebernde Kinder brauchen zusätzliche Flüssigkeit. Und hier müssen Sie gelegentlich schon ein wenig sanften Zwang ausüben, damit das Kind die benötigte Flüssigkeitsmenge auch zu sich nimmt. Wenn die Krankheit es erlaubt, darf das Kind trinken, was es am liebsten mag. Bei Fruchtsäften und Teezubereitungen gibt es ja eine reichhaltige Auswahl, und ausnahmsweise ist auch mal ein Glas Limonade erlaubt. Kohlensäurehaltige Getränke können allerdings bei leerem Magen und Darm Beschwerden auslösen, darum sollten sie nur in kleinen Mengen getrunken werden. Milch ist zum Durstlöschen wenig geeignet. Aber ein Milchmixgetränk mit Früchten kann sehr erfrischend sein und führt dem Kind zugleich wertvolle Nährstoffe zu, was auch in der Rekonvaleszenzzeit wichtig ist.

Die Körperpflege des kranken Kindes

Die tägliche Körperpflege darf bei einem kranken Kind nicht vernachlässigt werden, sie dient ja nicht nur der Hygiene, sondern auch dem Wohlbefinden. Einmal am Tag sollten Sie das Kind von Kopf bis Fuß waschen. Duschen oder Baden ist bei manchen Hauterkrankungen oder hochfieberhaften Zuständen nicht erlaubt; fragen Sie am besten Ihren Arzt.

Wenn möglich, sollte das Kind täglich einen frischen Schlafanzug oder ein sauberes Nachthemd erhalten, vor allem wenn es stark schwitzt.

Vergessen Sie auch das Zähneputzen nicht. Der Mundpflege eines schwerkranken Kindes müssen Sie besondere Beachtung schenken. Oft sind die Schleimhäute ausgetrocknet, die Lippen borkig oder aufgesprungen. Größere Kinder können den Mund mit Salbeitee, Kamillenlösung oder Mundwasser ausspülen. Bei kleineren Kindern wischen Sie den Mund mit einem angefeuchteten Mulltupfer aus. Borken an den Lippen und Beläge auf der Zunge lassen sich mit Glyzerin (aus der Apotheke), dem Sie einige Tropfen Zitronensaft zufügen, entfernen. Schützen Sie die Lippen mit einer Fettsalbe oder Kindercreme.

Die Haut eines fiebernden Kindes ist meistens trocken und spröde. Pflegend und gleichzeitig erfrischend ist darum das Eincremen von Kopf bis Fuß mit einer kühlenden Hautlotion. Neben der täglichen Waschung ist die Sauberkeit der Hände wichtig, vor allem bei Darmerkrankungen. Nach jeder Toilettenbenutzung und vor jeder Mahlzeit sollten unbedingt die Hände gewaschen werden, und auch sonst ist es angebracht, die Hände des Kindes immer mal wieder mit Wasser und Seife zu reinigen. Das empfindet es durchaus als angenehm und erfrischend, weil es gerade an den Händen stark schwitzt und sie leicht klebrig werden.

Ferner ist auch bei kranken Kindern auf die Haarpflege zu achten, da es durch die stark schwitzende Kopfhaut schnell zu einem Verfilzen der Haare kommt, die Sie deshalb vorsorglich mindestens einmal am Tag gründlich bürsten oder kämmen. Einem langhaarigen Kind binden Sie am besten links und rechts am Kopf einen Zopf oder Schwanz.

Kind und Krankenhaus

Die Entscheidung, Ihr Kind in eine Klinik einzuweisen, hat sich der Arzt sicher nicht leicht gemacht; weiß er doch, daß die meistens mit einem Krankenhausaufenthalt verbundene Trennung von den Eltern und die ungewohnte und oftmals beängstigende Umgebung bei einem kleinen Kind sehr leicht seelische Probleme nach sich zieht.

Manchmal ist aber zur Feststellung der exakten Diagnose oder zur intensiven Behandlung einer Krankheit die Aufnahme in eine Klinik unumgänglich. Und gelegentlich tritt der Fall ein, daß für lange Überlegungen gar keine Zeit bleibt, sondern das Kind schnell ärztlicher Hilfe bedarf, zum Beispiel nach einer Unfallverletzung oder bei einer akuten Erkrankung, die eine sofortige Operation nötig macht.

Kein Kind sollte unvorbereitet in diese Situation kommen. Säuglinge, die jünger als ungefähr sechs Monate sind, reagieren in der Regel noch nicht mit ausgeprägten Trennungsängsten. Erst danach, wenn langsam das Bewußtsein erwacht und die Bindung an die Bezugsperson inniger wird, kann der plötzliche Wechsel in die Obhut fremder Menschen, verbunden mit einer Loslösung aus der vertrauten Atmosphäre, zu mehr oder weniger schweren seelischen Beeinträchtigungen führen.

Auf das Kleinkind kommen Ereignisse zu, die sein Sicherheitsgefühl und sein Vertrauen in die geliebten und als allmächtig erlebten Eltern erschüttern. Die notwendigen Untersuchungen und Eingriffe empfindet es als Bedrohung, und es kann nicht begreifen, warum seine Eltern es nicht davor bewahren. Unsicherheit und Angst äußern sich bei den Kleinen auf verschiedene Weise: Die einen wehren sich mit aller Macht gegen jede Art von Annäherung, schreien stundenlang und verweigern die Nahrungsaufnahme. Die anderen resignieren bald, und es sieht so aus, als ob sie sich in die Gegebenheiten gefügt hätten, still und teilnahmslos lassen sie alles über sich ergehen. Tatsächlich jedoch sind sie tief verzweifelt.

Nach der Klinikentlassung haben die Eltern dann mit Schwierigkeiten zu kämpfen: Fähigkeiten, die das Kind bereits hatte, wurden verlernt; es spricht kaum noch oder macht wieder ins Bett; zeigt übergroße Ängstlichkeit und Anhänglichkeit oder auch das Gegenteil, lehnt die Eltern ab und ist ihnen gegenüber aggressiv. Schlafstörungen und nächtliche Angstträume können sich einstellen, und noch viele andere Verhaltensauffälligkeiten sind möglich.

Diese Problematik ist inzwischen längst erkannt worden, und man bemüht sich heute vielerorts schon darum, kinderfreundliche Krankenhäuser einzurichten, in denen die Kleinen, insbesondere Kinder bis zu fünf Jahren, zusammen mit einer Bezugsperson aufgenommen werden können. Auch reglementierte Besuchszeiten sollten bald überall der Vergangenheit angehören und das Hinzuziehen der Mutter oder des Vaters bei den erforderlichen Diagnose- und Behandlungsmaßnahmen eine Selbstverständlichkeit werden.

Wie bereiten Sie Ihr Kind auf das Krankenhaus vor?

Jedes Kind sollte auf spielerische Weise mit der Institution „Krankenhaus“ bekannt gemacht werden, auch wenn gar kein Krankenhausaufenthalt direkt bevorsteht.

Zunächst gilt, daß Sie einem Kind weder mit einer Behandlung im Krankenhaus noch mit einem „Pieks“ vom Arzt drohen. Es darf Arzt und Krankenhaus nicht als Strafe empfinden. Zeigen Sie Ihrem Kind ein Krankenhaus von innen. Schließen Sie es nicht von etwaigen Patientenbesuchen aus, sondern nehmen Sie es nach Möglichkeit mit. Erklären Sie ihm, daß Schwestern und Ärzte es sich hier zur Aufgabe gemacht haben, kranken Menschen zu helfen. Danach zeigen Kinder häufig ein starkes Interesse an allem, was mit Krankheit zu tun hat, und lieben es, mit dem eigenen „Doktorkoffer“ die ganze Familie, Teddys und Puppen zu verarzten. Durch Pflaster, Salben, Binden und Miniaturinstrumente aus dem Spielzeugkasten werden sie mit den Dingen vertraut, die der Arzt im Ernstfall auch bei ihnen anwenden muß. Ebenso hilfreich sind Bilderbücher, Spiele und Spielfiguren mit Zubehör zum Thema Krankenhaus. In vielen Kindergärten werden solche Hilfsmittel erfolgreich eingesetzt, um die Kinder schon frühzeitig mit dem Krankenhaus bekannt zu machen.

Wenn eine Einweisung ins Krankenhaus bevorsteht, sollten Sie sich gemeinsam dort umsehen, eventuell die Schwestern und die Ärzte der Station aufsuchen und um Erlaubnis bitten, einen Rundgang machen und sich alles ansehen zu dürfen. Auf diese Weise werden der „blühenden Phantasie“ des Kindes Grenzen gesetzt, und es bekommt eine Vorstellung davon, was es dort erwartet.

Versuchen Sie, Ihrem Kind in verständlichen Worten zu erklären, warum es ins Krankenhaus muß. Das fällt besonders bei Kindern schwer, die sich nicht ernstlich krank fühlen und keine Schmerzen haben, die vielleicht nur zur Beobachtung ins Krankenhaus müssen. Gehen Sie dabei aber nicht auf medizinische Einzelheiten ein, die das Verständnis Ihres Kindes überfordern und von denen Sie selbst nur eine unklare Vorstellung haben. Überlassen Sie diese Aufklärung den Ärzten, die darin besser geschult sind als Sie. Nichts wäre schlimmer, als daß Sie Ihrem Kind falsche Auskünfte geben oder es mit Ihren Darstellungen verängstigen.

Stellen Sie den Koffer für die Klinik gemeinsam mit dem Kind zusammen. Lassen Sie es selbst entscheiden, welche Schlafanzüge, Kleidung, Spielsachen und dergleichen eingepackt werden sollen. Vergessen Sie auf keinen Fall die Lieblingspuppe oder das Schmusetier, das Kuschelkissen oder das Nuckeltuch, die als Einschlafhilfe dienen. Vielleicht möchte das Kind auch ein Foto von der Familie mitnehmen.

In vielen Kliniken müssen Sie bei der Aufnahme einen Fragebogen ausfüllen, der den Schwestern und Ärzten unter anderem Auskunft über die Eigenschaften und Gewohnheiten Ihres Kindes gibt. Man wird versuchen, darauf einzugehen und dem Kind ein wenig häusliche Vertrautheit zu vermitteln. Machen Sie sich schon zu Hause ein paar Notizen, damit Sie in der Klinik Zeit haben, sich um Ihr Kind zu kümmern und nicht allzusehr damit beschäftigt sind, die Fragen zu beantworten. Meistens will man von Ihnen wissen: den Kosenamen des Kindes, die Anzahl der Mahlzeiten, Lieblingsgerichte, Speisen, die das Kind ablehnt oder nicht verträgt, Schlafgewohnheiten, Sprachfähigkeiten, ob das Kind zuverlässig sauber und trocken ist, allein essen und sich selbständig waschen und anziehen kann.

Machen Sie Ihrem Kind keine Versprechungen, die Sie nicht halten können. Sagen Sie ihm nicht, daß man ihm nicht weh tut und daß es schon bald wieder zu Hause ist. Lassen Sie es nicht in dem Glauben, daß Sie immer bei ihm bleiben werden. Es gibt nun mal Eingriffe und Behandlungsmethoden, bei denen die Anwesenheit einer Begleitperson nicht erwünscht ist. Auch eine großzügige Besuchsregelung ist noch längst nicht in allen Krankenhäusern üblich. Möglicherweise sind Sie selbst durch Ihre Berufstätigkeit oder die Betreuung der Geschwister

daran gehindert, ständig bei Ihrem kranken Kind zu sein. Darauf muß das Kind offen und ehrlich vorbereitet werden. Versichern Sie es Ihrer Liebe, und strahlen Sie Zuversicht aus. Wie das Kind den Krankenhausaufenthalt erlebt, ist entscheidend von Ihrem Verhalten abhängig.
Bei der Aufnahme im Krankenhaus sollten Sie während der Untersuchung dabei sein und Ihr Kind auch selbst ins Bett bringen. Wenn Sie es einrichten können und es in der Klinik erlaubt ist, verlassen Sie das Kind erst am Abend zur Schlafenszeit. Gehen Sie erst dann, wenn sich das Kind ein wenig mit der fremden Umgebung vertraut gemacht hat; mit Ihrer Hilfe gelingt ihm das viel besser. Vor und besonders nach operativen Eingriffen sollte es gestattet sein, daß Sie bei Ihrem Kind sind. Sie brauchen nur still am Bett zu sitzen, allein Ihre Anwesenheit wirkt schon beruhigend. Der Abschied nach einem Besuch ist für beide Seiten immer sehr schmerzlich, darum ist es nur natürlich, wenn das Kind weint. Trösten Sie sich damit, daß Tränen befreiend wirken und ein Ventil für seinen Kummer sind.

Mitaufnahme ins Krankenhaus

Wenn ein Elternteil zusammen mit dem kranken Kind in die Klinik aufgenommen werden kann, dann sind nicht nur bessere Voraussetzungen für eine schnelle Genesung gegeben, sondern die Gefahr psychischer Störungen wird dadurch gemildert. Allerdings sind noch nicht alle Kinderkrankenhäuser und Kinderabteilungen der Kliniken darauf eingerichtet, eine Begleitperson unterzubringen, und manchmal möchte man diese Notwendigkeit auch nicht einsehen.
Wenn Sie die Wahl unter verschiedenen Kliniken an Ihrem Wohnort haben, sollten Sie sich über die dortigen Verhältnisse eingehend informieren und danach die Entscheidung treffen, welchem Krankenhaus Sie Ihr Kind anvertrauen. Das setzt natürlich voraus, daß Ihr Kind keine medizinische Spezialbehandlung benötigt, die nur in einer bestimmten Klinik möglich ist. In diesem Fall müssen alle anderen Aspekte zurücktreten. Es kann sein, daß Sie bei Schwestern und Ärzten zwar auf Verständnis treffen, die Räumlichkeiten der Klinik es aber nicht zulassen, ein Bett für Sie einzurichten. Eventuell kommt man Ihnen entgegen und erlaubt das Aufstellen einer Klappliege, die Sie selbst mitbringen. Nur in wenigen Häusern finden Sie alles vor, was für den gemeinsamen Aufenthalt von Mutter oder Vater und Kind notwendig ist. Die mit der Mitaufnahme verbundenen Kosten sind bei gesetzlich Krankenversicherten in der Regel mit dem allgemeinen Pflegesatz für das Kind abgegolten, wenn die Mitaufnahme aus medizinischen Gründen erforderlich ist. Diese Voraussetzung ist bei Kindern unter fünf Jahren eigentlich immer gegeben, und darum wird bei Kleinkindern eine Begleitperson meistens akzeptiert. Bei älteren Kindern müssen Sie jedoch mit Schwierigkeiten rechnen, denn oft wird die Notwendigkeit einer dauernden Anwesenheit von Mutter oder Vater nicht eingesehen. Wenn Sie aber entschlossen sind, bei Ihrem Kind zu bleiben, lassen Sie sich davon nicht abbringen! Legen Sie dem Krankenhaus am besten eine Bescheinigung des einweisenden Arztes vor, daß für die Mitaufnahme zwingende Gründe bestehen. Möglicherweise wird man Sie mit einem kleinen Beitrag an den entstehenden Kosten, zum Beispiel die für Ihre Verpflegung, beteiligen.
Vielleicht kommt eine Mitaufnahme für Sie auch gar nicht in Frage, weil Sie berufstätig sind oder noch andere Kinder zu versorgen haben. Dann sollten Sie Ihr krankes Kind, sooft es geht, besuchen.

Vorbeugende Gesundheitsmaßnahmen

Die Kindervorsorgeuntersuchungen

Jedes Kind hat von der Geburt bis zum sechsten Lebensjahr ein Recht auf neun kostenlose Vorsorgeuntersuchungen (U 1 – U 9). Mit der Einführung einer zehnten Untersuchung im zehnten Lebensjahr, die bisher nur von privatversicherten Kindern in Anspruch genommen werden kann, ist demnächst zu rechnen.
Das Kindervorsorgeprogramm dient der Früherkennung körperlicher und geistig-seelischer Krankheiten. Angeborene oder erworbene Störungen werden von Eltern oft nämlich gar nicht bemerkt, und nur der Arzt kann sie auf Grund seiner Kenntnisse und Erfahrung rechtzeitig feststellen. Das ist wichtig, weil sich gesundheitliche Schäden häufig nur im Frühstadium mit gutem Erfolg bessern oder heilen lassen. Werden Vorsorgeuntersuchungen versäumt, kann das für das Kind bleibende Beeinträchtigungen seiner Gesundheit und Lebensfreude zur Folge haben.
Nach der Geburt Ihres Babys wird man Ihnen in der Entbindungsklinik das gelbe Untersuchungsheft für Kinder aushändigen, in das der Arzt seine Befunde einträgt. Von der für die Versicherung Ihres Kindes zuständigen oder ausgewählten Krankenkasse erhalten Sie kurze Zeit nach der Anmeldung eine eigene Versichertenkarte für Ihr Baby. Denken Sie daran, diese bei jedem Arztbesuch mitzunehmen und sicher zu verwahren, damit sie nicht verlorengeht (bei Verlust könnten Unbefugte die Karte zu Lasten der Krankenkasse mißbrauchen).
Die ersten beiden Früherkennungsuntersuchungen werden in der Geburtsklinik durchgeführt. Sind Sie mit Ihrem Kind zum Zeitpunkt der U 2 (3. – 10. Lebenstag) jedoch bereits entlassen, müssen Sie selbst einen Arzt, möglichst einen Kinderarzt, aufsuchen.

U1 Neugeborenenerstuntersuchung

Unmittelbar nach der Geburt werden Hautfarbe, Atmung, Muskelspannung, Reflextätigkeit und Herzschlag des Neugeborenen begutachtet und mit einem Punktsystem bewertet (Apgar-Index). Aus einer Probe des Nabelschnurblutes wird der Säuregehalt (pH-Wert) bestimmt, der über die Sauerstoffversorgung des Kindes Auskunft gibt und damit eine sichere Zustandsbeurteilung zuläßt. Bei seiner Untersuchung achtet der Arzt vor allem auf äußerlich sichtbare Mißbildungen und Geburtsverletzungen. Die Hebamme wiegt und mißt das Baby und verabreicht ihm antiseptische Augentropfen, die es vor einer möglichen Gonorrhoe-Infektion schützen sollen (Credé'sche Prophylaxe). Es erhält Vitamin-K-Tropfen, um einem Mangel an diesem Blutgerinnungsfaktor vorzubeugen, der in den ersten Lebenswochen Hirnblutungen nach sich ziehen kann.

U2 Neugeborenenbasisuntersuchung (zwischen 3. und 10. Lebenstag)

Dabei wird auf bisher übersehene oder nicht deutlich in Erscheinung getretene Geburtsschäden und Fehlbildungen geachtet. Die regelrechte Funktionsfähigkeit des Nervensystems prüft der Arzt durch Auslösen bestimmter Reflexe.

Besondere Aufmerksamkeit widmet er einer möglichen Hüftfehlstellung. (Viele Kliniken führen bereits routinemäßig Ultraschalluntersuchungen der Hüftgelenke – und auch der Nieren – durch.) Am fünften Lebenstag entnimmt man der Ferse des Babys etwas Blut für verschiedene Tests auf angeborene Stoffwechselleiden, deren schädigender Einfluß auf die kindliche Entwicklung nur bei früher Erkennung und Behandlung vermieden werden kann. Bei der U2 sollte die Mutter zugegen sein, damit sie dem Arzt über zwischenzeitlich beobachtete Auffälligkeiten berichten kann und Fragen zur Ernährung, Tuberkuloseschutzimpfung sowie zur Rachitis- und Kariesvorbeugung von fachlicher Seite geklärt werden können.

U3
(in der 4.–6. Lebenswoche)

Jetzt lernt das Kind „seinen" Kinderarzt kennen. Dies ist in der Regel die erste Untersuchung, die Sie selbst durchführen lassen müssen. Das Baby wird gemessen und gewogen, der Arzt horcht, klopft und tastet es ab und kontrolliert insbesondere die Entwicklung der Motorik (Beweglichkeit) und des Nervensystems. Dabei löst er durch bestimmte Körperhaltungen des Kindes typische altersgemäße Bewegungsabläufe aus, die ihm Aufschluß über den Entwicklungsstand geben. Der Arzt wird mit Ihnen über die erhobenen Befunde sprechen und Sie nach der Ernährung, dem Gedeihen und Verhalten des Babys fragen sowie die Tuberkuloseschutzimpfung vornehmen, sofern Sie Wert darauf legen und dies in der Geburtsklinik noch nicht geschehen ist. Außerdem wird er Ihnen die Tabletten zur Rachitis- und Kariesprophylaxe geben oder ein entsprechendes Rezept ausstellen.

U4
(im 3.–4. Lebensmonat)

Der Kinderarzt richtet sein Augenmerk wiederum besonders auf eine Störung der Muskeltätigkeit, des Nervensystems und der Reifung des Hüftgelenks. Er testet die Sinnesfunktionen: ob das Baby zum Beispiel dem Licht einer Taschenlampe mit den Augen folgt und ob es auf das Klingeln eines Glöckchens reagiert. Er will von Ihnen wissen, ob das Kind Sie anlächelt und bereits Laute von sich gibt. Natürlich stellt er auch die Körpermaße fest und nimmt die üblichen Untersuchungen an Haut, Ohren, Mund, Geschlechtsteilen und inneren Organen vor.
Zu diesem Zeitpunkt wäre auch die erste Impfung gegen Diphtherie und Tetanus (gegebenenfalls Keuchhusten) sowie gegen Haemophilus-influenzae-b fällig.

U5
(im 6.–7. Lebensmonat)

Erneut achtet der Arzt auf Zeichen einer Bewegungsstörung, beispielsweise ob sich das Kind aus der Rückenlage über eine Seitwärtsdrehung in die Bauchlage bringen kann, seine Kopfhaltung kontrolliert und mit der Hand nach Gegenständen greift. Er untersucht das Hör- und Sehvermögen und stellt fest, ob das Kind schielt. Er fragt Sie, ob es schon die für dieses Alter typischen Silbenketten „da-da-da" und „ma-ma-ma" bilden kann und ob Verhaltensauffälligkeiten beobachtet worden sind. Er wird mit Ihnen über die Ernährung im zweiten Lebenshalbjahr sprechen und Impfungen vornehmen.

U6
(im 10.–12. Lebensmonat)

Neben der allgemeinen Untersuchung ist die Beurteilung der geistigen Entwicklung und der Sinnesorgane besonders wichtig. Der Arzt will wissen, ob das Kind Interesse an Einzelheiten seines Spielzeugs zeigt und ob es bereits einfache Silben spricht. Die Körperbeherrschung, das Sitzen, Krabbeln und Stehen sowie die einwandfreie Körperhaltung werden überprüft.

U7
(im 21.–24. Lebensmonat)

Besonderer Wert wird diesmal auf die Untersuchung des Hör- und Sehvermögens sowie der Sprachfähigkeit gelegt. Mit Hilfe von kleinen Bildern und einfachen Aufforderungen prüft der Arzt die geistige Entwicklung des Kindes. Er erkundigt sich, wie die Erziehung zur Sauberkeit verläuft, welche Ernährung das Kind erhält und ob es unter Schlafstörungen leidet. Auch begutachtet er wieder den allgemeinen Gesundheitszustand und die motorische Entwicklung.

U8
(im 43.–48. Lebensmonat)

Auch dies ist ein wichtiger Vorsorgetermin, denn während der langen Zeitspanne zwischen U7 und U8 können sich unbemerkt Fehlentwicklungen angebahnt haben, wie zum Beispiel Sehbehinderungen, Hörschäden, Sprach- oder Sprechfehler, mangelnde Körperbeherrschung oder Verhaltensauffälligkeiten. Wenn Gesundheitsstörungen jetzt erkannt werden, besteht noch vor dem Schuleintritt die Möglichkeit einer erfolgreichen Behandlung.

U9
(im 60.–64. Lebensmonat)

Bei der letzten Vorsorgeuntersuchung kontrolliert der Arzt noch einmal die Funktionen der Sinnesorgane: die Sehfähigkeit beispielsweise mit Hilfe von Bildtafeln oder Sehtestgeräten sowie das Hörvermögen. Er achtet auf die Körperhaltung und die Körperbeherrschung und stellt fest, ob Fußschäden vorliegen. Er überprüft das Gebiß auf Zahnstellungsanomalien und Karies. Ferner wird der Arzt das Sprachvermögen, das Sozialverhalten, die Intelligenz und die seelische Reife beurteilen. Und schließlich ist eine gründliche körperliche Untersuchung vorgesehen, bei der auch eine Urinanalyse, ein Tuberkulintest und eine Blutdruckmessung vorgenommen werden.

Impfungen

Obwohl es heutzutage die Möglichkeit gibt, Kinder vor gefährlichen Infektionskrankheiten wirkungsvoll zu bewahren, sind ein Großteil von ihnen unzureichend oder gar nicht geschützt. Dafür gibt es mehrere Gründe: Erstens sind in unserem Land alle Impfungen freiwillig, und damit liegt die Verantwortung, für einen vollständigen Impfschutz zu sorgen, allein bei den Eltern. Manche aber glauben, Diphtherie, Tetanus und Kinderlähmung gäbe es gar nicht mehr.
Zweitens wissen sie nicht, wie gefährlich diese und andere Krankheiten immer noch sein können. Oftmals werden solche Infektionen als „harmlose Kinderkrankheiten“ verniedlicht, die ein Kind ruhig durchmachen sollte, weil es dadurch seine Abwehrkräfte stärkt. Außerdem wird vertrauensvoll angenommen, die moderne Medizin könne im Ernstfall hilfreich eingreifen. Es ist kaum bekannt, daß jedes Jahr Kinder durch diese vermeidbaren Krankheiten geschädigt werden und einige daran sterben. Man kann oder will sich nicht vorstellen, daß es das eigene Kind treffen könnte. Es stimmt zwar, daß die Infektionskrankheiten im Kindesalter ihre Schrecken weitgehend verloren haben, aber nur Dank der Impfungen.

Außerdem dürfen Sie nicht vergessen, daß Krankheiten, die hierzulande als „besiegt“ gelten oder normalerweise gar nicht vorkommen, zunehmend durch den sich ausbreitenden Tourismus aus fernen Ländern eingeschleppt und verbreitet werden können.
Es gibt 2 Arten von Impfungen:
Bei der *aktiven Immunisierung* (Schutzimpfung) werden dem Organismus lebende, in ihrer Wirkung abgeschwächte oder abgetötete Erreger oder deren unschädlich gemachte Gifte ein- oder mehrmalig verabreicht. Mit diesen zugeführten Antigenen muß sich der Körper selbst (aktiv) auseinandersetzen, indem er eine milde Form der Erkrankung durchmacht. Dabei wird das Abwehrsystem zur Produktion von spezifischen Abwehrstoffen, den Antikörpern, angeregt, die dann über viele Jahre, manchmal ein ganzes Leben lang, wirksam bleiben. Das geimpfte Kind hat damit Immunität gegen bestimmte Krankheitskeime erworben, so daß bei erneutem Kontakt mit dem gleichen Infektionserreger der Ausbruch der Krankheit verhindert oder deren Verlauf gemildert wird. Bis zur Ausbildung einer erworbenen Immunität vergehen jedoch immer mehrere Wochen.

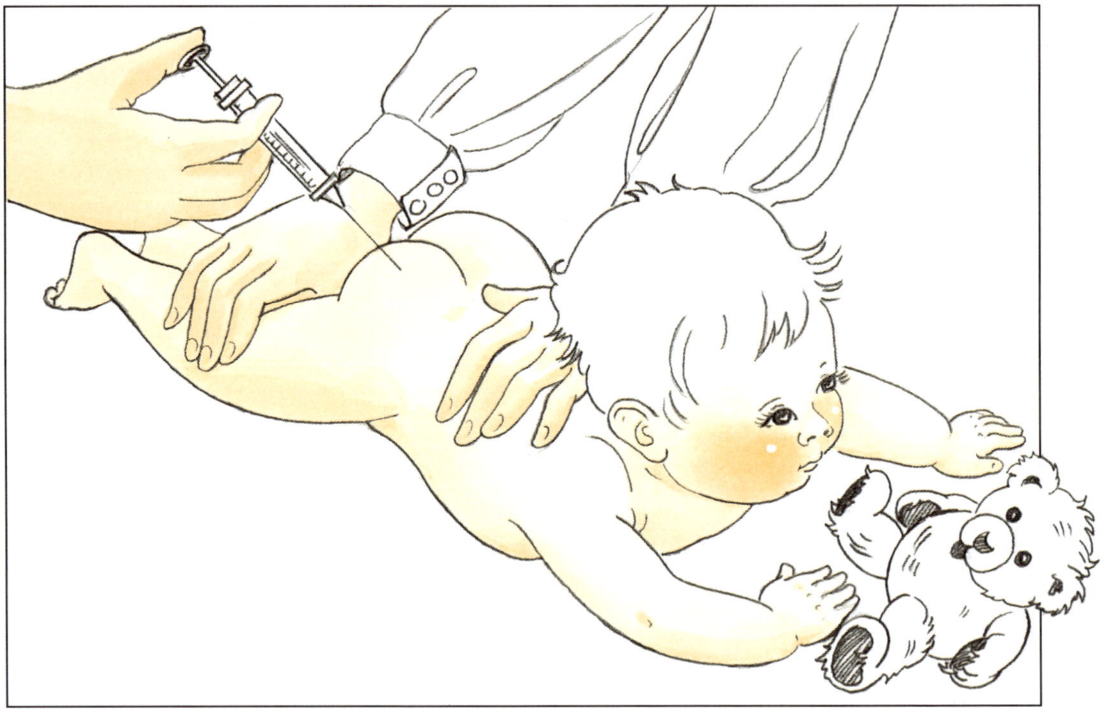

Das Impfen hat auch heute seine Bedeutung nicht verloren

Wenn nach erfolgter Ansteckung ein sofortiger Schutz erzielt oder die Auswirkung einer Krankheit abgeschwächt werden soll oder wenn bei einem infektionsgefährdeten Kind ein kurzfristiger Schutz gebraucht wird, dann kommt die *passive Immunisierung* in Frage: Dem Organismus werden dabei fertig ausgebildete Antikörper aus menschlichem oder tierischem Blutserum übertragen. Diese bleiben aber, im Gegensatz zu den selbstgebildeten Antikörpern, nur kurze Zeit wirksam.

Bei manchen aktiven Impfungen reicht eine einmalige Gabe aus, andere dagegen müssen regelmäßig wiederholt werden, um die Antikörperproduktion zu erneuern, sonst würde im Fall einer Infektion die Antikörpermenge nicht ausreichen, die Erreger zu bekämpfen.

Die Entscheidung, ob und gegen welche Krankheiten Sie Ihr Kind impfen lassen, sollten Sie nach Beratung mit dem Arzt treffen. Nach einer gründlichen Untersuchung wird er feststellen, ob alle Voraussetzungen erfüllt sind, um eine risikolose Impfung durchführen zu können. Das Kind muß vollkommen gesund und sollte auch in den vergangenen vier Wochen nicht krank gewesen sein, weil der Körper während einer Impfung nicht geschwächt sein darf. Infektionskrankheiten in der Familie, im Kindergarten und in der Schule, bei denen sich das Kind angesteckt haben könnte, bedingen einen Aufschub der Impfung. Besteht eine Allergie gegen Hühnereiweiß oder Antibiotika, dürfen bestimmte Impfstoffe nicht verwendet werden. Zwischen zwei Impfungen muß ein Abstand von mindestens vier Wochen liegen.

In den meisten Fällen der seltenen Impfkomplikationen wurden diese einfachen Vorsichtsmaßregeln nicht genügend beachtet.

Impfungen werden vom Haus- oder Kinderarzt auf Kosten der Krankenkassen durchgeführt. Auch die Gesundheitsämter bieten die empfohlenen Impfungen kostenlos an. Sie können sie im Rahmen öffentlicher Impftermine auch in den Mütterberatungsstellen, im Kindergarten und in der Schule vornehmen lassen. Die notwendige Grundimmunisierung der Säuglinge und Kleinkinder ist meistens dadurch gewährleistet, daß die Kleinen im Rahmen der Kindervorsorgeuntersuchungen noch regelmäßig dem Arzt vorgestellt werden. Anders ist es leider bei den älteren Kindern und Jugendlichen, bei denen durch Nachlässigkeit der Eltern die wichtigen Auffrischimpfungen oft genug versäumt werden. Halten Sie sich darum an den nachstehenden Impfkalender, und erkundigen Sie sich nach geänderten Impfempfehlungen, die durch neugewonnene Erkenntnisse von Zeit zu Zeit gegeben werden.

Diphtherie

Diese bakterielle Infektionskrankheit tritt heute zwar selten auf, aber eine Ansteckung ist immer noch möglich, da die Erreger weiterhin in der Bevölkerung vorhanden sind. Diphtherie kann für einen Menschen immer noch Lebensgefahr oder bleibende Schäden bedeuten, und zwar nicht nur im Kindesalter. Ein Großteil unserer Bevölkerung ist gegen diese gefährliche Krankheit völlig unzureichend geschützt, denn der Impfschutz aus der Säuglingszeit hält nicht lebenslang an, er muß immer wieder aufgefrischt werden. Nach der Grundimmunisierung, die im dritten Lebensmonat begonnen wird, sollte die erste Auffrischung mit verringerter Dosis des Impfstoffs im sechsten bis siebten Lebensjahr erfolgen. Die nächste Auffrischung ist dann im 15. bis 16. Lebensjahr notwendig. Weitere Impfungen sollten alle zehn Jahre, also auch bei Erwachsenen, durchgeführt werden. Die Impfung verhütet zwar nicht in jedem Fall die Erkrankung, mildert aber deren Verlauf und schützt vor der gefürchteten Giftwirkung der Erreger.

Haemophilus-influenzae-b-Infektion

Bis ins Erwachsenenalter hat sich fast jeder Mensch mit den Haemophilus-influenzae-Bakterien auseinandergesetzt. Der Erregertyp B kann jedoch bei Säuglingen und kleinen Kindern schwere Krankheiten verursachen. Gefürchtet sind vor allem die eitrige Hirnhautentzündung (Meningitis) und die akute Kehldeckelentzündung (Epiglottitis). Ferner können die Keime Lungenentzündung, Ohrenentzündung, Knochenmarkentzündung, eitrige Gelenkentzündung und andere Infektionen hervorrufen. Weil die Erkrankungshäufigkeit in den letzten Jahren zugenommen hat und Kinder zwischen dem sechsten und vierundzwanzigsten Lebensmonat besonders gefährdet sind, sollten alle Säuglinge ab dem dritten Monat zweimal diese neue, gut verträgliche Impfung erhalten. Die dritte Impfung der Grundimmunisierung erfolgt dann zu Beginn des zweiten Lebensjahres. Weitere Auffrischimpfungen sind dann nicht mehr erforderlich.

Keuchhusten (Pertussis)

Eine Impfung gegen Keuchhusten wird wieder für alle Babys und kleinen Kinder empfohlen, um sie vor dieser belastenden und langwierigen Erkrankung und der Gefahr bleibender Gesundheitsschäden zu bewahren. Der bislang verwendete Impfstoff hat recht häufig Nebenwirkungen hervorgerufen, weil er komplette (abgetötete) Bakterien enthielt. Die jetzt neuentwickelten, azellulären Impfstoffe bestehen nur noch aus bestimmten Zellanteilen der Erreger und sind dadurch besser verträglich. Nunmehr können die nicht vor Keuchhusten geschützten Kinder vom zweiten bis sechsten Lebensjahres mit einem Einzelserum nachgeimpft werden. Außerdem gibt es neue Drei- und Vierfach-Kombinationsimpfstoffe, die gegen Diphtherie-, Tetanus-, Keuchhusten- und Haemophilus-influenzae-b-Infektion vorbeugen. Sie sind derzeit nur für Kinder ab dem fünfzehnten Lebensmonat zugelassen, werden aber in Kürze auch für die Grundimmunisierung im Säuglingsalter verfügbar sein.
Kinder, die an Krankheiten des zentralen Nervensystems leiden, bleiben von der Impfung ausgenommen. Bei Säuglingen mit Verdacht auf neurologische Störungen (Sauerstoffmangel während oder nach der Geburt, Frühgeborene, Mehrlingskinder, Kaiserschnittkinder) ist Vorsicht geboten.

Kinderlähmung (Poliomyelitis)

Kinderlähmung ist eine Infektion des Zentralnervensystems (Gehirn und Rückenmark), deren seuchenartiges Auftreten früher viele Todesopfer forderte und unzählige, durch Lähmung Behinderte zurückließ. Nach Einführung der Schutzimpfung ist die Krankheit so selten geworden, daß oft angenommen wird, es gäbe sie gar nicht mehr. Aber die Poliomyelitis ist in vielen Ländern der Erde noch weit verbreitet und kann von Reisenden jederzeit eingeschleppt werden. Wenn die Vorsorge nachläßt, ist die Bevölkerung vor dem erneuten Auftreten dieser gefährlichen Krankheit nicht mehr ausreichend geschützt.

Der Polioimpfstoff ist wirksam und gut verträglich. Die Grundimmunisierung erfolgt durch dreimalige Schluckimpfung mit abgeschwächten Polioviren ab dem dritten Lebensmonat. Später sind alle zehn Jahre Auffrischimpfungen notwendig, auch für Erwachsene.

Masern, Mumps, Röteln

Den Dreifachlebendimpfstoff gegen Masern, Mumps und Röteln können Kinder ab ihrem 15. Lebensmonat in einer Injektion erhalten. Neuerdings wird eine Wiederholungsimpfung im sechsten bis siebten Lebensjahr empfohlen.

Masern sind keine harmlose Kinderkrankheit. Wegen möglicher Komplikationen (Lungenentzündung, Mittelohrentzündung, Gehirnhautentzündung) sollte jedes Kind davor geschützt werden.

Mumps kann außer den Speicheldrüsen auch andere Organe in Mitleidenschaft ziehen (siehe Seite 164). Besonders ältere Kinder sind dabei gefährdet, denn bei ihnen verläuft die Erkrankung schwerer. Bei Jungen in oder nach der Pubertät sind Hodenentzündungen verhältnismäßig häufig, sie können zu einem Verlust der Zeugungsfähigkeit führen.

Röteln hinterlassen selten Dauerschäden, sie sind eine relativ harmlose Erkrankung. Gefürchtet sind sie jedoch in der Schwangerschaft, und das Risiko für das Ungeborene ist gerade dann besonders hoch, wenn die werdende Mutter noch nicht sicher von ihrem Zustand weiß, nämlich in den ersten vier bis sechs Wochen der Schwangerschaft. Auch eine spätere Infektion kann noch schwerwiegende Schädigungen hervorrufen. Eine Schwangere sollte vor dieser Krankheit geschützt werden, indem alle Kleinkinder, auch die Jungen, eine vorbeugende Impfung erhalten und somit nicht zum Überträger der Röteln werden können. Da der Impfschutz gegen Röteln vermutlich nicht ein Leben lang anhält, sollten alle Mädchen im 15. oder 16. Lebensjahr nochmals geimpft werden, ferner alle Frauen mit Kinderwunsch, bei denen keine Rötelnantikörper nachweisbar sind.

Tetanus

Tetanus oder Wundstarrkrampf ist eine Erkrankung des Nervensystems, die den Organismus jederzeit befallen kann, denn schon die winzigste Verletzung reicht aus, um den Erreger, der sich in jeder Art von Schmutz aufhält, in den menschlichen Körper eindringen zu lassen.

Nach der Grundimmunisierung in den ersten zwei Lebensjahren ist im sechsten bis siebten Lebensjahr und danach alle zehn Jahre eine Auffrischimpfung erforderlich, und zwar auch bei Erwachsenen. Wenn bei Verletzungen die letzte Impfung länger als fünf, aber noch keine zehn Jahre zurückliegt, genügt eine Auffrischung mit Tetanolimpfstoff.

Tuberkulose

Nachdem die Erkrankungshäufigkeit in den vergangenen Jahrzehnten stetig zurückgegangen war, wurde die Impfung nur noch für besonders gefährdete Säuglinge empfohlen. Weil in der letzten Zeit aber ein erneuter Anstieg der Tuberkulosefälle zu verzeichnen ist, raten viele Mediziner wieder zur Impfung aller Neugeborenen.

Der Impfstoff ist gut verträglich, und bei sachgerechter Anwendung sind ernste Nebenwirkungen, wie Lymphknotenschwellungen mit eitriger Einschmelzung oder Knochenmarkentzündung (Osteomyelitis), selten. Der Impfschutz hält bis zu zehn Jahre an und verhindert die besonders für kleine Kinder gefährliche tuberkulöse Hirnhautentzündung und andere schwere Tuberkuloseformen.

Weil schon Säuglinge erkranken können, wird die Impfung bereits bei Neugeborenen vorgenommen. Wurde die Impfung in der Entbindungsklinik versäumt, können Sie Ihr Kind innerhalb der ersten sechs Lebenswochen beim niedergelassenen Kinderarzt, beispielsweise bei der dritten Vorsorgeuntersuchung, impfen lassen. Bis zur sechsten Lebenswoche ist eine vorherige Tuberkulinprobe unnötig. Ältere Säuglinge, Kinder, Jugendliche und Erwachsene werden nur nach negativem Tuberkulintest (siehe Seite 173) geimpft, um Komplikationen durch eine möglicherweise gerade ablaufende natürliche Infektion zu vermeiden.

An der Impfstelle, der Außenseite des linken Oberschenkels (seltener des Oberarms) entwickelt sich normalerweise innerhalb von vier Wochen ein bläuliches, etwa erbsengroßes Knötchen, mit oder ohne Einschmelzung und Absonderungen. Zurück bleibt eine kleine sichtbare Narbe. Gelegentlich tritt ein bis mehrere Monate nach der Impfung eine leichte, vorübergehende Schwellung der örtlichen Lymphknoten (in der Leistenbeuge oder der Achselhöhle) auf.

Eine Pflicht zur Tuberkuloseimpfung besteht nicht, und wenn Sie davon keinen Gebrauch machen, sollten Sie bei Ihrem Kind mindestens einmal jährlich einen Tuberkulintest vornehmen lassen, um eine Infektion rechtzeitig erkennen zu können.

Impfplan für Kinder

Alter	Impfung	Mögliche Impfreaktionen
Neugeborene bis zur 6. Lebenswoche	Tuberkulose BCG-Impfung	an der Impfstelle bläuliches, erbsengroßes Knötchen mit oder ohne Einschmelzung und Absonderung; regionale Lymphknotenschwellung
im 3. Monat	Diphtherie-Keuchhusten (Pertussis)-Tetanus und Haemophilus-influenzae-b mit DPT-Dreifach- und Hib-Impfstoff *oder* mit Hib-DPT-Vierfach-Kombinationsimpfstoff – erste Impfung oder Diphtherie-Tetanus und Haemophilus-influenzae-b (DT und Hib oder HibDT) – erste Impfung sowie Kinderlähmung mit trivalentem (dreifachem) Polioimpfstoff - erste Schluckimpfung	Rötung, Schwellung und Schmerzen an der Impfstelle, Fieber für 1–2 Tage, selten schrilles Schreien leichte Rötung und Schwellung, mäßige Temperaturerhöhung leichte Temperaturerhöhung, Durchfall
im 4. Monat	Diphtherie-Keuchhusten-Tetanus – zweite Impfung	

Alter	Impfung	Mögliche Impfreaktionen
im 5. Monat	Diphtherie-Keuchhusten-Tetanus – dritte Impfung *und* Haemophilus-influenzae-b – zweite Impfung oder Diphtherie-Tetanus-Haemophilus-influenzae-b – zweite Impfung sowie Kinderlähmung – zweite Schluckimpfung	
im 2. Lebensjahr (ab 15. Monat)	Masern-Mumps-Röteln mit MMR-Dreifachimpfstoff	in der zweiten Woche kurz andauerndes Fieber und/oder schwacher Hautausschlag, eventuell leichte Schwellung der Speicheldrüsen und/oder der Nackenlymphknoten
	Diphtherie-Keuchhusten-Tetanus – vierte Impfung *und* Haemophilus-influenzae-b – dritte Impfung oder Diphtherie-Tetanus-Haemophilus-influenzae-b – dritte Impfung sowie Kinderlähmung – dritte Schluckimpfung	
im 6. bis 7. Lebensjahr	Masern-Mumps-Röteln Wieder- oder Nachholimpfung Diphtherie-Tetanus Auffrischimpfung mit verringerter Dosis (Td)	
im 10. Lebensjahr	Kinderlähmung Auffrischimpfung	Abgeschlagenheit, Kopfschmerzen
im 15. bis 16. Lebensjahr	Röteln Auffrischimpfung für Mädchen	leichtes Fieber, Kopfschmerzen, zwei bis vier Wochen nach der Impfung eventuell Gelenkschmerzen, flüchtiger Hautausschlag
	Diphtherie-Tetanus Auffrischimpfung	

Alle Impfungen werden im internationalen Impfbuch eingetragen. Heben Sie es sorgfältig auf.

Rachitis- und Kariesprophylaxe

Rachitis ist eine Krankheit mit gestörtem Kalzium- und Phosphatstoffwechsel, die durch einen Mangel an Vitamin D_3 ausgelöst wird. Sie äußert sich vor allem durch eine geminderte Knochenverkalkung. Vitamin D_3 wird dem Körper einerseits über die Nahrung zugeführt, wobei die auf Kuhmilchbasis hergestellte Milchnahrung des Säuglings wie auch die Muttermilch nicht genug Vitamin D_3 enthalten. Andererseits kann es vom Körper selbst unter Einwirkung von Sonnenlicht gebildet werden. Diese Eigensynthese reicht aber in der Regel in unseren Breiten nicht aus, um Rachitis sicher zu verhüten.

Früher gab man den Säuglingen und Kleinkindern Vitamin-D_3-haltigen Lebertran, später verabreichte man den Wirkstoff in einmaligen hohen Dosen (Vitamin-D-Stoß). Heute erfolgt die medikamentöse Zufuhr täglich in Form einer kleinen Tablette (oder in Tropfen). Das ist wesentlich natürlicher und günstiger für den Stoffwechsel.

Die Empfehlungen für die Tagesdosis liegen bei 400–1 000 internationalen Einheiten. Damit werden sowohl eine Unterdosierung als auch eine Überdosierung vermieden. Weil rachitische Gesundheitsstörungen zunehmend auch jenseits des Säuglingsalters auftreten, sollte sich die Vorbeugung bis ins zweite Lebensjahr erstrecken, vor allem über den zweiten Lebenswinter.

Das Medikament wird in der Regel von Entbindungskliniken, niedergelassenen Ärzten und in Gesundheitsämtern (Mütterberatungsstellen) kostenlos abgegeben. Wo das nicht der Fall ist (Privatpatienten), sollten Eltern den geringen Betrag für diese wirkungsvolle Vorsorge selbst aufbringen.

Karies, die Zahnfäule, gilt als die häufigste Volkskrankheit. Schon ein Großteil der Kleinkinder leidet daran. Neben mangelnder Zahnhygiene sind die veränderten Eßgewohnheiten mit dem hohen Zuckerkonsum dafür verantwortlich.

Doch auch hier ist eine Vorbeugung möglich, unter anderem durch die Aufnahme von Fluorid. Dieses lebenswichtige Spurenelement kommt in vielen Nahrungsmitteln und im Trinkwasser vor, allerdings nur in geringen Mengen. In höherer Dosis ist es in der Lage, den Zahnschmelz zu härten und widerstandsfähiger gegen Karies zu machen.

Für die beiden ersten Lebensjahre des Kindes stehen Kombinationspräparate gegen Rachitis und Karies zur Verfügung.

Ab dem dritten Lebensjahr muß die Vorbeugung mit einem reinen Fluoridpräparat fortgesetzt werden. Davon erhalten zwei- und dreijährige Kinder 0,5 Milligramm pro Tag, vier- bis sechsjährige 0,75 Milligramm, und ab dem siebten Lebensjahr gibt man 1 Milligramm Fluorid täglich. Dies gilt als ergänzende Maßnahme zur üblichen Zahnhygiene und sollte bis zum Abschluß des Zahnwechsels (etwa 14. Lebensjahr) fortgeführt werden. In der angegebenen Dosierung ist Fluorid völlig ungefährlich.

Neuerdings gibt es auch fluoridiertes Kochsalz, das vor allem in Regionen mit natürlicherweise fluoridarmem Trinkwasser (bei den Wasser- oder Stadtwerken zu erfragen) für die Speisenzubereitung Verwendung finden sollte. Mit einem täglichen Salzverbrauch von zirka 4 Gramm ist eine Aufnahme von 1 Milligramm Fluorid verbunden. Zu beachten ist jedoch, daß Kindern jenseits des zweiten Lebensjahres nicht gleichzeitig Fluoridtabletten verabreicht werden dürfen, wenn ihre Nahrung Fluoridsalz enthält. Die Vitamin-D-Fluorid-Kombinationspräparate für Säuglinge und Kleinstkinder müssen dagegen beibehalten werden, denn Kinder dieses Alters sollen ohne zusätzliches oder nur mit geringsten Mengen Salz ernährt werden. Fluoridierte Zahncremes und Mundspülungen können ältere Kinder auch weiterhin benutzen.

Welche Krankheit hat das Kind?

Krankheiten der Haut

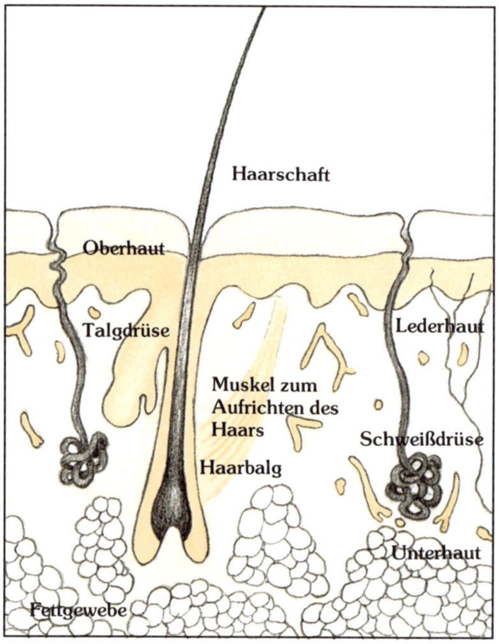

Die Haut

Akne

Wichtigste Symptome
Mitesser und Pusteln im Gesicht

Altershäufigkeit
Jugendliche während der Pubertät

Komplikationen
Abszeßbildung

Wann muß das Kind zum Arzt?
In schlimmen Fällen von Akne oder wenn sich Blasen entwickeln

Akne

Ursachen und Symptome

Akne ist eine der häufigsten Hauterkrankungen. Während der hormonellen Umstellung der Pubertät leiden fast alle Mädchen und Jungen unter Pickeln. Die Erscheinungen zeigen sich meist zwischen dem 14. und 17. Lebensjahr bei Mädchen, und sie sind bei Jungen im Alter von 16 bis 19 Jahren besonders ausgeprägt.
An der Entstehung der Akne sind unter anderem die vermehrt gebildeten männlichen Sexualhormone wesentlich beteiligt, die auch im weiblichen Körper in geringer Menge produziert werden. Unter ihrem Einfluß kommt es zu einer gesteigerten Talgdrüsensekretion der Haarfolikel (Haarbalg, in dem die Haarwurzel steckt) in der Haut. Außerdem trägt eine übermäßige Verhornung der oberflächlichen Zellen dazu bei, daß sich die Ausführungsgänge der Talgdrüsen verengen und verstopfen. Die Talgpfropfen verhärten zu geschlossenen weißen Mitessern, aus denen sich Pickel, Papeln, Pusteln und in schweren Fällen Abszesse entwickeln können. Wenn sich die Entzündung ausgebreitet hat, bleiben nach der Abheilung oft Narben zurück.

Behandlung

1. Die befallenen Hautpartien werden morgens und abends erst mit heißem, dann mit kaltem Wasser und einer alkalifreien Seife oder synthetischen Waschlotion (Syndet) gereinigt. Heiße Kompressen, die fünf Minuten lang einwirken, oder ein Gesichtsdampfbad mit Kräutern fördern die Durchblutung und weichen die Haut auf. Danach können desinfizierende, austrocknende, entzündungshemmende oder schälende Substanzen in Form von Tinkturen, Salben, Puder oder Cremes, die der Arzt verordnet hat, aufgetragen werden.
2. Die weitere Behandlung der Akne gehört in die Hände eines Hautarztes (Facharzt für Dermatologie). Keinesfalls sollten die Jugendlichen selbst irgendwelche Mittel ausprobieren. Große, unansehnliche Mitesser sollten nur vom Arzt oder einer Kosmetikerin entfernt werden. Man darf nicht selbst auf der Haut herumdrücken, das könnte Entzündungen hervorrufen, bei denen Narben zurückbleiben.
3. Die Aknebehandlung hat sich in den letzten Jahren sehr verbessert. Die Störung läßt sich

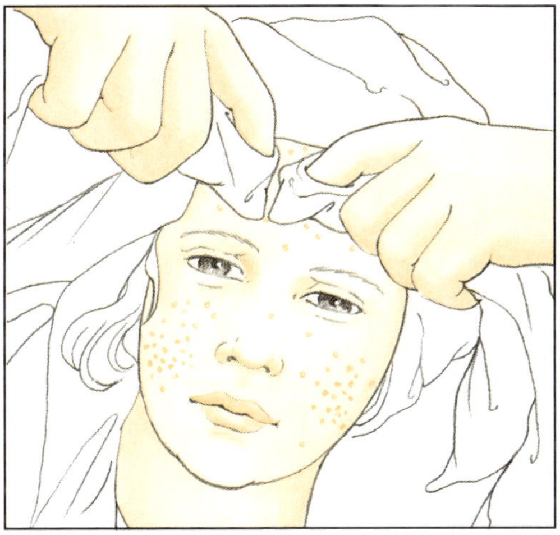

Akne

zwar nicht vollständig heilen, aber ihre Auswirkungen können gelindert werden. Der Arzt kann Vitamin-A-Salbe, -Tinktur oder -Säure oder auch Benzoylperoxid zum äußerlichen Auftragen als Schälkur verordnen.
Für die schwerste Form von Akne, die zu schmerzhaft entzündeten Talgzysten und pockenartiger Vernarbung führt, gibt es eine Vitamin-A-Säure (13-cis-Retinsäure), die als Medikament eingenommen wird.
Die übliche Langzeitbehandlung besteht in der Verabreichung von Vitamin A und Antibiotika, die gegen die Verhornung bzw. die Entzündung des Gewebes wirken. Bei älteren Mädchen bessert sich die Akne häufig durch bestimmte Hormonpräparate. Solche, die Gestagene enthalten, können die Akne jedoch verstärken.
Entstellende Narben lassen sich nach Abklingen der Akne, etwa im Alter von 25 Jahren, von einem Dermatologen oder einem Arzt für plastische Chirurgie durch Abschleifen behandeln.
4. Das Einhalten einer besonderen Diät ist nicht notwendig, sie kann Akne nicht heilen. Bei manchen Jugendlichen bessert sich allerdings manchmal das Aussehen, wenn sie auf gewisse Nahrungs- und Genußmittel verzichten (Schokolade, Kakao, Nüsse, fette oder saure Speisen und scharfe Gewürze).
Vorsichtige Sonnenbestrahlung oder die Behandlung mit einer Höhensonne kann in einigen Fällen hilfreich sein.

Gneis (Seborrhoische Dermatitis)

Ursachen und Symptome

Empfindliche Säuglinge zeigen manchmal schon bald nach der Geburt einen Ausschlag von gelblich-glänzenden, fettigen Schuppen auf geröteter Haut, und zwar besonders im Scheitelbereich des Kopfes über der großen Fontanelle (Kopfgrind). Dieser kann sich bis zur Stirn hin ausbreiten und im Gesicht und in den Hautfalten des Körpers auftreten.
Dabei handelt es sich um eine Funktionsstörung der Talgdrüsen, die in der Regel bis zum Ende des dritten Lebensmonats wieder abgeklungen ist. Sie kommt auch bei gestillten Kindern vor, ist also nicht von der Art der Ernährung abhängig. Die Haut kann nur leicht befallen sein, dann erscheinen wenige, erhabene Flecken, die oberflächlich schuppen. Es können aber auch ausgedehnte Hautbezirke betroffen sein. Besonders auf dem Kopf bildet sich oft ein dicker, schmieriger, fest haftender Belag. Es besteht bei diesem Hautausschlag jedoch kein Juckreiz.

Behandlung

1. Milde Formen von Gneis, die recht häufig vorkommen, lassen sich eventuell durch tägliche, kräftige Kopfwaschungen mit Babyshampoo entfernen.
2. Bei stärkerem Befall müssen die Schuppen zunächst aufgeweicht werden. Dazu reiben Sie die Haut, vor allem auf dem Kopf, mehrmals täglich mit Babyöl, Olivenöl oder Vaseline ein. Bei hartnäckiger Krustenbildung muß die Fettsubstanz, am besten Salicylvaseline oder Salicylöl, über Nacht einwirken. Setzen Sie Ihrem Baby dabei ein Baumwollmützchen auf den Kopf. Am nächsten Morgen lösen Sie die Borken vorsichtig mit einem trockenen Mulltupfer, einer weichen Zahnbürste oder einem feinen Kamm ab. Die darunterliegende entzündlich gerötete Haut behandeln Sie mit Kindercreme oder Zinkpaste. Pflegen Sie die Haut des Säuglings mit einem Kleiebad. Wenn nötig, verordnet der Arzt spezielle Präparate, zum Beispiel einen teerhaltigen Badezusatz.

Gneis

Wichtigste Symptome
Fettigglänzender Hautbelag oder gelbliche Schuppen auf dem Kopf

Altershäufigkeit
Säuglinge in den ersten 3 Lebensmonaten

Ähnliche Krankheitsbilder
Ekzem (dabei besteht allerdings oft heftiger Juckreiz), Soormykose, Arzneimittelreaktion

Wann muß das Kind zum Arzt?
Bei stärkerem Befall oder bei hartnäckiger Krustenbildung

Hautmale

Wichtigste Symptome
Flache oder erhabene, blaurote, blauschwarze oder braune, eventuell behaarte Flecken in der Haut

Altershäufigkeit
Hautmale können von Geburt an vorhanden sein und mit dem Kind wachsen

Komplikationen
Es bildet sich eine höckerige Oberfläche, oder die Pigmente dringen in die umgebende Haut ein, oder es entsteht ein entzündlicher Hof um das Hautmal

Wann muß das Kind zum Arzt?
Im Fall von Komplikationen und wenn ein Hautmal seine Farbe ändert, zusehends wächst oder blutet

Hautmale (Naevi)

Fast jeder Mensch hat irgendwo am Körper Sommersprossen, Leberflecke, Feuermale, Blutschwämmchen oder andere „Muttermale". Die meisten Hautmale entstehen durch eine angeborene Pigmentansammlung und erscheinen als hellbraune bis tiefdunkle Flecken. Leuchtendrote oder violett getönte Hautmale gehen von gutartigen Wucherungen der kleinsten Blutgefäße (Kapillaren) aus.
Hautmale können schon bei der Geburt vorhanden sein, sich in den ersten Lebenstagen bilden oder sich erst im Laufe der Kindheit entwickeln.

Feuermal (Naevus flammeus)

Dabei handelt es sich um einen angeborenen, blaß- bis blauroten, bizarr geformten, mehr oder weniger großen Fleck in der Haut, der sich meist im Gesicht über der Nasenwurzel, auf der Stirn und im Nacken *(Storchenbiß)*, seltener halbseitig auf einem Arm oder Bein zeigt. Es handelt sich dabei um Erweiterungen der feinsten Blutgefäße (Kapillaren). Solche Feuermale bedürfen in der Regel keiner Behandlung, lassen sich aber nur unter Narbenbildung entfernen. Viele verblassen im Laufe der ersten Lebensjahre von selbst, so daß ein Eingriff ohnehin überflüssig wird.

Blutschwämmchen (Hämangiome)

Dies sind bläulich-rote, etwas über die Haut erhabene Gefäßmißbildungen der Kapillaren. Sie können beim Heranwachsen des Kindes an Größe zunehmen, bilden sich aber meist spontan bis zum fünften Lebensjahr zurück. Nur ausgedehnte, stark das Hautniveau überragende Gefäßknäuel, die kosmetisch stören, leicht verletzt werden oder Organfunktionen beeinträchtigen könnten (zum Beispiel Sitz am Auge), sollten chirurgisch abgetragen oder durch Laserstrahlbehandlung verödet werden.

Mongolenfleck

Mongolenflecke sind angeborene schiefergraue bis blauschwarze harmlose Pigmentflecken in der Gesäßgegend.
In der Regel verschwinden sie bis zum vierten Lebensjahr wieder.

Naevuszellennaevi

Braune bis schwarze Flecken verschiedener Größe und Anzahl, die über den ganzen Körper verteilt sein können, nennt man Naevuszellennaevi. Sie sind harmlos.
Der häufigste Naevuszellennaevus ist der hell- bis dunkelbraune *Pigmentnaevus*, der sogenannte Schönheitsfleck. Manche Flecken sind

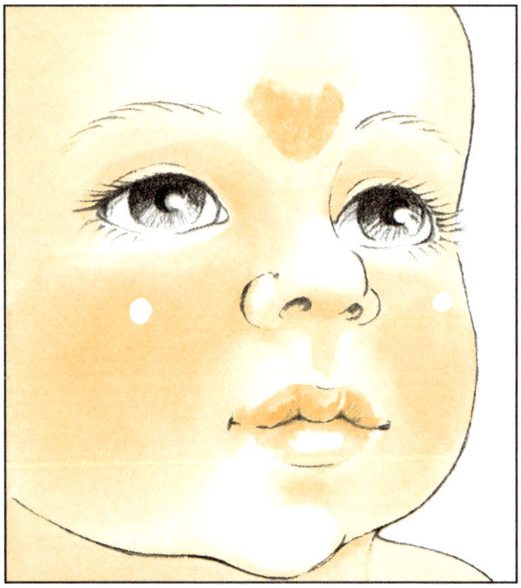

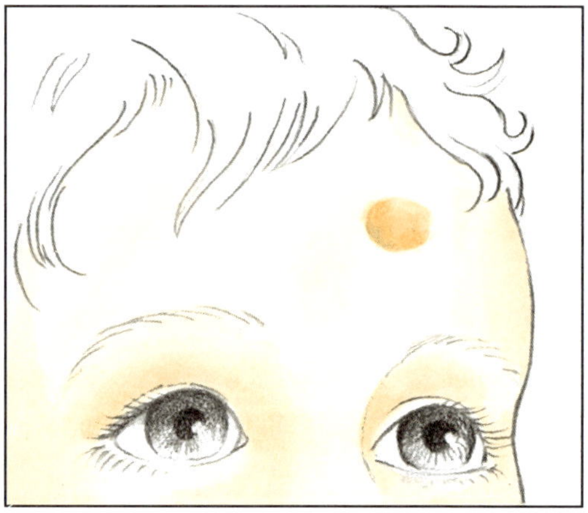

Blutschwämmchen

Storchenbiß

über die Haut erhaben oder behaart *(Tierfellnaevus).* Tierfellmale können sich über große Hautgebiete des Körpers ausdehnen und ihn wie ein dunkler Pelz bedecken.
Bestimmte Pigmentnaevi können krebsig entarten *(malignes Melanom),* im Kindesalter kommt das allerdings so gut wie nie vor.

Vorsorgemaßnahmen

Schützen Sie Ihr Kind vor zu starker Sonnenbestrahlung.
Ein Hautmal sollte dem Hautarzt (Dermatologen) gezeigt werden:

1. wenn es bei einem Unfall verletzt wurde,
2. wenn es stark blutet,
3. wenn sich eine höckerige Oberfläche bildet,
4. wenn es seine Farbe ändert oder zusehends wächst,
5. wenn die Pigmente in die umgebende Haut eindringen oder ein entzündlicher Hof um das Hautmal entsteht.

Behandlung

Hautmale können, wenn es notwendig wird, mit verschiedenen Verfahren entfernt werden, etwa durch Herausschneiden mit dem Skalpell oder einer elektrischen Drahtschlinge, durch Kälteanwendung mittels Kohlensäureschnee, durch Elektroverödung oder Infrarotbestrahlung. Diese Behandlungsmethoden hinterlassen jedoch oft störende Narben oder haben andere Nebenwirkungen. Wenn möglich (bei Hämangiomen und Feuermalen) wird heute mit Laserlicht behandelt.

Hitzepickel (Miliaria)

Ursachen und Häufigkeit

Hitzepickel, auch Schweißfriesel genannt, treten insbesondere nach einem Wärmestau auf, wenn Säuglinge bei sommerlicher Hitze oder in einem überheizten Zimmer zu warm angezogen oder zu warm zugedeckt sind. Weil die Schweißdrüsenfunktion noch unvollkommen ist, staut sich dann der Schweiß in den Hautporen. Durch hohes Fieber mit Schweißausbrüchen kann es aber auch bei größeren Kindern zu einem Frieselausschlag kommen. Meist sind hellhäutige, hautempfindliche Kinder mit blonden oder roten Haaren davon betroffen.

Symptome

Der Ausschlag zeigt sich mit winzigen klaren Bläschen und/oder mit punktförmigen roten Flecken und Knötchen jeweils um eine Hautpore. Er entsteht hauptsächlich auf bedeckter Haut (Hals, Brust, Windelregion) und in den Hautfalten des Körpers; kann aber auch im Gesicht auftreten.

Behandlung

Wenn Ihr Baby bei hohen Außentemperaturen mit Hitzepickeln reagiert, sorgen Sie für eine Abkühlung des Körpers. Baden Sie es zunächst in lauwarmem bis kühlem Wasser. Bekleiden Sie es anschließend nur mit dem Notwendigsten (Windel, Unterhöschen, eventuell noch mit einem weiten, luftdurchlässigen Baumwollhemd) und bringen Sie es in den kühlsten Raum der Wohnung.

Hitzepickel

Wichtigste Symptome
Winzige, stecknadelkopfgroße Bläschen auf den Wangen, am Hals, auf der Brust und im Windelbereich

Altershäufigkeit
Besonders bei hellhäutigen, blonden oder rothaarigen Säuglingen und Kleinkindern

Ähnliche Krankheitsbilder
Hautausschlag anderer Ursache, Windelausschlag

Wann muß das Kind zum Arzt?
Wenn die Erscheinungen nicht nach ein paar Tagen (besonders bei kühler Witterung) verschwinden

Kopfläuse (Pediculus humanus capitis)

Symptome

Der Befall mit diesen Parasiten hat in den letzten Jahren wieder zugenommen, und gegen Läuse auf den Köpfen ihrer Kinder sind auch die saubersten Eltern nicht gefeit.
Die grauweißen, winzigen Schädlinge werden durch Kopfhaarkontakt, über verlauste Textilien und Bürsten leicht von einem Menschen auf den anderen übertragen. Sie besiedeln die Kopfhaut, aus der sie alle paar Stunden Blut saugen. Der Läusebiß verursacht Juckreiz, das Kind beginnt sich zu kratzen. Am Hinterkopf, an der Haargrenze im Nacken, entsteht nach einiger Zeit ein ekzemartiger Ausschlag. Durch starkes Kratzen kann es zu eitrigen Pusteln und Krusten auf der Kopfhaut kommen. Die Nackenlymphknoten sind in diesem Fall geschwollen. Wenn nicht Hunderte von Läusen vorhanden

Kopfläuse

Wichtigste Symptome
Juckreiz auf dem Kopf, ekzemartiger Ausschlag im Nacken

Altershäufigkeit
Kindergarten- und Schulkinder

Komplikationen
Eitrige Pusteln auf dem Kopf, geschwollene Nackenlymphknoten

Wann muß das Kind zum Arzt?
Wenn Komplikationen auftreten

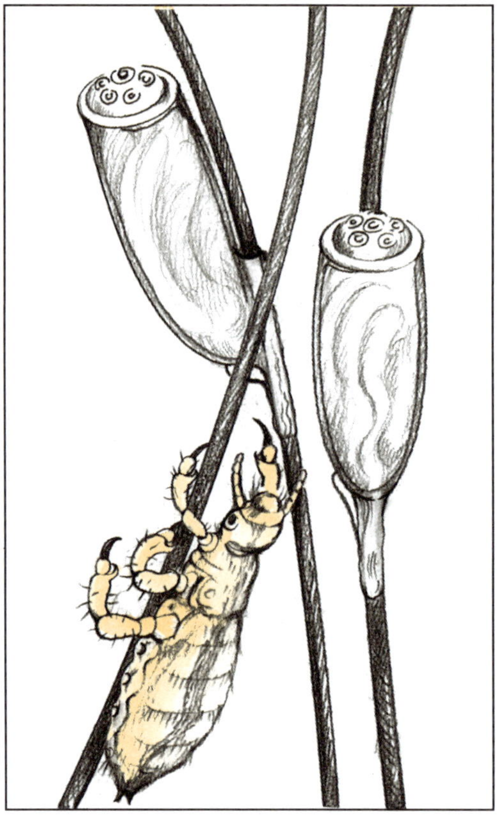

Kopflaus und Nissen

sind, ist es schwierig, die dunklen Punkte auf der Kopfhaut des Kindes zu entdecken, am besten gelingt das mit einer Lupe. Wenn sich die Läuse gerade mit Blut vollgesogen haben, erscheinen sie rötlich. Einfacher sind die weißlichen Eier (Nissen) zu sehen, die fest am Haarschaft in der Nähe der Kopfhaut kleben und winzigen Reiskörnern ähneln. Bei nur flüchtiger Betrachtung verwechselt man sie allerdings mit Kopfschuppen, die jedoch leicht zu entfernen sind.

Behandlung

1. Gegen Kopfläuse gibt es wirksame Insektizide als Aerosol, Gel, Puder oder Emulsion. Das betreffende Mittel wird auf die Kopfhaut aufgetragen und nach der vorgeschriebenen Einwirkungszeit (Gebrauchsanweisung genau beachten!) mit Shampoo gründlich aus den Haaren gewaschen. Fügen Sie dem Spülwasser etwas Essig zu (3 Eßlöffel auf 1 Liter Wasser). Anschließend kämmen Sie die Haare mit einem feinen Staubkamm durch, um die Nissen zu entfernen. Eventuell muß die Prozedur nach acht bis zehn Tagen wiederholt werden. Das Abschneiden der Haare ist heute so gut wie nicht mehr erforderlich.

2. Auch die vom Kind benutzten Bürsten und Kämme müssen unbedingt mit dem Mittel behandelt werden.

Jedes Familienmitglied sollte seinen eigenen Kamm haben, damit erschweren Sie den Läusen den Wechsel auf einen anderen „Wirt".

3. Waschen Sie Mützen, Anoraks mit Kapuzen und den Kopfkissenbezug Ihres Kindes separat von anderen Wäschestücken.

4. Wenn ein Kind Läuse hat, müssen auch die Köpfe der anderen Familienmitglieder, besonders der Geschwister, auf Läuse untersucht und gegebenenfalls behandelt werden.

5. Denken Sie daran: Ein Kind mit Läusen darf nach dem Bundesseuchengesetz nicht den Kindergarten oder die Schule besuchen.

Pilzkrankheiten (Mykosen)

Ursachen und Symptome

Infektionen mit Hefepilzen der Gattung Candida albicans haben in den letzten Jahren stark zugenommen. Bei vielen Menschen finden sich diese Mikroorganismen auf der Haut und der Schleimhaut, ohne Krankheitserscheinungen hervorzurufen. Eine Herabsetzung der körperlichen Widerstandsfähigkeit durch Ernährungsfehler, chronische Krankheiten oder Infekte begünstigen das Wachstum und die Ausbreitung dieser Keime. Sie können sich auf inneren Schleimhäuten des Körpers (der Speiseröhre, des Magens, des Darms, der Lunge) ansiedeln und bei schwerem Befall lebensbedrohlich werden.

Auch unter Behandlung mit Antibiotika, die das natürliche Gleichgewicht der Mund- und Darmflora stören, unter Anwendung hormoneller Empfängnisverhütungsmittel (Antibabypille) und während der Schwangerschaft kommt eine parasitäre Vermehrung dieser Keime vor.

Selbst Neugeborene können schon an einer Pilzinfektion leiden. Die Ansteckung ist dann bereits während der Geburt erfolgt, wenn bei der Mutter eine nicht behandelte Pilzinfektion der Scheide vorlag. Ferner kommt es durch direkten Kontakt von Mensch zu Mensch sowie durch infizierte Gegenstände zur Übertragung der Erreger, die in jedem Alter möglich ist.

Mundsoor

Auf der Zunge, der Wangenschleimhaut, dem Zahnfleisch und dem Gaumen zeigen sich stippchen- bis flächenförmige, weißliche, fest haftende Beläge, die wie geronnene Milch aussehen. Der Versuch, sie wegzuwischen, führt leicht zu Blutungen. An dieser Form der Soormykose erkranken vorwiegend Säuglinge.

Hautsoor

Hautsoor, auch Soordermatitis genannt, wird fast immer von abwärts gewanderten Pilzen aus dem Magen-Darm-Trakt hervorgerufen, die sich dann auf der Haut um den After herum und in der Genitalregion ansiedeln. Es entstehen scharfrandige, etwas erhabene, leicht schuppende Bezirke von rot-blauen Flecken und Bläschen, die sich ausbreiten und zu größeren Flächen zusammenwachsen können.

Vorbeugungsmaßnahmen

1. Um eine wiederholte Ansteckung zu vermeiden, müssen Sauger, Fläschchen, Schnuller und alle anderen Gegenstände, die mit dem Mund des Kindes in Kontakt gekommen sind, besonders sorgfältig desinfiziert werden (zum Beispiel durch mindestens fünfminütiges Auskochen). Eine stillende Mutter muß ihre Brustwarzen ebenfalls behandeln lassen.
2. Wenn ein Baby häufiger unter Pilzinfektionen leidet oder ein kleines Mädchen öfter Soorpilz der Scheide hat, sollten sich alle Familienmitglieder untersuchen lassen.

Behandlung

Der Arzt erkennt die Erkrankung meist schon an ihrem typischen Erscheinungsbild. Im Zweifelsfall wird er einen Hautabstrich machen, um den Erreger in einer Pilzkultur nachzuweisen. Zur Behandlung setzt er Medikamente ein, die das Pilzwachstum hemmen oder die Mikroorganismen töten (Antimykotikum), je nach Befall zum Einträufeln in den Mund, zum Lutschen, zum Einnehmen oder zum Auftragen auf die betroffenen Hautstellen. Vielleicht nimmt er auch Pinselungen mit Gentianaviolett – einer desinfizierenden Farblösung – vor oder verordnet Kaliumpermanganatbäder.

Fußpilz (Tinea pedum)

Ursachen und Häufigkeit

Diese Erkrankung der Haut rufen Fadenpilze hervor, deren Ansiedlung durch feuchtwarmes Milieu begünstigt wird. Deswegen sind sie in Schwimmbädern, Saunen und Umkleidekabinen anzutreffen. Die Ansteckung erfolgt meist über Holzroste, Badevorlagen und gemeinsam benutzte Badeschuhe oder Handtücher.

Symptome und Verlauf

Die Infektion macht sich zunächst in den Zehenzwischenräumen mit Brennen, heftigem Juckreiz und erweichten, weiß verfärbten Hautstellen bemerkbar. Darunter ist die Haut gerötet. Es können sich Bläschen bilden, die aufplatzen und zu nässenden Flächen werden oder die schmerzhafte Hautrisse hinterlassen. Fußpilz kann bei trockener Haut auch in Form von schuppenden Hautveränderungen auftreten. Wird durch den Juckreiz die Haut aufgekratzt, können Zweitinfektionen mit anderen Keimen hinzukommen.

Vorbeugungsmaßnahmen

1. Da Kinder stark an den Füßen schwitzen, sollten täglich, eventuell sogar mehrmals am Tag ihre Strümpfe gewechselt werden. Kaufen Sie Ihrem Kind nur Strümpfe aus gut saugfähigem, kochfestem Material (mit hohem Baumwollanteil). Gummistiefel dürfen nicht den ganzen Tag über getragen werden und müssen so groß sein, daß immer dicke Socken hineinpassen, die den Schweiß aufsaugen.

Soor

Wichtigste Symptome
Weiße, stippchen- bis flächenförmige Beläge im Mund; stecknadelkopf- bis linsengroße Pusteln und Bläschen auf geröteter Haut; Juckreiz, vor allem in der Genitalregion

Altershäufigkeit
Eine Infektion ist in jedem Alter möglich; Mundsoor tritt besonders bei Säuglingen in Erscheinung

Ähnliche Krankheitsbilder
Windelausschlag, Hautausschlag anderer Ursache

Komplikationen
Fieber, Husten, Magen-Darm-Störungen

Wann muß das Kind zum Arzt?
Bei hartnäckigen Windelausschlägen; bei Rötung, Schuppung, Bläschenbildung und Juckreiz der Haut; wenn Beläge im Mund auftreten

Fußpilz

Wichtigste Symptome
Brennen, Jucken, Rötung und Blasenbildung der Haut (besonders zwischen den Zehen), Hautschuppung

Altershäufigkeit
Fußpilz kann in jedem Alter auftreten

Ähnliche Krankheitsbilder
Ekzem, Hautausschlag

Komplikationen
Eitrige Entzündung der befallenen Hautstellen

Wann muß das Kind zum Arzt?
Sobald die Symptome wahrgenommen werden

2. Nach dem Waschen der Füße müssen besonders die Zehenzwischenräume sorgfältig abgetrocknet werden.
3. In Badeanstalten angebrachte Fußdesinfektionsduschen können bei der Bekämpfung von Fußpilz nur wenig ausrichten. Vor allem das Tragen von Badeschuhen reduziert die Ansteckungsgefahr.

Behandlung

1. Gegen Fußpilz verordnet der Arzt pilztötende Medikamente als Creme, Lösung oder Gel, die Sie auf die befallenen Hautstellen auftragen. Waschen Sie sich anschließend gründlich die Hände.
2. Die Therapie muß nach der Abheilung unbedingt noch zwei bis drei Wochen fortgeführt werden, da es sonst zu einem Rückfall kommen kann.
3. Die Schuhe Ihres Kindes sollten Sie mit desinfizierendem Puder oder Spray behandeln und nicht kochbare Strümpfe in ein Desinfektionsbad legen.
4. Da es sich um eine ansteckende Krankheit handelt, kann sie bei mangelnder Hygiene auch auf andere Familienmitglieder übertragen werden. Geben Sie Ihrem Kind deshalb zum Waschen der Füße jedesmal einen frischen Waschlappen und ein frisches Handtuch, und waschen Sie diese im Kochprogramm der Waschmaschine.

Warzen

Wichtigste Symptome
Stecknadelkopf- bis erbsengroße, über die Haut erhabene Knötchen mit rauher Oberfläche; flache Verhärtungen in der Fußsohle

Altershäufigkeit
Schulkinder, Jugendliche

Komplikationen
Wenn bei Fußsohlenwarzen Schmerzen auftreten oder sich unter den Nägeln Warzen bilden

Wann muß das Kind zum Arzt?
Wenn sich Komplikationen einstellen

Warzen (Verrucae)

Warzen sind gutartige Wucherungen der Haut, die von spezifischen Viren hervorgerufen werden. Sie sind infektiös und können durch direkten Kontakt auf einen anderen Menschen übertragen oder durch Aufkratzen über den Körper verbreitet werden. Bei über der Hälfte der Kinder mit Warzen verschwinden diese innerhalb von zwei bis drei Jahren von selbst; fast immer sind sie nach zehn Jahren nicht mehr zu sehen.

Symptome

Warzen treten in verschiedener Form auf:
Jugendliche Warzen sind kleine, runde, flache Hauterhebungen mit glatter Oberfläche, die – einzeln oder gehäuft – besonders im Gesicht und auf dem Handrücken von Kindern und Jugendlichen auftreten.
Gewöhnliche Warzen sind stecknadelkopf- bis erbsengroße, oft stark über die Haut erhabene Knötchen mit verhornter, rauher Oberfläche, die überall am Körper erscheinen können; bevorzugt befinden sie sich aber an den Händen. Zeigen sie sich am Hals und im Gesicht, handelt es sich wahrscheinlich eher um fadenförmige Hautwucherungen.
Warzen, die auf der Fußsohle entstehen *(Plantarwarzen)* und einem gewissen Druck ausgesetzt sind, wachsen dornartig in die Tiefe *(Dornwarzen)* und sind von einer flachen Verhärtung in der Haut umgeben.
Bilden sich solche Warzen unter den Nägeln, können sie dauerhafte Nageldeformationen verursachen. Sie erfordern eine Behandlung, wenn sie sich tief in die Haut einbohren und feine Nervenfasern abdrücken, wodurch Schmerzen ausgelöst werden.

Behandlung

1. Warzen sollten in Ruhe gelassen werden. Sie bedürfen nur dann einer Behandlung, wenn sie kosmetisch stören oder Beschwerden hervorrufen.
2. Tinkturen und Salben mit virushemmenden Substanzen können eventuell helfen.
3. Der Arzt kann Warzen mit Elektroinstrumenten abtragen oder sie mit flüssigem Stickstoff, Kohlensäure und anderen Säuren zerstören, häufig kommen sie dann jedoch wieder.

Wundsein (Windeldermatitis)

Ursachen und Häufigkeit

Die Empfindlichkeit der Haut ist bei den einzelnen Babys recht unterschiedlich. So kann ein Kind trotz sorgfältiger Pflege zu Reizungen oder gar Entzündungen der Haut, besonders im Windelbereich, neigen. Bei Durchfallerkrankungen reagiert fast jedes Baby mit einem wunden Po.

Als Ursache für einen Ausschlag in der Gesäß- und Genitalregion kommen außer mangelnder Pflege, bei der die Windeln zu selten gewechselt oder die Haut nicht genügend von den Ausscheidungen gereinigt wird, in Frage: Fruchtsäuren aus der Nahrung, die mit dem Stuhl ausgeschieden werden; verwendete Weichspüler oder Waschmittelrückstände, weil Stoffwindeln nicht gründlich ausgespült wurden; enganliegende Plastikwindelhöschen, die für einen Wärme- und Feuchtigkeitsstau sorgen; chemische Substanzen, die in Höschenwindeln oder Wickelfolien enthalten sind.
Neben diesen häufigsten Entstehungsursachen für einen Windelausschlag können sich Hauterscheinungen als allergische Reaktionen auf Nahrungsmittel oder Medikamente zeigen. Zu einer Entzündung der Haut im Windelbereich kommt es oft auch durch den Urin selbst: Bakterien zersetzen den im Urin enthaltenen Harnstoff zu Ammoniak, dieser greift die durch Feuchtigkeit aufgeweichte Haut an. Pilze und/oder Bakterien können auf diese Weise leicht eine Infektion hervorrufen.

Symptome und Verlauf

Im Bereich des Afters, des Gesäßes, der Genitalien und der Leistenbeugen, also im gesamten von der Windel bedeckten Hautgebiet, kann sich ein roter, rauher oder schuppender Ausschlag zeigen. Die Haut erscheint verdickt und aufgequollen. In schweren Fällen können die Wundflächen nässen oder stellenweise bluten.

Behandlung

1. Am wichtigsten ist häufiger Windelwechsel, besonders nach Stuhlentleerungen, denn die Haut muß möglichst trockengehalten werden. Manchal hilft es, die Höschenwindelmarke zu wechseln oder statt dessen luftdurchlässigere Mullwindeln zusammen mit hautschützenden Trockenwindeln und einem Schafwollhöschen zu verwenden.
2. Decken Sie die betroffenen Hautstellen mit feuchtigkeitsabweisender Zinkpaste ab. Sie können vorher eine heilende Wundsalbe dünn auf die geröteten Stellen auftragen und die Zinksalbe messerrückendick darüberstreichen oder sich

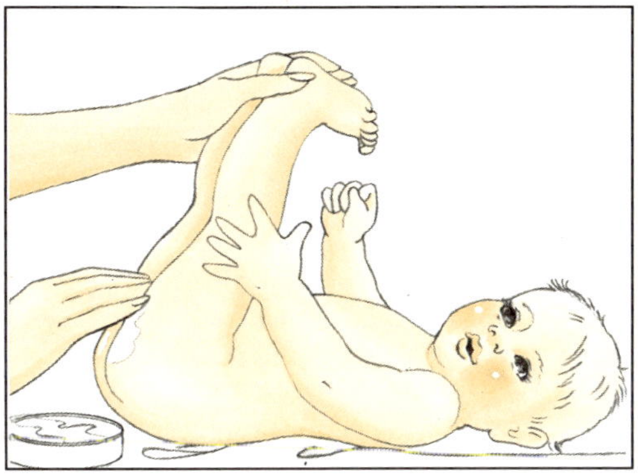

Eincremen schützt die Haut

vom Arzt eine Salbe verordnen lassen, die in der Apotheke aus Vaseline, Lanolin, Zinkoxid und Lebertran hergestellt wird.
3. Wenn Ihr Kind einen Ammoniakausschlag zeigt, verwenden Sie möglichst keine Höschen- oder luftdicht an den Beinen anliegende Windeln. Waschen Sie den Po häufig mit klarem, lauwarmem Wasser ab.
4. Bei stark nässenden Ausschlägen vermeiden Sie Wasser und Seife. Reinigen Sie die Haut mit Watte und Öl. Trocknen Sie sie mit einem Fön: Zwei- bis dreimal täglich befächeln Sie die befallenen Stellen für fünf Minuten mit warmer Luft (kleinste Stufe des Gerätes und etwa 50 Zentimeter Abstand). Lassen Sie möglichst oft die Windeln ganz weg und das Baby mit nacktem Po strampeln.
5. Hilfreich sind auch Sitzbäder mit Kamillen- oder Eichenrindezusatz (zweimal täglich für zehn Minuten), die die Haut beruhigen. Benutzen Sie für ein hautempfindliches Kind reizfreie Kleie als Badezusatz. Entzündungshemmende Wirkung hat ein Kaliumpermanganatbad: einen Teelöffel Kaliumpermanganatkristalle (aus der Apotheke) gibt man in ein Fläschchen mit 100 Milliliter Wasser und schüttelt den Inhalt, bis sich die Kristalle gelöst haben. Von dieser Lösung fügen Sie dem Badewasser soviel zu, daß es eine weinrote Farbe erhält. Zum Abtrocknen ältere Handtücher verwenden, da die Wäsche braune Flecken bekommt.
Außerdem kann der Arzt die entzündeten Hautstellen mit desinfizierenden Farbstoffen (zum Beispiel Gentianaviolett) einpinseln.

Wundsein

Wichtigste Symptome
Roter, rauher, schuppender Ausschlag in der Windelregion

Altershäufigkeit
Bei Säuglingen und Kleinstkindern, solange diese Windeln tragen

Ähnliche Krankheitsbilder
Pilzerkrankungen der Haut, Gneis, Ekzem, Allergie

Wann muß das Kind zum Arzt?
Bei hartnäckigem Windelausschlag, der sich durch pflegerische Maßnahmen nicht bessern läßt, oder wenn zusätzlich zum Ausschlag Fieber auftritt

Krankheiten der Augen

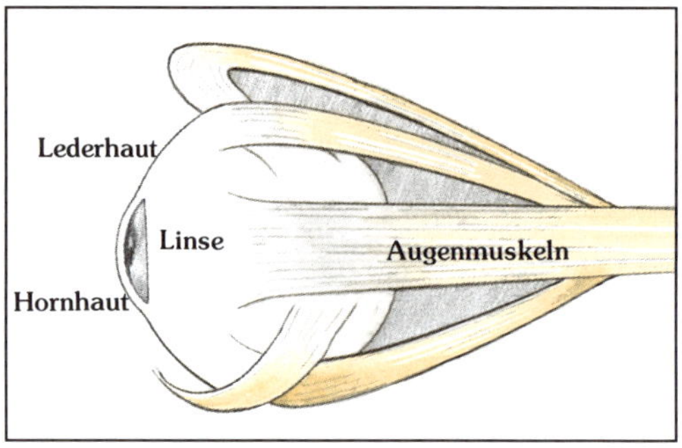

Das Auge

Bindehautentzündung der Augen (Konjunktivitis)

Bindehautentzündung

Wichtigste Symptome

Augenjucken, Augenbrennen, Fremdkörpergefühl im Auge, wäßrige, schleimige oder eitrige Absonderungen, Rötung und Schwellung der Augenbindehaut, Lichtempfindlichkeit

Altershäufigkeit

Bindehautentzündung kann in jedem Alter auftreten

Ähnliche Krankheitsbilder

Erkältungskrankheiten, Tränen-Nasen-Gang-Verstopfung, Augenverletzungen, Herpesinfektionen

Wann muß das Kind zum Arzt?

Wenn sich die Symptome nicht nach zwei Tagen gebessert haben oder sich stark eitrige Absonderungen zeigen

Ursachen und Häufigkeit

Die Bindehaut der Augen kleidet die Innenseite der Augenlider aus und überzieht einen Teil des Augapfels, dichtet ihn somit nach außen ab. Eine Entzündung der Bindehaut kann für sich allein oder als Begleiterscheinung einer anderen Krankheit auftreten. Als auslösende Ursachen kommen Keime, wie Bakterien oder Viren, in Frage, ebenso physikalische Reize, wie Staub, Wind oder intensive Sonnenbestrahlung, chemische Reize durch stark gechlortes Wasser oder Verätzungen, Fremdkörpereinwirkung durch Steinchen, Splitter und dergleichen oder auch eine allergische Reaktion wie beispielsweise beim Heuschnupfen.

Symptome und Verlauf

Die Bindehautentzündung beginnt mit Jucken, dem unangenehmen Gefühl, als ob ein Fremdkörper im Auge reibe, und vermehrtem Tränenfluß. In der weißen Lederhaut und in der Lidschleimhaut zeigen sich infolge verstärkter Durchblutung die winzigen roten Blutgefäße. Das Auge ist geschwollen, es brennt und schmerzt, Lichtempfindlichkeit stellt sich ein, ohne daß das Sehvermögen beeinträchtigt wäre. Die zunächst wäßrige Absonderung wird trüb bis schleimig-eitrig, besonders bei Infektionen des Auges. Die Lidränder sind geschwollen und die Wimpern mit grünlichem Sekret verklebt.

Besonders gefährlich ist die *Bindehautentzündung des Neugeborenen* (Blennorrhö neonatorum), die durch Gonokokkenbakterien aus dem Geburtskanal verursacht wird, wenn die Mutter an einer Gonorrhö (Tripper) leidet. Da sie unbehandelt oft zur Erblindung geführt hat, wurde die sogenannte Credé-Prophylaxe eingeführt: Zur Verhütung dieser Erkrankung muß jedem Neugeborenen von der Hebamme eine einprozentige Silbernitratlösung in beide Bindehautsäcke eingeträufelt werden. Diese Augentropfen wiederum führen bei manchen Kindern nach der Geburt zu einer leichten Bindehautreizung mit Schwellung der Augenlider; aus diesem Grund werden in manchen Kliniken ölige Penicillinlösungen verwendet.

Behandlung

1. Leichte Bindehautentzündungen heilen nach wenigen Tagen von selbst ab. Sie können die Beschwerden lindern und verkrustete Absonderungen an den Wimpern entfernen, indem Sie das Auge mehrmals am Tag mit einem in lauwarmem, abgekochtem Wasser getränkten Mulltupfer oder Baumwolläppchen vom äußeren zum inneren Lidwinkel (also zur Nase hin) sanft auswischen. Das Kind liegt dabei am besten auf der Seite - und zwar auf der des erkrankten Auges - mit einem Frottiertuch unter dem Kopf, das herunterlaufende Flüssigkeit aufsaugt.
2. Stellt sich nach zwei Tagen keine Besserung ein oder haben sich stark eitrige Absonderungen gebildet, suchen Sie den (Augen-) Arzt auf. Er wird antibiotische oder virushemmende Augentropfen oder -salbe verordnen.
3. Ihr Kind sollte häufiges Augenreiben möglichst unterlassen. Haltes Sie es an, sich öfter die Hände zu waschen.
4. Das Tragen einer (guten) Sonnenbrille kann helfen, die Beschwerden zu lindern.

Gerstenkorn (Hordeolum)

Ursachen

Als Gerstenkorn wird eine Entzündung von Talg- oder Schweißdrüsen im Augenlid bezeichnet. Betroffen sein können die im Lid eingelagerten Drüsen (inneres Gerstenkorn) oder die am Lidrand (äußeres Gerstenkorn). Meistens wird die Infektion von Staphylokokkenbakterien hervorgerufen, die leicht übertragen werden können.

Symptome

Entwickelt sich ein *äußeres Gerstenkorn*, ist der Lidrand stark gerötet und schmerzhaft aufgeschwollen. Nach zwei bis drei Tagen bildet sich eine Eiterkuppe, die normalerweise von selbst aufbricht und den Eiter entleert. Schwellung und Rötung lassen nach, die Entzündung heilt ab.
Beim *inneren Gerstenkorn* ist das betreffende Lid gerötet und geschwollen. Auf der Innenseite sammelt sich in der Haut Eiter an. Dieses harte Knötchen verursacht das Gefühl eines Fremdkörpers im Auge. Die Entzündung geht mit erheblichen Schmerzen einher und ist nicht ungefährlich, weil sie sich auf die Augenhöhle und den Augapfel ausbreiten kann.

Behandlung

1. Die Eiterbildung läßt sich eventuell verhindern, wenn Sie bei den ersten Anzeichen wiederholt ein feuchtkaltes Mull- oder Zellstoffläppchen auf das Auge legen. Verwenden Sie jedoch jedesmal eine frische Kompresse.
2. Zeigt sich jedoch schon ein Eiterköpfchen, sollte die "Reifung" des Gerstenkorns mit trockener Wärme beschleunigt werden; dazu eignet sich am besten Rotlichtbestrahlung.
3. Auf keinen Fall dürfen Sie ein Gerstenkorn ausdrücken. Der Eiter könnte in die Blutbahn gelangen und schwere Komplikationen auslösen.
4. Manchmal muß der Augenarzt ein Gerstenkorn eröffnen, um den Eiterabfluß zu beschleunigen, und mit antibiotischer Salbe behandeln, wenn die Gefahr eines Abszesses besteht.

Sehstörungen

Sehfähigkeit und ungestörte Sehkraft sind wichtig für die normale Entwicklung eines Kindes. Durch die Pupillen fallen Lichtstrahlen ins Auge und werden durch die Hornhaut und Linse so gebrochen, daß sie gebündelt auf die Netzhautmitte treffen. Dort registrieren Sehzellen die Helligkeits- und Farbreize und geben diese Informationen an den Sehnerv weiter, der sie ans Gehirn leitet. Im Sehzentrum werden die optischen Eindrücke der Augen zu einem räumlichen Bild zusammengesetzt. Kleine Muskeln im Augeninneren verändern durch Anspannung oder Erschlaffung die Krümmung der Linse. So wird scharfes Sehen auf unterschiedliche Entfernung möglich.
Die häufigsten Fehlsichtigkeiten bei Kindern und Jugendlichen sind: Kurzsichtigkeit (Myopie), Weitsichtigkeit (Hyperopie), abnorme Krümmung der Hornhaut (Astigmatismus) und Schielen. Ferner können Linsentrübung (Grauer Star), erhöhter Augeninnendruck (Grüner Star), Augenzittern (Nystagmus) und Erkrankungen der Netzhaut oder des Sehnervs auftreten.

Kurzsichtigkeit

Ist der Augapfel im Verhältnis zur Brechkraft des Auges zu lang, werden entfernte Gegenstände nur verschwommen wahrgenommen, nahe Objekte erscheinen deutlich. Kurzsichtigkeit ist erblich bedingt. Sie entwickelt sich oft erst im Schulalter, wird dann während der Pubertät stärker und kommt mit Abschluß des Augenwachstums (um das 25. Lebensjahr) meist zum Stillstand.

Weitsichtigkeit

Wenn der Augapfel zu kurz ist, erscheinen nahe Objekte undeutlich. Weitsichtigkeit und Astigmatismus – undeutliches Sehen durch abnorme Hornhautkrümmung – können schon früh vorhanden sein und durch Veränderungen des Augapfels während des Wachstums beständig abnehmen.

Gerstenkorn

Wichtigste Symptome
Schmerzhafte, hochrote, später gelbliche Vorwölbung der Lidhaut im Wimpernbereich oder an der Lidinnenseite

Altershäufigkeit
Gerstenkorn tritt eher bei älteren Kinder auf

Ähnliche Krankheitsbilder
Augenbindehautentzündung, Insektenstich

Komplikationen
Fieber, Kopfschmerzen

Wann muß das Kind zum Arzt?
Wenn das Gerstenkorn nicht von selbst aufbricht, muß es vom Augenarzt geöffnet werden

Sehstörungen

Wichtigste Symptome
Ständiges Schielen, gewohnheitsmäßiges Kopfneigen und Augenkneifen, nahes Heranführen von Gegenständen an die Augen, häufiges Augenreiben, Lichtempfindlichkeit, Kopfschmerzen, Schulschwierigkeiten

Altershäufigkeit
Sehstörungen können sich in jedem Alter einstellen. Das Schielen entwickelt sich meist schon im 1. Lebensjahr

Komplikationen

Plötzlich einsetzende Sehstörungen können die Folge einer Infektionskrankheit, eines entzündlichen Prozesses oder eines Tumors im Kopfbereich sein, bei denen der Sehnerv in Mitleidenschaft gezogen ist

Wann muß das Kind zum Arzt?

Sehstörungen sollten frühzeitig erkannt und behandelt werden. Nutzen Sie die kostenlosen Kindervorsorgeuntersuchungen!

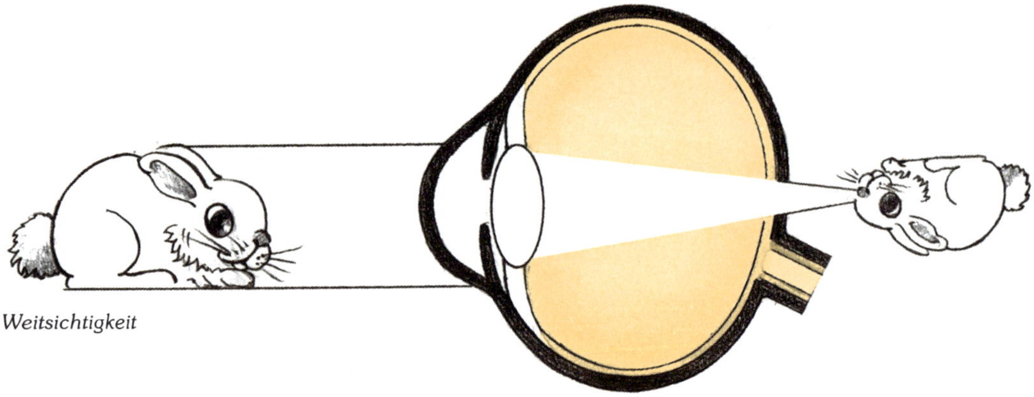

Weitsichtigkeit

Normalsichtigkeit

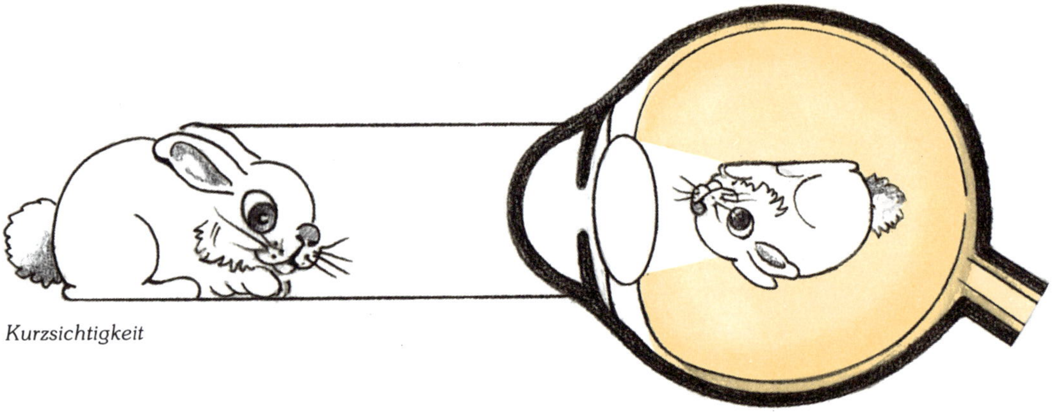

Kurzsichtigkeit

Symptome von Sehstörungen

Auch wenn die Augen der Kinder lange Zeit in der Lage sind, Fehler auszugleichen, gibt es doch einige Hinweise auf eine vorliegende Störung:

Das Kind stößt sich häufiger an Ecken und Kanten, stolpert auffällig oft, greift daneben oder wirft Gegenstände um.

Es neigt gewohnheitsmäßig den Kopf oder kneift die Augen zusammen, wenn es etwas in der Ferne sehen will. Es hält Gegenstände und Bücher nah an die Augen, liest und schreibt mit „der Nase". Es hat eine Abneigung gegen das Lesen oder verspricht sich häufig beim Vorlesen. Beim Malen und Schreiben trifft es die Linien schlecht.

Es wirkt angestrengt und müde, reibt sich häufig die Augen, klagt über Kopfschmerzen und ist empfindlich gegen helles Licht.

Es ist nicht in der Lage, ihm bekannte Menschen aus der Entfernung zu erkennen, schreibt in der

Schule falsch von der Tafel ab, verwechselt Buchstaben und Zahlen.
Sie können das Sehvermögen Ihres Kindes auch selbst testen:

- Ein Neugeborenes mit gesunden Augen kann ein Objekt wahrnehmen und seiner Bewegung mit dem Blick folgen.
- Im ersten Monat ist das Baby in der Lage, mit seinen Augen ein helles Licht zu fixieren.
- Im Alter von zwei Monaten sollte es dem Lichtstrahl einer Taschenlampe mit dem Blick in einer Bewegung von etwa 180 Grad folgen können.
- Mit sieben bis acht Monaten sollte es fähig sein, optische Eindrücke wiederzuerkennen und darauf zu reagieren.
- Nach dem dritten Lebensjahr lassen sich bereits einfache Sehtests durchführen, zum Beispiel Figuren in einem Bild erkennen oder auf einer Tafel den Buchstaben E in seinen verschiedenen Positionen angeben.

Schielen

Bei Säuglingen ist die Sehschärfe noch gering, sie hat sich erst bei einem fünfjährigen Kind vollkommen ausgebildet. Nicht entdeckte und behandelte Augenfehler können zu bleibenden Schäden führen.
Auch das Schielen eines Auges oder beider Augen gehört zu den Krankheiten, die schon frühzeitig einer Behandlung bedürfen, damit es nicht zu einem bleibenden Verlust der Sehkraft kommt.
Babys lernen während der ersten drei bis sechs Monate, ihre Augen richtig einzustellen, zu fixieren. Dabei kann der Blick gelegentlich nach innen oder außen abweichen, das ist in diesem Alter normal.
Wenn sich die Augen des Kindes aber ständig in einer nicht parallelen Stellung befinden oder wenn ein Kind nach dem sechsten Lebensmonat weiterhin ab und zu schielt, ist das nicht normal und muß behandelt werden.
Meist ist das Schielen durch eine Stellungsänderung des Augapfels bedingt, die auf einer Fehlfunktion der Augenmuskeln beruht. Das schielende Auge erhält dadurch entweder gar keine Sinneseindrücke, oder das Kind nimmt ein doppeltes Bild wahr. Es lernt mit der Zeit, diesen Eindruck zu ignorieren und das schielende Auge vom Sehvorgang auszuschließen. Das ungeübte Auge verliert dann seine Sehkraft; Schwachsichtigkeit ist die Folge.
Manchmal sieht es bei einem kleinen Kind so aus, als würde es schielen. Einige Säuglinge und Kleinkinder haben zur Nase hin eine besondere Hautfalte über dem Augenlid, gewöhnlich ist dies familiär bedingt, fällt aber beim Erwachsenen nicht mehr auf. Die überhängende Hautfalte bedeckt einen Teil des Augapfels, es zeigt sich seitlich mehr von der weißen Lederhaut des Auges, und es entsteht der Eindruck des Schielens. Tatsächlich liegt aber kein Augenfehler vor; mit zunehmendem Alter des Kindes verwächst sich die Lidfalte.

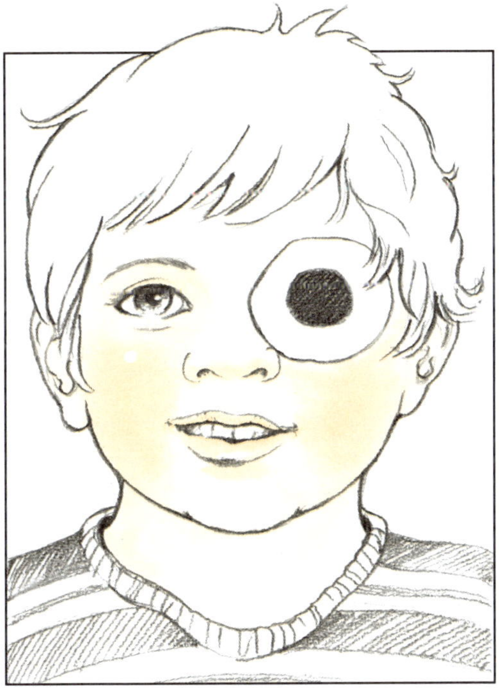

Schielpflaster

Behandlung von Sehstörungen

1. Schwachsichtigkeit, die nicht bis zum Alter von fünf Jahren behoben ist, kann das Sehvermögen für immer beeinträchtigen. Am besten setzt die Behandlung so früh wie möglich ein. Neben dem Kinderarzt sind auch Sie gefordert, keinen Augenfehler zu übersehen.

2. Die gründliche Untersuchung sollte von einem Spezialisten für Augenkrankheiten, einem Ophthalmologen, vorgenommen werden.
3. In vielen Fällen wird der Arzt Ihrem Kind eine korrigierende Brille verordnen.
4. Beim Schielen eines Auge wird – nach notwendiger Brillenkorrektur – das gesunde Auge vorübergehend abgedeckt, damit das Kind lernt, das kranke Auge zu benutzen. Außerdem wird es in einer Sehschule angeleitet, die Zusammenarbeit beider Augen zu üben.
5. Stärkere Fehlfunktionen der Augenmuskeln lassen sich oft nur durch eine Operation beheben. Die Behandlung eines schielenden Kindes sollte bis zur Einschulung abgeschlossen sein.

Tränen-Nasen-Gang-Verstopfung

Wichtigste Symptome
Ständiges Tränenträufeln, Schleim- oder Eiteransammlung im inneren Augenwinkel

Altershäufigkeit
Meistens sind Neugeborene betroffen (angeborene Tränen-Nasen-Gang-Verengung), außerdem Kinder, die an einer Erkältung leiden

Ähnliche Krankheitsbilder
Augenbindehautentzündung

Komplikationen
Schwellung und Schmerzen im inneren Augenwinkel etwas unterhalb des Auges können eine Tränensackentzündung anzeigen

Wann muß das Kind zum Arzt?
Wenn sich nach zwei Tagen der häuslichen Behandlung keine Besserung einstellt

Tränen-Nasen-Gang-Verstopfung

Ursachen und Symptome

Die Tränenflüssigkeit dient der Reinigung und Befeuchtung der Augenbindehaut und der Hornhaut, außerdem hat sie für die Hornhaut noch eine ernährende Funktion. Sie wird in den Tränendrüsen gebildet, die dicht über dem oberen Rand der Augenhöhle liegen und deren Ausführungsgänge im äußeren Augenwinkel in die Lidfalte einmünden. Durch den Lidschlag verteilt sich die Flüssigkeit über dem Auge, dann gelangt sie zum inneren Augenwinkel. Dort befinden sich die winzigen punktförmigen Öffnungen der Tränenkanälchen. Diese leiten die Tränenflüssigkeit in den Tränen-Nasen-Gang, und von hier erfolgt der Abfluß in die Nasenhöhle.
Eine Tränen-Nasen-Gang-Verstopfung stellt sich häufig bei Säuglingen in den ersten Lebensmonaten ein, deren Tränenwege manchmal noch nicht vollständig ausgebildet oder zu eng sind. Die Augen tränen, obwohl das Baby nicht weint. Durch den Rückstau der Tränenflüssigkeit können sich Bakterien ansiedeln und eitrige Entzündungen verursachen.

Behandlung

1. Bei eiterähnlichen Absonderungen im Augenwinkel oder verklebten Lidern wischen Sie das Auge behutsam – von außen nach innen – mit einem in abgekochtem, lauwarmem Wasser getauchten Mulltupfer aus. Hat diese Maßnahme trotz wiederholter Anwendung nach zwei Tagen nicht geholfen, gehen Sie mit Ihrem Kind zum Arzt. Er verordnet antibiotische Augentropfen und zeigt Ihnen, wie Sie durch sanfte Massage den Abfluß der Tränen unterstützen können. Bessert sich der Zustand nicht, wird der Augenarzt die Tränenwege durchspülen oder sie (unter Narkose) mit einer Sonde durchgängig machen.

Krankheiten der Ohren

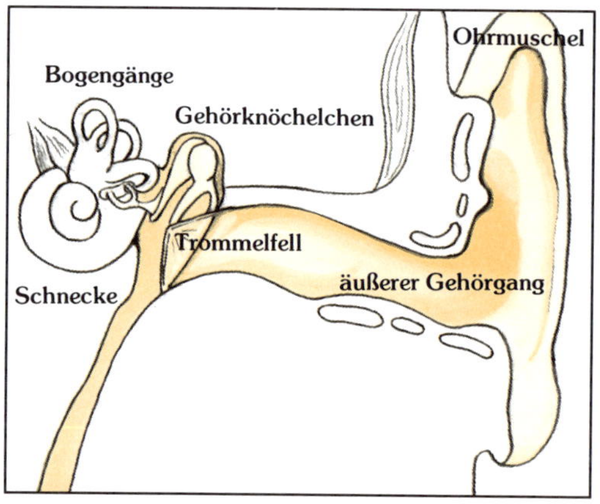

Das Ohr

Hörschäden

Beim normalen Hörvorgang geschieht folgendes: Schallwellen treffen auf das Ohr, werden von der Ohrmuschel aufgefangen und in den Gehörgang geleitet. Dort stoßen sie auf das Trommelfell und versetzen es in Schwingungen. Die Vibrationen bewegen die drei kleinen Gehörknöchelchen im Mittelohr, und diese geben die Stimulation ans Innenohr weiter. Hier liegt die Schnecke, in der die Hörzellen untergebracht sind. Von dort werden die Bewegungen je nach Tonhöhe und Lautstärke in elektrische Impulse umgesetzt und über den Hörnerv dem

Gehirn übermittelt, das die eintreffenden Sinnesreize als Töne interpretiert. Bestimmte Abschnitte der Hirnrinde sind für das Erkennen von Sprache und Lauten zuständig.
Eine Schädigung, Erkrankung oder Fehlfunktion dieses komplexen Gefüges kann Schwerhörigkeit oder Taubheit zur Folge haben.
Hörstörungen können sich ergeben, wenn sich

- im Gehörgang ein Pfropfen Ohrenschmalz verhärtet, ein Fremdkörper festsetzt oder Wasser eindringt,
- am Trommelfell oder im Mittelohr entzündliche Prozesse abspielen oder die Ohrtrompete (Eustachische Röhre) verstopft ist,
- durch Infektionen oder Verletzungen die Funktion des Innenohres verschlechtert oder
- eine Hörnervschädigung einstellt.

Die Hörnervschädigung kann viele Ursachen haben, unter anderem kann ein Kind mit einem fehlentwickelten Hörnerv geboren werden oder bereits im Mutterleib geschädigt worden sein, zum Beispiel durch eine Rötelninfektion.
Später kann der Nerv bei einem Unfall verletzt werden oder sich entzünden (bei Masern, Mumps, Keuchhusten, Mittelohrentzündung, Hirnhautentzündung). Auch Vergiftungen, etwa mit Medikamenten (besonders mit bestimmten Antibiotika), können den Nerv angreifen.
Bleibt die Hörfähigkeit auf Dauer beeinträchtigt, entwickelt sich auch zwangsläufig eine Sprachstörung (Taubstummheit), denn die Sprache ist eine erlernte Funktion, die gesunde Gehörorgane voraussetzt.

Symptome

Wichtig ist die Früherkennung der Symptome: Schon bei Neugeborenen und jungen Säuglingen fällt auf, daß sie nicht auf laute Geräusche reagieren. Sie fahren beispeilsweise nicht zusammen, wenn eine Tür zuschlägt oder wenn man hinter ihrem Kopf in die Hände klatscht.
Das über drei Monate alte Baby lauscht nicht auf den Klang einer Glocke oder auf das Rasseln eines Spielzeugs und wendet den Kopf nicht danach um, wenn man damit außerhalb seines Blickfeldes Töne erzeugt.
Das sechs Monate alte Kind plappert nicht in Silben oder hat seine ersten Lallaute nach kurzer Zeit wieder eingestellt.
Bis zum Ende des ersten Lebensjahres hat das Kind noch kein einziges sinnvolles Wort gesagt und spricht auch nicht in der Babysprache mit Ihnen. Das zweijährige Kind bildet keine Zwei- oder Dreiwortsätze. Das fünfjährige Kind spricht in einer Weise, daß Fremde es nicht verstehen. Das Schulkind hat Lernprobleme, wird als unaufmerksam bezeichnet, gehorcht schlecht und hört Musik oder Fernsehsendungen in extremer Lautstärke.
Natürlich können diese Auffälligkeiten auch andere Ursachen haben, aber man sollte Hörstörungen dabei nicht ausschließen.

Behandlung

1. Vor der Therapie klärt eine gründliche fachärztliche Untersuchung Ursache und Ausmaß der Hörstörung ab.
2. Setzt die Behandlung frühzeitig ein, können eventuell, je nach Ursache der Störung, eine Besserung durch gezielte Maßnahmen erreicht und oft bleibende Gehörschäden vermieden werden.
3. Bei Schwerhörigkeit kann das Restgehör des Kindes durch Training erhalten und durch Hörgeräte verstärkt werden.
4. Bei bestimmten Formen von Gehörlosigkeit hilft unter Umständen eine Operation.
5. Durch Sprachtherapie und spezielle Techniken ist es möglich, daß auch ein hörgeschädigtes Kind lernt, sich sprachlich zu verständigen.

Hörschäden

Wichtigste Symptome
Ausbleibende Reaktion auf Töne und laute Geräusche, fehlende oder verzögerte Sprachentwicklung, Lernschwierigkeiten, Kind „gehorcht“ schlecht

Altershäufigkeit
Hörschäden können angeboren sein oder sich in jedem Alter einstellen

Wann muß das Kind zum Arzt?
Hörfähigkeitstests sollten regelmäßig beim Arzt durchgeführt werden. Nutzen Sie die angebotenen Kindervorsorgeuntersuchungen. Bei Verdacht auf Hörstörungen suchen Sie umgehend den Arzt auf. Es gibt spezielle Einrichtungen, die sich auf die Behandlung hörgeschädigter Kinder spezialisiert haben

Mittelohrentzündung (Otitis media)

Ursachen und Häufigkeit

Die Entzündung des Mittelohrs gehört zu den häufigsten Erkrankungen des Säuglings und Kleinkindes, sie kann aber in jedem Alter auftreten. Sie entwickelt sich meist als aufsteigende Infektion nach Erkältungskrankheiten (Schnupfen, Angina, Nasennebenhöhlenentzündung) oder als Komplikation mancher Kinderkrankheiten (Mumps, Masern, Scharlach). Die Erreger, Bakterien oder Viren, gelangen entweder auf dem Blutweg oder durch den bei kleinen

Rotlichtbestrahlung bei Mittelohrentzündung

Mittelohrentzündung

Wichtigste Symptome
Starke, stechende Ohrenschmerzen, Fieber, Schwerhörigkeit; bei Säuglingen: Unruhe, klägliches Wimmern oder Schreien, Nahrungsverweigerung, Erbrechen, Durchfall. Meist geht der Mittelohrentzündung ein Schnupfen, eine Hals- oder Mandelentzündung voraus

Altershäufigkeit
Säuglinge und Kinder bis zum 8. Lebensjahr

Komplikationen
Reizerscheinungen der Hirnhäute (Kopfschmerzen, Brechreiz, Nackensteifigkeit)

Wann muß das Kind zum Arzt?
Sofort nach Auftreten der obengenannten Symptome

Kindern relativ kurzen Verbindungsgang, die Ohrtrompete (Eustachische Röhre), aus dem Nasen-Rachen-Raum in das Mittelohr und rufen hier eine Schleimhautschwellung mit serösen (wäßrigen), später eitrigen Absonderungen hervor.

Symptome und Verlauf

Das Kind zeigt Unruhe, Appetitlosigkeit, klägliches Wimmern oder Schmerzgeschrei. Säuglinge können erbrechen oder Durchfall bekommen. Es treten starke, manchmal stechende Schmerzen und ein rhythmisches Pochen im Ohr auf. Das Baby wirft seinen Kopf hin und her, ältere Kinder greifen sich immer wieder ans Ohr oder können den Schmerz genau angeben. Die Empfindlichkeit des Ohres läßt sich feststellen, wenn man vorsichtig auf den Knorpel vor dem äußeren Gehörgang drückt. Durch Schallleitungsstörungen kommt es zu Schwerhörigkeit, die aber beim kleinen Kind kaum bemerkt wird.
Es besteht Fieber, meist um 40°C. Der in der Paukenhöhle angesammelte Eiter bricht oft von selbst durch das Trommelfell, das Ohr „läuft". Danach bessern sich die Ohrenschmerzen schlagartig, und die Entzündung heilt wieder ab. Bleibt nach einer Mittelohrentzündung ein Erguß bestehen, muß der Hals-Nasen-Ohren-Arzt mit einem Einschnitt ins Trommelfell (Parazentese) für den Austritt der angestauten Flüssigkeit sorgen. In diese Öffnung wird dann ein kleines Röhrchen eingelegt, damit das Sekret besser abfließen kann.

Komplikationen

1. Die Nähe zu anderen empfindlichen Organen kann aus einer akuten Mittelohrentzündung eine gefährliche Erkrankung machen. Bei einer Mastoiditis (Warzenfortsatzentzündung) hat die Entzündung auf den hinter dem äußeren Gehörgang liegenden Knochen des Warzenfortsatzes übergegriffen.
2. Die Erkrankung kann das Innenohr befallen, wodurch im ungünstigsten Fall Schwerhörigkeit oder gar Taubheit zurückbleibt.
3. Der Eiter kann vom Mittelohrraum auch das Schädelinnere erreichen und hier eine Meningitis (Hirnhautentzündung) oder einen Hirnabszeß verursachen.

Behandlung

1. Das Kind gehört sofort in ärztliche Behandlung, damit eine eventuell notwendige Antibiotikatherapie eingeleitet werden kann, um Folgeerkrankungen zu verhüten.
2. Ferner wird der Arzt abschwellende Nasentropfen verschreiben. Auf diese Weise soll die Ohrtrompete durchgängig gemacht und die Belüftung des Mittelohres gefördert werden.
3. Schmerzlindernd wirken sich Wärmeanwendungen aus: Bestrahlung mit Rotlicht, ein heißer Breiumschlag oder feuchtwarme Packungen. Das Kind kann auch in der Nacht ein Mützchen mit einer Wattelage auf dem erkrankten Ohr tragen.
4. Läuft Sekret oder Eiter aus dem Ohr, fangen Sie diese Absonderungen mit Watte oder einem Zellstofftuch auf, vermeiden Sie dabei eine direkte Berührung des Sekrets. Säubern Sie den Gehörgang äußerlich mit abgekochtem warmem Wasser und einem Wattestäbchen. Schützen Sie die Ohrmuschel und die umliegende Haut mit einer Fettcreme.

Krankheiten der Zähne

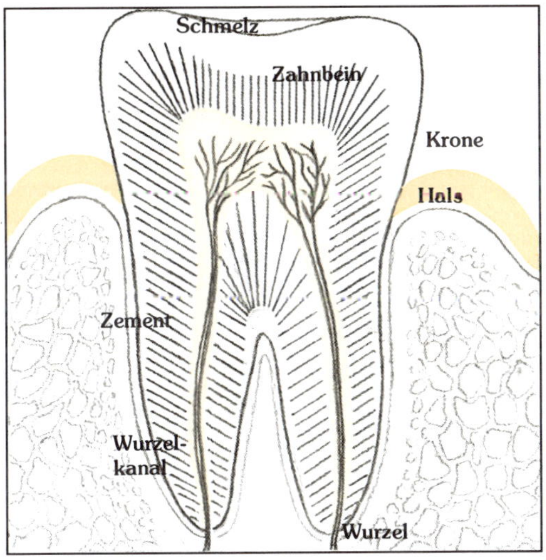

Der Zahn

Zahnfäule (Karies)

Der Zahnschmelz ist zwar die härteste Substanz im Körper, dennoch ist er gegen Säure empfindlich und kann durch deren Einwirkung schwere, nicht zu behebende Schäden davontragen.
Bakterien, die immer in der Mundhöhle vorhanden sind, bilden mit Zucker und anderen Kohlenhydraten in Speisen und Getränken einen fest haftenden Zahnbelag (Plaque), in dem Gärungssäuren entstehen. Diese können, wenn sie lange genug auf den Zahnschmelz einwirken, den Zahn entkalken und ihn brüchig machen: ein Loch entsteht. Tiefe Löcher, die sich durch das Zahnbein fressen, ermöglichen es Bakterien, bis in das blutgefäß- und nervenreiche Zahnmark vorzudringen. Von Abszessen an der Zahnwurzel gelangen Bakterien und Giftstoffe in den Blutkreislauf und können andere Organe schädigen. Häufige Folgeerkrankungen sind rheumatische Krankheiten, Herz- und Gelenkerkrankungen.

Vorbeugungsmaßnahmen

1. Zahnschäden entstehen nicht durch Vererbung schlechter Zähne, sondern durch falsche Ernährungsgewohnheiten und mangelhafte Zahnpflege. Vermutlich können die Kariesbakterien auch durch Speichelkontakte übertragen werden, wenn das Kind auf den Mund geküßt, sein Sauger oder Löffel von Personen mit Kariesbefall der Zähne abgeleckt wird. Das sollte unbedingt unterbleiben!
2. Die Erhaltung der Zahngesundheit beginnt bereits im Säuglingsalter durch die tägliche Verabreichung von Fluoridtabletten. Fluorid ist ein natürliches Mineral, das den Zahnschmelz härtet und ihn widerstandsfähiger gegen Karies macht.
3. Daneben kommt der Ernährung eine bedeutende Rolle zu. Am besten für die Gesundheit allgemein, aber auch für die Zahngesundheit im besonderen, ist das Stillen eines Säuglings. Die Muttermilch liefert nicht nur alle auf den Bedarf des Kindes zugeschnittenen Nährstoffe, son-

Zahnfäule (Karies)

Wichtigste Symptome
Empfindlichkeit bei süßen Speisen und bei Kältereizen, Zahnschmerzen, sichtbares, dunkel erscheinendes Loch im Zahn

Altershäufigkeit
Zahnfäule tritt vorwiegend ab dem Schulalter auf

Komplikationen
Örtliche Rötung, Schwellung und Schmerzen über der Wurzelspitze (dicke Backe) zeigen einen Zahnabszeß an

Wann muß das Kind zum Arzt?
Zur Vorbeugung ab dem 3. Lebensjahr in halbjährlichem Abstand zum Zahnarzt, bei Zahnschmerzen sofort

dern das Saugen an der Brust kräftigt die Kaumuskulatur und fördert die richtige Entwicklung der Kiefer. Das Saugbedürfnis wird eher befriedigt als an der Flasche, so daß gestillte Kinder weniger dazu neigen, an Daumen oder Schnuller zu nuckeln.

Ferner sollte das Kind nicht an Süßes gewöhnt werden, denn gerade die zuckerhaltigen Nahrungs- und Genußmittel sowie Getränke sind die großen Feinde der Zähne. Besonders schädlich sind klebrige Süßigkeiten, vor allem, wenn sie zwischen den Mahlzeiten immer wieder gelutscht und gekaut werden.

Auch der ständige Genuß zuckerhaltiger Babytees oder anderer süßer Getränke, wie Milch, Kakao, Karottensaft, fördert den Zahnverfall, insbesondere wenn diese dem Kind durch ein Nuckelfläschchen als „Seelentröster“ oder Einschlafhilfe gegeben werden. Säurehaltige Fruchtsäfte sind als Dauergetränke ebenfalls schädlich. Bieten Sie Ihrem Kind, falls es wirklich durstig ist, statt dessen selbst zubereiteten ungesüßten Kräuter- oder Früchtetee (aus Aufgußbeuteln beispielsweise) an, und lassen Sie es sobald wie möglich aus der Tasse oder dem Becher trinken.

Achten Sie auf eine altersentsprechende, abwechslungsreiche Kost, die dem Kind einerseits kalziumhaltige Nahrungsmittel, wie Milch und Milchprodukte, Vitamine, Mineralstoffe und Spurenelemente, zuführt und ihm andererseits viel Gelegenheit zum Beißen und Kauen gibt. Kräftiges Kauen fördert die Ausbildung der Kiefer und sorgt für vermehrten Speichelfluß, der zur Selbstreinigung der Zähne beiträgt.

4. Eine weitere vorbeugende Maßnahme ist die gründliche Zahnreinigung, die ebenfalls schon im Säuglingsalter beginnen sollte, und zwar sobald die ersten acht Zähnchen da sind. Mit angefeuchteten Wattestäbchen oder Mullläppchen werden abends nach der letzten Mahl-

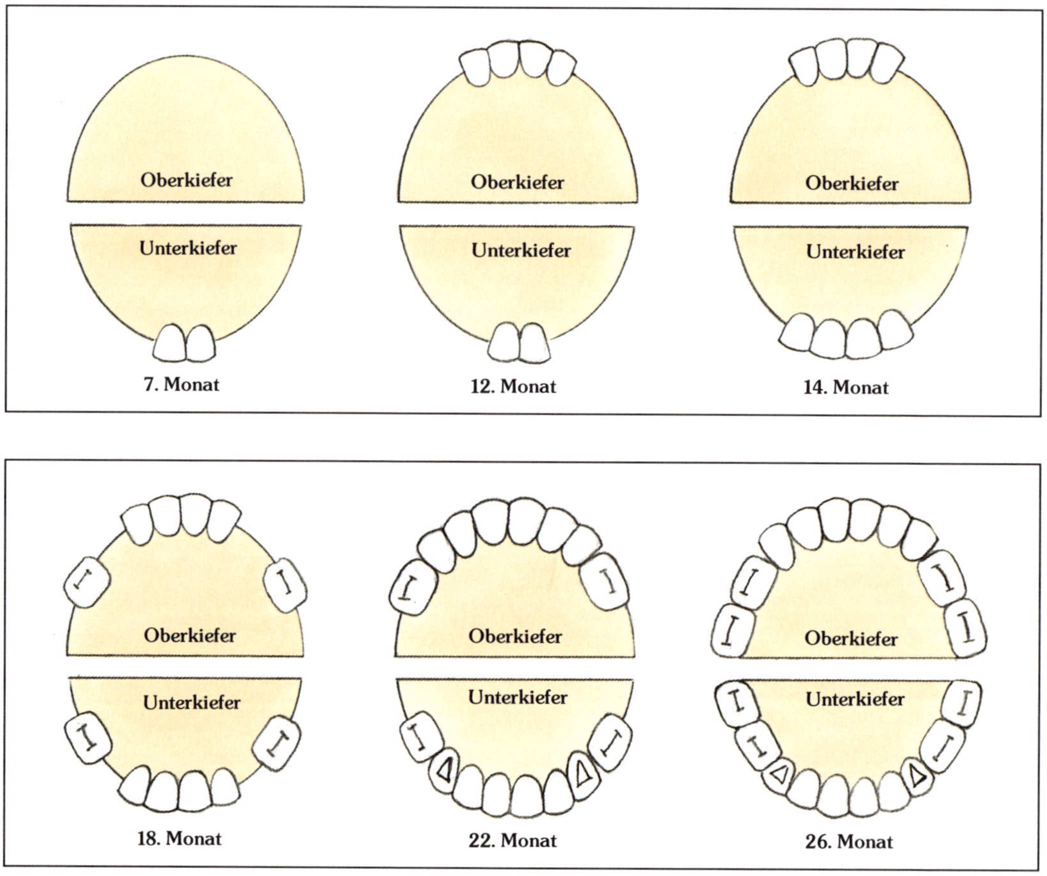

Die Entwicklung des Milchgebisses

zeit die Milchzähne vom Zahnbelag gesäubert. Im Alter von eineinhalb bis zwei Jahren ist eine kleine Kinderzahnbürste notwendig, mit der – noch ohne Zahnpasta – die Zähne von allen Seiten geputzt werden. Das übernehmen Sie aber noch selbst. Mit zwei bis drei Jahren ist der Nachahmungstrieb des Kindes groß. Nun können Sie ihm vormachen, wie es seine Zähne reinigt, und es anschließend üben lassen. Hinterher putzen Sie noch einmal nach. Das sollte wenigstens morgens und abends nach den Mahlzeiten geschehen.
Ist das Kind älter als drei Jahre, empfiehlt es sich, fluoridhaltige Zahncreme einzuführen und die Zähne nach jeder Hauptmahlzeit, besonders auch nach dem Genuß von Süßigkeiten, gründlich zu putzen.
5. Mit dem Besuch beim Zahnarzt sollten Sie sich keinesfalls Zeit lassen. Auch wenn Ihr Kind ein völlig gesund erscheinendes Milchgebiß hat, ist ab dem dritten Lebensjahr eine halbjährliche Vorstellung beim Zahnarzt anzuraten.
Vor allem das ältere Kind gehört regelmäßig in zahnärztliche Überwachung, damit Zahnkrankheiten und Kieferfehlstellungen rechtzeitig erkannt und behandelt werden können. Dabei hilft Ihnen der staatliche schulzahnärztliche Dienst, der die Zahngesundheit der Kinder in Kindergärten und Schulen überprüft (Gruppenprophylaxe).
Für Kinder und Jugendliche vom 6. bis 20. Lebensjahr haben die Krankenversicherungen zahnärztliche Vorsorgeuntersuchungen und -maßnahmen in ihre Leistungen aufgenommen: einen halbjährlichen Zahnarztbesuch und Versiegelungen der Backenzähne mit Fluoridlack bei Kindern von 6 bis 12 Jahren. Nur bei regelmäßiger Kontrolle der Zahngesundheit – dies wird in einem Bonusheft dokumentiert – gewähren die Kassen einen höheren Zuschuß bei später doch notwendig werdendem Zahnersatz.

Zahnungsschmerzen

Der erste Milchzahn erscheint bei einem Baby ungefähr im Alter von sechs Monaten. Ihm folgt Zahn auf Zahn, bis mit etwa zweieinhalb Jahren das Milchgebiß mit 20 Zähnen vollständig ist. Während dieser Zeit können Kinder äußerst verdrießlich sein, zu Appetitlosigkeit und Schlafstörungen neigen und vermehrten Speichelfluß haben. Fieber und andere Krankheitszeichen sind keine normalen Begleiterscheinungen des Zahnens, in diesen Fällen gehört das Kind in ärztliche Behandlung.
Die ersten Zähne des bleibenden Gebisses sind die Backenzähne (Sechsjahresmolare), die hinter den letzten Milchbackenzähnen durchbrechen. Um das sechste Lebensjahr herum beginnt dann der Zahnwechsel, der mit zwölf Jahren abgeschlossen ist. Das Gebiß hat danach 28 Zähne, zu denen nach dem 16. Lebensjahr noch die sogenannten „Weisheitszähne" hinzukommen können.
Diese 28 bis 32 Zähne müssen nun ein ganzes Leben lang wichtige Funktionen erfüllen: Mit ihnen wird die Nahrung abgebissen und zerkaut, mit ihrer Hilfe formen sich die Laute der Sprache, und sie geben dem Gesicht ein hübsches Aussehen. Krankheiten der Zähne und des Zahnbettes, Zahnstellungsanomalien und Kieferschäden beeinflussen aber nicht nur die Verdauungsleistung und das Wohlbefinden, sie können auch andere Organe des Körpers in Mitleidenschaft ziehen.

Das Zahnen sollte nicht mit Fieber verbunden sein

Zahnungsschmerzen

Wichtigste Symptome
Unruhe, Weinerlichkeit, Schlafstörungen, Nahrungsverweigerung, vermehrter Speichelfluß, Fingerlutschen

Altershäufigkeit
Säuglinge etwa ab 6. Monat, Kleinstkinder bis zu 2 Jahren

Wann muß das Kind zum Arzt?
Wenn während des Zahnens Fieber, Durchfall, Husten, Schnupfen oder Hautausschlag auftritt

Krankheiten des Gehirns

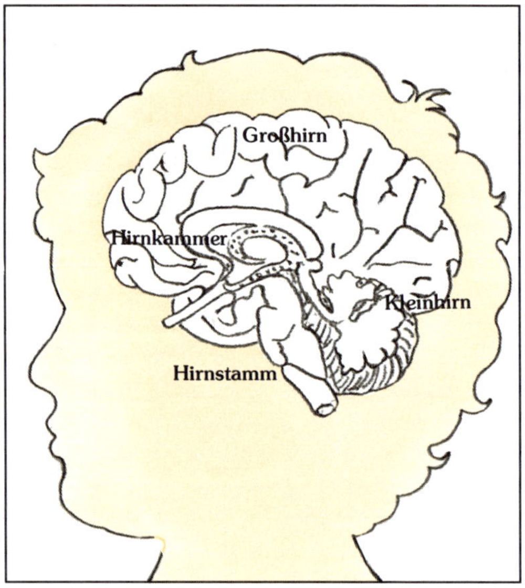

Das Gehirn

Gehirnentzündung

Wichtigste Symptome
Hohes Fieber, Kopfschmerzen, Erbrechen, schrilles Schreien bei Säuglingen, Bewußtseinsstörungen, Krämpfe

Altershäufigkeit
Säuglinge und Vorschulkinder

Ähnliche Krankheitsbilder
Hirnhautentzündung, Hirntumor, Gehirnerschütterung, Fieberkrämpfe

Komplikationen
Zunehmende Bewußtseinstrübung, anhaltende Krämpfe

Wann muß das Kind zum Arzt?
Sofort den Notarzt rufen!

Gehirnentzündung (Enzephalitis)

Ursachen

Bei einer Gehirnentzündung handelt es sich um eine schwere Infektion der Gehirnsubstanz, die durch verschiedene Erreger, hauptsächlich sind es Viren, hervorgerufen wird.
Häufig entsteht sie als Komplikation einer Viruserkrankung wie Masern, Mumps, Röteln, Windpocken, Grippe und Herpes.
Auch durch bakterielle Entzündungen im Kopfbereich, bei Mittelohrentzündungen, Nasennebenhöhlenentzündungen und offenen Hirnverletzungen oder über den Blutweg (bei eitrigen Lungenerkrankungen) kann eine Enzephalitis verursacht werden. In diesem Fall ist die Erkrankung herdförmig auf einzelne Gehirnabschnitte begrenzt (Hirnabszeß). Infolge einer toxischen Schädigung durch die Giftwirkung der Erreger kann das Gehirn bei manchen anderen Krankheiten ebenfalls angegriffen werden, zum Beispiel beim Keuchhusten (Enzephalopathie).

Symptome und Verlauf

Die Erkrankung beginnt möglicherweise wie jeder gewöhnliche Infekt. Im Säuglingsalter wird sie oft gar nicht erkannt, wenn zu den Anzeichen eines Infektes lediglich Schläfrigkeit und Schreckhaftigkeit hinzutreten.
Ein heftiger Krankheitsbeginn setzt ein mit sehr hohem Fieber (häufig über 41° C), starken Kopfschmerzen und Erbrechen. Im weiteren Verlauf können Berührungsempfindlichkeit, schrilles Aufschreien oder lautloses Vorsichhinstarren, Benommenheit oder Bewußtlosigkeit, Krampfanfälle und Lähmungen auftreten.
Es gibt leichte Fälle von Gehirnentzündungen, die mit weniger ausgeprägten Symptomen einhergehen, und solche, die ein sehr schweres Krankheitsbild mit ungewissem Ausgang hervorrufen.

Komplikationen

Durch die Narbenbildung im Gehirn bleiben in vielen Fällen dauerhafte Schäden zurück: Epileptische Anfälle, spastische Lähmungen, körperliche und geistige Entwicklungsstörungen können die Folgen sein.

Behandlung

Jede Gehirnentzündung ist eine ernste Erkrankung, die sofort stationär in einem Krankenhaus behandelt werden muß.

Hirnhautentzündung (Meningitis)

Das Gehirn ist von besonderen Hüllen umgeben (Hirnhäute = Meningen), die sich nach unten als Rückenmarkshäute fortsetzen. Die äußere harte Hirnhaut ist mit der inneren Knochenhaut des Schädels fest verwachsen. Die Spinngewebehaut und die weiche Hirnhaut überziehen das Gehirn. Zwischen ihnen liegt ein mit Flüssigkeit (Liquor cerebrospinalis) gefüllter Raum.

Eine Hirnhautentzündung (Meningitis)) kann entstehen, wenn Krankheitskeime wie Bakterien, Viren oder Pilze aus dem Blut oder von außen nach einer offenen Schädel-Hirn-Verletzung in den Liquor eindringen und die Hirnhäute reizen.
Häufig entwickelt sich eine Meningitis als Komplikation einer anderen Grundkrankheit. Sie kann aber auch als selbständiges Krankheitsbild nach Ansteckung durch Tröpfchen- oder Schmierinfektion auftreten.

Eitrige Hirnhautentzündung

Eine eitrige Meningitis wird heute in den meisten Fällen durch *Haemophilus-influenzae-b-Bakterien* hervorgerufen. Diese Erreger verursachen am häufigsten Hirnhautentzündungen, darüber hinaus aber noch andere schwerwiegende Erkrankungen. Sie kommen bei Kindern bis zum fünften Lebensjahr hauptsächlich während der Herbst- und Wintermonate vor. Besonders gefährdet sind Säuglinge und Kleinkinder im Alter von sechs bis vierundzwanzig Monaten. Wiederholte Infektionen sind möglich.

Symptome und Verlauf

Die Krankheit beginnt plötzlich mit hohem Fieber, Kopfschmerzen und Erbrechen. Das Kind ist schläfrig (es kann das Bewußtsein verlieren), berührungsempfindlich und lichtscheu, auch Krämpfe können auftreten.
Charakteristisches Symptom einer Meningitis ist die Nackensteife (Genickstarre) infolge schmerzhafter Schwellung der Hirnhäute: Das Kind ist weder im Sitzen noch im Liegen in der Lage, bei geschlossenem Mund mit dem Kinn die Brust zu berühren. Auffallend ist außerdem seine typische Körperhaltung: Da die Rückenmuskulatur verkrampft ist, wird der Rumpf überstreckt und der Kopf extrem nach hinten gebeugt (Opisthotonushaltung); beim Versuch, mit geradem Rücken zu sitzen, muß das Kind seine Arme zu Hilfe nehmen und sich mit den Händen hinter dem Gesäß abstützen (Dreifußzeichen).
Bei Säuglingen können diese Meningitiszeichen, außer Fieber, fehlen. Hinweisend für die Erkrankung sind bei ihnen Nahrungsverweigerung, Erbrechen, schrilles Schreien, insbesondere beim Aufnehmen des Kindes, und gespannte Fontanelle.
Trotz rechtzeitiger Diagnose und Antibiotikatherapie kann die Krankheit zum Tod führen oder das Zentralnervensystem dauerhaft schädigen. Nicht selten bleiben Hörstörungen bis zur Taubheit und/oder Krampfleiden zurück, ferner Intelligenzdefekte, spastische Lähmungen, zerebrale Bewegungsstörungen, Sprachfehler oder Sehbehinderungen bis zur Blindheit. Vorübergehende oder leichte neurologische Ausfälle sind öfter zu beobachten.

Vorbeugungsmaßnahmen

Zur Verhütung von Haemophilus-influenzae-b-Infektionen steht eine aktive Schutzimpfung zur Verfügung, die alle Säuglinge ab dem dritten Lebensmonat erhalten sollten.

Meningokokkenmeningitis (Meningitis epidemica)

Diese durch Meningokokken verursachte Hirnhautentzündung ist ansteckend und tritt während des Frühjahrs gelegentlich in kleinen Epidemien auf. Die Übertragung erfolgt durch Tröpfchen, nicht selten durch gesunde Keimträger. Bevorzugt sind Säuglinge und Kleinkinder betroffen, eine Erkrankung ist aber in jedem Alter möglich.

Symptome und Verlauf

Nach einer Inkubationszeit von zwei bis sieben Tagen stellt sich häufig zunächst ein Vorstadium mit Katarrh der oberen Luftwege ein. Selten ist der Beginn plötzlich, mit Fieber, Kopfschmerzen, Unruhe und Erbrechen. Nach Einsetzen der eitrigen Meningitis bilden sich die typischen Meningitiszeichen (siehe oben) aus, die Nackensteifigkeit ist dabei besonders ausgeprägt.
Kennzeichnend für die Infektion mit Meningokokken sind Veränderungen an der Haut: punktförmige oder grobfleckige Hautblutungen und Herpesbläschen im Lippenbereich. Die Wände der Blutgefäße können massiv geschä-

Hirnhautentzündung

Wichtigste Symptome
Hohes Fieber, Nackensteifigkeit, Kopfschmerzen, Erbrechen, Bewußtseinsstörungen, Krämpfe

Altershäufigkeit
Es erkranken besonders Säuglinge und Vorschulkinder

Ähnliche Krankheitsbilder
Gehirnentzündung, Hirntumor, Gehirnerschütterung

Komplikationen
Hautausschlag und punktförmige Hautblutungen bei der epidemischen Hirnhautentzündung (Meningokokkensepsis)

Wann muß ein Kind zum Arzt
In jedem Fall sofort den Notarzt rufen!

digt werden, so daß die Krankheit aufgrund des Blutaustritts und der Blutgerinnungsstörungen einen ernsten Verlauf nimmt (blutiger Durchfall, Bluterbrechen, Schocksymptome). Auf der Haut zeigen sich kleine bis flächenhafte, zackig begrenzte Blutungsherde und bläuliche Flecken (ähnlich Totenflecken).

Treten auch Blutungen in den Nebennieren auf, entwickelt sich innerhalb von Stunden die schwerste Form der Meningokokken-Sepsis *(Waterhouse-Friderichsen-Syndrom):* Das akute Versagen dieser Drüsen hat einen Kreislaufkollaps zur Folge, fast immer mit tödlichem Ausgang.

Bei rechtzeitiger Behandlung hinterläßt die überstandene Hirnhautentzündung nur selten bleibende Schäden, die sich in Hör- und Sehstörungen, geistiger Behinderung, Lähmungen, Ausbildung eines Hydrozephalus (Wasserkopf) und/oder psychischen Auffälligkeiten äußern können.

Vorbeugungsmaßnahmen

Kontaktpersonen aus der direkten Umgebung eines Erkrankten sollten vorsorglich für einige Tage antibiotischen Schutz erhalten.

Behandlung der eitrigen Meningitiden

1. Eine eitrige Meningitis ist ein medizinischer Notfall, bei dem jede Stunde des Abwartens schwerwiegende Folgen für die Gesundheit des Kindes haben kann.
2. Entscheidend für Verlauf und Ausgang der Krankheit ist die frühzeitige Diagnose und gezielte Behandlung mit hochdosierten Antibiotika. Zu diesem Zweck wird der Arzt so bald wie möglich eine Lumbalpunktion vornehmen, um aus der gewonnenen Gehirn-Rückenmark-Flüssigkeit (Liquor) die Art und Schwere der Erkrankung festzustellen und den Erreger zu bestimmen. Ist die Situation bereits kritisch, wird eine sofortige Therapie eingeleitet, ohne die Untersuchungsergebnisse abzuwarten.
3. Nach überwundener Krankheit muß das Kind über längere Zeit sorgfältig überwacht werden (neurologische Untersuchungen, Hörprüfungen, EEG-Kontrollen, Schädelumfangmessungen).

Virus-Meningitis

Die durch Viren ausgelöste, nicht eitrige Entzündung der Hirnhäute kommt wesentlich häufiger vor als die eitrige, doch sie verläuft in den meisten Fällen gutartig und heilt vollständig aus. Die allgemeinen Krankheitszeichen einer Meningitis sind in der Regel geringer und leichter. Nicht selten ist der Erreger das Mumpsvirus, das auch die Hirnhäute befallen kann, ohne eine sichtbare Ohrspeicheldrüsenentzündung hervorzurufen. Ferner treten Virus-Meningitiden oft als Begleitsymptom bei Erkrankungen des Gehirns (Enzephalitis) auf.

Krämpfe

Unter Krämpfen versteht man das unwillkürliche Zusammenziehen von Muskeln, das sich in ruckartigen Zuckungen der Arme und Beine, des Rumpfes, der Augen und der Gesichtsmuskeln (klonischer Krampf) oder in einer langsamen, starren Streckung der Glieder und des Rumpfes (tonischer Krampf) äußert. Die Ursache der vom Gehirn ausgehenden Krampfanfälle ist eine Reizung bestimmter Hirnzellen, die mit abnormen elektrischen Entladungen reagieren, durch Erkrankungen des Gehirns oder der Hirnhäute, Schädigungen des Zentralnervensystems, akute Stoffwechselstörungen oder Epilepsie ausgelöst. Auch Gelegenheitskrämpfe bei ansteigendem Fieber (Fieberkrampf) oder seelische Erregung (Affektkrämpfe) kommen vor.

Epilepsie

Epilepsie

Wichtigste Symptome

Grand-mal-Anfälle: plötzliche Bewußtlosigkeit, Hinstürzen, Muskelzuckungen. Petit-mal-Anfälle: geringfügige Muskelzuckungen, flüchtige Ohnmachtsanfälle. BNS-Krämpfe: blitzartige Vorwärtsbewegung oder langsames Zusammenkrümmen des Körpers. Absencen: starrer Blick, Augenblinzeln, stereotype Bewegungen

Epilepsie ist ein chronisches Anfallsleiden ohne einheitliches Krankheitsbild, mit vielfältigen Anfallstypen. Die Erkrankung selbst ist vermutlich nicht erblich, sondern nur die Veranlagung zu Krampfanfällen.

Symptome und Verlauf

Bei epileptischen Anfällen handelt es sich um periodisch auftretende Veränderungen des Bewußtseins, der Wahrnehmung, des Wesens, der vegetativen und motorischen Funktionen. Bei einem „großen Anfall“ *(Grand mal)* schreit

das Kind auf, verliert das Bewußtsein und stürzt zu Boden. Für einen Moment ist es ganz steif, dann beginnen die Muskelzuckungen oder die heftigen Bewegungen der Arme und Beine. Durch die Verkrampfung der Atemmuskulatur und dem damit verbundenen Sauerstoffmangel kann sich das Kind bläulich verfärben. Es näßt ein, der Puls schlägt schnell, die Pupillen sind verengt, und durch vermehrte Speichelsekretion tritt Schaum aus dem Mund.
Wenn der Anfall nach wenigen Minuten vorüber ist, folgt in der Regel ein tiefer Schlaf, aus dem das Kind verwirrt und ohne Erinnerung an die Geschehnisse (Amnesie) erwacht.
Manche Anfälle kündigen sich mit warnenden Mißempfindungen, wie Übelkeit, Kopfschmerzen, Müdigkeit oder Zittern, an.
Kleine Anfälle *(Petit mal),* die sich mehrmals am Tag wiederholen können, aber nur kurz andauern, geringfügige motorische Erscheinungen haben und meist flüchtigen Ohnmachten gleichen, sind vom großen epileptischen Anfall so verschieden, daß sie oft nicht als Epilepsie erkannt, ja nicht einmal wahrgenommen werden.
Kleinkinder neigen zu sogenannten *BNS-Krämpfen (Blitz-Nick-Salaam-Krämpfen).* Dabei kommt es entweder zu einer kurzen blitzartigen Vorwärtsbewegung des Körpers oder zu einem langsamen Zusammenkrümmen wie bei einer mohammedanischen Verbeugung.
Schulkinder zeigen eher *Absencen,* sekundenlange Bewußtseinstrübungen, wobei sie geistesabwesend in die Luft starren oder mit den Augen blinzeln oder wiederholte, meist sinnlose Bewegungen machen.

Behandlung

1. Beim Auftreten eines „großen Anfalls" müssen Sie verhindern, daß sich Ihr Kind verletzt. Stecken Sie ihm niemals den Finger in den Mund, sondern versuchen Sie, ihm ein zusammengerolltes Tuch zwischen die Zahnreihen zu schieben, damit es sich nicht auf die Zunge beißt; öffnen Sie den Mund aber nicht mit Gewalt.
2. Beobachten Sie nach Möglichkeit genau, wie ein Anfall abläuft und welche Erscheinungen sich beim Kind zeigen. Das erleichtert dem Arzt die Diagnose: Für diese Krankheit ist der speziell neurologisch ausgebildete Kinderarzt (Neuropädiater) zuständig. Um zu unterscheiden, um welches Krampfleiden es sich handelt, ist neben der Anfallsbeobachtung besonders das Elektroenzephalogramm (siehe Seite 17) von Bedeutung.
3. Bei epileptischen Anfällen wird der Arzt Medikamente verordnen, die die Krampfbereitschaft des Gehirns herabsetzen und die Anfälle unter Kontrolle halten. Sie müssen zumeist über Jahre hinweg eingenommen werden.

Altershäufigkeit
Grand-mal- und Petit-mal-Anfälle treten zuerst in der Pubertät auf.
BNS-Krämpfe sind bei Kleinkindern zu beobachten.
Absencen zeigen vorwiegend Schulkinder

Ähnliche Krankheitsbilder
Fieberkrämpfe, Hirntumor

Komplikationen
Aufeinanderfolgende große Anfälle mit dauernder Bewußtlosigkeit

Wann muß das Kind zum Arzt?
Sofort nach Auftreten des ersten Anfalls

Fieberkrämpfe

Ursachen und Häufigkeit

Es handelt sich um Krampfanfälle im Rahmen fieberhafter Infekte, die im frühen Kindesalter relativ häufig vorkommen: Etwa vier Prozent aller Kinder machen gelegentlich Fieberkrämpfe durch, wobei zwei- bis dreijährige am häufigsten betroffen sind.
Der Anfall ereignet sich meist zu Beginn einer fieberhaften Erkrankung während des oft sehr raschen Fieberanstiegs. Dabei ist wahrscheinlich die Geschwindigkeit, mit der die Temperatur ansteigt, krampfauslösend und nicht die Fieberhöhe.
Fieberkrämpfe können ein einmaliges Ereignis bleiben oder sich bis etwa zum fünften Lebensjahr einige Male wiederholen. Hat das Kind zwei oder mehr Anfälle in 24 Stunden gehabt oder insgesamt in seinen ersten Lebensjahren mehr als viermal im Verlauf eines fieberhaften Infektes gekrampft, ist das Risiko einer späteren Epilepsie erhöht. Nach einem leichten, unkomplizierten Fieberkrampf bleiben keine Schäden zurück.

Symptome und Verlauf

Während eines Fieberkrampfes verliert das Kind das Bewußtsein, wird steif, verdreht die Augen oder bekommt einen starren Blick; es preßt die Zähne aufeinander und hält kurz den Atem an. Arme und Beine, der Unterkiefer und die Augenlider können leicht zucken, oder das Kind wird von starken Muskelkrämpfen regelrecht geschüttelt. Es kann blau anlaufen, die Blasen- und Darmkontrolle verlieren und erbrechen.

Fieberkrämpfe

Wichtigste Symptome
Kurzfristiger Bewußtseinsverlust, Muskelzuckungen oder Krämpfe im Fieberanstieg

Altershäufigkeit
Zwischen 6 Monaten und 3 Jahren (eventuell bis zu 5 Jahren), bei Jungen etwas häufiger

Ähnliche Krankheitsbilder
Krämpfe anderer Ursache, Epilepsie, Hirnhaut- und Gehirnentzündung, Hirntumor

Komplikationen
Fieberkrämpfe, die länger als 15 Minuten andauern, die sich innerhalb von 24 Stunden wiederholen oder die während der frühen Kindheit mehr als viermal auftreten

Wann muß das Kind zum Arzt?
Beim ersten Fieberkrampf sollte sofort ein Arzt eingeschaltet werden

Wasserkopf

Wichtigste Symptome
Bei Säuglingen und Kleinstkindern großer Kopf, starkes Schädelwachstum, Tiefertreten der Augen (Sonnenuntergangsphänomen); bei älteren Kindern Erbrechen, Krämpfe, Bewußtseinsstörungen, Lähmungen

Altershäufigkeit
Säuglinge und Kleinkinder

Komplikationen
Kopfschmerzen, Sehstörungen, Atemschwierigkeiten, Bewußtlosigkeit als Zeichen eines gesteigerten Hirndrucks

Wann muß das Kind zum Arzt?
Ein abnormes Schädelwachstum bei Säuglingen, vor allem bei Risikokindern, sollte rechtzeitig bemerkt werden. Kindervorsorgeuntersuchungen nutzen!

Manchmal liegt es auch nur schlaff da und ist nicht ansprechbar. Der Anfall dauert vielleicht nur einige Sekunden, er kann aber ebenso mehrere Minuten anhalten. Krampfzustände, die sich noch nach 15 Minuten nicht von selbst lösen, sprechen für einen komplizierten Verlauf.

Behandlung

1. Bewahren Sie vor allen Dingen Ruhe. Betten Sie Ihr Kind auf eine weiche Unterlage, damit es sich nicht verletzen kann. Legen Sie es auf die Seite, oder halten Sie seinen Kopf seitlich, so daß es Speichel oder Erbrochenes nicht einatmet.
2. Rufen Sie den Arzt an, oder bringen Sie das Kind nach dem Anfall in seine Praxis oder in ein Krankenhaus. Die Ursache des Krampfes muß geklärt werden.
3. Flößen Sie einem bewußtlosen Kind niemals Medikamente ein. Es kann in diesem Zustand nicht schlucken und würde daran ersticken.
4. Es gibt bestimmte Medikamente, die einen Krampfanfall unterbrechen. Sie werden in dieser Situation vom Arzt angewendet oder auch für den Wiederholungsfall verordnet.
5. Sie können einem erneuten Fieberkrampf möglicherweise vorbeugen, wenn Sie stets auf die ersten Zeichen einer Erkrankung achten und dann alle drei Stunden die Temperatur kontrollieren. Ein rascher Fieberanstieg muß vermieden werden: Sie können dem Kind reichlich zu trinken geben, Wadenwickel, feuchtkalte Brustwickel oder ein Abkühlungsbad machen (siehe Seite 29). Steigt das Fieber auf 38,5° C und darüber, sollten ihm die fiebersenkenden Medikamente, die Ihnen der Arzt für diesen Fall verordnet, gegeben werden.

Wasserkopf (Hydrozephalus)

Ursachen und Häufigkeit

Der sogenannte Wasserkopf entsteht durch krankhafte Weitung der Hirnkammern und/ oder des Hohlraums zwischen den Hirnhäuten, wenn sich zuviel Hirnflüssigkeit sammelt.

Ein Hydrozephalus kann schon bei Geburt vorhanden sein, etwa als Folge einer im Mutterleib durchgemachten Infektionskrankheit oder als zusätzliche Komplikation einer angeborenen Spaltbildung der Wirbelsäule. Ein Wasserkopf kann aber auch durch Erkrankungen des Gehirns oder der Hirnhäute entstehen.

Symptome und Verlauf

Das Neugeborene hat bereits einen enorm großen Kopf, später kommt es zu einem verstärkten Schädelwachstum. Die Folgen sind: Offenbleiben der Fontanelle; Klaffen der Schädelnähte; Ausbildung einer hohen, breiten, vorgewölbten Stirn und Tiefertreten der Augen mit „Sonnenuntergangsphänomen“ (die Iris verschwindet zum Teil hinter dem Unterlid).
Sind die Schädelknochen schon miteinander verwachsen, äußert sich der gesteigerte Hirndruck in Erbrechen und Krampfanfällen. Die Hirnsubstanz wird verdrängt, was zu Intelligenzdefekten, Lähmungen, Bewußtseinsstörungen und in vielen Fällen zum Tod führt.

Behandlung

Bei frühzeitiger Behandlung kann die Schädigung des Gehirns vermieden oder gering gehalten werden. Die Therapie besteht in der Ableitung der Hirnflüssigkeit.

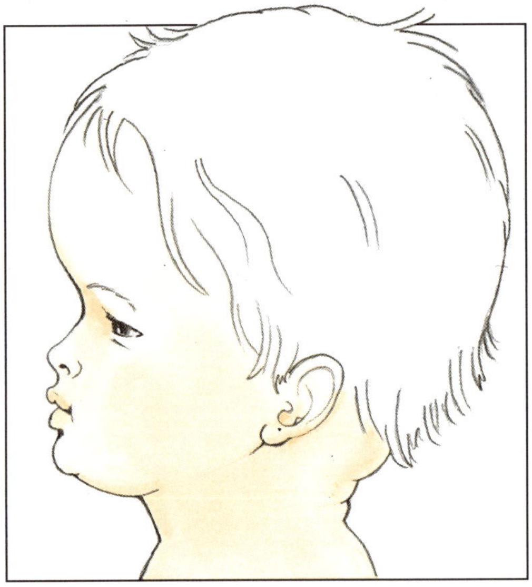

Wasserkopf

Krankheiten der Atemwege

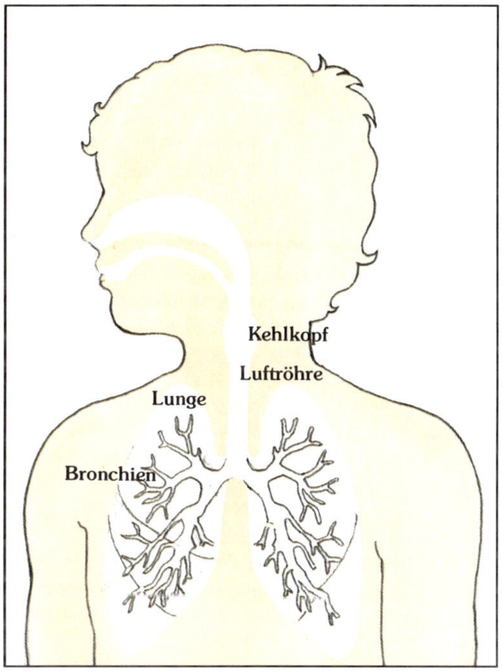

Die Atemwege

Bronchiolitis

Ursachen und Häufigkeit

Bei einer Bronchiolitis sind die feinsten Verästelungen innerhalb der Lunge befallen. Diese schwere Erkrankung betrifft Kinder in den ersten drei Lebensjahren (am häufigsten mit sechs Monaten), Jungen mehr als Mädchen.
Die Entzündung der Bronchiolen wird von Viren in den Atemwegen verursacht, meist im Anschluß an einen grippalen Infekt. Der Sauerstoffaustausch in der Lunge ist durch Absonderungen der Schleimhaut behindert, was zu Sauerstoffmangel führt.

Symptome und Verlauf

Nach anfänglich harmlosen Erscheinungen einer Erkältung erkrankt das Kind unter Fieberanstieg mit den Zeichen höchster Atemnot: Blähen der Nasenflügel; Einziehungen unter dem Rippenbogen und des Bauches bei der Anstrengung, die Luft einzuatmen; pfeifende Atemgeräusche (Giemen); blasse, später bläuliche Verfärbung der Haut. Die Atmung wird oberflächlich und beschleunigt, der Puls flach und schnell, Herz und Kreislauf sind in höchstem Maße gefährdet.
Das Kind macht einen schwerkranken Eindruck, Bewußtseinsstörungen sind möglich.

Behandlung

Das Kind gehört umgehend in klinische Behandlung. Es braucht eine gezielte Therapie mit Sauerstoffgaben.

Bronchitis

Ursachen und Häufigkeit

Bei Erkrankungen der oberen Luftwege kommt es häufig zu einer in die Bronchien absteigenden Infektion (Tracheobronchitis). Die Bronchien führen von der Luftröhre in die Lunge und verzweigen sich wie die Äste eines Baumes immer mehr. Sie sind innen mit einer Schleimhaut ausgekleidet, deren Aufgabe es ist, die Atemluft zu erwärmen und anzufeuchten. Feine Flimmerhärchen in der Bronchialschleimhaut reinigen die Luft von Staub und Fremdkörpern. Die Erreger einer akuten Bronchitis (Viren oder Bakterien) verursachen eine entzündliche Schwellung der Schleimhaut mit vermehrter Schleimabsonderung.

Symptome und Verlauf

Die ersten Anzeichen können die einer Erkältung sein. Manchmal ist die Bronchitis auch Begleiterscheinung anderer Infektionen im Körper, oder sie tritt für sich allein auf. Sie beginnt mit einem trockenen, harten Husten, Schmerzen unter dem Brustbein, Appetitlosigkeit und Mattigkeit. Nach ein paar Tagen lockert sich der Husten. Der anfangs glasig-zähe, später schleimig-eitrige Auswurf wird von Kindern aber meistens nicht ausgehustet, sondern geschluckt.
Beim Atmen des Kindes hört man ein rasselndes Geräusch in der Brust, Atemnot entsteht je-

Bronchiolitis

Wichtigste Symptome
Erkältung geht voraus; Fieber, Blässe, erschwerte Atmung, Nasenflügeln, pfeifendes Atemgeräusch, bläuliche Verfärbung der Haut

Altershäufigkeit
Säuglinge ab 3 Monaten und Kleinstkinder bis zu 3 Jahren; Jungen sind mehr betroffen als Mädchen

Ähnliche Krankheitsbilder
Bronchitis, Lungenentzündung, Asthma

Komplikationen
Der Sauerstoffmangel kann zu Bewußtseinsstörungen führen

Wann muß das Kind zum Arzt?
Es gehört umgehend in klinische Behandlung

Bronchitis

Wichtigste Symptome
Eventuell vorausgehende Erkältung, harter, trockener Husten, Schmerzen unterm Brustbein, schleimig-eitriger Auswurf, rasselnde Atmung, Fieber

Altershäufigkeit
Kleinkinder, Schulkinder

Ähnliche Krankheitsbilder
Vorstadium bei Masern und Keuchhusten; Bronchiolitis, Bronchopneumonie

Komplikationen
Lungenentzündung mit ansteigendem Fieber, beschleunigter, oberflächlicher Atmung, Nasenflügelblähen, stöhnender Ausatmung, Kopf- und Brustschmerzen

Wann muß das Kind zum Arzt?
Wenn sich die Beschwerden nach 3–4 Tagen nicht bessern, sondern verschlimmern; bei auftretenden Komplikationen

doch nicht. Die Temperatur ist mäßig erhöht, hohes Fieber tritt selten auf. Die leichte Form der Erkrankung ist nach etwa einer Woche überstanden, bei einigen Kindern dauert der Husten allerdings noch länger an.
Immer wiederkehrende Bronchitiden können ein Hinweis auf eine unterschwellige Allergie sein, oder sie werden beispielsweise durch eine Nasennebenhöhlenentzündung (Sinobronchitis) verursacht.

Behandlung

1. Solange Fieber besteht, ist Bettruhe angebracht; die Zimmerluft sollte nicht zu trocken oder überheizt sein. Sorgen Sie für ausreichende Luftfeuchtigkeit und eine Raumtemperatur von etwa 20° C. Am besten lassen Sie das Kind, warm zugedeckt, bei weit geöffnetem Fenster schlafen.
2. Geben Sie Ihrem Kind viel zu trinken. Die erhöhte Flüssigkeitszufuhr verflüssigt den Schleim und erleichtert das Abhusten, für ältere Kinder ist spezieller Bronchialtee zu empfehlen.
3. Lassen Sie heißen Dampf mit Kamillen- oder Eukalyptuszusatz inhalieren.
4. Erkältungssalben zum Einreiben auf Brust und Rücken können eventuell eine Erleichterung bringen. Für Säuglinge dürfen aber nur besonders milde Präparate verwendet werden, da Inhaltsstoffe wie Menthol oder Kampfer leicht zu Hautreizungen führen.
5. Ob Antibiotika eingenommen werden müssen, entscheidet – je nach Krankheitsbefund – der Arzt. Sie wirken jedoch nur bei bakteriellen Infektionen.

Hustenmittel, die den Schleim lösen, den Auswurf fördern oder den quälenden Hustenreiz lindern, verordnet der Arzt, wenn er es für nötig hält.

Erkältung

Wenn ein Kind Schnupfen, Halsweh oder Husten hat, spricht man gewöhnlich von einer „Erkältung“. Diese Erscheinungen sind aber nicht die direkte Folge einer Abkühlung, sondern die Symptome einer Infektion, meist verursacht durch eine der zahlreichen Virusarten (zum Beispiel Rhino-, Influenza-, Parainfluenza-, ECHO- oder Adenoviren). Die Abwehrkräfte des Körpers können allerdings durch Kälteeinwirkung geschwächt werden, was einer Erkrankung dann den Weg bereitet.
Auch die Bezeichnung „Grippe“ für einen Katarrh der oberen Luftwege ist falsch, denn mit der echten Virusgrippe (Influenza) haben diese relativ harmlosen Infekte nichts zu tun. Der Arzt wählt darum den Ausdruck „banaler“ oder „grippaler“ Infekt für die bei weitem häufigste Gesundheitsstörung im Kindesalter.
Sie kann bei Kindern bis zum dritten Lebensjahr bis zu neunmal, bei Vier- bis Zehnjährigen noch bis zu sechsmal im Jahr auftreten, denn kleine Kinder müssen sich mit einer Vielzahl krankmachender Keime auseinandersetzen.
Grippale Infekte kommen gehäuft während der Wintermonate vor. Das liegt wohl zum Teil daran, daß die Viren in der feuchten Jahreszeit ein günstigeres Klima zum Überleben vorfinden. Zum anderen halten sich die Menschen mehr in geschlossenen und oft überheizten Räumen auf, das leistet einer Ansteckungsmöglichkeit Vorschub.

Symptome und Verlauf

Die Symptome sind allgemein bekannt: Abgeschlagenheit, Fröstelgefühl, verstopfte Nase, häufiges Niesen und Kratzen im Hals. Dann kommt es zum Ausfluß eines wäßrigen, später glasigschleimigen Nasensekrets (Rhinitis). Bei Säuglingen tritt meistens Fieber hinzu.
Manchmal sind auch die Augen betroffen, weil sie durch den Tränen-Nasen-Gang mit der Nase verbunden sind, oder die Infektion dehnt sich auf die Ohren aus, da diese durch die Ohrtrompete (Eustachische Röhre) mit der Mundhöhle und dem Nasen-Rachen-Raum in Verbindung stehen. Die Schwellung der Nasenschleimhaut führt bei Säuglingen zur Behinderung der Atmung, denn sie können noch nicht durch den Mund Luft holen. Das beeinträchtigt ihr Wohlbefinden in höchstem Maße, sie werden unruhig, weinen viel, schlafen schlecht und verweigern die Nahrungsaufnahme. Die Schnupfenviren können bei ihnen auch Durchfall auslösen. Bei Klein- und Schulkindern ist es oft schwierig, einen Nasen-Rachen-Katarrh von anderen

Krankheiten mit ähnlichen Symptomen zu unterscheiden. Einige der sogenannten Kinderkrankheiten (Masern, Scharlach, Keuchhusten) beginnen mit einem solchen Vorstadium. Wenn aber von den Eltern und Geschwistern ebenfalls jemand erkrankt ist oder aus dem Kindergarten oder der Schule weitere Fälle bekannt sind, ist die Diagnose ziemlich eindeutig. Außerdem bessern sich Erkältungsbeschwerden gewöhnlich nach vier Tagen und sind nach etwa einer Woche überstanden.

Komplikationen

1. Die aufgelockerte und durch den Befall mit Viren veränderte Nasen-Rachen-Schleimhaut bietet Bakterien die Möglichkeit, lokale Zweitinfektionen zu verursachen oder gar in den Körper einzudringen und Komplikationen hervorzurufen: eitrige Nasenschleimhautentzündung, Mittelohrentzündung, Stirnhöhlenvereiterung, Lymphknotenentzündung oder Lungenentzündung können auftreten.
2. Aber auch die Viren selbst können in einer absteigenden Infektion Krupphusten, Kehlkopfentzündung, Bronchitis oder eine Viruspneumonie (Lungenentzündung) auslösen. Darum sollte eine „Erkältung" nicht zu leicht genommen werden.

Vorbeugungsmaßnahmen

1. Nicht immer kann man einem Schnupfen aus dem Weg gehen. Aber in Zeiten erhöhter Ansteckungsgefahr sollte man Menschenansammlungen und Massenveranstaltungen meiden und das beliebte Händeschütteln unterlassen.
Säuglinge sind besonders gefährdet. Sie können an einem banalen Infekt ernsthaft erkranken, weil sich bei ihnen die Infektion leicht auf tiefere Abschnitte der Atemwege oder die Ohren ausdehnen kann. Halten Sie darum erkältete Personen von Ihrem Baby fern.
2. Neben einer gesunden, vitaminreichen Ernährung, ausreichendem Schlaf und einer liebevollen Pflege ist die Abhärtung des Körpers das einzig wirksame Mittel der Vorbeugung.

Abhärtungsmaßnahmen

- Bringen Sie ihr Kind täglich, der Witterung entsprechend gekleidet, für mehrere Stunden ins Freie, auch im Winter bei trockener Kälte. Nur bei naßkaltem Wetter, Nebel und starkem Frost ist es zu Hause besser aufgehoben.
- Die Bekleidung des Kindes sollte nicht zu warm sein, sonst verliert der Körper die Fähigkeit, sich den Temperaturunterschieden anzugleichen. Am besten ziehen Sie Ihr Kind nach dem „Zwiebelprinzip" an: dabei besteht die Kleidung aus mehreren textilen Schichten, zwischen denen isolierende Luftkammern entstehen. Wäsche, die auf der Haut liegt, sollte immer aus Naturfasern sein, da diese den Schweiß besser aufsaugen.
- Die richtige Zimmertemperatur liegt tagsüber bei 20 bis 22°C, nachts darf sie bis auf 15°C absinken. Wärmer als höchstens 18°C sollte es für den Nachtschlaf nicht sein. Stellen Sie rechtzeitig die Heizung herunter, und öffnen Sie ein Fenster. Achten Sie auf eine ausreichende Luftfeuchtigkeit im Zimmer (etwa 50–60 Prozent relative Luftfeuchte).
- Schon der Säugling kann im Anschluß an sein tägliches Bad kurz mit lauwarmem Wasser über Rücken und Brust abgespült werden. Besonders bei Infektionen der Atemwege hilft diese Maßnahme, eine stärkere Durchblutung und ein tieferes Durchatmen zu erreichen.

Ab dem dritten Lebensjahr Ihres Kindes können Sie nach einem Bad oder einer warmen Dusche immer ein kurzes kaltes Abduschen folgen lassen. Bei älteren Kindern sind auch Wechselbäder oder -duschen als Abhärtungsmaßnahme angebracht.
Bei Erkältungskrankheiten, Kreislaufstörungen und Neigung zu kalten Füßen ist ein Wechselfußbad sehr wirkungsvoll: Füllen Sie zwei große Eimer oder Schüsseln mit heißem (38–41°C) und kaltem (10–15°C) Wasser. Lassen Sie Ihr Kind mit einem fünfminütigen Heißbad beginnen, dann soll es für zehn Sekunden die Füße ins kalte Wasser tauchen. Es wiederholt diesen Vorgang zwei- bis dreimal und beendet ihn mit der Kaltwasseranwendung. Anschließend werden den Füße gut abfrottiert.

Erkältung

Wichtigste Symptome
Anfangs Fröstelgefühl, verstopfte Nase, häufiges Niesen, Kratzen im Hals, dann Schnupfen, Husten; bei Säuglingen Fieber und Durchfall

Altershäufigkeit
Kinder im Alter von 1–10 Jahren

Ähnliche Krankheitsbilder
Grippe, Bronchitis, Bronchiolitis, Kehlkopfentzündung, Mandelentzündung, Nasennebenhöhlenentzündung, Lungenentzündung, Masern, Scharlach, Keuchhusten

Komplikationen
Eitriger Nasenausfluß, Ohrenschmerzen, heftige Kopfschmerzen, Atemschwierigkeiten, Schmerzen beim Atmen, starke Schluckbeschwerden, bellender Husten, tonlose Stimme, geschwollene Halslymphknoten, Erbrechen, hohes Fieber

Wann muß das Kind zum Arzt?
Säuglinge, wenn auch am zweiten Tag noch erhöhte Temperatur besteht; alle anderen Kinder bei Anzeichen von Komplikationen

Behandlung

1. Bettruhe ist nicht unbedingt erforderlich, selbst wenn Fieber besteht. Meistens fühlt sich das Kind nicht sehr krank. Anstrengende körperliche Aktivitäten sollten aber unterbleiben.
2. Geben Sie Ihrem Kind viel zu trinken. Am besten sind Vitamin-C-haltige Fruchtsäfte, warme Milch mit Honig, heißer Tee mit Zitrone, Hagebuttentee, heißer Holunderbeersaft.
3. Eine hilfreiche Medizin gegen Virusinfekte ist leider immer noch nicht gefunden. Antibiotika nützen nichts; ihr Einsatz ist nur bei bakteriellen Sekundärinfektionen gerechtfertigt. Auch die vielgepriesenen Grippemittel lindern höchstens die Beschwerden. Gerade bei Kindern sind ihnen aber die altbewährten und bei richtiger Anwendung unschädlichen Hausmittel vorzuziehen, zu denen beispielsweise Halswickel, Brustwickel oder Schwitzpackungen gehören.

Feuchte Wickel werden entweder kalt oder warm bis heiß angelegt. Entscheidend für eine durchblutungsfördernde oder fiebersenkende Wirkung ist der Unterschied zur Körpertemperatur.

● *Halswickel*
Eine längs gefaltete Windel oder ein großes Taschentuch tauchen Sie in recht warmes oder kaltes Wasser, wringen es gut aus, wickeln es nicht zu locker um den Hals des Kindes und umhüllen es mit einem trockenen Woll- oder Flanelltuch oder mit einem Schal. Zur Befestigung nehmen Sie am besten einen Streifen Klebeband oder Babysicherheitsnadeln. Der Wickel darf bis zu einer Stunde daraufbleiben und kann mehrmals am Tag wiederholt werden. Über Nacht sollte er nicht angelegt werden. Es empfiehlt sich dann, ein trockenes Woll- oder Seidentuch um den Hals zu binden.

● *Brustwickel*
Ein kalter Brustwickel (Temperatur etwa 20° C) kann bei fieberhaften Erkrankungen der Atemwege helfen, die Körpertemperatur zu senken und die Durchblutung der Organe zu verbessern. Er darf nur in einem warmen Zimmer angelegt werden.
Dazu breiten Sie ein größeres Flanell-, Molton- oder Handtuch auf dem Bett aus, falten ein Leinen- oder Baumwolltuch oder eine Windel, entsprechend der Größe der kindlichen Brust von den Achseln bis zum unteren Rippenbogen, zusammen, tauchen es in kaltes Wasser, wringen es gut aus und legen es auf die trockene Unterlage. Darauf kommt das Kind mit nach oben gereckten Armen zu liegen. Beide Tücher, erst das feuchte, dann das trockene, schlingen Sie nun fest um den Brustkorb des Kindes, dann befestigen Sie das äußere Tuch. Der kalte Wickel bleibt 20–30 Minuten liegen, anschließend frottieren Sie die Haut ab.
Wenn kein hohes Fieber besteht, ist zur Linderung der Beschwerden bei Husten und Bronchitis ein warmer Brustwickel geeignet. Die Temperatur des benutzten Wassers sollte bei 40° C liegen. Dieser Wickel darf bis zu einer Stunde angewendet werden.

● *Schwitzpackung*
Vor der Anwendung einer Schwitzpackung sollte der Arzt um Rat gefragt werden, denn sie belastet den Kreislauf und ist darum nur für kreislaufgesunde Kinder etwa ab dem dritten Lebensjahr zu empfehlen.
Auf dem Bett breiten Sie zunächst eine Wolldecke, dann ein trockenes Bettlaken aus. Darauf legen Sie ein in heißes Wasser getauchtes, ausgewrungenes zweites Bettuch. In dieses wickeln Sie das nackte Kind von den Füßen bis über die Schultern vollständig ein, schlagen das trockene Tuch und zuletzt die Wolldecke darüber und decken das Kind mit dem Oberbett zu. Um den Schweißausbruch zu fördern, können Sie seitlich an Körper und Füße noch Wärmflaschen legen und dem Kind schluckweise heißen Tee zu trinken geben.
Bei älteren Kindern und wenn der körperliche Zustand es erlaubt, läßt sich die Schwitzkur auch mit einem heißen Vollbad einleiten. Das Bett, in dem eine Wolldecke und ein trockenes Bettuch ausgebreitet sind, wärmen Sie inzwischen mit Wärmflaschen vor. Nach dem Bad trocknen Sie das Kind nicht ab, sondern hüllen es nur locker in ein Badetuch und bringen es ins Bett.
Während einer Schwitzpackung lassen Sie das Kind nicht allein. Wenn es sich nicht wohl

fühlt, muß die Prozedur unterbrochen werden. Vom Beginn des Schwitzens an sollte es etwa 30 Minuten in der Packung bleiben, dabei wischen sie ihm von Zeit zu Zeit den Schweiß ab. Nach Beendigung der Anwendung waschen Sie das Kind mit lauwarmem Wasser ab und reiben es kräftig trocken, danach soll es ausruhen.

4. Hat ein Säugling Schnupfen, sind milde Nasentropfen speziell für Säuglinge angebracht, um vor der Nahrungsaufnahme die Behinderung der Nasenatmung zu beseitigen. Hilfreich sind auch zwei bis drei Tropfen Kochsalzlösung (ein gestrichener Teelöffel Salz auf 500 Milliliter Wasser), die Sie bis zu fünfmal täglich in die Nase träufeln.
Ferner darf das Gesicht zweimal täglich für fünf Minuten mit einer Rotlichtlampe (aus einem Abstand von 30–50 Zentimeter) bestrahlt werden. Nehmen Sie dazu das Baby auf Ihren Schoß, und halten Sie seinen Kopf an der Stirn fest. Bei älteren Kindern darf zweimal zehn Minuten lang bestrahlt werden.
5. Um dem Austrocknen der Schleimhäute in der warmen Zimmerluft vorzubeugen und die Nasenatmung zu verbessern, müssen Sie für ausreichende Luftfeuchtigkeit sorgen. Steht ein Verdunstungsapparat oder Luftbefeuchter nicht zur Verfügung, hängen Sie nasse Handtücher über die Heizkörper oder nasse Bettlaken über einen Wäscheständer.

Inhalieren bei Erkältungen

6. Bei größeren Kindern eignet sich ein Dampfbad, um eine bessere Durchblutung der Nase und der Nasennebenhöhlen zu fördern und die Beschwerden zu lindern. Füllen Sie kochendes Wasser in eine große Schüssel, geben Sie eventuell Kamillenblüten oder ein paar Tropfen Kamillenessenz hinzu, und fordern Sie das Kind auf, den Kopf darüber zu halten und den Dampf durch die Nase einzuatmen, dabei hangen Sie dem Kind ein Frotteetuch so über den Kopf, daß kein Dampf entweicht. Anwendungszeit: zweimal fünf bis zehn Minuten täglich.
Diese wirksame Maßnahme birgt jedoch Verbrühungsgefahr in sich. Deswegen darf sie bei

Inhaliermethode für Säuglinge und Kleinkinder

Kehldeckelentzündung

Wichtigste Symptome
Hohes Fieber, Schluckbeschwerden mit erheblichem Speichelfluß, tonlose Stimme, hochgradige Atemnot, ziehendes Atemgeräusch

Altershäufigkeit
Kleinkinder

Ähnliche Krankheitsbilder
Kehlkopfentzündung, Krupphusten, Kehlkopfdiphtherie

Komplikationen
Erstickungsgefahr

Wann muß das Kind zum Arzt?
Sofort, Notarzt rufen!

Kehlkopfentzündung

Wichtigste Symptome
Heiserkeit, trockener, bellender Husten, pfeifende Einatmung, mäßiges Fieber

Altershäufigkeit
Kleinkinder, Schulkinder

Ähnliche Krankheitsbilder
Fremdkörpereinatmung, Diphtherie-Krupp, Krupphusten

Komplikationen
Ansteigendes Fieber, tonlose Stimme, Schluckbeschwerden, Speichelfluß, Atemschwierigkeiten (Kehldeckelentzündung)

Wann muß das Kind zum Arzt?
Wenn die obengenannten Symptome auftreten

kleinen Kindern nur über dem Waschbecken durchgeführt werden. Oder Sie füllen das kochende Wasser mit den Zusätzen in eine Thermosflasche, die Sie dann selbst festhalten. Die Öffnung ist kleiner, dadurch bleibt das Wasser länger heiß, und jegliches Hantieren mit Handtüchern entfällt.
Bei Säuglingen verbessert Eukalyptusöl oder Heilpflanzenöl die Nasenatmung, wenn Sie davon ein bis drei Tropfen auf ein Zellstofftuch geben und dieses dem Kind (unerreichbar!) ins Bettchen legen.
Sie können aber auch ein Bettuch oder eine Decke über das Gitterbettchen legen. Stellen Sie dann einen Topf mit kochendem Wasser, in das Sie einige Tropfen Eukalyptusöl gegeben haben, außer Reichweite des Kindes daneben, so daß die Dämpfe unter das Bettuch ziehen.

Kehldeckelentzündung (Epiglottitis)

Ursachen und Symptome

Eine Entzündung und Schwellung des oberen Kehlkopfbereichs und des Kehldeckels, fast immer hervorgerufen durch Haemophilus-influenzae-b-Bakterien, kann unbehandelt innerhalb weniger Stunden zum Erstickungstod führen. Diese gefährliche Erkrankung tritt besonders zwischen dem zweiten und sechsten Lebensjahr auf und sollte keinesfalls mit Krupphusten verwechselt werden.
Anfänglich zeigen sich Symptome wie Halsschmerzen mit Schluckbeschwerden und erhöhte Temperatur bis etwa 40° C. Es kommt zu erheblichem Speichelfluß, die Sprache wird kloßig, zunehmend treten Atemstörungen mit Pfeifen und Röcheln auf, bellender Husten wie beim Kruppsyndrom fehlt jedoch.

Behandlung

Da sich sehr schnell eine lebensbedrohliche Situation entwickeln kann, gehören Kinder mit diesen Symptomen in ärztliche Behandlung.

Kehlkopfentzündung (Laryngitis)

Ursachen und Symptome

Die akute Entzündung des Kehlkopfes tritt meist infolge eines grippalen Infektes auf, wird also hauptsächlich durch Viren verursacht. Sie beginnt mit einem Kratzen im Hals, die Stimme wird heiser, und es kommt zu einem trockenen, bellenden Husten, begleitet von einem pfeifenden Ton bei der Einatmung (Stridor). Manchmal besteht mäßiges Fieber bis 38,5° C. Atemstörungen treten aber nicht auf.

Behandlung

Die Behandlung richtet sich darauf, die Schleimhautschwellung im Bereich des Kehlkopfes zum Abklingen zu bringen. Sorgen Sie für feuchte Atemluft in Ihrem Wohnbereich. Lassen Sie das Kind warme Getränke trinken, und halten Sie es an, seine Stimme zu schonen.

Krupphusten

Ursachen und Häufigkeit

Diese Erkrankung wird auch Kruppsyndrom, Grippe-Krupp oder Pseudo-Krupp genannt (im Gegensatz zum heute kaum noch vorkommenden „echten" Krupp, der Diphtherie). Dabei handelt es sich um eine Einengung der Luftwege durch Schwellung und Entzündung der Schleimhaut im Bereich des Kehlkopfes, der Stimmbänder und des oberen Luftröhrenabschnitts. Diese Erscheinungen werden meist durch Viren ausgelöst und treffen vor allem Kinder im Alter zwischen sechs Monaten und drei Jahren – Jungen häufiger als Mädchen –, die zu einer besonders starken Reaktion der Haut und Schleimhaut neigen.
Beim Krupphusten ist in bestimmten Regionen eine deutliche Zunahme der Erkrankungsfälle sowie eine jahreszeitliche Häufung in den Herbst- und Wintermonaten (besonders September/Oktober und Februar/März) zu beobachten, in der ja auch die Infektionen der oberen Luftwege im allgemeinen öfter auftreten. Ferner wird die hohe Schadstoffkonzentration

(besonders das Schwefeldioxid) der Luft bei bestimmten Wetterlagen als Mitverursacher für die Erkrankung verantwortlich gemacht.

Symptome und Verlauf

Während tagsüber nur geringe Krankheitszeichen in Erscheinung treten, kommt es in der Nacht plötzlich zu Atemschwierigkeiten mit hörbar ziehenden oder pfeifenden Geräuschen bei der Einatmung und zu einem heiser bellenden Husten. Der Allgemeinzustand ist in der Regel nicht sehr beeinträchtigt. Die Temperatur ist entweder gar nicht oder nur mäßig erhöht (bis 38,5° C). Da sich die Atemnot im Liegen verschlimmert, wollen sich die Kinder unbedingt aufsetzen, sie werden unruhig und ängstlich. Dadurch kann sich ihr Zustand verschlechtern. In ernsteren Fällen ringen die Kinder mühsam nach Luft, dabei wird die Atemhilfsmuskulatur am Brustkorb deutlich eingezogen. Der Sauerstoffmangel führt zu einer blaßgrauen Hautfarbe und bläulich verfärbten Lippen.
Die Schleimhautschwellung in den Atemwegen kann so bedrohliche Formen annehmen, daß die Kinder in Gefahr geraten zu ersticken. Außerdem könnte durch die starke körperliche Anstrengung und die große Angst ein Herz- und Kreislaufversagen eintreten. Meistens verläuft der Krupphusten in einer weniger dramatischen Form, aber Komplikationen sind nie ganz auszuschließen.

Behandlung

1. Wichtig ist vor allem, daß Sie selbst Ruhe bewahren und auch das verängstigte Kind zu beruhigen versuchen. Rufen Sie sofort einen Arzt, oder bringen Sie das Kind ins nächste geeignete Krankenhaus, wenn die Situation für Sie gefährlich aussieht, denn unter Umständen ist jede Minute kostbar.
2. Während Sie auf den Arzt warten (oder bei einem leichten Anfall), sorgen Sie für feuchtkalte Luft, indem Sie das Fenster weit öffnen (sofern nicht gerade Nebel, Sprühregen und andere ungünstige Wetterverhältnisse herrschen) oder mit Ihrem in eine Decke eingehüllten Kind auf den Balkon gehen. Ist das nicht möglich, lassen Sie im Badezimmer erst das heiße, dann das kalte Wasser laufen, so daß sich kalter Dampf entwickelt, und bringen Sie das Kind dorthin. Halten Sie das Kind immer in aufrechter Position in den Dampf.
Nach dem akuten Anfall hängen Sie im Zimmer des Kindes nasse Tücher über einen Wäscheständer oder direkt über das Bett.
3. Wenn sich das Kind beruhigt hat, kann es etwas Kühles zu trinken bekommen.
4. Der Arzt wird Ihrem Kind ein Kortisonpräparat, das die Schwellungen in den Atemwegen zum Abklingen bringt, und ein Beruhigungsmittel geben. Sie erhalten solche Medikamente für den häuslichen Notfall, denn Sie müssen damit rechnen, daß diese dramatische Situation bis zum Alter von fünf bis sechs Jahren immer wieder einmal auftritt.
Das Krankheitsbild des Krupphustens aber hält meist nur wenige Tage an.

Lungenentzündung (Pneumonie)

Ursachen und Häufigkeit

Bei Krankheitsprozessen der oberen Luftwege, aber auch als Komplikation einiger Infektionskrankheiten kann es über die Atemwege oder den Blutweg zu einer Beteiligung des Lungengewebes kommen. Ferner wird die Lungenentzündung als selbständiges Krankheitsgeschehen von verschiedenen Erregern ausgelöst, wobei vor allem das Alter des Kindes ausschlaggebend für die Art der Erkrankung und deren Verlauf ist.
Beim Säugling und Kleinkind entsteht eher eine herdförmige Entzündung des Lungengewebes rings um die Bronchien *(Bronchopneumonie).* Das Einatmen von Fruchtwasser bei Neugeborenen, von Erbrochenem bei Säuglingen oder von Fremdkörpern bei Kindern behindert die Atmung durch Verstopfung der Bronchien. Je nach Ausmaß des Verschlusses sind mehr oder weniger große Lungenbezirke von der Belüftung abgeschnitten, was entsprechende Ausfälle mit leichten bis hochgradigen Atemstörungen zur Folge hat *(Aspirationspneumonie).*
Eine lebensgefährliche Komplikation mancher Infektionskrankheit ist die durch Staphylokok-

Krupphusten

Wichtigste Symptome
Plötzliche, meist in der Nacht einsetzende Luftnot, Unruhe; heiserer, bellender Husten; ziehende, pfeifende Einatmung

Altershäufigkeit
Kinder im Alter von 6 Monaten bis zu 3 Jahren, Jungen häufiger

Ähnliche Krankheitsbilder
Fremdkörpereinatmung, Kehlkopfentzündung, Kehldeckelentzündung, Diphtherie

Komplikationen
Schwere Atemstörungen mit Einziehungen am Brustbein, blaßgraue Hautfarbe, bläuliche Lippen, großes Angstgefühl (Erstickungsgefahr)

Wann muß das Kind zum Arzt?
Beim ersten Anfall von Krupphusten sollte der Notarzt gerufen werden; sonst bei auftretenden Komplikationen

Lungenentzündung

Wichtigste Symptome
Appetitlosigkeit, Fieber, Kopf- und Brustschmerzen, trockener Husten; oberflächliche, beschleunigte Atmung; blaßgraue Haut; bei Säuglingen oft Durchfall; bei älteren Kindern zusätzlich Fieberkrämpfe, Erbrechen und Schmerzen im Unterbauch

Altershäufigkeit
Kinder der verschiedenen Altersstufen erkranken an unterschiedlichen Formen der Lungenentzündung

Ähnliche Krankheitsbilder
Bronchiolitis, Appendizitis, Keuchhusten, Hirnhautentzündung

Komplikationen
Brustfellentzündung (Rücken- oder Seitenschmerzen, Druckgefühl in der Brust, Schmerzen beim Husten und beim tiefen Einatmen, anhaltend hohes Fieber)

Wann muß das Kind zum Arzt?
Sofort bei Verdacht auf eine Lungenentzündung. In schweren Fällen ist eine Krankenhausbehandlung nötig

ken hervorgerufene Lungenentzündung, die zu Eiterbildung und Einschmelzung von Lungengewebe führt *(abszedierende Pneumonie).*
Bei Beteiligung des Brustfells entsteht eine *Brustfellentzündung,* auch Rippenfellentzündung genannt (Pleuritis). Sie ist die Ursache für die bei einer Lungenentzündung auftretenden Schmerzen beim Atmen. Bricht ein Abszeß auf und ergießt sich Eiter in die Pleurahöhle, spricht man von einem *Pleuraempyem,* dringt Luft in den Pleuraraum, liegt ein *Pneumothorax* vor (siehe Seite 34).

Symptome und Verlauf

Appetitverlust, Unruhe, ängstliche Verstimmung kündigen diese Erkrankung an. Bei Kleinkindern steigt die Temperatur meist sehr hoch, bei Säuglingen hingegen ist sie normal bis hochfieberhaft. Die Atmung ist oberflächlich und beschleunigt mit auffallendem Nasenflügeln bei der Einatmung und mit stöhnender Ausatmung. Die Haut ist blaßgrau, um den Mund zeigt sich ein bläuliches Dreieck. Oft wird die Krankheit von Durchfall begleitet.
Als Erreger von Lungenentzündungen im Kindesalter sind häufig Viren anzusehen. Manche Krankheitsverläufe sind mild und werden kaum als Pneumonie erkannt. Es zeigen sich uncharakteristische Symptome wie Mattigkeit, Kopf- und Brustschmerzen, Fieber unterschiedlicher Höhe (38 bis 40° C) und trockener Husten.
Allerdings kann die Infektion mit dem RS-Virus (Respiratorysyncytial-Virus), die als Atemwegserkrankung vornehmlich im Winter auftritt und auch die Form einer Bronchiolitis annehmen kann, eine manchmal tödlich endende Pneumonie verursachen, vor allem, wenn Zweitinfektionen mit Bakterien das Krankheitsgeschehen verschlimmern.
Ebenso gefährlich kann eine durch Influenzaviren ausgelöste *Grippepneumonie* verlaufen.
Die hauptsächlich durch Pneumokokken verursachte *Lobärpneumonie,* bei der ein oder mehrere Lungenlappen befallen sind, ist im wesentlichen eine Erkrankung älterer Kinder. Sie beginnt plötzlich mit hohem Temperaturanstieg (um 40° C), Schüttelfrost und schweren Allgemeinerscheinungen wie heftigem Erbrechen, Fieberkrämpfen und Schmerzen im Unterbauch. Die Atmung ist oberflächlich und beschleunigt, meist zeigt sich Nasenflügelatmung. Hustenreiz tritt nicht immer auf; Auswurf wird anfangs nur wenig herausgebracht, wenn überhaupt. Vom zweiten Tag an erscheint bluthaltiger, rostbrauner, zähflüssiger Schleim, der nach einigen Tagen reichlicher ausgehustet wird und dann schleimig-eitrig aussieht. Dabei bestehen Schmerzen in der Brustseite über dem befallenen Lungenabschnitt. Durch Sauerstoffmangel kann sich eine bläuliche Hautverfärbung einstellen. Um den dritten Tag bildet sich oft ein Bläschenausschlag an den Lippen (Herpes labialis). Der früher nach einer Woche plötzlich einsetzende Abfall der Temperatur (Krisis) mit der erheblichen Belastung für Herz und Kreislauf findet sich heute unter der Behandlung mit Antibiotika nicht mehr.

Behandlung

1. In schweren Fällen wird eine Krankenhauseinweisung nötig sein.
2. Leichtere Erkrankungen können zu Hause behandelt werden. Das Kind erhält Antibiotika (Viruspneumonien sprechen darauf allerdings nicht an) und Freiluftbehandlung.
3. Die kalorien-/joulereichen Mahlzeiten werden in kleinen Portionen verabreicht, und das Kind bekommt vermehrt zu trinken.
4. Bei hohen Temperaturen sind fiebersenkende und beruhigende Medikamente angebracht.
5. Der Oberkörper, speziell der Brustkorb des Kindes, soll hochgelagert werden, wobei der Kopf etwas tiefer, nach unten geneigt liegt; dadurch wird die Atmung erleichtert. Eine Wolldecke kann man entsprechend zusammenfalten und unter das Kopfkissen legen. Eine Rolle unter den Oberschenkeln verhindert das Wegrutschen des Kindes.
6. Denken Sie daran, daß eine Erkältung, begleitet oder gefolgt von hohem Fieber, Schüttelfrost, Brustschmerzen und beschleunigter Atmung, eine Lungenentzündung anzeigen kann. Bei Säuglingen sind das Nasenflügelatmen, das Einziehen des Brustkorbs und Stöhnen bei der Atmung ernste Zeichen; die Kinder bedürfen sofort ärztlicher Hilfe.

Mandelentzündung (Angina, Tonsillitis)

Ursachen und Symptome

Im oberen Teil des Nasen-Rachen-Raums liegt die Rachenmandel (auch als Adenoide oder „Polypen" bezeichnet), am Übergang von der Mundhöhle zum Rachen haben links und rechts die Gaumenmandeln (Tonsillen) ihren Sitz. Sie sind Teile des lymphatischen Systems, dessen Aufgabe es ist, krankheitserregende Fremdstoffe abzufangen und die körpereigene Abwehr zu stimulieren. Besonders im Kindesalter neigen die Mandeln dazu, sich zu vergrößern und zu entzünden.

Virusbedingte Erkältungskrankheiten können die Mandeln in Mitleidenschaft ziehen. Die Rachenschleimhaut und die Mandeln sind entzündlich gerötet, Hals- und Schluckschmerzen sowie eine leichte Temperaturerhöhung tritt auf. Bei Beteiligung der Rachenmandeln zeigen sich Schleimabsonderungen, die an der Rachenhinterwand herabfließen. Eine Virusangina kann Wegbereiter für eine Mittelohrentzündung und/oder Bronchitis sein, wenn sich die Keime ausbreiten oder bakterielle Zweitinfektionen hinzukommen.

Zur Linderung der Beschwerden machen Sie Ihrem Kind mehrmals am Tag einen feuchtwarmen Halswickel und lassen es reichlich warmen (Kamillen-)Tee oder aber kühle, nicht säurehaltige Getränke trinken. Größere Kinder können mit Salbei- oder Thymiantee gurgeln. Auch desinfizierende Lutschtabletten bringen Erleichterung.

Eitrige Angina

Dabei handelt es sich um eine Entzündung der Gaumenmandeln, die schmerzhaft anschwellen und ein Gefühl der Enge (Angina) im Hals verursachen. Einige Kinderkrankheiten (zum Beispiel Scharlach, Diphtherie) gehen mit einer charakteristischen Begleiterkrankung der Mandeln einher.

Die Erreger einer eitrigen Angina sind meistens Streptokokkenbakterien. Anzeichen der Erkrankung sind: Schluckbeschwerden, bei Säuglingen plötzliche Nahrungsverweigerung und häufiges Weinen; hohes Fieber (40–41° C), übler Mundgeruch, Halsschmerzen, die zum Ohr ausstrahlen können, Kopfschmerzen, Übelkeit, Erbrechen, zuweilen Bauchschmerzen, kloßige Sprache und schnorchelnde Atmung. Die in der Mundhöhle deutlich sichtbaren Gaumenmandeln sind geschwollen, gerötet und zeigen stippchenförmige oder zusammenhängende weißliche Beläge. Die Kieferwinkel- und Halslymphknoten sind vergrößert und druckschmerzhaft. Das Kind fühlt sich – auch wegen der Höhe des Fiebers – schwerkrank und hat ein großes Schlafbedürfnis.

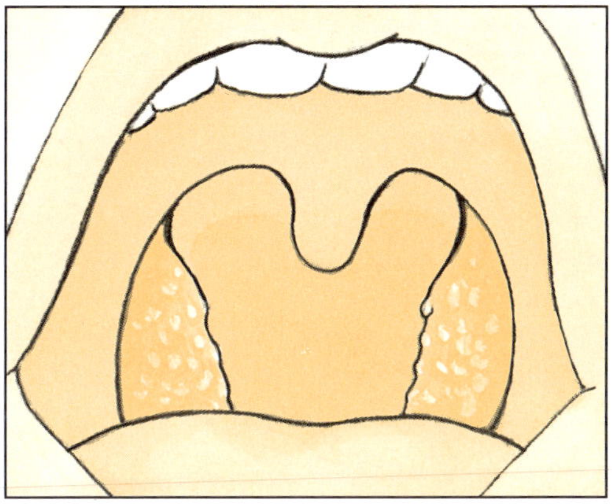

Mandelentzündung

Komplikationen

1. Greift die Entzündung der Mandeln auf das umgebende Gewebe über und bildet sich ein Eiterherd neben oder hinter der Mandelkapsel, handelt es sich um einen Peritonsillarabszeß, der zu Schwierigkeiten beim Schlucken (erheblicher Speichelfluß) und Sprechen (kloßige Sprache) sowie möglicherweise zu einer Kiefersperre führt.
2. Streptokokkeninfektionen, auch die leichten Formen, neigen zu Komplikationen. Solche Erkrankungen müssen ernst genommen und frühzeitig behandelt werden, da infolge einer Angina Herz- und Nierenschädigungen sowie rheumatische Gelenkerkrankungen (Polyarthritis) möglich sind.

Mandelentzündung

Wichtigste Symptome
Fieber, Halsschmerzen, Schluckbeschwerden, flammendrote und geschwollene Gaumenmandeln mit weißlichen Belägen, übler Mundgeruch, geschwollene Kieferwinkellymphknoten

Altershäufigkeit
Kinder im Alter von 5–15 Jahren

Ähnliche Krankheitsbilder
Erkältung, Diphtherie, Scharlach, Pfeiffersches Drüsenfieber

Komplikationen
Starke Schluckbeschwerden, hohes Fieber, kloßige Sprache und Kieferklemme weisen auf einen Abszeß in der Umgebung der Gaumenmandeln hin

Wann muß das Kind zum Arzt?
Sobald Anzeichen für eine Mandelentzündung vorhanden sind

Nasennebenhöhlen-
entzündung

Wichtigste Symptome
Fieber, Blässe, Kopfschmerzen, nicht abheilender Schnupfen, bleibende behinderte Nasenatmung, gerötete und geschwollene Augenlider, gelblicher oder milchig-trüber Nasenausfluß

Altershäufigkeit
Schulkinder

Ähnliche Krankheitsbilder
Erkältung, Grippe

Komplikationen
Nasennebenhöhlenentzündungen begleitet von Husten (Sinobronchitis), Rötung um die Augen (Lid- und Orbitalphlegmone), Hirnhautentzündung, Knochenmarkentzündung

Wann muß das Kind zum Arzt?
Beim Auftreten der obengenannten Symptome

Behandlung

1. Das Kind muß unbedingt zum Arzt gebracht werden, der in diesem Fall eine zehntägige Antibiotikatherapie verordnet.
Auch wenn die Beschwerden rasch abklingen, darf die Medikamenteneinnahme nicht vorzeitig abgebrochen werden. Ernste Folgeerkrankungen können sich sonst einstellen.
2. Das Kind sollte Bettruhe einhalten, solange Fieber besteht, also etwa drei bis vier Tage.
3. Außer Halswickeln und vermehrter Trinkmenge können Sie Ihrem Kind bei hohem Fieber und starken Schmerzen ein Zäpfchen geben.

Mandeloperation (Tonsillektomie)

Häufige Mandelentzündungen können nicht nur chronisch verlaufen und zu einer starken Vergrößerung der Mandeln führen, wodurch die kindliche Entwicklung und Leistungsfähigkeit beeinträchtigt wird, sondern zu einer Gefährdung der Gesundheit führen, wenn die Mandeln durch Ausstreuung der Keime ihre Schutzfunktion verlieren und selbst zum Infektionsherd werden. Dann ist die Entfernung der Gaumenmandeln nicht zu umgehen.

Nasennebenhöhlenentzündung (Sinusitis)

Ursachen und Häufigkeit

Als Folge einer Nasenschleimhautentzündung (Rhinitis = Schnupfen) kann es zu einer Beteiligung der luftgefüllten, schleimhautausgekleideten Nasennebenhöhlen (Stirn-, Keilbein-, Kieferhöhle und Siebbeinhöhlen) kommen. Ihre Aufgabe ist es, die eingeatmete Luft anzufeuchten und vorzuwärmen, darum sind sie mit der Nase eng verbunden.
Die einzelnen Nebenhöhlen bilden sich aber erst im Lauf der ersten Lebensjahre vollständig aus, so daß beispielsweise Kiefernhöhlenentzündungen erst ab dem dritten Lebensjahr und Stirnhöhlenentzündungen erst ab dem achten Lebensjahr auftreten.
Manchmal ebnet eine Infektion oder eine Allergie durch ihre schleimhautschädigende Wirkung Bakterien den Weg, so daß es zu einer eitrigen Nasennebenhöhlenentzündung kommt.

Rotlichtbestrahlung bei Nasennebenhöhlenentzündung

Symptome und Verlauf

Anzeichen sind: Fieber (manchmal um 40°C), Blässe, Kopfschmerzen, Husten und behinderte Nasenatmung. Der Sitz der Kopfschmerzen deutet auf die jeweilige örtliche Beteiligung der Nasennebenhöhlen hin: Sie können im Hinterkopf auftreten (Keilbeinhöhleninfekt), an der Schläfe und über den Augen (Stirnhöhlen- und Siebbeinhöhleninfekt) oder im Oberkiefer unterhalb der Augen (Kieferhöhleninfekt). Typisch ist der Nasenausfluß (gelblich oder milchigtrüb), der die Diagnose vereinfacht. Bei Säuglingen und Kleinkindern weist eine eitrige Schleimspur an der Rachenhinterwand auf eine Sinusitis hin. Zur Absicherung ist eine röntgenologische Untersuchung notwendig.

Komplikationen

Eine chronische Sinusitis kann die Ursache einer sich wiederholenden Bronchitis (Sinobronchitis) sein, wenn die Keime sich auf die unteren Luftwege ausbreiten. Dieses Krankheitsbild mit häufigem Husten und Schnupfen ist oft der Grund körperlicher Entwicklungsstörungen bei Kindern.

Behandlung

Der Arzt verordnet bei Entzündungen im Bereich der Nasennebenhöhlen schleimhautabschwellende Medikamente (örtlich als Nasentropfen), Rotlichtbestrahlung, Inhalationen von Kamillendampf und bei eitrigen Infektionen Antibiotika.

Polypen (adenoide Wucherungen)

Symptome

Eine vergrößerte Rachenmandel behindert die Nasenatmung. Deswegen atmen davon betroffene Kinder durch den Mund. Sie haben meistens chronischen Schnupfen und eine kloßige, nasale Sprache. Die Wucherung verschließt den Verbindungsweg (Eustachische Röhre = Ohrtrompete) zwischen dem Rachenraum und dem Mittelohr, wodurch es zu Hörstörungen und häufigen Mittelohrentzündungen kommt. Die Kinder schnarchen nachts und schlafen schlecht. Sie sind deswegen oft müde, mißlaunig und können die geforderten schulischen Leistungen nicht erfüllen. Ihr ständig geöffneter Mund hat einen veränderten Gesichtsausdruck zur Folge, so daß sie leicht für geistig zurückgeblieben gehalten werden.
Verhältnismäßig große Tonsillen und Adenoide sind bei gesunden Kindern von drei bis neun Jahren üblich; im späteren Alter werden sie kleiner.

Behandlung

Durch die Mundatmung entstehen immer wieder Infektionen in den unteren Atemwegen, da die Schleimhäute austrocknen und dadurch anfällig für Krankheitskeime werden. In diesen Fällen ist die Operation (Adenotomie) die beste Behandlung. Sie kann ambulant durchgeführt werden, denn sie ist ein relativ harmloser operativer Eingriff.

Polypen

Wichtigste Symptome
Ständige Mundatmung, chronischer Schnupfen, nasale Sprache, nächtliches Schnarchen, Hörstörungen

Altershäufigkeit
Kleinkinder und Schulkinder bis etwa zum 10. Lebensjahr

Ähnliche Krankheitsbilder
Erkältungskrankheiten

Komplikationen
Häufige Mittelohrentzündungen, Hörstörungen, schlechtes Gedeihen, Schulschwierigkeiten

Wann muß das Kind zum Arzt?
Bei immer wiederkehrenden Atemwegsinfektionen ist eine Entfernung der adenoiden Wucherung anzuraten (Adenotomie)

Krankheiten des Herzens und des Kreislaufs

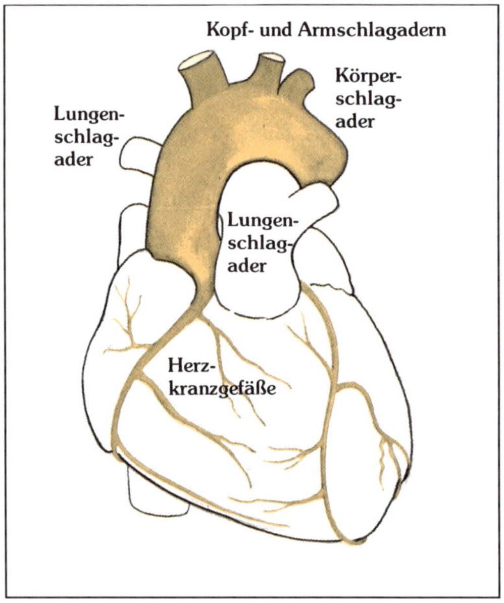

Das Herz

Bluthochdruck (Hypertonie)

Bluthochdruck

Wichtigste Symptome
Morgendliche Kopfschmerzen, Herzklopfen, Kurzatmigkeit, Schwindelgefühl, gerötetes Gesicht; Bluthochdruck tritt oft ohne Beschwerden auf

Altershäufigkeit
Bluthochdruck kann sich bereits bei älteren Kindern und Jugendlichen einstellen

Komplikationen
Im Erwachsenenalter Organschädigungen an den Augen, den Nieren, am Herzen und im Gehirn

Ursachen und Symptome

Bluthochdruck, eine Krankheit, deren Folgen bei Erwachsenen mit zu den häufigsten Todesursachen zählen, ist auch im Kindesalter bereits anzutreffen.
Der bei der Herztätigkeit auftretende Druck auf die Gefäßwände der Schlagadern (Arterien) ist der sogenannte „Blutdruck". Der *systolische Druck* entsteht, wenn sich der Herzmuskel zusammenzieht und das Blut in den Kreislauf pumpt, der *diastolische Druck* entsteht, wenn sich das Herz erneut mit Blut füllt. Der normale Blutdruck eines Kindes liegt bei der Geburt bei 80/40 mm HG (Millimeter Quecksilbersäule). Er steigt mit zunehmendem Alter des Kindes allmählich an; im Teenageralter hat er einen Wert von 120/80 mm Hg. Liegt er wesentlich höher, bedeutet das für ein Kind Bluthochdruck. Wichtig für die genaue Messung ist die richtig passende Armmanschette des Blutdruckmeßgerätes, sonst kommt es leicht zu falschen Ergebnissen. Vorübergehende Blutdruckerhöhungen bei körperlicher Aktivität und seelischer Erregung, wie Angst oder Schreck, sind normal. Ständig erhöhter Blutdruck hat bei Kindern fast immer organische Ursachen. Er kann durch Nierenerkrankungen, Stoffwechselstörungen (zum Beispiel Schilddrüsenüberfunktion), Herzfehler oder Defekte an großen Arterien, bestimmte Medikamente (wie Kortison oder Ephedrin), Vergiftungen (mit Blei oder Quecksilber) oder durch Tumore bedingt sein.
Erhebliches Übergewicht ist auch bei Kindern ein Faktor, der Bluthochdruck auslösen kann. Bluthochdruck wird als die „leise Krankheit" bezeichnet, weil sie, insbesondere bei Kindern, kaum Beschwerden macht und typische Symptome häufig fehlen.
Anzeichen können sein: Kopfschmerzen, Herzklopfen, Kurzatmigkeit, Sehstörungen, Schwindelgefühl, Gesichtsröte.

Behandlung

1. Auch mit einem älteren Kind, das lange Zeit nicht krank war, sollten Sie jährlich einmal zum Arzt gehen und eine gründliche Untersuchung vornehmen lassen. Dabei darf die Messung des Blutdrucks nicht fehlen.
2. Die Ursache eines erhöhten Blutdrucks im Kindesalter sollte herausgefunden und nach Möglichkeit behandelt werden. Im Hinblick auf die künftige Gesundheit des Erwachsenen ist es gefährlich, es lediglich bei der Diagnose bewenden zu lassen.
3. Die Ursache der „essentiellen Hypertonie" bei Erwachsenen – hier liegt keine erkennbare organische Ursache vor – ist bis heute noch nicht geklärt, erbliche Faktoren scheinen eine Rolle zu spielen. Liegt eine Veranlagung zu Bluthochdruck vor, kann ein erhöhter Salzkonsum bereits vom Kindesalter an die Entstehung zusätzlich begünstigen. Achten Sie deswegen schon bei Ihrem Kind darauf, daß es nicht zuviel

Salz und salzreiche Nahrungs- und Genußmittel zu sich nimmt.

Herzfehler, angeborene

Die komplizierte Entwicklung des Herz- und Gefäßsystems während der dritten bis achten Woche der Embryonalzeit und die Möglichkeit schädigender Einflüsse bringen es mit sich, daß ein Kind mit Fehlbildungen des Herzens und/oder der großen Gefäße geboren werden kann. Etwa ein Prozent aller Neugeborenen ist davon betroffen.

Manche Herzfehler haben kaum irgendwelche Auswirkungen auf den Organismus, andere sind so schwer, daß ein Kind nicht überleben kann.

Mit Hilfe der modernen Untersuchungsmethoden (Angiokardiographie, Herzkatheterismus, Echo- und Phonokardiographie) ist es möglich, die verschiedenen Herzfehler voneinander zu unterscheiden. Durch Fortschritte in der Herzchirurgie und durch die Einrichtung großer Herzzentren in unserem Land ist das Leben vieler Kinder heute zu retten, denen früher niemand helfen konnte.

Das Herz ist ein Hohlmuskel, der das Blut durch Zusammenziehen der Muskulatur aus den Herzhöhlen in den Kreislauf pumpt. Durch eine längs verlaufende Scheidewand (Septum) wird es in zwei Hälften, eine linke und eine rechte, und durch eine quer verlaufende Scheidewand in vier Hohlräume geteilt. Somit unterscheidet man am Herzen einen rechten Vorhof und eine rechte Kammer sowie einen linken Vorhof und eine linke Kammer.

Zwischen den Vorhöfen (Atrium) und den Kammern (Ventrikel) befinden sich Herzklappen, die wie Ventile die Richtung des Blutstroms regulieren. Das verbrauchte Blut fließt aus dem rechten Vorhof in die rechte Herzkammer und von dort über die Lungenschlagader (Pulmonalarterie) in den Lungenkreislauf, wo es Kohlensäure abgibt und mit Sauerstoff angereichert wird. Von dort gelangt es über die Lungenvenen in den linken Vorhof, dann in die linke Herzkammer und wird über die Hauptschlagader (Aorta) in den großen Körperkreislauf gepumpt. Die linke Herzseite, insbesondere die linke Herzkammer, hat demnach die größte Arbeit zu leisten, darum ist die Muskulatur hier auch besonders kräftig entwickelt.

Im Mutterleib sind die Lungen des Feten außer Funktion. Das Kind wird von der Mutter über die Plazenta (Mutterkuchen) mit Sauerstoff versorgt. Der Lungenkreislauf des Blutes wird durch zwei Kurzschlüsse umgangen: Es besteht ein Loch (Foramen ovale) in der Vorhofscheidewand und eine Querverbindung zwischen Lungenschlagader und Aorta, der Ductus arteriosus Botalli. In den ersten Stunden oder Tagen nach der Geburt kommt es normalerweise infolge von veränderten Druckverhältnissen im Kreislaufsystem zu einem natürlichen Verschluß dieser nun überflüssigen Kurzschlüsse.

Herzfehler ohne Blausucht (Zyanose)

Offener Ductus Botalli

Wenn sich dieser fetale Verbindungsgang nach der Geburt nicht schließt, strömt arterielles Blut von der Aorta her in die Lungenschlagader (Pulmonalarterie). Die Lungenüberdurchblutung verursacht körperliche Entwicklungsstörungen mit häufig auftretenden Bronchitiden und Lungenentzündungen.

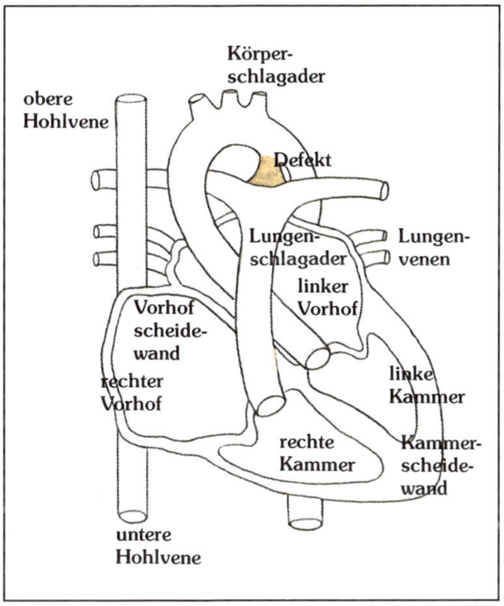

Offener Ductus Botalli

Wann muß das Kind zum Arzt?
Der Arzt sollte bei seinen routinemäßigen Untersuchungen bei Kindern ab dem 5. Lebensjahr auch eine Blutdruckkontrolle vornehmen

Herzfehler, angeborene

Wichtigste Symptome
Schlechtes Gedeihen, Trinkschwierigkeiten beim Säugling, Wachstumsverzögerung, rasche Ermüdbarkeit, Kurzatmigkeit, zeitweilige oder ständige bläuliche Verfärbung von Haut, Lippen, Finger und Zehen (besonders bei körperlicher Anstrengung)

Wann muß das Kind zum Arzt?
Auf Herzfehler, die nicht gleich nach der Geburt in Erscheinung treten oder sich nicht sofort feststellen lassen, sollte geachtet werden. Darum gehört jedes Kind in regelmäßige ärztliche Gesundheitsüberwachung. Nutzen Sie die kostenlosen Kindervorsorgeuntersuchungen!

Vorhofscheidewanddefekt (Atriumseptumdefekt)

Befindet sich ein Loch in der Scheidewand der Vorhöfe, gelangt sauerstoffreiches Blut aus dem linken in den rechten Vorhof, weil der Druck in der linken Herzhälfte größer ist (Shunt = Links-Rechts-Kurzschluß). Folglich wird damit der rechten Herzhälfte und der Lunge mehr Blut zugeführt. Größere Fehlbildungen ziehen einen Wachstumsrückstand und später Kurzatmigkeit bei Anstrengungen nach sich.
Ein offen gebliebenes Foramen ovale ist in der Regel ohne Bedeutung.

Kammerscheidewanddefekt (Ventrikelseptumdefekt)

Auch bei einem Loch in der Scheidewand der Herzkammern strömt arterielles Blut in den rechten Teil des Herzens. Daraus ergibt sich, daß die Lungendurchblutung verstärkt wird. Das Defizit für den Körperkreislauf wird durch verstärkte Herzarbeit ausgeglichen, in extremen Fällen kann durch Überanstrengung des Herzens das Leben des Kindes in Gefahr sein. Kleinere Defekte schließen sich in manchen Fällen im Laufe der ersten Lebenszeit durchaus von selbst. Bei einem großen Loch in der Herzscheidewand kommt es jedoch zu einer Überlastung des Lungenkreislaufs und der linken Herzhälfte.

Bei diesen drei genannten angeborenen Herzfehlern tritt in der Regel keine Blausucht (Zyanose) der Haut auf. Bei körperlicher Anstrengung kann es aber zu zeitweiliger bläulicher Verfärbung der Haut, besonders der Lippen und der Finger, kommen. Beim Säugling zeigt sich dies häufig, während er trinkt oder schreit. Das Kind entwickelt sich schlecht, bleibt in seiner körperlichen Entwicklung eventuell zurück, ist im allgemeinen rasch ermüdbar und gerät leicht in Luftnot.
Die Herzfehler machen sich durch typische Herzgeräusche und Herzvergrößerungen bemerkbar. In schweren Fällen ist ein chirurgischer Verschluß der Öffnungen schon im Säuglingsalter nötig. Ansonsten liegt der Zeitpunkt der Operation meist zwischen dem zweiten und dem achten Lebensjahr.

Herzfehler mit zeitweiliger Blausucht

Ein ausgedehnter Defekt in der Kammerscheidewand kann mit einer Blausucht einhergehen, wenn es im rechten Herzen zu einem Druckanstieg kommt, so daß der Druck dort über dem des linken Herzens liegt (mögliche Ursachen sind zum Beispiel Lungengefäßumbau, Zusatzfehler). Damit fließt sauerstoffarmes Blut durch das Loch in der Scheidewand (Shunt-Umkehr: Rechts-Links-Kurzschluß) in den Körperkreislauf und verursacht dadurch die Blausucht. Bei erhöhtem Sauerstoffbedarf, etwa während einer körperlichen Anstrengung, verstärkt sich die Zyanose.

Herzfehler mit ständiger Blausucht (Fallot-Tetralogie)

Der häufigste Herzfehler, der mit ständiger Blausucht einhergeht, ist die Fallot-Tetralogie, bei der vier bestimmte Veränderungen am Herzen zusammenkommen:
1. Es besteht ein Ventrikelseptumdefekt, also ein Loch in der Kammerscheidewand.
2. Die Körperschlagader, die Aorta, entspringt nicht an der normalen Stelle aus dem linken Herzen, sondern sie ist etwas nach rechts verlagert (Transposition) und liegt dann über dem Defekt in der Scheidewand.
3. Die Herzklappe zur Lungenarterie, die wie ein Ventil wirkt und den Rückfluß des Blutes verhindert, ist verengt (Pulmonalstenose). Dadurch kann das Blut aus der rechten Herzkammer nur schwer in die Lungenarterie abfließen. Es gerät teilweise über den Kammerscheidewanddefekt und die Aorta in den großen Kreislauf (Rechts-Links-Shunt). Die Lungen erhalten zuwenig Blut, und in den Körperkreislauf gelangt zu dem sauerstoffreichen auch noch sauerstoffarmes Blut.
4. Infolge der Pulmonalstenose verstärkt sich der Druck im rechten Herzen, dadurch verdickt sich die Herzmuskulatur, das Herz vergrößert sich (Hypertrophie). Der Sauerstoffmangel des Gewebes führt auch im Ruhestand zur Blausucht (blue baby). Im Lauf der Zeit bilden sich die typischen „Trommelschlegelfinger“ mit „Uhrglasnägeln“ aus.

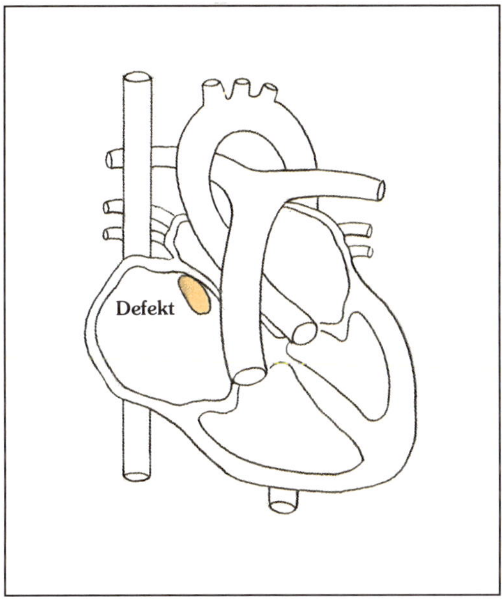

Vorhofscheidewanddefekt

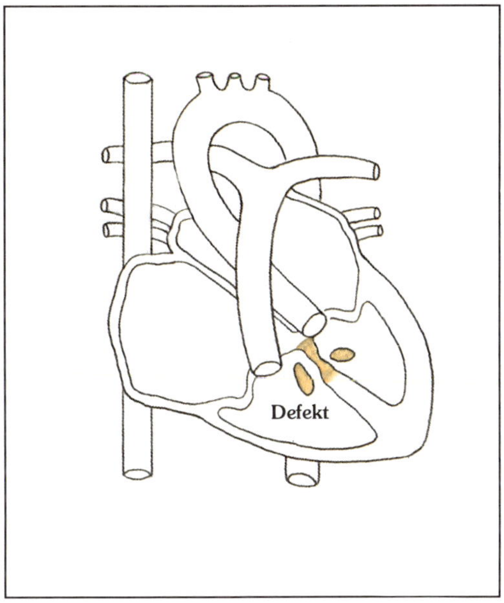

Kammerscheidewanddefekt

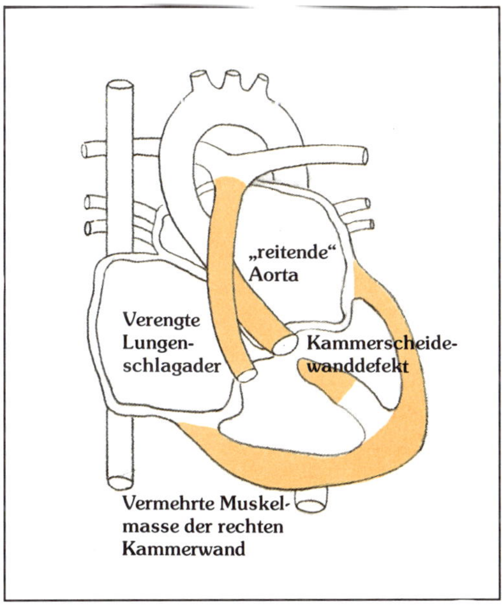

Fallot-Tetralogie

Die Totalkorrektur kann heute als Frühoperation zu jedem Zeitpunkt vorgenommen werden, wenn das Kind typische „hypoxämische" Anfälle (Blässeanfälle) bekommt, sie hat aber vom dritten Lebensjahr an größere Erfolgschancen.

Herzkrankheiten, erworbene

Die Herzwand ist aus drei Schichten aufgebaut: Die Herzinnenhaut (Endokard) kleidet die Herzhöhlen aus und bildet die Herzklappen; die Herzmuskulatur (Myokard) preßt durch Kontraktion das Blut in den Körperkreislauf. Die Muskelschicht ist in der linken Herzkammer kräftiger entwickelt, weil sie die meiste Pumparbeit zu leisten hat. Dem Herzmuskel liegt außen die seröse, Flüssigkeit absondernde Herzhaut (Epikard) an, die vom Herzbeutel (Perikard) umhüllt wird.
Zwischen den Herzvorhöfen und Herzkammern regeln Herzklappen, die sogenannten Segelklappen, die Richtung des Blutstroms. Im rechten Herzen liegt die Dreizipfelklappe (Trikuspidalklappe), im linken Herzen die Zweizipfel- oder Mitralklappe (Bikuspidalklappe). Auch an der Mündungsstelle der großen Arterien, der Lungenschlagader und der Aorta, verhindern die sogenannten Taschenklappen den Rückfluß des Blutes in die Herzkammern.

Herzinnenhautentzündung

Wichtigste Symptome
Mäßiges Fieber, Müdigkeit, blaß-bläuliches Aussehen, Kurzatmigkeit, Herzjagen

Komplikationen
Herzklappenfehler, Herzbeutelentzündung, Herzschwäche

Wann muß das Kind zum Arzt?
Sofort beim Auftreten der obengenannten Symptome

Herzinnenhautentzündung (Endokarditis)

Ursachen

Die entzündliche Veränderung der Herzinnenhaut, von der vor allem die Herzklappen betroffen werden, kann verschiedene Ursachen haben. Bei Kindern und Jugendlichen ist sie jedoch häufig Folge einer rheumatischen Erkrankung. Bakterien oder deren Gifte können auch aus einem chronischen Eiterherd (zum Beispiel bei häufigen Mandelentzündungen) oder bei einer schweren Allgemeininfektion (etwa einer Blutvergiftung) über das Blut ans Endokard geschwemmt werden.

Symptome und Verlauf

In vielen Fällen gibt es für die Mitbeteiligung des Herzens bei einer Erkrankung keine deutlichen Zeichen. Es können mäßiges Fieber, Müdigkeit, blaß-bläuliches Aussehen und Kurzatmigkeit auftreten. Erst wenn die Herzklappen schwer in Mitleidenschaft gezogen sind, zeigen sich auffällige Symptome. Als Folge einer rheumatisch bedingten Endokarditis kommt es zu knötchenförmigen Auflagerungen auf den entzündlich geschwollenen und verdickten Herzklappen, die später durch Narbenbildung einschrumpfen können. Diese Klappenveränderungen verursachen krankhafte Herztöne und typische Herzgeräusche. In schweren Fällen stellt sich Herzschwäche mit Herzjagen ein.

Vorbeugungsmaßnahmen

Die Entstehung einer Endokarditis kann durch frühzeitige und konsequente Behandlung mit Penicillin, vor allem nach Streptokokkeninfektionen (Scharlach, Angina), vermieden werden. Streuherde, wie chronisch vereiterte Mandeln, häufige Nasennebenhöhleninfekte und Zahnwurzelentzündungen, müssen durch entsprechende Behandlung beseitigt werden.

Behandlung

Im akuten Stadium ist strenge Bettruhe, meist in Form eines Krankenhausaufenthaltes, notwendig. Daneben werden Antibiotika eingesetzt, um die Entzündung auszuheilen.

Herzklappenfehler

Wichtigste Symptome
Kurzatmigkeit bei körperlicher Anstrengung bis zur Atemnot auch im Ruhezustand, Herzjagen, Zyanose, Ödeme

Komplikationen
Herzerweiterung, Herzschwäche, Herzversagen

Wann muß das Kind zum Arzt?
Nach einer durchgemachten Herzinnenhautentzündung, die dem Herzklappenfehler vorausgeht, gehört das Kind in ständige ärztliche Überwachung

Herzklappenfehler

Ursachen

In den meisten Fällen ist ein erworbener Herzklappenfehler auf eine rheumatische Herzbeteiligung zurückzuführen. Durch die chronische Entzündung der Herzinnenhaut sind die Herzklappen entweder narbig verzogen und verlieren ihre Elastizität, wodurch der Klappenverschluß unvollständig ist (Klappeninsuffizienz), oder es kommt durch Verwachsungen zu einer Einengung der Klappenöffnung, die den Blutdurchfluß behindert (Klappenstenose). Bei Kindern ist davon meistens die Mitralklappe im linken Herzen betroffen.

Symptome und Verlauf

Ein Herzklappenfehler kann anfangs wenig Krankheitszeichen verursachen, solange der Herzmuskel die Mehrarbeit durch eine stärkere Entwicklung der Muskelschicht ausgleicht. Dadurch wird das Herz größer, was auf dem Röntgen- oder Ultraschallbild sichtbar ist. Es entstehen typische Herzgeräusche, die der Arzt beim Abhören feststellen kann.
Im Laufe der Zeit und in besonders schweren Fällen kann es zur Herzerweiterung und zum Herzversagen mit Rückstauung des Blutes im Kreislauf kommen.
Zunächst tritt nur bei anstrengender, später schon bei leichter körperlicher Belastung Kurzatmigkeit auf, die sich zu schwerer Atemnot (Dyspnoe), auch im Ruhestand, entwickeln kann. Herzjagen, bläuliche Hautverfärbung (Zyanose) und Ödeme, Wassereinlagerungen – besonders in den unteren Körperpartien – sind weitere Symptome.

Behandlung

1. Solange die Leistungsfähigkeit des Herzens nicht beeinträchtigt ist, ist keine Therapie nötig. Überanstrengungen müssen vermieden, aber ein gezieltes körperliches Training (zum Beispiel Gymnastik) sollte durchgeführt werden.

2. Zeigen sich Insuffizienzerscheinungen, muß eine spezielle Behandlung mit strenger Bettruhe, salzarmer Diät und herzstärkenden Medikamenten einsetzen.
3. Eine operative Korrektur des Herzklappenfehlers ist unter Umständen möglich.

Herzmuskelentzündung (Myokarditis)

Ursachen

Eine Herzmuskelentzündung kann in Form einer rheumatischen Erkrankung, als Komplikation einer anderen bakteriellen Infektion (zum Beispiel Diphtherie, Typhus, Blutvergiftung, Scharlach, Angina, Lungenentzündung) oder Viruserkrankung (wie Grippe, Hepatitis, Pfeiffersches Drüsenfieber) auftreten. Eine durch Viren verursachte Gehirnentzündung führt bei Säuglingen nicht selten zu einer Mitbeteiligung des Herzmuskels (Enzephalomyokarditis).

Symptome und Verlauf

Mattigkeit, Unruhe, blaß-bläuliches Aussehen, Bauchschmerzen, Atemnot, niedriger Blutdruck mit kleinem, weichem Puls, Herzjagen, krankhafte Herzgeräusche; Herzrhythmusstörungen zeigen sich durch typische Veränderungen des Elektrokardiogramms (EKG).
In schweren Fällen können sich Herzinsuffizienzerscheinungen mit Wasseransammlung in der Lunge (Lungenödern) und/oder im Körper einstellen, wenn sich durch die verminderte Herzaktion das Blut aus der Lungenvene vor dem linken Herzen staut und die Niere infolge der mangelnden Durchblutung nicht genügend Wasser ausscheiden kann. Auch ein tödliches Herzversagen ist möglich.

Behandlung

Bei dieser schweren Erkrankung ist ein längerer Krankenhausaufenthalt mit strengster Bettruhe nötig. Neben der medikamentösen Herzunterstützung steht die Behandlung der auslösenden Grundkrankheit im Vordergrund.

Herzmuskelentzündung

Wichtigste Symptome
Mattigkeit, Unruhe, blaßblaues Aussehen, Atemnot, kleiner, weicher Puls

Komplikationen
Herzschwäche mit Ausbildung von Ödemen (Lungenödem), Herzversagen

Wann muß das Kind zum Arzt?
Sofort beim Auftreten der obengenannten Symptome, Notarzt rufen!

Herzbeutelentzündung (Perikarditis)

Ursachen

Die Herzbeutelentzündung ist entweder Folge einer rheumatischen Herzinnenhaut- und Herzmuskelentzündung (Endomyokarditis), oder sie entsteht aus Infektionen anderer Organe, besonders der Nachbarorgane des Herzens. Im Säuglings- und Kleinkindalter ist sie bevorzugte Begleiterscheinung einer Bronchopneumonie (Lungenentzündung, die aus einer Bronchitis entsteht).

Symptome und Verlauf

Das Kind kann über Herzschmerzen oder Schmerzen hinter dem Brustbein, Herzjagen und Atemnot klagen. Unruhe, Angstzustände und Schwächegefühl und hohes Fieber stellen sich ein.
Bei einer Perikarditis kann sich Flüssigkeit oder Eiter im Herzbeutel ansammeln, darum unterscheidet man trockene, exsudative (Exsudat – Flüssigkeit und Zellen, die – bedingt durch eine Entzündung – aus Blutgefäßen und Lymphbahnen austreten und einen Erguß verursachen) oder eitrige Formen, die sich mit typischen Kratz- oder Reibegeräuschen beim Abhören bemerkbar machen. Ein Erguß ist eine ernste Komplikation.
Die Flüssigkeitsansammlung kann so stark sein, daß das Herz sich nicht mehr im Herzbeutel bewegen kann (Herztamponade). Durch die entzündlichen Veränderungen können narbige Verwachsungen entstehen, die den Bewegungsraum des Herzens ebenfalls einengen und damit zu schweren Störungen im Kreislauf führen.

Behandlung

Die Krankenhausbehandlung besteht in strengster Bettruhe, der Beseitigung eines eventuell vorhandenen Herzbeutelergusses und der Gabe entzündungshemmender, beruhigender und herzstützender Medikamente.

Herzbeutelentzündung

Wichtigste Symptome
Hohes Fieber, Schmerzen in der Brust, Herzjagen, Atemnot, Unruhe, Angstzustände, Schwächegefühl

Komplikationen
Herzbeutelerguß, Herz-Kreislauf-Schwäche

Wann muß das Kind zum Arzt?
Sofort beim Auftreten der obengenannten Symptome, Notarzt rufen!

Orthostasesyndrom

Wichtigste Symptome
Schwindelgefühl morgens nach dem Aufstehen, Übelkeit, Erbrechen, Kopf- und Bauchschmerzen, Herzklopfen, Schweißausbrüche, Ohnmachtsanfälle

Altershäufigkeit
Kinder im Alter von 8–16 Jahren

Wann muß das Kind zum Arzt?
Wenn es über die obengenannten Beschwerden klagt, ist eine gründliche ärztliche Untersuchung nötig

Orthostasesyndrom

Ursachen

Beim Einnehmen der aufrechten Körperhaltung (Orthostase), also beim Aufstehen vom Liegen zum Stehen oder auch bei längerem Stehen an einem Platz, kommt es zum Absacken der zirkulierenden Blutmenge in die Bauch- und Beinvenen (Kreislaufstörungen). Die darauf folgende Mangeldurchblutung des Gehirns führt zu bestimmten Erscheinungen, unter denen vor allem hochwüchsige, zartgebaute und überschlanke Kinder im Alter von acht bis sechzehn Jahren leiden.

Symptome

Die meisten „Orthostasekinder" sind sensibel, aufgeweckt und strebsam. Sie kommen morgens nur schwer aus dem Bett, wollen kein Frühstück, klagen über Schwindelgefühl, Ohrensausen und Schwarzwerden vor den Augen (besonders morgens nach dem Aufstehen), über Übelkeit und Erbrechen, Müdigkeit, Kopfschmerzen; manche leiden unter Bauchschmerzen, Herzstichen, Herzklopfen, Beklemmungsgefühlen und Schweißausbrüchen. Die Kinder sind blaß, häufig unkonzentriert und depressiv verstimmt. Die Beschwerden können die körperliche und geistige Leistungsfähigkeit beeinträchtigen und zu Schulproblemen und familiären Schwierigkeiten führen. Gelegentlich kommt es zu regelrechten Ohnmachtsanfällen, vor allem nach langem Stehen.
Die betroffenen Kinder sind organisch jedoch gesund. Es handelt sich in der Regel um harmlose Kreislaufstörungen bei vegetativ labilem Konstitutionstyp.

Behandlung

1. Eine besondere Therapie ist beim Orthostasesyndrom nicht erforderlich.
2. Das kreislaufschwache Kind sollte regelmäßig Sport treiben, sich häufig an frischer Luft aufhalten und heiß-kalte Wechselduschen nehmen. Ferner helfen ausreichender Nachtschlaf, ein gutes Frühstück am Morgen und ein geregelter Tagesablauf ohne Hektik, starke nervliche Anspannungen und Aufregungen, den Erscheinungen vorzubeugen.

Krankheiten des Blutes und des Lymphsystems

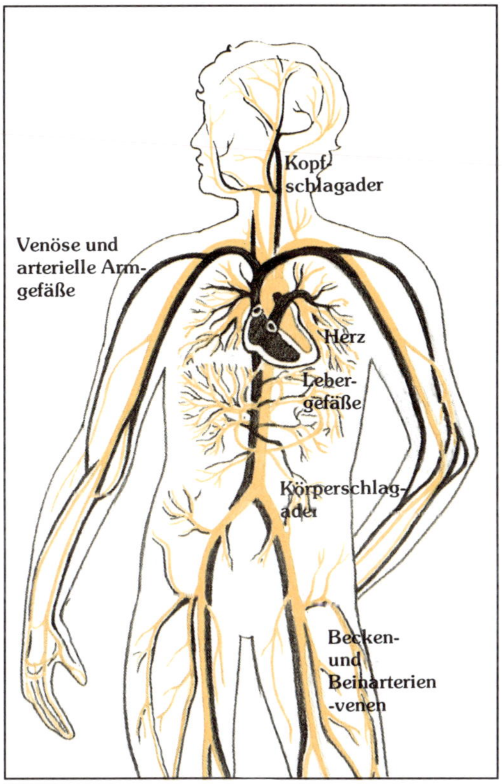

Das Kreislaufsystem

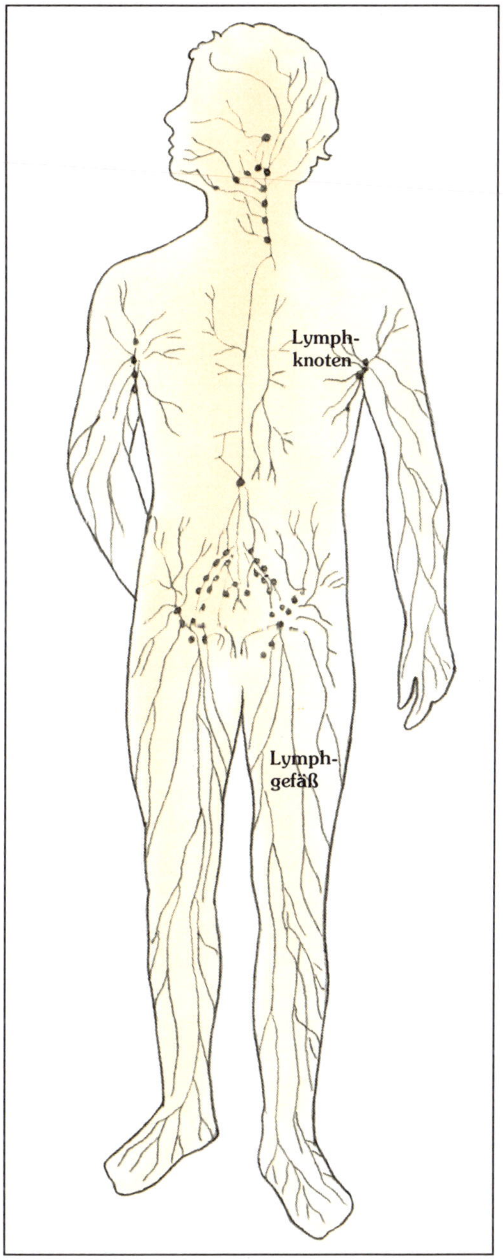

Das Lymphsystem

Blutarmut (Anämie)

Ursachen und Häufigkeit

Als Anämie oder „Blutarmut“ wird ein Mangel an rotem Blutfarbstoff (Hämoglobin) und/oder an roten Blutkörperchen (Erythrozyten) bezeichnet.
Eine Anämie kann folgende Ursachen haben: akute oder chronische Blutverluste (bei Verletzungen, Operationen, Magen-Darm-Blutungen); eine gestörte Blutbildung im Knochenmark; einen beschleunigten Blutzellenzerfall oder eine verkürzte Lebensdauer der Erythrozyten (Hämolyse); einseitige oder unzureichende Ernährung, bei der Nähr- und Wirkstoffe fehlen, die für die Blutbildung nötig sind (Eiweiß, Eisen, Folsäure, Vitamin B 12 und Kupfer); Resorp-

Blutarmut

Wichtigste Symptome
Müdigkeit, Blässe, besonders der Schleimhäute, Kurzatmigkeit, Herzklopfen, Kopfschmerzen, rasche körperliche Erschöpfung, Appetitlosigkeit, Infektanfälligkeit

Altershäufigkeit
Eisenmangelanämie, besonders bei Kindern im Alter von 6 Monaten bis 3 Jahren und Jugendlichen

Ähnliche Krankheitsbilder
Leukämie, Herzkrankheiten

Wann muß das Kind zum Arzt?
Beim Auftreten der obengenannten Symptome

Blutgruppenunverträglichkeit

Wichtigste Symptome
Schwere Gelbsucht des Neugeborenen, die entweder von Geburt an vorliegt oder sich bereits am 1. Lebenstag entwickelt oder in der ersten Lebenswoche an Stärke zunimmt oder über Wochen bestehenbleibt; hochgradige Anämie, Leber- und Milzschwellung, Ödeme, Schläfrigkeit, Trinkschwäche

Altershäufigkeit
Frühgeborene, Neugeborene

Ähnliche Krankheitsbilder
Blutvergiftung, Virushepatitis, Toxoplasmose, Gallengangmißbildungen, Galaktosämie

Komplikationen
Hirnschädigung (Kernikterus) durch Ablagerung von Bilirubin in den Hirnnervenkernen

Wann muß das Kind zum Arzt?
Bei bestehender Blutgruppenunverträglichkeit sind wiederholte Blutuntersuchungen nötig, und die Geburt muß, eventuell vorzeitig, in einer Klinik erfolgen, in der eine sofortige Blutaustauschtransfusion möglich ist.
Nach einer Hausgeburt sollte das Neugeborene bei den ersten Zeichen einer Gelbsucht dem Arzt vorgestellt werden

tionsstörungen, wenn diese wichtigen Substanzen nicht vom Körper aufgenommen werden können (bei chronischen Magen-Darm-Erkrankungen).
Die häufigste Ursache einer Anämie ist Eisenmangel, meist aufgrund einer ungenügenden Eisenzufuhr mit der Nahrung. Steht dem Blutbildungssystem zu wenig Eisen zur Verfügung, kann es nicht genug Hämoglobin aufbauen. Infolgedessen haben die Erythrozyten nur einen geringen Hämoglobingehalt, und der Körper wird nicht mehr ausreichend mit Sauerstoff versorgt.

Symptome und Verlauf

Blutarmut kann sich bei älteren Kindern mit Müdigkeit, Blässe, Appetitverlust, Kopfschmerzen, trockener Haut, brüchigen Haaren und Nägeln, Mundwinkeleinrissen (Rhagaden) und Infektanfälligkeit äußern. In schweren Fällen kommt es daneben zu Kurzatmigkeit, Pulsbeschleunigung, Schwindelgefühl, Schleimhautveränderungen (glatte, gerötete Zunge, Schluckstörungen) sowie zu Leber- und Milzschwellungen.
Wenn ein Säugling oder Kleinkind blaß aussieht, appetitlos ist, sich schlecht entwickelt und zu Infekten neigt, steckt möglicherweise eine Anämie dahinter.

Behandlung

1. Wenn Sie annehmen, daß Ihr Kind eine Anämie hat, gehen Sie mit ihm zum Arzt. Ob die Krankheitszeichen auf einer Anämie beruhen und welcher Art diese ist, kann nur durch Blutuntersuchungen festgestellt werden.
2. Geben Sie Ihrem Kind eine abwechslungsreiche, eisenhaltige Nahrung mit Fleisch, Ei, Vollkornbrot, Haferflocken, Hülsenfrüchten, Gemüse, Salat und Obst, um einer durch einseitige Ernährung verursachten Eisenmangel-Anämie vorzubeugen. Zu den Mahlzeiten getrunkener Vitamin-C-haltiger Fruchtsaft verbessert die Eisenaufnahme.
3. Eine Anämie läßt sich mit einer Ernährungsumstellung allein nicht behandeln. Der Arzt wird darum Eisenpräparate verordnen, die am besten wirken, wenn sie auf leeren Magen eingenommen werden. Bei schlechter Verträglichkeit (Magenbeschwerden) oder unzureichender Eisenresorption aus dem Darm sind vielleicht Injektionen (Einspritzungen) nötig.
4. Eisenpräparate müssen, wie alle Medikamente, kindersicher aufbewahrt werden. Die Einnahme zu großer Eisenmengen kann bei Kleinkindern zu einer Vergiftung führen.
5. Während einer Behandlung mit Eisenpräparaten färbt sich der Stuhl dunkel bis schwarz.

Blutgruppenunverträglichkeit (Erythroblastosis fetalis)

Ursachen

Eine schwere Ikterusform bei Neugeborenen kann als Folge einer Unverträglichkeit (Inkompatibilität) zwischen mütterlicher und kindlicher Blutgruppe entstehen. Dieses Mißverhältnis kann betreffen:
- den Rhesusfaktor, wenn die Mutter rh-negatives (rh-d) und das Baby Rh-positives (Rh+D) Blut hat;
- das AB0-System, wenn die Mutter Blut vom Typ 0 (Null) hat, das Baby jedoch A oder B;
- andere Faktoren des Rhesussystems und andere Blutfaktoren.

Wenn während der Schwangerschaft oder bei der Geburt kindliche Erythrozyten in das mütterliche Blut gelangen, bildet der Organismus der Mutter Antikörper gegen die artfremden Eindringlinge, wenn das Kind Blutgruppensubstanz vom Vater geerbt hat, die die Mutter nicht besitzt.
Bei der Rhesusunverträglichkeit ist das Baby einer ersten Schwangerschaft in der Regel nicht gefährdet, denn es ist längst geboren, bevor die Antikörper wirksam werden, die seine Blutzellen zerstören könnten. Aber jedes folgende Kind ist diesem Risiko ausgesetzt und kann bereits krank auf die Welt kommen, so daß eine sofortige Blutaustauschtransfusion nötig würde.

Vorbeugungsmaßnahmen und Behandlung

1. Heute ist es möglich, dieser Situation vorzubeugen, indem eine rh-negative Mutter schon während der Schwangerschaft und nach der Geburt eines rh-positiven Kindes eine Anti-D-

Fototherapie bei Blutgruppenunverträglichkeit: Bestrahlung im Inkubator

Immunglobulin-Injektion erhält, wodurch die Antikörperbildung verhindert wird. Auch nach einem Schwangerschaftsabbruch, einer Eileiterschwangerschaft, Fehlgeburt oder Fruchtwasseruntersuchung muß einer rh-negativen Frau dieses Mittel verabreicht werden.

2. Eine Differenz der Blutgruppen im AB0-System zwischen Mutter und Kind kann sich schon auf das erste Baby auswirken. Dann tritt beim Neugeborenen in den ersten Lebenstagen eine stärker ausgeprägte Gelbsucht in Erscheinung. Der Bilirubingehalt (Bilirubin = Abbauprodukt des Blutfarbstoffs) des kindlichen Blutes kann auf kritische Werte ansteigen, doch die Gefahr einer Hirnschädigung ist nur selten gegeben. Diese ernste Komplikation läßt sich mit einer rechtzeitig durchgeführten Fototherapie verhüten: Bei Bestrahlung mit blauem oder grünem Licht wandelt sich das in der Haut des Kindes befindliche Bilirubin chemisch um und wird vom Körper ausgeschieden.

Blutvergiftung (Sepsis)

Ursachen

Zu einer Blutvergiftung kann es kommen, wenn Bakterien oder deren Gifte (Toxine) ins Blut geschwemmt werden und über den Kreislauf in andere Organe gelangen. Meistens ist irgendwo im Körper ein Infektionsherd vorhanden, von dem die Keimaussaat erfolgt (Bakteriämie). Bei Neugeborenen können die Erreger durch die offene Nabelwunde direkt in den Körper eindringen, die Abwehrschwäche dieses Kindes begünstigt dann das Entstehen einer Sepsis. Bei älteren Säuglingen und Kindern sind oft Entzündungsherde in der Haut (zum Beispiel bei

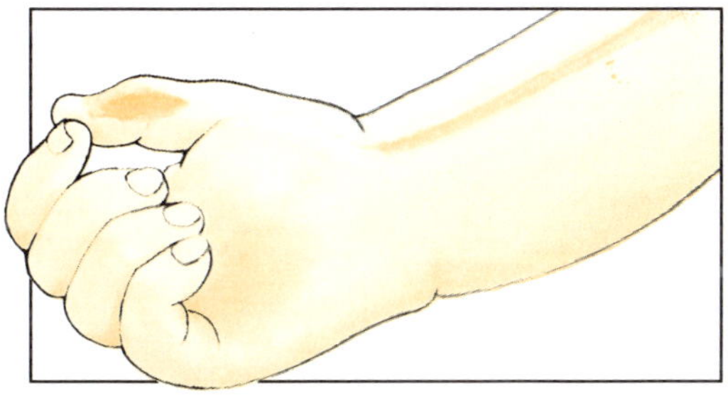

Blutvergiftung

Blutvergiftung

Wichtigste Symptome
Graublaue Hautfarbe, hohes Fieber, Schüttelfrost; bei kleinen Kindern Erbrechen, Durchfall, Krämpfe

Altershäufigkeit
Blutvergiftung kann in jedem Alter auftreten

Komplikationen
Schocksymptome, schwacher Puls, feuchtkalte Haut, Hautblutungen (lebensbedrohlicher Verlauf)

Wann muß das Kind zum Arzt?
Beim Auftreten der obengenannten Symptome sofort. Große und/oder verschmutzte Wunden stets ärztlich versorgen lassen!

Wundinfektionen), den Mandeln (bei Tonsillitis), Ohren (bei Otitis), Nasennebenhöhlen (bei Sinusitis), Lungen (bei Pneumonie) und dem Darm (etwa bei Kolidyspepsie) zu finden. Eine Ausstreuung der Krankheitskeime kann unter Umständen zu einer auch heute noch gefürchteten – und möglicherweise tödlichen – Sepsis führen.

Symptome und Verlauf

Eine Blutvergiftung kann von einer infizierten Wunde ausgehen. Die eingedrungenen Erreger werden durch körpereigene Abwehrstoffe bekämpft. Die Umgebung der Wunde rötet sich, schwillt an und schmerzt. Wenn sich die Entzündung aber entlang der Lymphbahnen in dem betroffenen Gebiet ausbreitet, zeigt sich ein roter Streifen unter der Haut, der sich schnell in Richtung des Herzens ausdehnt. Haben die Keime die örtlichen Lymphknoten erreicht, kommt es zu einer druckschmerzhaften Lymphknotenschwellung. Noch immer ist ein erfolgreiches Abwenden einer Allgemeininfektion möglich, wenn rechtzeitig eine gezielte Behandlung einsetzt.
Plötzliches, schnell ansteigendes, hohes Fieber (39–41°C) begleitet von Schüttelfrost, Mattigkeit und schwerkrankem Aussehen mit blaßgrauer Hautfarbe und Pulsbeschleunigung, bei kleinen Kindern ferner Erbrechen, Durchfall, Krämpfe, Ausschlag oder Hautblutungen sind die Symptome einer Sepsis. Bei Säuglingen können bisweilen alle diese typischen Zeichen fehlen.

Komplikationen

Gefürchtet ist die Organbeteiligung durch Absiedlung der Erreger, zum Beispiel ins Gehirn (Meningitis oder Hirnabszeß), ins Herz (Myokarditis) in die Leber (Hepatitis mit Gelbsucht) und in die Nieren (Nephritis). Je jünger das Kind ist und je später die Therapie einsetzt, desto ungünstiger sind die Aussichten.

Vorsichtsmaßnahmen

Verschmutzte, tiefe oder große Wunden sollten immer von einem Arzt fachgerecht versorgt werden.

Beim Auftreten eines roten Streifens unter der Haut lagern Sie nach Möglichkeit den betroffenen Körperteil hoch und machen feuchtkalte Umschläge. Ziehen Sie unbedingt einen Arzt hinzu.

Behandlung

Bei einem ernsten Fall von Blutvergiftung ist eine Krankenhausbehandlung nötig.
Der Arzt wird unverzüglich eine Antibiotikatherapie einleiten. Mit Hilfe einer Blutkultur wird der spezifische Erreger gefunden und die exakte Diagnose gestellt. Eventuell wird der Arzt versuchen, den Sepsisherd chirurgisch zu entfernen.

Leukämie

Leukämie

Wichtigste Symptome
Blässe, Müdigkeit, rasche Erschöpfung, Appetitlosigkeit, Gewichtsabnahme, Infektneigung, mäßiges Fieber, Schwellung der Halslymphknoten, häufiger blaue Flecke in der Haut

Altershäufigkeit
Kinder vom 2.–5. Lebensjahr

Ähnliche Krankheitsbilder
Anämie, Non-Hodgkin-Lymphom, Pfeiffersches Drüsenfieber, rheumatisches Fieber, Knochenmarkentzündung, Toxoplasmose

Komplikationen
Punktförmige oder flächenförmige Blutungen in der Haut und Schleimhaut sind Zeichen einer fortgeschrittenen Erkrankung

Wann muß das Kind zum Arzt?
Sofort beim Auftreten verdächtiger Symptome

Ursachen und Häufigkeit

Leukämie ist eine Krebsform des Blutes. Sie ist die häufigste Krebsart im Kindesalter, an der vorwiegend Kinder zwischen dem zweiten und dem fünften Lebensjahr erkranken. Ihre Ursache ist bisher ungeklärt.
Bei der Leukämie kommt es zum ungezügelten Wachstum undifferenzierter (unreifer) Blutzellen vor allem im Knochenmark, wodurch die dort stattfindende Bildung der normalen Blutzellen verdrängt wird und massenhaft weiße Blutzellen auftreten, die auf einer frühen Entwicklungsstufe stehengeblieben sind und darum keine biologische Funktion erfüllen können.
Es gibt verschiedene Arten von Leukämie, die sich durch das verstärkte Auftreten bestimmter Untergruppen der weißen Blutkörperchen voneinander abgrenzen lassen. Die meisten Erkrankungen sind Fälle von *akuter lymphoblastischer Leukämie* (ALL), bei der sich Lymphozyten in unausgereiftem Zustand rapide vermehrt haben, und *akuter myeloischer Leukämie* (AML), bei der sich die Granulozyten (ebenfalls eine Unterart der weißen Blutkörperchen) gehäuft im Knochenmark ausbreiten. Welche Form der bösartigen Veränderung vorliegt, ist wichtig für die Auswahl des Therapieverfahrens und für die Möglichkeit eines Behandlungserfolges. Ohne entsprechende intensive Behandlung führen alle Formen der akuten Leukämie ziemlich schnell zum Tod.

Symptome und Verlauf

Der Zusammenbruch der normalen Knochenmarktätigkeit, die für die Bildung aller Blutzellen verantwortlich ist, führt dazu, daß die Zahl der roten Blutkörperchen (Erythrozyten) abnimmt und der Körper nicht mehr ausreichend mit Sauerstoff versorgt wird. Der Mangel an funktionstüchtigen weißen Blutkörperchen hat zur Folge, daß die Abwehrkräfte gegen Infektionen geschwächt sind, und durch die geringe Zahl von Blutplättchen (Thrombozyten) wird die Blutgerinnung gehemmt, so daß Blutungen auftreten.
Diese Störungen machen sich durch Anzeichen bemerkbar, die sich entweder langsam entwickeln oder aber schnell fortschreiten: gelbliche Blässe, Fehlen des Lippenrots, Müdigkeit und rasche Erschöpfung (durch eine Anämie); Appetitlosigkeit, mäßiger Temperaturanstieg (um 38,5°C), Lymphknotenvergrößerungen, vor allem der Halslymphknoten; geschwollenes, gerötetes und blutendes Zahnfleisch; häufiges schweres Nasenbluten, Blutergüsse (blaue Flecken) schon bei geringen äußeren Einwirkungen; Gelenk- und Gliederschmerzen.

Behandlung

1. Wenn Sie verdächtige Zeichen beobachten, bringen Sie Ihr Kind bald zum Arzt. Er kann mit Hilfe von Blut- und Knochenmarkuntersuchungen feststellen, ob die Diagnose wirklich Blutkrebs ist oder ob es sich um eine harmlosere Gesundheitsstörung handelt.
2. Eine Leukämie muß unbedingt in einem der pädiatrisch-onkologischen Zentren (Zentrum für Geschwulstkrankheiten bei Kindern) oder in einer Fachabteilung für Onkologie behandelt werden, die darauf spezialisiert sind, Krebstherapien bei Kindern durchzuführen.
Das Kind erhält zellteilungshemmende Medikamente (Zytostatika) in hochdosierter Form, Bestrahlungen, Bluttransfusionen, Knochenmarktransplantationen und anderes mehr. Diese intensive Therapie hat zwar schwerwiegende Nebenwirkungen, die das Leiden des Kindes zeitweilig noch schwerer machen. Aber nur durch den Einsatz aller heute zur Verfügung stehenden Mittel kann diese bösartige Krankheit in vielen Fällen besiegt werden, so daß die Diagnose „Leukämie“ heute nicht mehr einem Todesurteil gleichkommen muß, wie es noch vor einem guten Jahrzehnt der Fall war.

Lymphknotenschwellungen

Ursachen und Syptome

Zwischen den Zellen der Körpergewebe befindet sich eine farblose Flüssigkeit, die Lymphe. Sie dient dem Austausch von Nährstoffen und der Entfernung von Abfallprodukten. In einem weitverzweigten Gefäßnetz, das dem Verlauf der Venen folgt und schließlich in sie einmündet, sammelt sich die Lymphe. Entlang den Lymphbahnen sind die stecknadelkopf- bis bohnengroßen Lymphknoten zwischengeschaltet. Viele liegen direkt unter der Haut, zum Beispiel vor und hinter den Ohren, unter dem Kinn, seitlich am Hals, in den Achselhöhlen und Leistenbeugen. Andere finden sich tief in der Brust und im Bauch. Lymphknoten haben die Aufgabe, Krankheitserreger und andere Fremdstoffe aus der Lymphe herauszufiltern. Die in ihnen gebildeten Lymphozyten gehören als Untergruppe der weißen Blutkörperchen (Leukozyten) zum Abwehrsystem, das dem Körper hilft, gegen Infektionen anzukämpfen.
Als Zeichen ihrer Aktivität, Fremdstoffe unschädlich zu machen, können die Lymphknoten anschwellen und berührungsempfindlich werden. Wenn sich die Lymphknoten im ganzen Körper oder in mehreren Körperpartien vergrößern, zeigt dies gewöhnlich eine allgemeine Erkrankung oder eine sich ausbreitende Infektion an.
Schwellen Lymphknoten nur in einem bestimmten Gebiet an, ist das ein Zeichen für eine lokale Infektion in dem Körperteil, der von den dazugehörigen Lymphgefäßen versorgt wird. Manchmal ist die Invasion von Keimen zu schwer, um von den Lymphknoten erfolgreich bekämpft zu werden, dann können sie selbst entzündlich erkranken (Lymphadenitis). Bei fortschreitendem Prozeß kommt es möglicherweise zu einer eitrigen Einschmelzung. Der Lymphknoten wird zerstört, und der Eiter bricht eventuell durch die Haut wie bei einem tiefsitzenden Furunkel.

Lymphknotenschwellungen

Wichtigste Symptome
Vergrößerte Lymphknoten (besonders am Hals)

Altershäufigkeit
Lymphknotenschwellungen können in jedem Alter auftreten

Ähnliche Krankheitsbilder
Pfeiffersches Drüsenfieber, Röteln, Leukämie, Mandelentzündung

Komplikationen
Lymphknotenentzündung (örtliche schmerzhafte Schwellung, Rötung der Haut), Lymphgefäßentzündung (herzwärts laufender, roter Streifen unter der Haut)

Wann muß das Kind zum Arzt?
Bei Lymphknotenvergrößerungen ohne weitere Krankheitszeichen oder beim Auftreten von Komplikationen

Hodgkin-Lymphom

Wichtigste Symptome
Schmerzlos vergrößerte Halslymphknoten, Gewichtsverlust, mäßiges Fieber, Nachtschweiß

Altershäufigkeit
Männliche Jugendliche

Ähnliche Krankheitsbilder
Tuberkulose, Leukämie, Pfeiffersches Drüsenfieber, AIDS

Komplikationen
Wenn vergrößerte Lymphknoten die Organe verdrängen (Bauchschmerzen, Reizhusten, Atemnot)

Wann muß das Kind zum Arzt?
Bei unerklärlichen Lymphknotenschwellungen sofort

Non-Hodgkin-Lymphom

Wichtigste Symptome
Fieberschübe, Müdigkeit, Lymphknotenvergrößerungen (meist in der Hals- und Schlüsselbeingegend), Gewichtsverlust, Nachtschweiß, Juckreiz der Haut, Bauchschmerzen, Reizhusten, Atemstörungen, Leber- und Milzschwellung

Altershäufigkeit
Kinder im Alter unter 10 Jahren

Ähnliche Krankheitsbilder
Lymphknotenentzündung (Lymphadenitis), Pfeiffersches Drüsenfieber, Toxoplasmose, Leukämie, AIDS

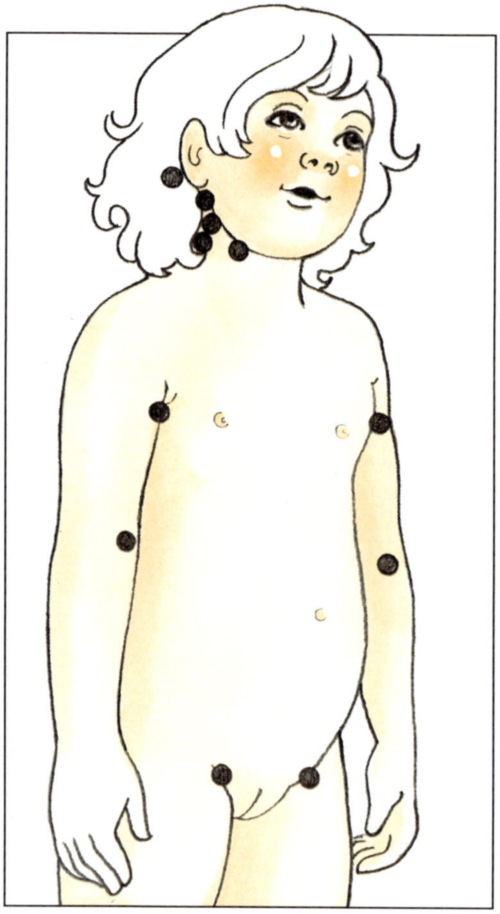

Die wichtigsten Lymphknoten

Die Ausbreitung der Entzündung aus einem Infektionsherd zeigt sich durch einen herzwärts laufenden rötlichen Streifen unter der Haut, besonders häufig an Armen und Beinen. Diese Lymphgefäßentzündung wird gemeinhin als „Blutvergiftung" bezeichnet, die in diesem Fall noch nicht vorliegt, sich allerdings entwickeln kann.

Behandlung

1. Die Lymphknotenschwellung bedarf keiner Behandlung, sie ist ja nur ein Symptom für eine Krankheit. Wenn sich im Verlauf einer Erkrankung die Lymphknoten stark vergrößern, wenn sie schmerzempfindlich und gerötet sind, sollten Sie mit dem Kind zum Arzt gehen.
2. Eine Lymphknotenschwellung, die ohne weitere Krankheitszeichen für sich allein auftritt, bedarf immer einer gründlichen medizinischen Untersuchung, vor allem, wenn sie mit Fieber verbunden ist. Es muß diagnostisch abgeklärt werden, ob es sich um eine harmlose Erscheinung handelt oder ob möglicherweise ein bösartiger Prozeß vorliegt.
3. Lymphknotenentzündungen müssen eventuell mit Antibiotika behandelt werden, um einen Abszeß zu vermeiden. Ist es jedoch schon zu einer Einschmelzung des Gewebes gekommen, ist eine Inzision, ein Aufschneiden des Abszesses, notwendig, um den Eiter abzulassen.
4. Viele gesunde Kinder zeigen seitlich am Hals sichtbare Lymphknoten von der Größe einer Erbse (oder auch kleiner). Sie fallen besonders dann auf, wenn das Kind seinen Kopf dreht. Diese Anschwellung braucht Sie nicht zu beunruhigen, es ist fast immer eine normale Erscheinung in den Jahren der Kindheit, in denen sich das Kind mit einer Vielzahl von Erregern auseinandersetzen muß.

Hodgkin-Lymphom (Morbus Hodgkin)

Das Hodgkin-Lymphom (Lymphogranulomatose) gehört zu den bösartigen Tumoren, die vom Lymphdrüsengewebe ausgehen. Es befällt vorwiegend junge Erwachsene, kann aber auch schon bei Schulkindern und Jugendlichen auftreten. Es beginnt schleichend mit einer schmerzlosen Vergrößerung der Lymphknoten, anfangs meist an einer Halsseite oder im Kopfbereich.
Wichtig ist die Früherkennung dieser wahrscheinlich von Viren ausgelösten Krankheit, die heute, dank der Fortschritte in der Strahlen- und Chemotherapie, in den meisten Fällen schon geheilt werden kann.

Non-Hodgkin-Lymphom

Diese ebenfalls bösartige Erkrankung des lymphatischen Systems kommt in allen Altersstufen vor, Jungen sind mehr gefährdet als Mädchen. Anzeichen dafür können sein: Bauchschmerzen, Reizhusten, Atemschwierigkeiten und

Lymphknotenschwellungen im Hals- und Kopfbereich. Wird die Krankheit im frühen Stadium erkannt, was wegen ihrer raschen Ausbreitung meist schwierig ist, sind die Heilungsaussichten gut.

Komplikationen
Bei Ausbreitung der Erkrankung und Befall anderer Organe (Metastasierung) geringe Heilungsaussichten

Wann muß das Kind zum Arzt?
Im Fall von unklaren Lymphknotenschwellungen und/oder ungeklärten Fieberzuständen

Schocksyndrom, toxisches (TSS)

Ursachen und Häufigkeit

Bei diesem sehr seltenen, aber ernsten Krankheitsbild handelt es sich um eine durch Bakteriengifte ausgelöste toxische Sepsis (septisch-toxischer Schock). Erreger sind in diesem Fall die vom Bakterium Staphylococcus aureus produzierten Giftstoffe, die in die Blutbahn gelangen. Sie wirken dort schädigend auf die Blutgefäßwände und damit auf die Blutzirkulation. Es kommt zu Störungen der Blutgerinnung mit nachfolgenden Blutungen ins Körpergewebe und zu einem gefährlichen Blutdruckabfall, der in einen Schockzustand führt und den Tod zur Folge haben kann. Die Krankheit entwickelt sich sehr plötzlich aus völligem Wohlbefinden heraus und schreitet schnell voran.
Das toxische Schocksyndrom (zusammen auftretende Krankheitssymptome bezeichnet man als Syndrom) wurde zuerst in den USA bei Frauen während der Menstruation beobachtet, die bestimmte Tampons benutzt hatten. Da die Bakterien im Körper vorhanden sein können, ohne Giftstoffe zu produzieren, ist noch nicht bekannt, wodurch die Toxinbildung angeregt und dieses schwere Krankheitsbild ausgelöst wird. Der Tampon selbst ist nicht die Ursache. Möglicherweise begünstigt er aber eine Vermehrung der Staphylokokkenbakterien, wenn er zu selten gewechselt wird oder aus supersaugfähigen chemischen Fasern besteht. Tampons aus Kunstfasern können so stark anschwellen, daß die Blutzirkulation unterbunden und damit ein günstiger Nährboden für Bakterien geschaffen wird.
Die Erkrankung ist allerdings nicht auf menstruierende Mädchen und Frauen begrenzt; sie wurde auch bei anderen Frauen, Männern und Kindern gesehen. Mütter im Wochenbett sind dem Risiko besonders ausgesetzt. Ebenso betrifft es Kranke, die von Operationen oder Verletzungen genesen.

Symptome und Verlauf

Anzeichen sind: hohes Fieber über 39 °C; Erbrechen und/oder Durchfall; starke Bauch- und Muskelschmerzen; Hautausschlag, der einem Sonnenbrand ähnelt; Ablösen der Haut an den Handflächen und Fußsohlen; Sehstörungen; Bindehautentzündung, Ohnmachts- und Schwindelanfälle, Nackensteifigkeit.
Da die Erkrankung häufig während oder gleich nach der Menstruation auftritt, sollte ein Mädchen mit diesen Symptomen sofort zum Arzt gebracht werden.
Obwohl sich die meisten Kranken wieder erholen, kann es in schweren Fällen doch zu bleibenden Leber- und Herzschäden durch das TSS kommen.

Vorsichtsmaßnahmen

Die Benutzung von Tampons, die einen Kunststoff enthalten, ist ein deutlicher Risikofaktor. Ein Mädchen, das solche Tampons verwendet (zum Beispiel ausländische Fabrikate), sollte sie alle drei bis vier Stunden erneuern und abwechselnd mit Monatsbinden benutzen.
In Deutschland sind ausschließlich Tampons aus Baumwolle und/oder Zellstoff erhältlich. Sie verringern zwar die Gefahr, am TSS zu erkranken, schließen diese Möglichkeit aber nicht vollständig aus.

Behandlung

Bei dieser sehr schweren Erkrankung gehört das junge Mädchen umgehend in klinische Behandlung, um dem lebensgefährlichen Schockzustand mit Intensivtherapie entgegenzuwirken. Ferner werden Antibiotika eingesetzt.

Schocksyndrom, toxisches

Wichtigste Symptome
Unerklärlich hohes Fieber, Erbrechen, Durchfall, sonnenbrandähnlicher Hautausschlag, Bauch- und Muskelschmerzen, Nackensteifigkeit

Altershäufigkeit
Mädchen während und nach der Monatsblutung

Ähnliche Krankheitsbilder
Schockzustände anderer Ursache

Komplikationen
Sehstörungen und Verwirrungszustände als Zeichen eines ernsten Verlaufs

Wann muß das Kind zum Arzt?
Sofort beim Auftreten der Symptome

Krankheiten der Verdauungsorgane

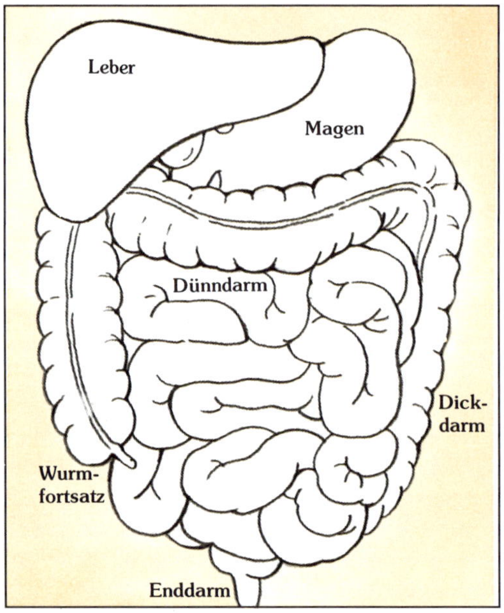

Die Verdauungsorgane

Brechdurchfall bei Kindern

Ursachen und Häufigkeit

Magen-Darm-Störungen (Gastroenteritis) sind bei Kindern nichts Ungewöhnliches; manchmal haben sie nur zuviel oder etwas Falsches gegessen oder getrunken. Oft aber ist die Ursache eine Infektion mit Krankheitskeimen.

- Am häufigsten wird ein akuter Durchfall (Diarrhö) durch eine virale oder bakterielle (Schmier-)Infektion des Magen-Darm-Traktes ausgelöst. Sie ist immer anzunehmen, wenn das Kind gleichzeitig fiebert und in der Umgebung auch andere Personen erkrankt sind. In den Wintermonaten sind es überwiegend von Viren verursachte Erkrankungen, in der wärmeren Jahreszeit rufen sie vermehrt Salmonellen und andere Bakterien hervor.
In den Wintermonaten sind es überwiegend Viren, insbesondere Rotaviren, in der wärmeren Jahreszeit Salmonellen und andere Bakterien, die diese Erkrankung hervorrufen.
- Lebensmittelvergiftungen werden durch bestimmte Bakterien oder deren Gifte ausgelöst. Die Keime kommen bei der Zubereitung in die Nahrung und vermehren sich darin unter günstigen Voraussetzungen explosionsartig. Die vergifteten Lebensmittel weisen weder auffällige Zersetzungserscheinungen noch Geschmacks- oder Geruchsveränderungen auf.
Schon kurze Zeit nach der Nahrungsaufnahme (eine bis sechs, maximal zwölf bis achtundvierzig Stunden) stellen sich Beschwerden, wie heftiges Erbrechen, starke Bauchkrämpfe und Kollapsneigung, bei allen Personen, die von derselben Speise gegessen haben, ein.

Symptome und Verlauf

Die Erkrankung beginnt plötzlich mit Erbrechen, gefolgt von Durchfall mit häufigen wäßrigen Stuhlentleerungen (je nach Erreger mit schleimig-blutigen Beimengungen und manchmal auch von Bauchkrämpfen begleitet) über einige Tage. Das Kind hat Bauchschmerzen und eventuell mäßiges Fieber um 38° C. Der Verlauf ist meistens nicht schwer. Manchmal geht der Magen-Darm-Störung ein Infekt der oberen Luftwege voraus.
Durch den Wasser- und Mineralstoffverlust kann es, besonders bei kleinen Kindern, sehr schnell zu schweren Austrocknungserscheinungen (Exsikkose) kommen.

Behandlung

1. Die Behandlung richtet sich gegen die Symptome Erbrechen und Durchfall; Medikamente werden nur selten nötig. Die wichtigste Maßnahme ist, dem Kind viel zu trinken zu geben. Bettruhe ist vor allem bei Fieber angebracht. Stellen Sie Ihrem Kind dann eine kleine, mit etwas Wasser gefüllte Plastikschüssel ans Bett, die das Erbrochene auffängt.
2. Feste Nahrung muß vermieden werden, um den Magen-Darm-Trakt zu entlasten. Zu Beginn darf das Kind nur Tee (dünnen Schwarztee, Kamillen-, Pfefferminz- oder Melissentee), später auch ein Mixgetränk aus einem Drittel Mineralwasser, einem Drittel Cola (Kohlensäure aussprudeln lassen) und einem Drittel Orangen- oder Apfelsaft in kleinen Portionen, aber reich-

Brechdurchfall bei Kindern

Wichtigste Symptome
Heftiges Erbrechen, Bauchkrämpfe, Durchfall, eventuell Fieber

Altershäufigkeit
Brechdurchfall kann in jedem Alter auftreten

Ähnliche Krankheitsbilder
Ruhr, Typhus, Paratyphus, Salmonelleninfektion

Komplikationen
Je jünger das Kind ist, desto eher stellen sich Austrocknungserscheinungen ein

licher Trinkmenge (je nach Alter mindestens 1–2 Liter am Tag) zu sich nehmen.
Zum Ausgleich des Wasser- und Mineralstoffverlustes stehen auch gebrauchsfertige Traubenzucker-Mineralstoff-Präparate (Glukose-Elektrolyt-Lösungen) zur Verfügung. Sie können vom Arzt für die "Rehydrierung" (die Rückwässerung) verordnet werden. Die Tabletten oder das Pulver lösen Sie in der angegebenen Menge Wasser oder Tee auf.
3. Meistens gibt sich das Erbrechen innerhalb von zwölf bis vierundzwanzig Stunden; dann kann die Ernährung vorsichtig mit leichter Kost wieder aufgebaut werden: Haferschleim oder Reisschleim ohne Milch, Karottensuppe (ein Glas Frühkarotten für Babys mit der gleichen Menge Wasser oder Tee verdünnen), mit Schale geriebener Apfel, gemuste Banane, Zwieback, Knäckebrot, Salzstangen.
Am nächsten Tag sind erlaubt: Karotten- und Kartoffelbrei, fettarme Gemüse-Fleischbrühe, Haferschleim mit untergerührtem Ei, Magerquark mit Bananenmus, trockenes Toastbrot.
Einen Tag später fügen Sie der Diät wieder etwas Milch und Fett zu. Am fünften Tag verträgt Ihr Kind in der Regel bereits normale Nahrung, oder es erhält noch für ein paar Tage eine leichtverdauliche Schonkost.
Der Nahrungsaufbau richtet sich danach, wie schnell sich Ihr Kind erholt und ob sich der Stuhlgang genügend verfestigt. Sie sollten lieber etwas vorsichtiger sein, damit nicht ein Rückfall eintritt.
4. Bei anhaltendem Erbrechen, das sich auch durch löffelweise Gaben eiskalter Flüssigkeit nicht beheben läßt, kann der Arzt nach Untersuchung des Kindes brechreizstillende und beruhigende Zäpfchen verschreiben.
5. Nicht selten bleibt nach einer Gastroenteritis infolge Schädigung der Dünndarmschleimhaut eine (vorübergehende) Verdauungsschwäche zurück. Bei Kleinkindern ist oft die Milchzuckerverwertung beeinträchtigt, so daß sie Milch und Milchprodukte eine Zeitlang nicht vertragen. Es kommt immer wieder zu Durchfall, wenn man diese Nahrungsmittel nicht meidet.
Manchmal ist auch eine Behandlung mit Enzympräparaten und/oder Bakterienkulturen notwendig, um die gestörte Darmflora in ihrer Regeneration zu unterstützen.

Wann muß das Kind zum Arzt?
Bei anhaltendem Brechdurchfall, oder wenn Fieber hinzukommt

Bruchkrankheiten (Hernien)

Ursachen und Symptome

Ein sogenannter Bruch liegt dann vor, wenn bewegliche Teile der Bauchhöhle durch Lücken in der Bauchwand austreten. Solche Bruchpforten sind vor allem der Nabelring und die Leistenkanäle. In selteneren Fällen kommt es aber auch zu Brüchen im oberen Bauchraum. Die typischen Symptome können dann an der vorderen Bauchwand um den Nabel herum bis hin zum Brustbein auftreten. Erhöht sich der Druck im Bauchraum, wenn das Kind preßt, hustet oder schreit, wölbt sich der Bruchsack mit seinem Inhalt vor. Läßt er sich nicht wieder von außen durch die Lücke zurückdrängen oder besteht ein Mißverhältnis zwischen der Größe der ausgetretenen Eingeweideteile und der Bruchpforte, kommt es zur Einklemmung.

Leistenbruch

Die häufigste bei Kindern auftretende Hernie ist der Leistenbruch. Er besteht oft schon von Geburt an, weil der Leistenkanal offengeblieben ist, aber meist tritt er nicht gleich in Erscheinung. Besonders bei Jungen findet sich eine Schwäche in diesem Gebiet, da die Hoden aus der Bauchhöhle durch den Leistenkanal in den Hodensack hinabsteigen müssen. Nicht selten besteht eine familiäre Veranlagung für Leistenbrüche.

Symptome

Zunächst zeigt sich in der Mitte der Leistenbeuge, vorwiegend rechtsseitig, eine kleine Schwellung. Diese Ausbuchtung kann sich mit der Zeit vergrößern, bis sie den Hodensack oder bei Mädchen die Schamlippen erreicht. Der beutelartige Bauchfellsack unter der Haut enthält gewöhnlich einen Teil des schleierartigen Überzugs, der den Darm schützt, oder eine Schlinge des Dünndarms, seltener einen Dickdarmabschnitt, einen Teil der Blase oder des Eierstocks.
Ein einfacher Leistenbruch verursacht meistens weder Schmerzen noch Unwohlsein. Wenn al-

Leistenbruch

Wichtigste Symptome
Weiche Vorwölbung in der Leistengegend (vorwiegend auf der rechten Seite), kann sich bis zum Hodensack oder bis zu den Schamlippen erstrecken

Altershäufigkeit
Männliche Säuglinge und Kleinkinder

Ähnliche Krankheitsbilder
Wasserbruch (Hydrozele), vergrößerte Lymphknoten

Komplikationen
Eingeklemmter Bruch (derbe, schmerzhafte Schwellung in der Leiste, Übelkeit und Erbrechen, anhaltendes Schreien des Kindes)

Wann muß das Kind zum Arzt?
Nach Auftreten der Symptome ist eine baldige Vorstellung beim Arzt erforderlich, bei Einklemmungserscheinungen sofort, eventuell Notarzt rufen

Nabelbruch

Wichtigste Symptome
Hervortretende Schwellung in der Nabelmitte, besonders beim Schreien

Altershäufigkeit
Junge Säuglinge und Frühgeborene

Komplikationen
Treten nicht auf, nur große Bauchwanddefekte sollten im Kleinkindalter operativ geschlossen werden

Wann muß das Kind zum Arzt?
Eine Behandlung ist in den meisten Fällen nicht nötig

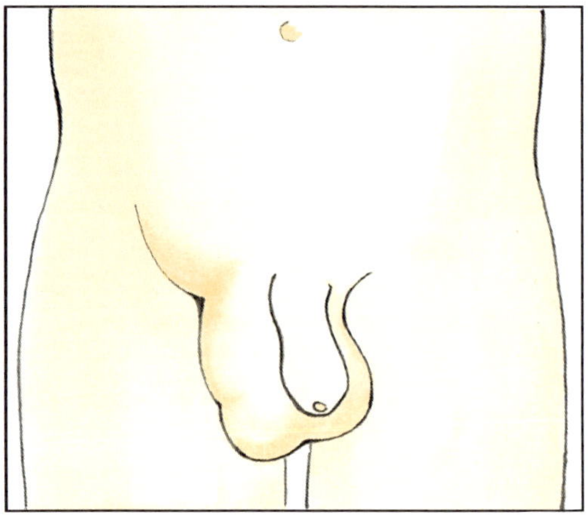

Leistenbruch

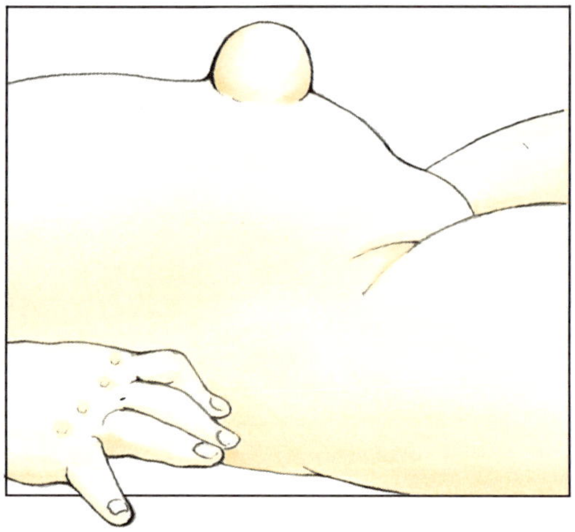

Nabelbruch

lerdings Einklemmungserscheinungen auftreten, entstehen starke Schmerzen, manchmal Übelkeit und Erbrechen. Der Bruch ist in den meisten Fällen als walzenförmige, derbe Schwellung in der Leistenbeuge zu sehen und zu fühlen.

Behandlung

Sofern kein eingeklemmter Bruch vorliegt, der einer sofortigen chirurgischen Behandlung bedarf, kann mit der Operation zunächst abgewartet werden. Bei Kindern im Alter über 3 Monaten sollten Sie den Eingriff aber baldmöglichst vornehmen lassen. Der Leistenbruch tritt in vielen Fällen beidseitig auf, auch wenn Symptome nur an einer Seite augenfällig werden, darum ist die operative Versorgung meist auf beiden Seiten nötig.

Nabelbruch

Ursachen

Beim Nabelbruch des Säuglings ist das den Nabelring verschließende Bindegewebe zu schwach entwickelt. Es handelt sich dabei nicht um eine wirkliche Hernie, denn die im Nabelzentrum hervortretenden Ausstülpungen sind kein Bruchsack, in dem sich Bauchinhalt befindet. Fast immer bildet sich der Nabelbruch im Laufe der ersten Lebensjahre ganz von selbst wieder zurück.

Behandlung

Durch Anlegen einer straff sitzenden Nabelbinde oder eines Pflasterverbandes kann versucht werden, die Heilung zu beschleunigen. Bei hautempfindlichen Kindern verursacht der Pflasterstreifen aber häufig Hautreizungen oder gar Hautentzündungen. Meistens ist gar keine Behandlung erforderlich.

Wasserbruch

Wichtigste Symptome
Ein- oder beidseitige Schwellung im Hodensack und/oder in der Leistengegend

Altershäufigkeit
Neugeborene männliche Säuglinge

Ähnliche Krankheitsbilder
Leistenbruch

Wann muß das Kind zum Arzt?
Nur bei großen Flüssigkeitsansammlungen und wenn die Schwellung nicht von selbst zurückgeht, ist eine ärztliche Behandlung nötig. Zur Abklärung der Diagnose sollte das Kind aber dem Arzt vorgestellt werden

Wasserbruch (Hydrozele)

Ursachen und Symptome

Eine harmlose Erscheinung, die ähnlich wie ein Leistenbruch aussehen kann, fällt bei manchen männlichen Säuglingen auf: eine ein- oder beidseitige Schwellung in der Leistengegend und/oder im Hodensack. Hierbei handelt es sich um Flüssigkeitsansammlungen zwischen dem Samenstrang und/oder dem Hoden und den umgebenden Hüllen. Im Unterschied zum Leistenbruch erscheint der Hoden bei der Durchleuchtung mit einer Taschenlampe hellrot (beim Leistenbruch dunkel).

Behandlung

Die Gewebsflüssigkeit wird in der Regel von selbst wieder aufgesogen. Eine Behandlung ist meistens nicht erforderlich. Oft liegt zusätzlich ein Leistenbruch vor, so daß beide Störungen gleichzeitig operativ behoben werden.

Sie können die Rückbildung einer Hydrozele unterstützen, indem Sie den Hodensack Ihres Sohnes mit einem gefalteten Zellstofftuch oder einer Windel hochlagern.

Crohn-Krankheit (Morbus Crohn, Enteritis regionalis Crohn)

Ursachen

Die regional begrenzte, narbenbildende Entzündung des Darms ist eine Krankheit von bislang unbekannter Ursache. Sie betrifft vor allem den unteren Dünndarm, kann aber auch alle anderen Darmabschnitte befallen.

Symptome und Verlauf

Kolikartige Bauchschmerzen mit Durchfällen stehen im Vordergrund des Krankheitsgeschehens. Im weiteren Verlauf stellen sich Appetitlosigkeit, Erbrechen, Gewichtsverlust, Minderwuchs und Leistungsabfall ein. Fieberschübe können auftreten. Es kommt zu Anämie und Eiweißmangel. Der Morbus Crohn ist eine chronische Erkrankung, bei der es zu Rückfällen kommen kann.

Behandlung

1. Im akuten Stadium ist Bettruhe angebracht.
2. Medikamentöse Therapie mit Antibiotika und Hormonen der Nebennierenrinde (Kortikosteroiden) sowie schlackenarme, eiweißreiche Diät.

Darmeinstülpung (Invagination)

Ursachen und Häufigkeit

Wahrscheinlich infolge einer angeborenen abnormen Beweglichkeit des Darmes stülpt sich ein Teil des Darmes in den nachfolgenden Darmabschnitt ein.
Dies Ereignis kann unerwartet bei völlig gesund erscheinenden Kleinkindern, meist im Alter von drei bis achtzehn Monaten, eintreten. Dadurch kommt es zu einem akuten Darmverschluß.

Symptome und Verlauf

Es setzen plötzlich heftigste Leibschmerzen ein, das Kind schreit und zieht die Beine an den Bauch; starkes Erbrechen tritt hinzu. Nach einer ersten Stuhlentleerung kommt nur noch blutiger Schleim aus dem After. Das Kind wird blaß und apathisch, es verfällt zusehends (Schocksymptome). Meist kann der Arzt durch die Bauchdecken hindurch eine walzenförmige Geschwulst im rechten Unterbauch tasten.

Behandlung

Es handelt sich hierbei um einen Notfall. Das Kind gehört umgehend in eine Klinik, sonst tritt eine Darmschädigung ein.
Im Frühstadium kann der eingestülpte Darm manchmal durch einen Einlauf mit Röntgenkontrastmittel wieder herausgedrückt werden. Andernfalls ist eine sofortige Operation nötig.

Darmverschluß (Ileus)

Ursachen

Wenn die normale Darmpassage durch ein Hindernis blockiert ist, handelt es sich um einen Darmverschluß. Dieser kann *mechanisch* verursacht werden, zum Beispiel durch eine angeborene Darmanomalie wie die Darmverengung (Stenose) oder einen mißgebildeten (verschlossenen) Darmabschnitt (Atresie), durch Mekonium bei der zystischen Fibrose, durch Einklemmung von Darmabschnitten in Bruchpforten (Hernien), durch eine Verdrehung von Darmschlingen (Volvulus) und durch eine Darmeinstülpung (Invagination).
Tritt eine Darmlähmung ein, liegt ein *paralytischer Ileus* vor. Er entsteht beispielsweise durch toxische Schädigung der Darmnerven bei schweren Infektionen und manchmal durch eine extreme Streßsituation des Organismus im Anschluß an eine Operation.

Symptome und Verlauf

Die Zeichen eines Darmverschlusses können sich allmählich entwickeln oder akut auftreten, je nachdem, in welchen Darmabschnitten das

Crohn-Krankheit

Wichtigste Symptome
Kolikartige Bauchschmerzen, Durchfall, Appetitlosigkeit, Erbrechen, Gewichtsverlust

Altershäufigkeit
Selten in der Kindheit, tritt bei Jugendlichen auf

Wann muß das Kind zum Arzt?
Bei unklaren Magen-Darm-Beschwerden

Darmeinstülpung

Wichtigste Symptome
Heftige Bauchschmerzen, starkes Erbrechen, Schocksymptome, symptomarmes Intervall, Entleerung blutigen Schleims aus dem After

Altershäufigkeit
Kinder im Alter von 3–18 Monaten

Wann muß das Kind zum Arzt?
Sofort. Rufen Sie den Notarzt!

Darmverschluß

Wichtigste Symptome
Kolikartige Bauchschmerzen, massives Erbrechen, schwacher Puls, Verstopfung, aufgetriebener Leib

Altershäufigkeit
Ein Darmverschluß kann angeboren sein oder in jedem Alter auftreten

Wann muß das Kind zum Arzt?
Sofort. Rufen Sie den Notarzt!

Passagehindernis lokalisiert ist. Je höher der Verschluß sitzt, desto eher kommt es zu akuten Symptomen wie kolikartigen Bauchschmerzen, massivem Erbrechen und den Anzeichen eines Schocks (fahle Blässe, kalte Haut, Schweißausbruch, schwacher Puls). Verstopfung stellt sich ein, Darmgase sammeln sich an (Meteorismus) und führen zu einem Blähbauch. Letztlich kann Kot erbrochen werden.

Behandlung

Eine sofortige Operation ist beim Darmverschluß dringend erforderlich.

Dickdarmentzündung, geschwürige (Colitis ulcerosa)

Dickdarmentzündung, geschwürige

Wichtigste Symptome
Blutig-schleimiger Durchfall, Bauchschmerzen, eventuell Fieber, Gewichtsabnahme, Anämie, Eiweißmangel

Altershäufigkeit
Kinder im Alter über 10 Jahren

Wann muß das Kind zum Arzt?
Beim Auftreten der obengenannten Symptome

Ursachen und Häufigkeit

Die eigentliche Ursache dieser entzündlichen Erkrankung des Dickdarms (Colon) und meistens auch des Mastdarms (Rektum) ist noch nicht geklärt. Es wird angenommen, daß es sich dabei um eine sogenannte Autoimmunkrankheit handelt, eine Antigen-Antikörper-Reaktion gegen körpereigene Substanzen (siehe Seite 145). Auslöser für das Krankheitsgeschehen sind wahrscheinlich seelische Konflikte, unter denen die Kinder erheblich leiden.

Symptome und Verlauf

Die Krankheit beginnt manchmal akut, oft schleichend, mit Appetitlosigkeit, anfangs breiigen, später wäßrigen, teilweise blutigen Durchfällen sowie schmerzhaftem Stuhldrang. Das Kind hat möglicherweise Gelenkschmerzen und/oder Fieber.
In den entzündlich veränderten Darmabschnitten bilden sich Geschwüre, die die Schleimhautschicht zerstören und die Darmtätigkeit einschränken. Es kommt zu Gewichtsabnahme, Anämie (Blutarmut) und Vitaminmangelerscheinungen. Der Zustand kann sich spontan oder nach der Behandlung bessern, neigt aber generell zum Rückfall (Rezidiv) oder zum chronischen Verlauf.

Behandlung

1. In akuten Fällen mit Fieber ist Bettruhe nötig.
2. Verabreichung einer Diät mit leichter, schlackenarmer, aber nährstoffreicher Kost.
3. Medikamentöse Therapie mit Antibiotika, Kortikosteroiden und Beruhigungsmitteln.
4. Die seelischen Konflikte müssen nach Möglichkeit aufgedeckt und eine weitere psychische Belastung muß vermieden werden; unter Umständen ist eine Psychotherapie angebracht.
5. Wenn sich auch nach längerer Behandlung kein Therapieerfolg einstellt, muß eventuell der Dickdarm operativ entfernt (Colektomie) und ein künstlicher Darmausgang (Anus praeter, Ileostoma) angelegt werden.

Durchfallerkrankungen beim Säugling

Ursachen und Häufigkeit

Die akuten Durchfallerkrankungen (Dyspepsie) des Säuglings können durch verschiedene Ursachen hervorgerufen werden, sie zeigen aber ganz ähnliche Krankheitsbilder.
Als Ursache kommen vor allem Infektionen in Betracht. Verunreinigung der Nahrung mit krankmachenden Keimen, verschiedene ansteckende Darmkrankheiten oder eine Infektion in anderen Organen des Körpers (etwa ein grippaler Infekt, eine Gehirn- oder Hirnhautentzündung, Mittelohr-, Lungen- und Nierenentzündung) können die Verwertung der Nahrung behindern. Die akute Magen-Darm-Störung des Säuglings wird häufig durch Krankheitserreger, wie Bakterien und Viren, ausgelöst.

Symptome und Verlauf

Die ersten Anzeichen sind Unruhe, Weinerlichkeit, Appetitmangel bis zur Verweigerung der Nahrungsaufnahme und Wundsein. Dann kommt es zum Erbrechen säuerlicher Nahrungsreste, Durchfall stellt sich ein. Zunächst werden nur die Stuhlentleerungen häufiger (mehr als fünf am Tag), dann verändern sie sich, je nach Schwere der Erkrankung, in Beschaffenheit, Farbe und Geruch. Der Stuhl wird dünnbreiig, schleimig oder zerhackt und ist von bräunlichem, gelblichem oder grünlichem Aussehen; er riecht sauer oder faulig. Schließlich entleert er sich wässrig-spritzend, manchmal enthält er Blutbeimengungen.

Anfangs weint das Kind viel, krümmt sich zusammen und zieht mit schmerzverzerrtem Gesicht die Beine an den Leib. Bei anhaltendem Durchfall und Erbrechen (auch Tee wird wieder erbrochen) gerät der Säugling durch den Wasser- und Salzverlust in einen Austrocknungszustand (Exsikkose): Er schreit mit heiserer Stimme, die Augen sinken ein und wirken übergroß, die Mundschleimhaut ist ausgetrocknet, die Lippen sind borkig oder aufgesprungen. Der Spannungszustand der Haut läßt nach; wenn man die Bauchhaut anhebt, bleibt eine sichtbare Falte stehen, die nur langsam wieder verstreicht. Die Fontanelle ist eingesunken. Das Kind wird zunehmend blaß und apathisch, die Atmung verlangsamt sich. Dies ist ein bedrohlicher Zustand und um so gefährlicher, je jünger das Kind ist.

Der Schweregrad der Erkrankung zeigt sich auch in der Abnahme des Körpergewichts. Bei einem Gewichtsverlust von mehr als fünf Prozent muß möglichst sofort ein Arzt hinzugezogen werden. Bei jungen Säuglingen können sich die Erscheinungen schon wenige Stunden nach Beginn des Brechdurchfalls zeigen. Bei älteren Säuglingen und Kleinkindern entwickelt sich das Krankheitsbild nach zwölf bis vierundzwanzig Stunden, falls nicht rechtzeitig eingegriffen wird. Dann kommt es zu einer Stoffwechselentgleisung mit Kreislaufkollaps (Toxikose). Besteht von Anfang an Fieber, ist dies ein Hinweis auf eine infektiöse Erkrankung.

- Eine weitere Ursache kann eine konstitutionelle Leistungsschwäche der Verdauungsorgane sein, etwa bei Frühgeborenen, bei Kindern mit Allergieneigung, Herzfehlern, angeborenen Stoffwechselleiden wie Zöliakie, zystischer Fibrose und Hormonstörungen oder Mißbildungen des Verdauungssystems.

Behandlung

1. In schweren Fällen ist eine Klinikeinweisung nötig, um den Flüssigkeits- und Mineralstoffhaushalt durch Infusionen aufzufüllen.
2. Bei bakteriellen Infektionen im Darmbereich oder bakteriellen Grundkrankheiten kann eine medikamentöse Therapie mit Antibiotika erfolgen und auch notwendig sein.
3. Bei leichten bis mittelschweren Verlaufsformen darf die Erkrankung zu Hause behandelt werden, wenn es gelingt, den Wasser- und Mineralstoffverlust auszugleichen, eventuelles Erbrechen zu beheben und die Stuhlbeschaffenheit zu bessern. Verschlechtert sich der Zustand des Kindes, ist unverzüglich ärztlicher Rat einzuholen, ebenso, wenn Durchfall über mehrere Tage bestehen bleibt.
4. Zur Entlastung und Beruhigung des Darmes wird für sechs (bis höchstens zwölf) Stunden eine Nahrungspause eingehalten. Während dieser Zeit bekommt das Kind nur Tee (dünnen Schwarztee, Fenchel- oder Kamillentee) mit 50–100 Gramm Traubenzucker und knapp einem halben Teelöffel Salz (etwa 1,7 Gramm) auf einen Liter Flüssigkeit in kleinen Portionen angeboten. Es sollte insgesamt mindestens die Menge trinken, die es vorher an Nahrung erhalten hat.
Erbricht es auch weiterhin, muß man dazu übergehen, die einzelnen Trinkmengen löffelweise zu füttern. Wenn das Kind alle dreißig Minuten sechs bis zehn Teelöffel voll zu sich nimmt, wird ihm genügend Flüssigkeit zugeführt. Tritt längere Zeit kein Erbrechen mehr auf, darf es wieder aus der Flasche trinken.
5. Nach der Teepause kann in den meisten Fällen wieder die gewohnte Milchnahrung gefüttert werden: bei Säuglingen unter sechs Monaten vorerst noch in verdünnter Form (1 Teil zubereitete Fertigmilch auf 2 Teile Wasser), einen Tag später im Verhältnis 1 : 1 und nach weiteren 1–2 Tagen im Verhältnis 2 : 1, so daß am 5. Tag die normale Konzentration von Wasser zu Milchpulver erreicht ist. Über sechs Monate alten Babys kann die übliche Nahrung unverändert gegeben werden, oder sie bekommen zunächst eine Heilnahrung, zusätzlich müssen sie aber mehr trinken. Brustkinder dürfen ohne weiteres gestillt werden, sie sollten jedoch zusätzliche Flüssigkeit erhalten.
6. Durchfallkranke Säuglinge neigen zum Wundsein. Häufiges Trockenlegen und eine sorgfältige Hautpflege sind darum besonders wichtig.

Durchfallerkrankungen beim Säugling

Wichtigste Symptome
Weinerlichkeit, Nahrungsverweigerung, Bauchschmerzen, Erbrechen, Durchfall, eventuell Fieber

Altershäufigkeit
Säuglinge und Kleinkinder

Ähnliche Krankheitsbilder
Nahrungsmittelallergie, Ruhr, Typhus, Paratyphus, Salmonelleninfektion, Mittelohrentzündung, Lungenentzündung, Harnwegserkrankungen

Komplikationen
Austrocknungszustand (eingesunkene Fontanelle, Gewichtsverlust um mehr als 5 Prozent des Körpergewichts, eingesunkene, übergroß wirkende Augen, nachlassende Hautspannung, spröde Lippen, Blässe, Teilnahmslosigkeit, schnelle Atmung, verminderte Urinausscheidung)

Wann muß das Kind zum Arzt?
Je jünger das Kind ist, desto eher muß es bei anhaltendem Durchfall und/oder Erbrechen in ärztliche Behandlung, bei Austrocknungserscheinungen sofort, eventuell Klinik aufsuchen

Gelbsucht (Ikterus)

Die Gelbsucht ist keine selbständige Krankheit, sondern das Symptom einer Erkrankung, die verschiedene Ursachen haben kann. Sie tritt immer dann in Erscheinung, wenn sich aus irgendeinem Grund zuviel Gallenfarbstoff (Bilirubin) im Blut befindet und dieser in der Haut und in der Lederhaut des Auges abgelagert wird.
Die Leber baut das Bilirubin ab, das zurückbleibt, wenn überalterte rote Blutzellen (Erythrozyten) durch neue ersetzt werden, und führt es in die Galle über. Die Gallenflüssigkeit gelangt in den Dünndarm und hilft bei der Verdauung der Nährstoffe, besonders bei der Fettverdauung. Wenn durch Unreife oder Erkrankung der Leber dieser Vorgang behindert oder verlangsamt ist oder es zu Abflußstörungen der Gallenflüssigkeit kommt, sammelt sich das Bilirubin im Körper an.

Neugeborenengelbsucht

Wichtigste Symptome
Gelbfärbung des Augenweiß und der Haut, Schläfrigkeit, Trinkunlust

Altershäufigkeit
Neugeborene in der 1. Lebenswoche

Ähnliche Krankheitsbilder
Rhesusfaktorunverträglichkeit, angeborener Gallengangverschluß, Toxoplasmose, Listeriose, Cytomegalie, Blutvergiftung, Virushepatitis, Galaktoseunverträglichkeit, Schilddrüsenunterfunktion

Komplikationen
Tritt die Gelbsucht bereits am 1. Lebenstag auf, sind die Bilirubinwerte stark erhöht, oder bleibt die Gelbsucht auch nach der zweiten Lebenswoche bestehen, handelt es sich in der Regel nicht um die normale Neugeborenengelbsucht

Wann muß das Kind zum Arzt?
Wird ein Baby zu Hause geboren, gehört es mit den Anzeichen einer Gelbsucht in ärztliche Überwachung. Tritt eine Gelbsucht nach der 1. Lebenswoche in Erscheinung, ist sofort ein Arzt hinzuzuziehen

Neugeborenengelbsucht (physiologischer Ikterus)

Ursachen

60 Prozent der ausgetragenen Neugeborenen und 80 Prozent der Frühgeborenen entwickeln während der ersten Lebenswoche eine normale Gelbsucht. Das geschieht auf Grund des rapiden Zerfalls einer übermäßig großen Zahl roter Blutkörperchen, mit der alle gesunden Babys geboren werden. Denn während der Fetalzeit erhält das Ungeborene den benötigten Sauerstoff über den Mutterkuchen (Plazenta). Seine Versorgung mit Sauerstoff ist darum nur gewährleistet, wenn reichlich rote Blutzellen vorhanden sind.
Nach der Geburt, wenn das Kind den Sauerstoff direkt durch seine Lungen einatmen kann, wird die große Zahl von Erythrozyten nicht mehr gebraucht. Durch Überbeanspruchung der Leber oder deren funktionelle Unreife zur Zeit der Geburt kommt es beim Abbauprozeß der Blutzellen zur Anhäufung von Bilirubin.

Symptome und Verlauf

Die Gelbsucht beginnt gewöhnlich am zweiten oder dritten Lebenstag und ist besonders deutlich sichtbar, wenn man zum Beispiel auf der Stirn mit einem Glasspatel oder auch mit dem Finger das Blut aus der Haut wegdrückt. Stuhl und Urin des Säuglings sind unverändert und normal gefärbt. Bei stärkerer Ausprägung der Gelbsucht kann es sein, daß das Baby schlechter trinkt oder etwas schläfrig ist. Zwischen dem fünften und zehnten Lebenstag verschwindet die Gelbsucht normalerweise ohne Behandlung. Mit seltenen Ausnahmen ist diese Form der Gelbsucht harmlos.
Wenn sich die Gelbfärbung der Haut allerdings schon vor dem zweiten Lebenstag zeigt oder der Bilirubinspiegel im Blut bestimmte Grenzwerte übersteigt (siehe auch unter Blutgruppenunverträglichkeit, Seite 102), was besonders bei Frühgeborenen mit ihrer verminderten Leberfunktion vorkommt, kann sich eine schwere Gelbsucht (Ikterus gravis) entwickeln, mit der Gefahr der Hirnschädigung. Bei hoher Bilirubinkonzentration kann sich dieses in den Hirnnervenkernen ablagern (Kernikterus), so daß sich körperliche und geistige Entwicklungsstörungen bis hin zum Schwachsinn ausbilden.

Behandlung

Bei auffälliger Gelbfärbung der Haut, die zunächst am Kopf beginnt, dann am Körper und zuletzt an den Armen und Beinen sichtbar wird, muß das Ausmaß der Gelbsucht durch die Bestimmung des Gallenfarbstoffes im Blut (Bilirubin) festgestellt werden. Durch reichliche Flüssigkeitszufuhr und in besonderen Fällen durch die Bestrahlung mit blauem oder grünem Licht (Fototherapie) kann die Ausscheidung des Gallenfarbstoffs Bilirubin erleichtert werden.

Gelbsucht bei älteren Kindern

Ursachen

Auch bei größeren Kindern kann eine Gelbsucht durch massiven Blutzerfall bei Vorliegen einer anderen Grundkrankheit (etwa der hämolytischen Anämie, bei der die Erythrozyten beschleunigt abgebaut werden) auftreten, ferner, wenn die Leber geschädigt ist und Bilirubin nicht in eine mit der Galle auszuscheidende Substanz umwandeln kann, oder wenn durch Verlegung

der Gallenwege die Galle nicht in den Dünndarm abfließt (bei Gallensteinen, Zysten, Gallengangsverdrehung, Mißbildungen).
Selten tritt die Gelbsucht als Komplikation einer Allgemeininfektion (zum Beispiel bei einer Blutvergiftung) auf. Sie kann auch auf einer Behandlung mit bestimmten Medikamenten oder einer Vergiftung beruhen.
Die häufigste Ursache für eine Gelbsucht bei Kindern nach dem ersten Lebensmonat ist eine Leberentzündung (Hepatitis), die die Leberzellen schädigt und die Bildung oder Ausscheidung von Galle beeinträchtigt.

Symptome

Die gelbgoldene Färbung der Haut, die in schweren Fällen mehr ein grünbräunliches Aussehen hat, und des Weißen im Auge (Lederhaut) zeigt eine Gelbsucht an. Außerdem sind bei älteren Kindern mit Gelbsucht die Körperflüssigkeiten verfärbt: Die Tränen sind gelb, und der Urin ist dunkel- bis bierbraun.

Behandlung

Die Behandlung richtet sich nach der jeweiligen Grundkrankheit, deren Diagnose manchmal außerordentlich kompliziert sein kann.

Koliken

Ursachen und Häufigkeit

Eine Kolik ist ein krampfartiger, wiederkehrender Bauchschmerz. Sie kann in jedem Alter auftreten und viele Ursachen haben. Meist ist sie psychischer Natur oder durch das leicht erregbare vegetative Nervensystem bedingt.

Infantile Kolik

Die infantile Kolik ist ein noch ungeklärtes Phänomen. Sie tritt hauptsächlich während der ersten drei Lebensmonate auf, weshalb man auch von Dreimonatskoliken spricht; in seltenen Fällen dauert sie bis zum sechsten Monat an, danach ist sie aber normalerweise überwunden. Flaschenkinder sind öfter davon betroffen als Brustkinder, Jungen häufiger als Mädchen. Es gibt zahlreiche Erklärungsversuche, aber eine allgemeingültige Entstehungsursache konnte bisher nicht gefunden werden.

Symptome und Verlauf

Das Baby zieht während der kolikartigen Bauchschmerzen die Beine an den Bauch, ballt die Hände zu Fäusten und gibt durchdringende, schrille Schreie von sich. Der Bauch kann hart und aufgetrieben sein, manchmal ist darin ein Gurgeln und Glucksen zu hören. Die Schreianfälle können in regelmäßigen Abständen, meist kurze Zeit nach der Nahrungsaufnahme, wiederkehren, aber auch stundenlang anhalten.
Schaukeln, Hätscheln und Herumtragen helfen nur wenig. Das Baby brüllt, manchmal bis zur nächsten Mahlzeit; dann trinkt es gierig und hastig, nimmt dabei aber nur kleine Mengen zu sich und beginnt, von neuem zu schreien.
Im übrigen erscheint alles normal: Das Kind entwickelt sich gut, es hat regelmäßig Stuhlgang, der weder zu hart noch zu weich ist, es spuckt nur hin und wieder, erbricht jedoch nie.

Behandlung

1. Suchen Sie zunächst nach offensichtlichen Gründen für das Schreien Ihres Babys. Wenn es satt und frisch gewickelt ist, keine Anzeichen einer beginnenden Krankheit zeigt und sich durch Ihre Nähe nicht beruhigen läßt, leidet es vermutlich unter Koliken.
2. Achten Sie darauf, daß die Nahrung richtig zubereitet wurde. Oft sind Blähungen, das heißt Ansammlungen von Luft im Darm, schuld an den Leibschmerzen. Verändern Sie nicht die vorgeschriebene Dosierung der verwendeten Milchfertignahrung. Benutzen Sie zum Auflösen des Pulvers eventuell Fencheltee statt abgekochten Wassers, er hat eine krampflösende und blähungslindernde Wirkung. Vermeiden Sie, Ihrem Baby die Nahrung zu geben, wenn sich noch zahlreiche Schaumblasen durch das Umschütteln darin befinden. Achten Sie beim Füttern darauf, daß der Sauger stets voll Milch ist, sonst schluckt das Kind zuviel Luft mit. Das Saugerloch darf weder zu groß noch zu klein sein, die Nahrung sollte langsam heraustropfen und die Mahlzeit 15–20 Minuten dauern.

Gelbsucht bei älteren Kindern

Wichtigste Symptome
Gelbgoldene Verfärbung der Haut und des Weißen im Auge; gelbe Tränen, bierbrauner Urin, farbloser Stuhl

Altershäufigkeit
Gelbsucht kann in jedem Alter auftreten

Ähnliche Krankheitsbilder
Gelbsucht ist ein Symptom bei verschiedenen Grundkrankheiten: hämolytische Anämie und andere schwere Blutkrankheiten; Gallengangsmißbildung oder -verdrehung; Gallensteine, Würmer (Askariden), Blutvergiftung, infektiöse Leberentzündung, Kawasaki-Syndrom, Pfeiffersches Drüsenfieber, Vergiftungen

Komplikationen
Gelbsucht ist oft selbst ein Zeichen für den komplizierten Verlauf einer Erkrankung

Wann muß das Kind zum Arzt?
Beim Auftreten der Symptome sofort

Koliken

Wichtigste Symptome
Anhaltendes Schreien, Unruhe, Nahrungsverweigerung, Anziehen der Beine an den Leib, heftiges Strampeln, harter, aufgetriebener Bauch

Altershäufigkeit
Säuglinge bis zum 4. Lebensmonat, Jungen sind öfter betroffen

Ähnliche Krankheitsbilder
Verstopfung, Nahrungsmittelallergie, Darmverschluß, Hodenverdrehung bei Hodenhochstand, eingeklemmter Leistenbruch

Komplikationen
Beim Auftreten von Erbrechen, Durchfall und/oder Fieber handelt es sich nicht um einen harmlosen Fall von Bauchkolik

Wann muß das Kind zum Arzt?
Wenn der Säugling stundenlang schreit, sollte er dem Arzt vorgestellt werden, damit ernsthafte Erkrankungen ausgeschlossen werden können.
Treten weitere Symptome hinzu, ist sofort ärztlicher Rat einzuholen

Vermeiden Sie unbedingt, daß das Kind, auch das gestillte, zuviel Nahrung erhält. Große Milchmengen überfordern die Verdauungsleistung des Dünndarms, insbesondere für Milchzucker. Gelangt ein Teil des Zuckers unverdaut in tiefere Dickdarmabschnitte, wird er von Bakterien vergoren, wodurch blähende Gase entstehen. Die Tagestrinkmenge verteilen Sie anfangs am besten auf fünf bis sechs kleine Portionen, erst im fünften bis sechsten Monat sollte eine Umstellung auf vier Mahlzeiten erfolgen.
Kolikartige Bauchschmerzen können auch auf eine Unverträglichkeit von Kuhmilcheiweiß hinweisen. Selbst in Muttermilch lassen sich Spuren dieser Stoffe nachweisen, wenn sich die Mutter mit Milch und Milchprodukten ernährt. Meidet sie diese Nahrungsmittel, verschwinden die Beschwerden des Kindes, wenn eine Unverträglichkeit gegen Kuhmilcheiweiß dahintersteckt. Häufig zeigen die betroffenen Kinder aber erst Symptome, wenn sie mit den Nahrungsmitteln direkt in Kontakt kommen.
3. Ein Baby mit Koliken braucht viel Wärme. Wickeln Sie es nur in einem warmen Zimmer, fassen Sie es stets mit warmen Händen an. Legen Sie ihm zwischen dem Windelwechsel ein in warmes Wasser getauchtes, gut ausgewrungenes Tuch auf den Leib. Ebenso kann eine stoffbezogene Wärmflasche helfen, auf die Sie das angezogene Baby bäuchlings legen.
4. Von manchen Ärzten werden emotionale Spannungen des jungen Säuglings für die Schreianfälle verantwortlich gemacht. Das kleine Kind hat ja kaum andere Möglichkeiten, als Anspannungen und Unlustgefühle durch Saugen oder Schreien abzureagieren. Die Feierabendhektik, die abends oft entsteht, kann mit ihrer Unruhe und Reizüberflutung auch einem Baby„auf die Nerven gehen".
Unsicherheit im Umgang mit dem Kind, Verständnislosigkeit für seine Bedürfnisse, offene oder unterschwellige familiäre Konflikte lassen es das Gefühl der Geborgenheit vermissen. Wenn es dann unglücklich weint, schluckt es immer mehr Luft mit, die Blähungen hervorruft.
Eltern sollten in dieser Situation nach Möglichkeit ruhig und gefaßt bleiben, beruhigend auf das Kind einwirken und äußere Reize von ihm fernhalten oder es während seiner Schreiphasen jemandem anvertrauen, der Ruhe ausstrahlt und emotional nicht so betroffen ist.
Wenn das Baby dann, etwa im Alter von drei bis vier Monaten, zunehmend mit der Umwelt in Kontakt treten kann und körperlich aktiv wird, ändert sich sein Verhalten und es schreit weniger.

Leibwickel bei Koliken

Nabelkoliken

Unter Nabelkoliken versteht man anfallsweises heftiges Bauchweh, das von Kindern meist in der Nabelgegend angegeben wird. Es hat fast nie organische Ursachen, sondern tritt vor allem bei sensiblen Kindern in Erscheinung. Hier hilft oft schon liebevoller Zuspruch und die warme Hand der Mutter, die den Bauch massiert. So beruhigen sich die übererregten Darmnerven, und die Verkrampfungen (Spasmen) lösen sich. Eine Wärmflasche oder ein warmer Leibwickel können ebenso angewendet werden.

Magenpförtnerkrampf

Wichtigste Symptome
Erbrechen im Schwall oder im hohen Bogen bald nach der Nahrungsaufnahme, geringe Stuhl- und Urinausscheidungen

Altershäufigkeit
Säuglinge, vorwiegend Jungen in den ersten drei Lebensmonaten

Magenpförtnerkrampf (hypertrophische Pylorusstenose)

Ursachen und Häufigkeit

Die Ursache dieser Erkrankung, deren Leitsymptom das Erbrechen ist, besteht in einer zu stark entwickelten Ringmuskulatur des Magenausganges (Magenpförtner = Pylorus). Er läßt deshalb den Speisebrei aus dem Magen nicht in den anschließenden Zwölffingerdarm passieren. An einer Pylorusstenose erkranken etwa

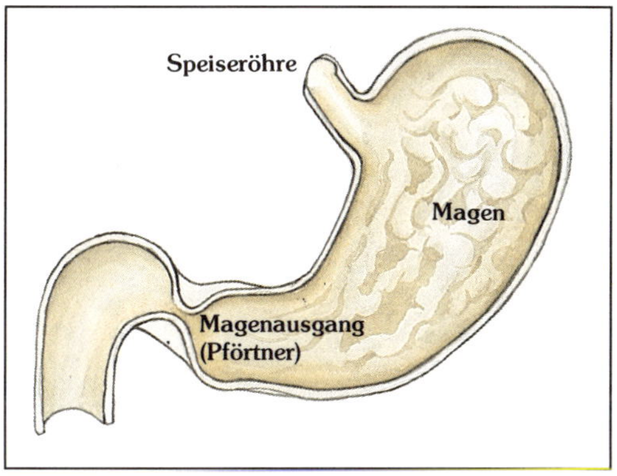

Verengung der Ringmuskulatur des Magenausgangs beim Magenpförtnerkrampf

drei von tausend Kindern in den ersten drei Lebensmonaten, Jungen sind häufiger betroffen als Mädchen. Oft liegt das Leiden in der Familie.

Symptome und Verlauf

Die Anzeichen treten meistens zwischen der zweiten und sechsten Lebenswoche auf: Es kommt nach der Mahlzeit oder eine halbe bis eine Stunde später zu explosionsartigem Erbrechen in hohem Bogen. Das Baby ist danach wieder hungrig und trinkt gierig die angebotene Nahrung. Es entleert selten Stuhl und wenig Urin. Es verliert bald an Gewicht, die Haut trocknet aus und wird schlaff. Das Kind zeigt einen kummervollen Gesichtsausdruck mit Stirnrunzeln. Nach dem Trinken läßt sich manchmal die vermehrte Magenperistaltik beobachten; unter der Haut des Oberbauches zeigen sich von links nach rechts wellenförmige Bewegungen.

Behandlung

Nach gesicherter Diagnose (durch Ultraschall oder Röntgen) bringt die Operation, bei der der verdickte Pylorusmuskelring durchtrennt und damit das Passagehindernis beseitigt wird, schnelle Heilung.
Bei leichtem Verlauf oder spätem Eintritt der Erkrankung (gegen Ende des dritten Monats) kann eine konservative Behandlung mit häufigen kleinen Mahlzeiten, äußerster Ruhe und krampflösenden, beruhigenden Medikamenten versucht werden.

Magen- und Zwölffingerdarmgeschwüre (Ulkus)

Ursachen und Häufigkeit

Geschwüre im Magen (Gaster) und/oder im Zwölffingerdarm (Duodenum) treten auch bei Kindern immer häufiger auf. Akute Magen-Darm-Geschwüre kommen schon bei Neugeborenen und Säuglingen vor. Das chronische Ulkusleiden beginnt aber meist erst in der Zeit vor oder in der Pubertät. Jungen sind davon wesentlich häufiger betroffen als Mädchen. Oft finden sich erbliche Belastungen und/oder seelische Konflikte in der Krankengeschichte der Betroffenen.
Der Magen und der obere Dünndarmabschnitt (Zwölffingerdarm) sind mit einer schützenden Schleimhaut ausgekleidet, die normalerweise gegen den sauren Magensaft genügend Widerstandsfähigkeit besitzt. Bei belastendem Streß und bei Aufregung ist es jedoch möglich, daß die äußerst sensiblen Magennerven die Schleimhaut zu verstärkter Magensaftproduktion anregen und die Durchblutung der zahlreichen Blutgefäße in der Magen- und Darmwand gestört ist. Der saure Magensaft beginnt die Schleimhaut und später auch die Magenwand anzudauen. Dadurch entsteht eine Schleimhautentzündung, aus der sich ein Magen- oder Zwölffingerdarmgeschwür entwickelt. Dieses kann ebenso nach langer Behandlung mit Kortisonpräparaten, Schmerz- und Fiebermitteln, nach großen Operationen, ausgedehnten Verbrennungen, Hirnerkrankungen und schweren Infektionen (Streßulkus) auftreten.
Nach neuen Erkenntnissen sind Magen-Darm-Geschwüre häufig auf eine Infektion mit bestimmten Bakterien (Helicobacter pylori) zurückzuführen. Diese siedeln sich im Magen unterhalb der Schleimhautschicht an und können den schützenden Schleim zerstören.

Symptome und Verlauf

Jüngere Kinder klagen meist über unbestimmte Schmerzen im Oberbauch. Sie sind appetitlos und neigen zum Erbrechen, gelegentlich mit Blutbeimengungen.

Ähnliche Krankheitsbilder
Grippaler Infekt, eingeklemmter Leistenbruch, Darmverschluß, Nahrungsmittelallergie, Hirnhaut- oder Gehirnentzündung

Komplikationen
Heftiges Erbrechen nach jeder Mahlzeit, Gewichtsverlust und Austrocknungserscheinungen weisen auf einen ernsten Verlauf hin

Wann muß das Kind zum Arzt?
Bei häufigem Erbrechen nach der Nahrungsaufnahme sollte das Kind dem Arzt vorgestellt werden; wenn es keine Mahlzeit mehr bei sich behält, sofort

Magen- und Zwölffingerdarmgeschwüre

Wichtigste Symptome
Krampfartige, stechende oder drückende Oberbauchbeschwerden nach dem Essen, während der Nacht oder am frühen Morgen, Übelkeit, Erbrechen

Altershäufigkeit
Ältere Schulkinder, Jugendliche

Komplikationen
Massives Bluterbrechen und/oder teerschwarze Stühle sind Zeichen eines ernsten Verlaufs.
Ein plötzlich einsetzender Schmerz mit nachfolgender Bauchdeckenspannung und Schocksymptomatik weisen auf einen Magendurchbruch hin

Wann muß das Kind zum Arzt?
Bei anhaltenden unklaren Bauchschmerzen sollte der Arzt eine gründliche Untersuchung vornehmen. Wird Blut erbrochen, gehört das Kind sofort ins Krankenhaus

Bei älteren Kindern kann der sogenannte Nüchternschmerz auftreten: Beschwerden im Oberbauch, wenn die Mahlzeit länger zurückliegt, zum Beispiel in der Nacht oder am frühen Morgen. Nach dem Essen macht sich oft ein Druckschmerz in der Magengrube unterhalb des rechten Rippenbogens oder ein brennender, stechender Schmerz unter dem Brustbein bemerkbar. Mundgeruch, saures Aufstoßen und Völlegefühl sind weitere Anzeichen. Erbrechen kommt hinzu, eventuell mit Blutbeimengungen; bei massiven Blutungen ist der Stuhl schwarz wie Teer.

Behandlung

1. Eine Magenschleimhautentzündung (Gastritis) kann mit Bettruhe, häufigen, kleinen, leichtverdaulichen Mahlzeiten und magensäurebindenden Medikamenten behandelt werden.
2. Anhaltende oder wiederkehrende Beschwerden wird der Arzt mit besonderen Diagnoseverfahren abklären, z.B. Ultraschall- und Röntgenaufnahmen, Magensaftprüfung auf Salzsäuregehalt, einer Gastroskopie (Magenspiegelung) und eventuell Biopsie (Gewebeentnahme) mit Untersuchung auf Bakterieninfektion.
3. Eine schwere Gastritis, ein Magen- oder Zwölffingerdarmgeschwür erfordern meist eine Krankenhausbehandlung. Bei Gefahr des Durchbruchs (Perforation) eines Geschwürs in die freie Bauchhöhle oder bereits eingetretenen Blutungen ist eine sofortige Operation nötig.
4. Bei Nachweis von Helicobacter-Bakterien kann eine medikamentöse Therapie das Magenleiden heilen.
5. Die Familie eines ulkuskranken Kindes sollte ihren Lebensstil überdenken und es nach Möglichkeit keinen seelischen Belastungen aussetzen.

Verstopfung

Wichtigste Symptome
Entleerung von harten, trockenen Stühlen, Schmerzen beim Stuhlgang, Bauchkrämpfe, Appetitverlust, Kopfschmerzen

Altershäufigkeit
Verstopfung kann in jedem Alter auftreten

Ähnliche Krankheitsbilder
Vitamin-D-Überdosierung, Darmverengung, angeborene Fehlbildungen des Verdauungstraktes, Schilddrüsenunterfunktion

Verstopfung (Obstipation)

Ursachen und Symptome

Seltene Stuhlentleerungen müssen noch keine Verstopfung anzeigen. Auch bei Kindern sind die Stuhlgewohnheiten individuell ganz verschieden.
Es ist völlig normal, wenn ein gestillter Säugling täglich bis zu sieben weiche Stühle entleert oder aber innerhalb von zehn Tagen nur einen Stuhl absetzt; dann nutzt er die Milch so gut aus, daß nur wenig für die Ausscheidung übrigbleibt.
Auch wenn ältere Kinder nur alle drei oder vier Tage einen geformten oder weichen Stuhl in größerer Menge entleeren, ist ihre Verdauungsfunktion in Ordnung. Wesentliches Symptom einer Verstopfung ist ein mengenmäßig geringer, harter und trockener Stuhl. Er entsteht meist dadurch, daß der unverwertbare Teil der Nahrung zu lange im Dickdarm bleibt. In diesem Darmabschnitt wird dem Rest des Speisebreis das Wasser entzogen. Wenn es sich dabei um eine ballaststoffarme Kost handelt, die die Darmperistaltik zu wenig anregt, wird der Darminhalt nur langsam weitertransportiert und durch weiteren Flüssigkeitsentzug übermäßig hart.
Diese Form der Verstopfung kann mit einer Umstellung der Ernährung beseitigt werden. Eine gesunde Mischkost sollte immer eine ausreichende Menge an Ballaststoffen enthalten. Die unverdauliche Zellulose der pflanzlichen Nahrungsmittel sorgt für eine Füllung des Darms, regt dessen Muskeltätigkeit an und bindet Wasser, wodurch der Stuhl weich und formbar bleibt. Nahrungsmittel, die einer Verstopfung vorbeugen, sind alle Fruchtsäfte und Früchte (außer Bananen), vor allem, wenn sie mit Schale gegessen werden; Gemüse (außer Möhren), besonders als Rohkost; Getreide (Vollkornbrot und Vollkornmüsli) und Milchprodukte wie Joghurt, Kefir und Buttermilch.
Eine zweite Ursache für die Entstehung von Verstopfung ist häufig darin zu finden, daß ein Kind dem Impuls zur Stuhlentleerung widersteht. Der Darminhalt wird willkürlich zurückgehalten und dadurch noch mehr eingedickt. Wenn der harte Kot nun zu Schmerzen beim Stuhlgang führt, wird das Kind aus Angst vor neuerlichen Beschwerden den Stuhlgang weiter unterdrücken, solange es irgend möglich ist. Beim mühevollen Herauspressen des harten, trockenen, knolligen Stuhls können feine Blutgefäße reißen, was sich durch Auflagerung von frischem Blut zeigt. Bei anhaltender Verstopfung können sich Bauchkrämpfe, Appetitlosigkeit, Kopfschmerzen, Mundgeruch und eine belegte Zunge einstellen. Der Grund, warum Kinder dem natürlichen Drang zur Stuhlentleerung

nicht nachkommen, ist oft eine zu strenge Sauberkeitserziehung bei den kleinen oder die Überbetonung einer regelmäßigen „Verdauungsleistung" bei älteren Kindern. Manchmal wehrt sich ein Kind auf diese Art gegen zuviel Druck von seiten der Eltern, oder es will die vermehrte Aufmerksamkeit auf sich lenken, weil es sich zu wenig geliebt oder beachtet fühlt.
Verstopfung bei Jugendlichen – vor allem bei Mädchen – ist häufig darauf zurückzuführen, daß sie wegen äußerer Umstände (zum Beispiel Zeitmangel, Schulunterricht, Schamgefühl, unhygienische Toiletten) dem Stuhldrang nicht nachgeben. Wenn das wiederholt geschieht, geht der natürliche Reflex für die Stuhlentleerung verloren.

Behandlung

1. Selbst in einem ernsten Fall von Verstopfung sollten Sie dem Kind ohne ärztliche Anweisung kein Abführmittel geben, und schon gar nicht eines, das für Erwachsene bestimmt ist. Möglicherweise verordnet der Arzt Glycerinzäpfchen oder Einmalklistiere.
2. Denken Sie auch daran, daß ungenügende Flüssigkeitszufuhr den Darminhalt eindickt. Kinder müssen relativ zu ihrem Körpergewicht mehr trinken als Erwachsene.
3. Auch mangelnde Bewegung fördert die Darmträgheit. Ein Kind, das nicht täglich herumtollt und im Freien spielt, sondern möglicherweise krank in seinem Bett liegt, neigt zur Verstopfung.
4. Bei Säuglingen, die ausschließlich mit Milch (Kuhmilchmischungen oder Milchfertignahrung) ernährt werden, kann schon ein Teelöffel voll Milchzucker in jedes Fläschchen oder ein- bis dreimal am Tag ein Löffel Malzextrakt helfen. Geben Sie Ihrem Kind außerdem Fruchtsäfte und Obstpüree mit abführender Wirkung (etwa Orangen, Birnen, Pfirsiche, Aprikosen).
5. Bei älteren Kindern führen eingeweichte Backpflaumen oder frische Zwetschgen, Pflaumensaft, Datteln, Feigen, Apfelmost, Traubensaft, Weintrauben, Rhabarber und Leinsamen zu einem baldigen Erfolg.
6. Wenn ein Kind öfter unter Verstopfung leidet oder ein Säugling hartnäckig verstopft ist, muß eine gründliche ärztliche Untersuchung vorgenommen werden, um Krankheiten oder Fehlbildungen des Verdauungstraktes zu erkennen oder auszuschließen.

Wann muß das Kind zum Arzt?
Bei hartnäckiger Verstopfung, die sich durch schlackenreiche Kost und reichliche Flüssigkeitszufuhr nicht bessern läßt

Wurmfortsatzentzündung (Appendizitis)

Ursachen und Häufigkeit

Es handelt sich nicht um eine „Blinddarmentzündung", wie sie oft fälschlich genannt wird, sondern um eine Entzündung seines wurmförmigen Anhängsels (Wurmfortsatz = Appendix). Der Wurmfortsatz ist reich an lymphatischem Gewebe, das im Verlauf einer infektiösen Erkrankung anschwellen kann, so daß einer Entzündung Vorschub geleistet wird; entzündungsfördernd wirken ferner Fremdkörper, Kotsteine, Würmer oder eine Abknickung im Wurmfortsatz.
Die Appendizitis tritt am häufigsten bei Kindern zwischen dem achten und zwölften Lebensjahr auf. Deshalb wird bei Kleinkindern eine Wurmfortsatzentzündung leicht übersehen und oft erst erkannt, wenn sich die Infektion ausgebreitet hat und der Appendix durchbricht (Perforation). Dabei tritt Eiter in die Bauchhöhle aus und verursacht eine Bauchfellentzündung. Je jünger das Kind ist, desto uncharakteristischer sind die Symptome zu Beginn der Appendizitis; sie führt aber schneller zu Komplikationen als im späteren Lebensalter.

Symptome und Verlauf

Beim älteren Kind sind gewöhnlich die typischen Anzeichen einer Wurmfortsatzentzündung vorhanden: plötzlich einsetzende Bauchschmerzen, die zunächst meist in der Nabelgegend gespürt werden, dann aber in den rechten Unterbauch ziehen, wo sich normalerweise der Wurmfortsatz befindet. Dieser kann jedoch auch hinter dem Blinddarm, im kleinen Becken oder, in seltenen Fällen, auf der linken Seite liegen, so daß Beschwerden an diesen Stellen angegeben werden.
Die Schmerzen verschlimmern sich von Stunde zu Stunde und sind beim Gehen besonders intensiv. Dabei beugt das Kind seinen Oberkörper

Wurmfortsatzentzündung

Wichtigste Symptome
Bauchschmerzen in der Nabelgegend oder im rechten Unterbauch, Übelkeit und Erbrechen, eventuell Temperaturerhöhung bis 39° C

Altershäufigkeit
Kinder vom 8.–12. Lebensjahr

Ähnliche Krankheitsbilder
Lungenentzündung, Nabelkolik, Darmverschluß, infektiöse Darmkrankheiten, Morbus Crohn

Komplikationen
Plötzliche, heftige Bauchschmerzen, starkes Erbrechen, gespannte Bauchdecken (Durchbruch)

Wann muß das Kind zum Arzt?
Bei unklaren Bauchschmerzen, die länger als 2 Stunden anhalten oder an Stärke zunehmen. Je jünger das Kind ist (Kleinkind), desto eher gehört es in ärztliche Behandlung

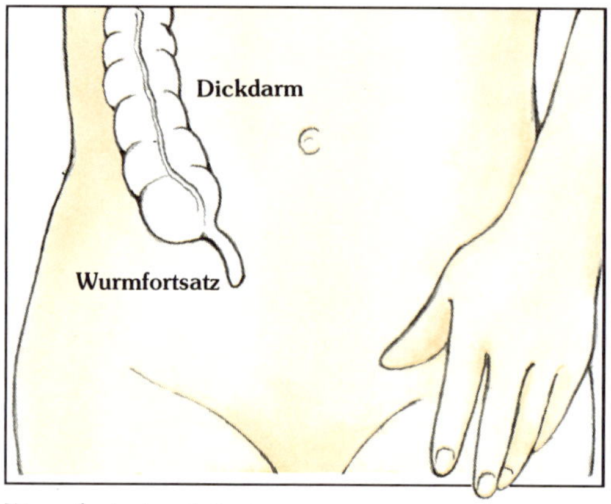

Wurmfortsatzentzündung

nach vorn, um die Bauchdecke zu entspannen. Im Liegen hält es das rechte Bein angezogen und etwas abgewinkelt. Der Bauch, besonders ein bestimmter Punkt im rechten Unterbauch (McBurney-Punkt), reagiert empfindlich auf Druck; plötzliches Loslassen nach Eindrücken der linken Bauchseite ruft ebenfalls einen stechenden Schmerz (Loslaßschmerz) hervor. Die Bauchdecke kann weich sein; bei einer Reizung des Bauchfells und vor allem nach einem Durchbruch ist sie jedoch hart und schmerzhaft gespannt.
Den Bauchschmerzen folgen Übelkeit und Erbrechen, eine leichte Temperaturerhöhung kann hinzukommen. Dabei besteht ein Unterschied zwischen der Temperatur im After und unter der Achsel von bis zu einem Grad. Ansteigendes Fieber auf über 39° C ist Zeichen einer Bauchfellentzündung. Treten Fieber und Erbrechen vor den Bauchschmerzen auf, handelt es sich in der Regel nicht um eine Appendizitis, bei der sowohl Verstopfung als auch leichter Durchfall auftreten kann; meistens ist der Stuhl aber normal.
Weil eine Wurmfortsatzentzündung nicht immer den beschriebenen typischen Verlauf nimmt oder die Krankheitszeichen manchmal nur schwach ausgeprägt sind und denen anderer Erkrankungen ähneln, ist die Diagnose gelegentlich schwierig. Kleinen Kindern fehlt dazu noch die Möglichkeit, Schmerzen genau zu lokalisieren und ihre Beschwerden zu beschreiben.

Vorsichtsmaßnahmen

Bei länger als zwei Stunden anhaltenden und/oder an Stärke zunehmenden Bauchschmerzen, zu denen vielleicht noch Übelkeit und Erbrechen hinzukommen, suchen Sie Ihren Arzt oder die chirurgische Ambulanz einer Klinik auf.
Gerade auch bei einem jüngeren Kind sollte eine Appendizitis ausgeschlossen werden. Sie kommt zwar in diesem Alter seltener vor, hat aber beim Kleinkind die Tendenz, sich sehr viel schneller zu entwickeln und zu einem Durchbruch zu führen.

Behandlung

1. Wenn Ihr Kind über anhaltende Bauchschmerzen klagt, müssen Sie die Möglichkeit einer Wurmfortsatzentzündung immer in Erwägung ziehen, solange keine andere Ursache gefunden ist.
2. Haben Sie Ihrem Kind einen warmen Leibwickel oder eine Wärmflasche gegeben und sind die Beschwerden dadurch schlimmer geworden, liegt der Verdacht auf eine Appendizitis nahe. In diesem Fall dürfen Sie keine weitere häusliche Behandlung vornehmen, die die Symptome verschleiern und dem Arzt die Diagnose erschweren kann: keinen Eisbeutel auf den Bauch, keine Bauchmassage, keine Medikamente gegen Schmerzen oder Erbrechen, kein Abführmittel gegen Verstopfung. Außerdem darf das Kind nichts mehr essen, lediglich noch etwas Tee trinken, wenn es möchte, denn eine sofortige Operation könnte ja nötig sein.
3. Die einzig richtige Behandlung einer akuten Appendizitis ist die operative Entfernung des entzündeten Wurmfortsatzes (Appendektomie). Aber selbst im Zweifelsfall ist es besser, ein Kind operieren zu lassen. Ein solcher Eingriff birgt heutzutage kaum noch ein Risiko, während die nicht rechtzeitig durchgeführte Operation lebensgefährliche Komplikationen nach sich ziehen kann.
Um die Diagnose zu sichern, wird der Arzt den Bauch des Kindes abtasten, die Brust abhorchen, den Rachen inspizieren und eine Urinanalyse veranlassen, denn Halsinfektionen, Lungenentzündungen und Harnwegserkran-

kungen können ähnliche Symptome hervorrufen.
Eine Blutuntersuchung kann weitere Aufschlüsse geben: Die Zahl der weißen Blutkörperchen ist gewöhnlich erhöht und die Blutsenkungsgeschwindigkeit beschleunigt. Eventuell wird noch eine Röntgenaufnahme oder Ultraschalluntersuchung des Bauches vorgenommen.
4. Sind die Symptome nicht eindeutig, wird Ihr Kind möglicherweise zur weiteren Beobachtung ins Krankenhaus aufgenommen. Bessert sich sein Zustand nicht, ist eine Operation erforderlich, um die Ursache zu klären.

Wurmkrankheiten

Wurmkrankheiten sind weltweit verbreitet, selbst Wohlstand und beste hygienische Verhältnisse verhindern nicht sicher den Befall mit diesen lästigen Parasiten. Besonders Kinder werden davon betroffen, weil sie häufig ihre Finger in den Mund stecken. Wurmkrankheiten verlaufen meistens beschwerdefrei; nur selten kommt es zu ernsten gesundheitlichen Störungen.

Madenwürmer (Enterobien)

Die weiblichen Würmer sind etwa 10 mm lang, die männlichen wesentlich kleiner. Sie sehen aus wie kurze weiße Zwirnsfäden. Sie leben nur im Menschen und werden nicht durch Hunde oder Katzen verbreitet.
Nachts kriechen die Weibchen aus dem Darm heraus und legen ihre mikroskopisch kleinen Eier um den After herum ab. Das führt zu Juckreiz, der das Kind unter Umständen im Schlaf stört. Beim unbewußten Kratzen geraten die Wurmeier unter die Fingernägel, und das Kind infiziert sich damit aufs neue. Sie können auch von den Händen des Kindes auf Spielsachen, Kleidungsstücke, Nahrungsmittel und andere Menschen übertragen werden.

Symptome

Das Kind zeigt bei dieser häufigen Wurmkrankheit nur wenig Symptome. Vielleicht klagt es über Juckreiz in der Afterregion während der Nacht oder über Brennen in der Genitalgegend. Madenwürmer können plötzliches nächtliches Einnässen verursachen. Bei schwerem Befall stellen sich möglicherweise Bauchkrämpfe ein, das Kind wird nervös, und seine Leistungen in der Schule lassen nach, weil es nachts nur unruhig schläft.
Gelegentlich sehen Sie im Stuhlgang Ihres Kindes feine weiße Fädchen. Wenn diese sich bewegen, handelt es sich um Madenwürmer. Zur Diagnosestellung wird der Arzt Sie bitten, dem Kind abends vor dem Schlafengehen einen Streifen durchsichtiges Klebeband über den After zu kleben. Darauf können dann unter dem Mikroskop die abgelegten Eier nachgewiesen werden.

Behandlung

1. Der Arzt wird bestimmte, innerlich anzuwendende medikamentöse Wurmmittel verordnen. Die Gebrauchsanweisungen sind in jedem Fall genau zu befolgen.
2. Ferner gilt es, die Selbstinfektion des Kindes zu vermeiden. Seine Fingernägel müssen sehr kurz gehalten und täglich, morgens und abends, mit einer Bürste gesäubert werden. Nach jedem Toilettengang ist auf gründliches Händewaschen zu achten. Nachts soll eine enganliegende Unterhose getragen werden, die Sie jeden Tag, ebenso wie die Waschlappen und Handtücher, auswechseln. Das Kind wird häufig gebadet und seine Leib- und Bettwäsche getrennt von der anderen Haushaltswäsche ausgekocht.

Madenwürmer

Wichtigste Symptome
Juckreiz in der Afterregion (besonders nachts), Rötung und Schwellung der äußeren Geschlechtsteile bei Mädchen, Schlafstörungen, Nervosität, plötzliches nächtliches Einnässen, eventuell krampfartige Bauchschmerzen

Altershäufigkeit
Kleinkinder, Schulkinder

Ähnliche Krankheitsbilder
Pilzerkrankungen

Wann muß das Kind zum Arzt?
Wenn die obengenannten Symptome auftreten

Spulwürmer (Askariden)

Das sind runde, weißliche, 10–50 cm lange, regenwurmähnliche Parasiten des Darmes. Die unreifen Wurmeier gelangen mit dem menschlichen Kot in die Erde oder auf fäkaliengedüngte Gemüse- und Salatpflanzen, wo sie einen Reifungsprozeß durchmachen. Mit der roh gegessenen und schlecht gewaschenen Nahrung werden sie in den Körper aufgenommen. Die Larven schlüpfen im Dünndarm aus, durchbohren die Darmwand und wandern auf dem Blutweg über verschiedene Organe zurück in den Darm. Dort wachsen sie zu reifen Würmern heran.

Spulwürmer

Wichtigste Symptome
Kolikartige Leibschmerzen, Appetitlosigkeit oder Heißhunger, Blässe

Altershäufigkeit
Schulkinder, Jugendliche

Ähnliche Krankheitsbilder
Andere Wurmerkrankungen, Appendizitis, Darmverschluß, Leber- und Gallenerkrankungen anderer Ursache

Komplikationen
Durch Zusammenballung von Wurmmassen kann es zu einem Darmverschluß kommen, Erbrechen stellt sich ein. Bei Befall des Gallengangs treten Gallenkoliken, bei der Passage durch die Lunge tritt eventuell eine Reizbronchitis auf. Eine toxisch-allergische Reaktion führt möglicherweise zu Nesselsucht

Wann muß das Kind zum Arzt?
Bei unklaren Bauchschmerzen ist immer eine gründliche ärztliche Untersuchung angezeigt

Madenwurm

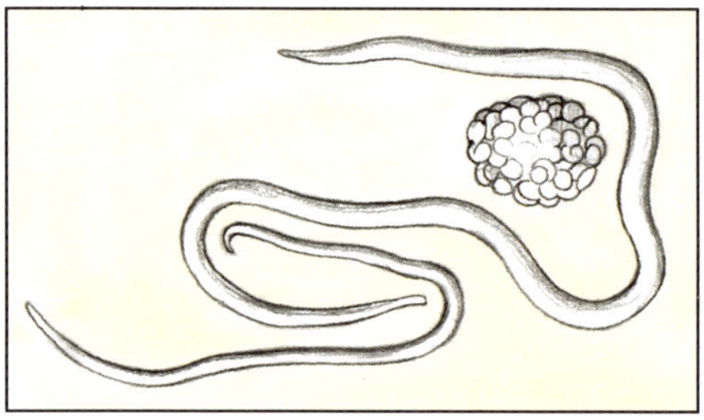

Spulwurm

Symptome und Behandlung

Häufig spürt das Kind nichts. Eventuell hat es Ringe unter den Augen, Bauchschmerzen, zeigt Appetitlosigkeit oder Heißhunger und Gewichtsabnahme. Ein massiver Wurmbefall kann zu Erscheinungen eines Darmverschlusses mit Erbrechen führen. Gelegentlich gelangen Würmer auch einmal in den Magen und werden erbrochen.
Die Behandlung besteht in der Durchführung einer ärztlich verordneten Wurmkur.
Auch Haustiere, wie Hunde und Katzen, können von Spulwürmern befallen sein (besonders die Jungtiere), und der Mensch kann sich mit den tierischen Spulwurmeiern anstecken. Die im Darm ausgeschlüpften Larven wandern durch seinen Körper und sterben schließlich ab, weil der Mensch für sie der „falsche“ Wirt ist. Auf ihrem Wanderweg können sie unter anderem auch ins Gehirn oder in die Augen dringen und dort gefährliche Krankheiten hervorrufen.
Da es eine spezifische Behandlung in diesem Fall nicht gibt, ist die Vorbeugung besonders wichtig. Junge Haustiere sollten vorsichtshalber alle paar Wochen einer Wurmkur unterzogen werden, und der Tierarzt sollte die Wurmfreiheit von Zeit zu Zeit überprüfen. Achten Sie selbst auf die Sauberkeit von Kinderspielplätzen (Verunreinigung durch Hunde- oder Katzenkot). Verhindern Sie, daß Ihr Kind Sand oder beim Spielen seine Finger in den Mund steckt. Bringen Sie Ihrem Kind bei, daß das Händewaschen nach dem Spielen im Freien oder mit einem Tier und vor allem vor dem Essen eine Selbstverständlichkeit ist.

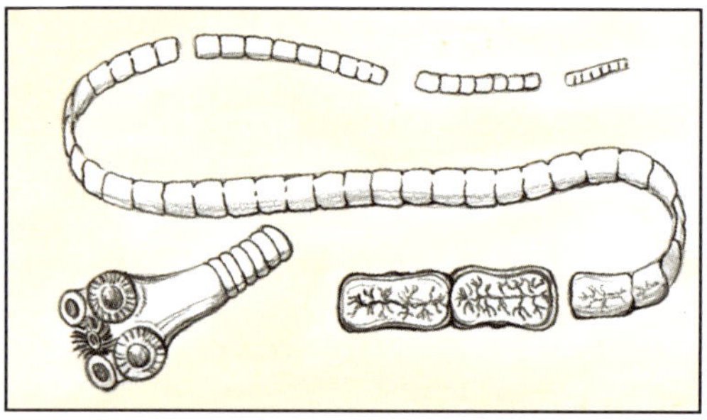

Bandwurm

Bandwürmer (Taenien)

Sie leben in verschiedenen Zwischenwirten (Rind und Schwein) und gelangen durch den Genuß rohen oder ungenügend gegarten Fleisches als Finnen in den menschlichen Darm. Dort saugen sie sich fest und wachsen zu reifen Würmern heran. Der häufigere Rinderbandwurm kann bis zu 10 Meter lang werden. Im Stuhl finden sich gelegentlich bandnudelähnliche, flache Wurmglieder.

Bandwürmer

Wichtigste Symptome
Druckgefühl im Oberbauch, Heißhunger oder Appetitlosigkeit, Übelkeit; Durchfall, mit Verstopfung abwechselnd

Altershäufigkeit
Schulkinder, Jugendliche

Ähnliche Krankheitsbilder
Andere Wurmkrankheiten

Komplikationen
Gewichtsabnahme, Anämie

Wann muß das Kind zum Arzt?
Bei unklaren Verdauungsstörungen oder unerklärlicher Gewichtsabnahme sollte der Arzt aufgesucht werden

Symptome und Behandlung

Auch beim Befall mit einem Bandwurm sind die Beschwerden oft gering. Es können Verdauungsstörungen auftreten (Übelkeit, Bauchschmerzen, Durchfall oder Verstopfung), Heißhunger oder Appetitlosigkeit. Das Kind kann Kopfschmerzen haben und verliert mit der Zeit an Gewicht.
Zur Behandlung stehen gut wirksame Medikamente zur Verfügung, die nach Verordnung des Arztes angewendet werden.

Krankheiten der Nieren und der Harnwege

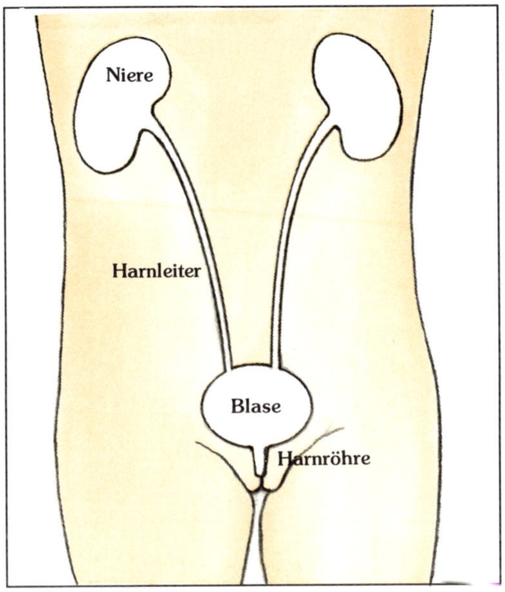

Nieren und Harnwege

Eiweiß im Urin (Albuminurie)

Ursachen

Eine Eiweißausscheidung mit dem Harn muß nicht immer mit einer Erkrankung der Nieren verbunden sein. Sie kommt zum Beispiel vorübergehend auch bei hohem Fieber oder bei starkem Flüssigkeitsverlust (Exsikkose) vor.
Bei lang aufgeschossenen, überschlanken (asthenischer Körperbau), vegetativ labilen Kindern, meist Jugendlichen, die zu einer gesteigerten Reaktion des vegetativen Nervensystems neigen, wie Ohnmachten, Herzjagen, niedrigem Blutdruck, Blässe und Schweißausbrüchen, wird die orthostatische (kreislaufbedingte) oder lordotische (hohlkreuzbedingte) Albuminurie beobachtet. Die Zusammenhänge sind noch ungeklärt.

Symptome

Im liegenden Zustand wird kein Eiweiß im Urin ausgeschieden, der Nachtharn ist eiweißfrei. Aber im Gehen und Stehen, besonders bei lordotischer Körperhaltung (Hohlkreuz) ist Eiweiß im Urin vorhanden. Die Nierenfunktion ist dabei normal.

Behandlung

Eine besondere Therapie ist nicht erforderlich. Ein bestehender Haltungsschaden sollte mit orthopädischen Maßnahmen (Haltungsturnen, Schwimmen, Krankengymnastik) behoben werden.

Harnwegsinfektionen

Ursachen und Häufigkeit

Wenn ein Säugling oder Kleinkind ohne offensichtlichen Grund die Nahrung verweigert, wenn ungeklärte Temperaturerhöhungen bestehen, wenn die Haut eine fahle Blässe zeigt und das Kind dazu noch weinerlich oder übellaunig ist, sollte stets an eine Harnwegserkrankung gedacht werden.
Die Entzündung der ableitenden Harnwege, also der Blase, der Harnleiter und/oder des Nierenbeckens, ist eine relativ häufige Erkrankung, die beim jungen Kind leicht übersehen wird. Mädchen sind davon öfter betroffen als Jungen, da sie eine viel kürzere Harnröhre haben, was das Eindringen von Krankheitskeimen erleichtert. Dies wird besonders durch eine falsche Säuberung begünstigt, wenn nach dem Stuhlgang die Afterregion von hinten nach vorn abgewischt wird. Richtig ist es, vor allem bei Mädchen, die Reinigung stets von vorn nach hinten vorzunehmen, damit vom Darmausgang keine Keime in die Harnblase verschleppt werden.

Symptome und Verlauf

Die akute Erkrankung kann sich mit Appetitlosigkeit, Mattigkeit, Erbrechen (insbesondere bei kleinen Kindern), Temperaturerhöhung bis zu hohem Fieber und einer fahlgelben Hautblässe zeigen. Kinder, die schon trocken waren, neigen erneut zum Einnässen.

Eiweiß im Urin

Wichtigste Symptome
Ausscheidung von Eiweiß mit dem Urin bei aufrechter Körperhaltung, besonders beim Stehen und Gehen im Hohlkreuz

Altershäufigkeit
Ältere Schulkinder und Jugendliche

Ähnliche Krankheitsbilder
Nephritis, nephrotisches Syndrom

Wann muß das Kind zum Arzt?
Wenn ein Kind unter Blässe, Schweißausbrüchen, Herzjagen und/oder Ohnmachten leidet, sollte auch eine Urinkontrolle vorgenommen werden

Harnwegsinfektionen

Wichtigste Symptome
Bei kleinen Kindern Weinerlichkeit, Appetitlosigkeit, Erbrechen, Fieber, fahlgelbe Hautblässe, erneutes Einnässen.
Bei älteren Kindern häufiger Harndrang, Schmerzen beim Wasserlassen, Druckgefühl in der Blase mit ausstrahlenden Schmerzen in der Leistengegend (Blasenentzündung).
Hohes Fieber und Schmerzen in der Nierengegend oder im Rücken (Nierenentzündung)

Altershäufigkeit
Kinder bis zu 3 Jahren, häufiger bei Mädchen

Ähnliche Krankheitsbilder
Andere Nierenerkrankungen, Mißbildungen des Harntraktes, Zuckerkrankheit, Appendizitis, Eierstockentzündung bei Mädchen

Komplikationen
Die Infektion der Niere neigt zu einem chronischen, sich über längere Zeit erstreckenden Verlauf, oder es kommt bei nicht ausheilender Behandlung zu Rückfällen, die in späteren Jahren die Ursache eines Nierenversagens sein können

Wann muß das Kind zum Arzt?
Jede Harnwegsinfektion gehört in ärztliche Behandlung

Nephrotisches Syndrom

Wichtigste Symptome
Leichte bis schwere Ödembildung (besonders im Gesicht), Hautblässe, Infektanfälligkeit, Müdigkeit, Erbrechen, Durchfall

Altershäufigkeit
Kleinkinder

Ähnliche Krankheitsbilder
Akute Glomerulonephritis

Komplikationen
Wenn dem nephrotischen Syndrom eine chronische Nierenentzündung zugrunde liegt, kann sich eine fortschreitende Verminderung der Nierenfunktion (Niereninsuffizienz) mit der Gefahr eines späteren Nierenversagens einstellen

Erst das ältere Kind klagt über die typischen Beschwerden, wie Schmerzen beim Wasserlassen, häufigen Harndrang und ein Druckgefühl in der Blase, wenn eine Blasenentzündung (Zystitis) vorliegt.
Für eine aufsteigende Entzündung in das Nierenbecken (Pyelitis) und das Nierengewebe (Nephritis) sprechen Schmerzen in der Nierengegend (also im unteren Rückenbereich rechts und/oder links neben der Wirbelsäule), hohes Fieber und Schüttelfrost. Es läßt sich aber nur selten unterscheiden, welche Teile der Harnorgane von der Erkrankung betroffen sind, so daß der Arzt sie als Pyelonephritis bezeichnet.

Behandlung

1. Bei einem akuten, schweren Verlauf muß das Kind Bettruhe einhalten.
2. Der Arzt wird Antibiotika verordnen und wiederholte Urinkontrollen vornehmen.
3. Geben Sie dem Kind reichlich zu trinken, damit die Harnwege gut durchgespült werden. Sorgen Sie für warme Füße, und halten Sie den Unterleib des Kindes warm.
4. Da die Erkrankung zu einem chronischen Verlauf neigt und Rückfälle auftreten können, muß auch in leichten Fällen die Antibiotikatherapie über längere Zeit forgesetzt werden.
5. Wiederkehrende Infektionen und Infektionen im Säuglingsalter legen besonders bei Jungen den Verdacht auf eine Mißbildung der Harnwege nahe, was durch eine sorgfältige Untersuchung durch einen Facharzt für Krankheiten der Harnorgane (Urologe) abgeklärt werden muß.

Nephrotisches Syndrom

Ursachen

Merkmale dieser unter dem Begriff „nephrotisches Syndrom" zusammengefaßten Nierenerkrankungen sind die Ausscheidung großer Mengen von Eiweiß mit dem Urin, starke Verminderung von Eiweiß im Blut, Erhöhung des Blutfettgehaltes und Ödeme.
Als Ursachen kommen in Frage: eine Nierenschädigung durch eine chronische, nicht ausheilende Nephritis oder durch die Zuckerkrankheit

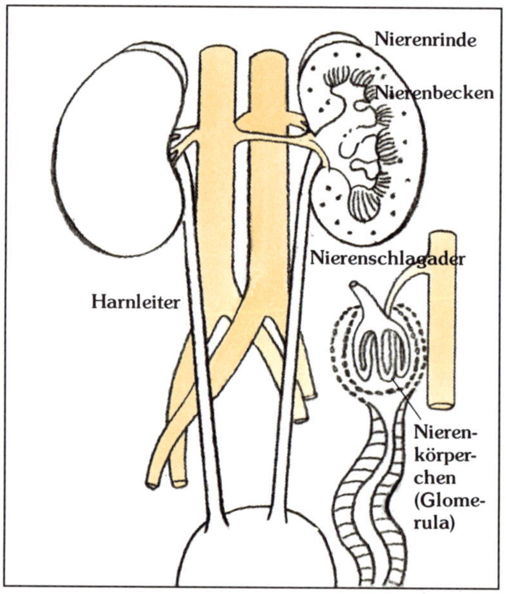

Aufbau der Niere

(Diabetes mellitus), Nierenschädigung nach einer Vergiftung oder durch eine allergische Antigen-Antikörper-Reaktion (siehe Seite 145) und durch Infektionen.
Die Veränderungen an den Nierenkörperchen (Glomerula) bewirken eine abnorme Durchlässigkeit für Bluteiweiße.

Symptome und Verlauf

Im Harn ist reichlich Eiweiß enthalten, dadurch vermindert sich der Eiweißgehalt des Blutes. Es treten Ödeme auf (Wasseransammlungen im Gewebe), und zwar besonders im Gesicht (Lidödem), in schweren Fällen auch am ganzen Körper und in der Bauchhöhle (Aszites). Das Kind ist blaß und anfällig für Infekte, da seine Antikörper, die im Blut an den Eiweißstoff Gammaglobulin gebunden sind, verlorengehen.

Komplikationen

1. In manchen Fällen stellt sich eine fortschreitende Verminderung der Nierenleistung ein (Niereninsuffizienz), die letztlich zu einem Nierenversagen führen kann. In diesem Zustand ist der Einsatz verschiedener Dialyseverfahren

(Blutwäsche, künstliche Niere) nötig. Eventuell muß später an eine Nierentransplantation (Nierenübertragung) gedacht werden.
2. Durch Langzeittherapie mit Kortisonpräparaten kommt es häufig zu Nebenerscheinungen, dem Pseudo-Cushing. Das Cushing-Syndrom selbst ist eine Krankheit der Nebennierenrinde mit vermehrter Hormonproduktion, bei der besonders das Aussehen durch übermäßigen Fettansatz am Körper und im Gesicht verändert ist.

Behandlung

1. Die Behandlung erfolgt im Krankenhaus mit Kortisonpräparaten zur „Abdichtung" der geschädigten Blutgefäße und mit Antibiotika als Schutz vor Infektionen.
2. Das Kind erhält eine eiweißreiche, salzarme Kost; die Flüssigkeitszufuhr muß wegen der Ödembildung eingeschränkt werden.
3. Die Therapie ist langwierig; Medikamente müssen unter Umständen über Monate und Jahre oder auch in Intervallen gegeben werden.

Nierenentzündung, akute (Glomerulonephritis)

Ursachen und Häufigkeit

Nierenleiden sind oft die Folge anderer Krankheiten. Betroffen sind vorwiegend Kinder im frühen Schulalter, häufiger Jungen als Mädchen. Eine akute Nierenentzündung entsteht bei Kindern häufig aufgrund einer Infektion mit Streptokokkenbakterien oder Viren.
Bestandteile der Erreger wirken als Antigene, das heißt, der Körper bildet Abwehrstoffe, die Antikörper. Antigene und Antikörper bilden sogenannte Immunkomplexe, die in den Kapillarknäueln der Niere (Glomerula) abgelagert werden und dort eine Entzündung hervorrufen (Glomerulonephritis). Dadurch werden die für die Ausscheidung des Urins wichtigsten Teile der Nieren, die Kapillarknäuel, geschädigt, so daß es zu einem Übertritt von Eiweiß und Erythrozyten (roten Blutkörperchen) aus dem Blut in den Harn kommt. Ebenso ist eine gestörte Durchblutung dieser Nierenabschnitte möglich, was eine verminderte Ausscheidung von Wasser und Stoffwechselendprodukten sowie deren Ansammlung unter der Haut (Ödembildung) oder Anhäufung im Blut zur Folge hat. Die Ausscheidungsstörung kann zu einem völligen Versiegen der Harnausscheidung (Anurie) führen, wodurch die Gefahr einer Harnvergiftung (Urämie) gegeben ist.

Symptome und Verlauf

Die ersten Anzeichen einer Glomerulonephritis erscheinen ein bis drei Wochen nach einer Virus- oder Streptokokkeninfektion und sind üblicherweise mild. Tatsächlich verlaufen die meisten Fälle, in denen die Niere angegriffen ist, unbemerkt und gehen ohne Behandlung zurück. Bei der akuten Nierenentzündung zeigen sich jedoch Müdigkeit, Appetitlosigkeit, Übelkeit bis zum Erbrechen, Kopfweh, Fieber, blutiger Urin (blutigrot bis schmutzigbraun oder fleischwasserfarben) und Ödeme, besonders im Gesicht und in den Augenlidern, wodurch das Kind ein aufgedunsenes Aussehen erhält.
Wenn die Urinausscheidung immer spärlicher wird, stellt sich erhöhter Blutdruck ein, und es können Krämpfe auftreten. Diese schwere Form der Erkrankung ist selten; in den meisten Fällen ist mit einer völligen Ausheilung zu rechnen.

Behandlung

1. Im akuten Stadium muß das Kind Bettruhe einhalten. Wegen der Möglichkeit unvorhersehbarer Komplikationen kann eine Krankenhauseinweisung nötig sein.
2. Kann das Kind zu Hause bleiben, stellt der Arzt einen besonderen Diätplan auf, um die Nierenfunktion zu entlasten. Die Nierenschonkost meidet vor allem Eiweiß und Salze; Fett und Kohlenhydrate sind erlaubt. Manchmal darf das Kind in den ersten Tagen nur trinken. Dabei richtet sich die Flüssigkeitszufuhr nach der Menge der Urinausscheidungen.
3. Für zwei bis drei Wochen wird eine Behandlung mit Penicillin oder einem anderen Antibiotikum verordnet.
4. Wenn wiederholt eitrige Mandelentzündungen vorgelegen haben, ist nach Abklingen der Erkrankung eventuell eine operative Entfernung der Gaumenmandeln angezeigt.

Wann muß das Kind zum Arzt?
Das Kind gehört umgehend in klinische Behandlung

Nierenentzündung, akute

Wichtigste Symptome
1–3 Wochen nach einer Erkrankung mit Streptokokken oder Viren: Müdigkeit, Blässe, mäßiges Fieber, Übelkeit bis zum Erbrechen, Kopfweh, Rückenschmerzen, Bauchschmerzen, Ödematöse Schwellungen im Gesicht, blutig-brauner Urin

Altershäufigkeit
Kinder im Alter von 2–12 Jahren

Ähnliche Krankheitsbilder
Andere Nierenerkrankungen

Komplikationen
Verminderung der Urinmenge, Bluthochdruck und Krämpfe. Eine nicht ausgeheilte Nierenentzündung kann später in ein chronisches Stadium übergehen mit der Gefahr des Untergangs von funktionstüchtigem Nierengewebe und narbiger Schrumpfung (Schrumpfniere)

Wann muß das Kind zum Arzt?
Beim Auftreten der obengenannten Symptome gehört das Kind umgehend in ärztliche Behandlung

Wilms-Tumor

Wichtigste Symptome
Auftreibung des Bauches und Vergrößerung des Bauchumfangs, Bauchschmerzen, eventuell Fieber, Gewichtsverlust, Erbrechen, Durchfall, Blut im Urin

Altershäufigkeit
Kinder im Alter bis zu 5 Jahren

Komplikationen
Metastasierung (Ausbreitung der Tumorzellen über den Blutweg und Ansiedlung von Tochtergeschwülsten in der Lunge)

Wann muß das Kind zum Arzt?
Bei unklaren Bauchbeschwerden und Fieberzuständen, beim Auftreten von Blut im Urin

Wilms-Tumor (Nephroblastom)

Ursachen und Häufigkeit

Die auslösende Ursache ist unbekannt; Erbfaktoren, Umwelteinflüsse und die persönliche Verhaltensweise der werdenden Mutter können eine Rolle spielen.
Der Wilms-Tumor ist eine bösartige Geschwulst der Niere. Er zählt mit zu den häufigsten bösartigen Tumoren der Kindheit; in 50 Prozent der Fälle tritt er bis zum dritten Lebensjahr auf. Kinder über acht Jahre erkranken selten an dieser Krankheit.

Symptome und Verlauf

In der ersten Lebenszeit sind nur relativ selten auffallende Symptome zu erkennen. Wenn der Tumor wächst, verdrängt er die Nachbarorgane, wodurch sich Anzeichen für eine Erkrankung einstellen. Der Bauchumfang vergrößert sich; an der befallenen Seite ist eine Vorwölbung zu sehen, oder die Geschwulst ist unter der Bauchdecke tastbar. Das Kind klagt über Bauchschmerzen (mit und ohne Fieber), ist appetitlos und geschwächt. Im weiteren Verlauf kommt es zu Magen-Darm-Störungen mit Erbrechen und Durchfall, eventuell verbunden mit Fieber. Im Urin sind Blutspuren zu finden.

Behandlung

Die Diagnose wird durch Röntgenuntersuchungen der Niere, Ultraschall und Computertomographie gesichert und der Tumor operativ entfernt. Anschließend erfolgt eine Nachbehandlung mit Zytostatika (das Zellwachstum hemmende Medikamente) und gegebenenfalls Bestrahlung des Tumorgebietes.
Bei frühzeitiger Diagnose und ausgedehnter Operation sind die Heilungsaussichten sehr gut. Die Behandlung eines krebskranken Kindes findet am besten in einem pädiatrisch-onkologischen Zentrum oder in der onkologischen Station eines Krankenhauses statt, die auf solche Fälle spezialisiert sind.

Krankheiten der Geschlechtsorgane

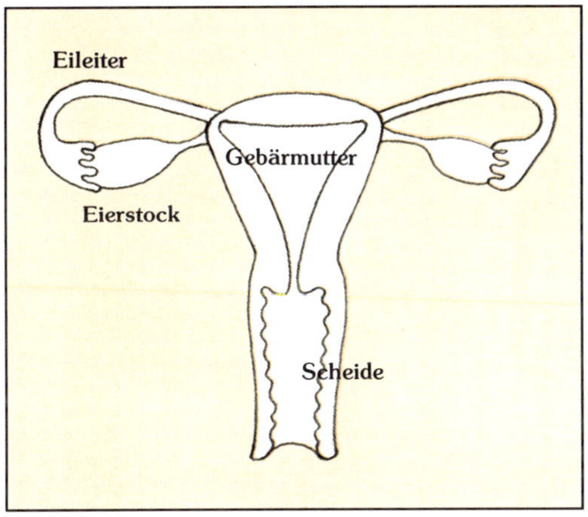

Weibliche Geschlechtsorgane

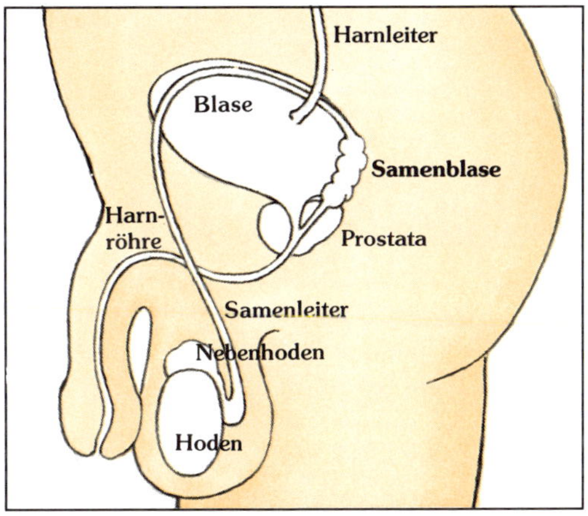

Männliche Geschlechtsorgane

Brustdrüsenschwellungen

Beim Neugeborenen

Ursachen

Dadurch, daß bestimmte mütterliche Hormone während der Schwangerschaft auf das Kind übergehen, entwickeln viele Neugeborene, Mädchen wie Jungen, gegen Ende der ersten Lebenswoche eine sichtbare, etwa haselnußgroße und tastbare Brustdrüsenschwellung, die auf Druck eine milchige Flüssigkeit (Hexenmilch) absondert. Diese Erscheinung ist völlig harmlos und geht in fast allen Fällen von selbst zurück.
Allerdings sollte die Brustdrüse keinesfalls gedrückt werden, da hierdurch Entzündungen (Mastitis) entstehen können. Tritt zusammen mit der Schwellung auch eine Rötung auf, muß das Kind dem Arzt vorgestellt werden, denn möglicherweise handelt es sich bereits um eine beginnende Infektion (Brustdrüsenentzündung), die behandelt werden muß.

Behandlung

Zum Schutz der Brust legen Sie am besten so lang eine polsternde Mull- und Wattelage darauf, bis die Anschwellung völlig zurückgegangen ist.

Beim Jungen

Ursachen und Verlauf

Während der Pubertät entsteht bei mehr als der Hälfte aller gesunden Jungen eine leichte ein- oder doppelseitige Brustdrüsenschwellung (Pubertätsgynäkomastie) durch Vermehrung des Brustdrüsengewebes. Sie bildet sich fast immer nach ein bis zwei Jahren von selbst zurück. Weil die betroffenen Jugendlichen ängstlich bemüht sind, sich nicht nackt zu zeigen, wird sie meistens nicht erkannt.
Die Ursache ist noch unklar, doch kann in der Zeit der hormonellen Umstellung auch bei Jungen zeitweilig ein Überschuß an weiblichem Hormon (Östrogen) auftreten oder eine gesteigerte Ansprechbarkeit der Brustdrüse des Jungen auf weibliche Geschlechtshormone vorhanden sein.
Es gibt allerdings auch ernste Krankheiten, die aufgrund von Hormonstörungen eine Brustdrüsenvergrößerung hervorrufen.

Behandlung

1. Wenn sich Ihr heranwachsender Sohn wegen seiner vergrößerten Brustdrüsen schämt, beruhigen Sie ihn, und machen Sie ihm klar, daß hier keine Krankheit und keine Verweibli-

Brustdrüsenschwellung bei Neugeborenen

Wichtigste Symptome
Haselnußgroße Schwellung der Brustdrüsen

Altershäufigkeit
Neugeborene am Ende der 1. Lebenswoche

Komplikationen
Rötung und zunehmende derbe Schwellung weisen auf eine Brustdrüsenentzündung hin

Wann muß das Kind zum Arzt?
Beim Auftreten von Komplikationen

Brustdrüsenschwellungen beim Jungen

Wichtigste Symptome
Ein- oder beidseitige Vergrößerung der männlichen Brust

Altershäufigkeit
Jungen in der Pubertät

Ähnliche Krankheitsbilder
Hormonbildende Tumore, Klinefelter-Syndrom, Schilddrüsenüberfunktion, Lebererkrankungen

Wann muß das Kind zum Arzt?
Eine Vorstellung beim Arzt ist anzuraten, um eine Hormonstörung nicht zu übersehen

Hodenhochstand

Wichtigste Symptome
Ständiges Fehlen des Hodens im Hodensack

Altershäufigkeit
Männliche Säuglinge und Kleinstkinder

Wann muß das Kind zum Arzt?
Ein Hodenhochstand sollte nicht übersehen werden. Nutzen Sie darum die kostenlosen Kindervorsorgeuntersuchungen! Lassen Sie bereits im 2. Lebensjahr eine Behandlung vornehmen

Hodentorsion

Wichtigste Symptome
Heftige Schmerzen im Hodensack oder in den Leisten, Übelkeit, Erbrechen, blaurote Verfärbung der Haut im Schmerzgebiet

Altershäufigkeit
Jungen in der Säuglingszeit und in der Pubertät

Ähnliche Krankheitsbilder
Eingeklemmter Bruch, Hoden- oder Nebenhodenentzündung, Hoden- oder Nebenhodenverletzungen

Komplikationen
Kreislaufkollaps

Wann muß das Kind zum Arzt?
Sofort. Dies ist ein Notfall, der eine sofortige Operation nötig macht!

chung vorliegt, sondern eine häufige, harmlose Erscheinung, die vorübergeht.
2. Lassen Sie Ihren Sohn vorsichtshalber vom Arzt untersuchen, um eine Gesundheitsstörung auszuschließen.

Hodenhochstand (Maldescensus testis)

Ursachen und Symptome

Die Hoden (Testis) entwickeln sich während der Fetalzeit in der Bauchhöhle. Bis kurz vor der Geburt sind sie normalerweise durch den Leistenkanal in den Hodensack gewandert.
Bei etwa drei Prozent der reifen neugeborenen Knaben und zwanzig Prozent der frühgeborenen ist ein oder sind beide Hoden zum Zeitpunkt der Geburt nicht vollständig in den Hodensack eingetreten. Der Hoden kann in der Bauchhöhle (Kryptorchismus) oder im Leistenkanal (Leistenhoden) steckengeblieben sein und durchaus noch bis zum Ende des ersten Lebensjahres von selbst herabsteigen.
Als Ursache für den Hodenhochstand kommen insbesondere vorgeburtliche hormonelle Störungen (von mütterlicher oder kindlicher Seite) in Frage, aber auch Anlagedefekte im Hoden oder anatomische Hindernisse, die die Hodenwanderung hemmen.
Verbleibt ein Hoden im relativ warmen Körperinneren, kann das temperaturempfindliche samenbildende Gewebe geschädigt werden. Der Hoden schrumpft (atrophiert) und verliert seine Fähigkeit, gesunde, reife Samenfäden (Spermien) zu produzieren. Selbst wenn der zweite Hoden bereits im Hodensack liegt, ist dieser häufig von den Gewebsveränderungen mitbetroffen. Außerdem besteht ein gewisses Risiko, daß sich aus einem Bauchhoden später ein bösartiger Tumor entwickelt.
Vom Hodenhochstand ist der sogenannte Pendel- oder Wanderhoden zu unterscheiden: Die Hoden befinden sich im Hodensack, ziehen sich aber zeitweilig, vor allem bei Kältereizen, in die Leiste zurück. In diesen Fällen ist keine Behandlung notwendig. Wenn der Junge heranwächst, nehmen die Hoden dauerhaft ihre normale Lage ein.

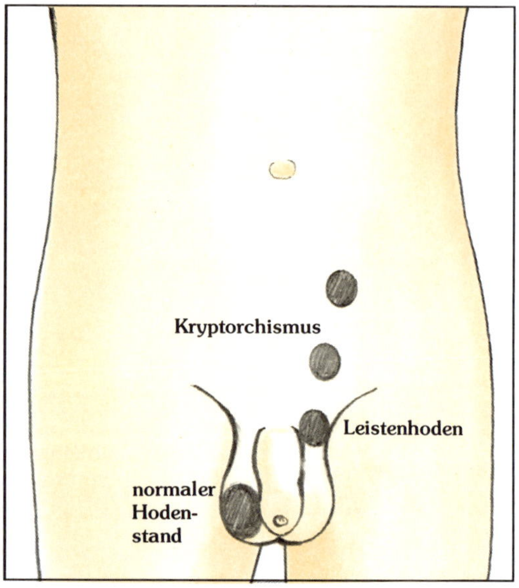

Hodenhochstand

Behandlung

Früher wurde angenommen, daß mit einer Behandlung bis zum Beginn des Schulalters gewartet werden könne. Heute weiß man, daß die Therapie frühzeitig einsetzen und bis zum Ende des zweiten Lebensjahres abgeschlossen sein muß, um die spätere Zeugungsfähigkeit des Jungen zu erhalten.
Meist wird zunächst versucht, durch Hormongaben (als Nasenspray oder Injektionen) den Abstieg des oder der Hoden auszulösen. Bleibt der Erfolg jedoch aus, ist ein operativer Eingriff nötig, um den oder die Hoden im Hodensack zu fixieren.

Hodentorsion (Stieldrehung des Hodens)

Ursachen und Symptome

Aus noch unbekannten Gründen kann es zu einer Drehung des Hodens um den Samenstrang kommen. Dabei werden die im Samenstrang verlaufenden Blutgefäße und Nerven abgeklemmt. Das verursacht plötzlich einsetzende, heftige Schmerzen in der betroffenen Seite des Hodensacks (Skrotum), die bis in die Leistengegend und den Unterbauch ausstrahlen können.

Es entwickelt sich eine derbe Schwellung, und die Haut verfärbt sich blaurot. Dem Kind wird übel oder es erbricht, häufig stellt sich Fieber ein.
Die Hodenverdrehung kann mit anderen Erkrankungen innerhalb des Hodens verwechselt werden (Hodenentzündung, Bruchkrankheiten).
Liegt bei einem Jungen ein Hodenhochstand vor, ist also ein Hoden im Bauchraum oder Leistenkanal verblieben, muß immer an die Möglichkeit einer Hodentorsion gedacht werden, wenn akute starke Bauchschmerzen auftreten.

Behandlung

Es handelt sich um einen Notfall, der eine sofortige Operation erfordert. Nur bei raschem Eingreifen läßt sich eine Schädigung des Hodens vermeiden.

Menstruationsstörungen

Bei den meisten Mädchen tritt die erste Regelblutung (Menarche) heute im Alter von zwölf bis dreizehn Jahren auf. Aber auch ein früherer (ab neun Jahre) sowie späterer (bis sechzehn Jahre) Beginn der Menstruation ist völlig normal. In jedem Fall geht der ersten Monatsblutung ein deutlicher Wachstumsschub und eine entsprechende Brustentwicklung voraus.
Während die Periodenblutungen später in ziemlich regelmäßigen, individuell allerdings unterschiedlichen Abständen von 25 bis 35 Tagen (durchschnittlich 28 Tage) erfolgen, muß sich der Körper des jungen Mädchens erst an die Hormonausschüttungen der Eierstöcke gewöhnen. In den ersten ein bis drei Jahren nach der Menarche ist daher der Monatszyklus oft noch unregelmäßig. Die Blutung ist meist gering, kann aber länger anhalten (sechs oder mehr Tage).
Wie manche erwachsene Frauen auch, fühlen sich viele jungen Mädchen kurz vor oder zu Beginn ihrer „Tage" wirklich unwohl. Sie sind schlechter Laune, leiden unter Kopfweh, Bauch- oder Rückenschmerzen und Verdauungsproblemen. Menstruationsschmerzen entstehen, weil sich die Gebärmutter verkrampft, was seelische Gründe haben kann: Die Geschlechtsrolle der Frau wird abgelehnt; eine falsche oder ungenügende Aufklärung verursacht Angst- und Spannungsgefühle, eventuell sogar Ekel. Wenn die Mutter nicht in der Lage ist, ihrer Tochter ein positives Verhältnis zu ihrem weiblichen Körper zu vermitteln, wenn sie sich scheut, die notwendigen Erklärungen sachlich zu geben, dann sollte das Gespräch mit dem vertrauten Kinderarzt, einer einfühlsamen Frauenärztin oder einem verständnisvollen Gynäkologen gesucht werden.
Entwicklungsstörungen kommen in dieser Zeit der Anpassung an den veränderten Hormonhaushalt häufig vor. Menstruationsstörungen, die eine ärztliche Untersuchung und gegebenenfalls eine Behandlung erfordern, sind: Blutungen und/oder Unterleibsschmerzen außerhalb der Regel; wiederholte starke Blutungen (Hypermenorrhö); ungewöhnlich heftige Bauchkrämpfe während der Periode (Dysmenorrhö); Ausfall der Menstruation für mehr als sechs Monate oder für einen Monat bei sexuell aktiven Teenagern; das Einsetzen der Blutungen vor dem neunten Lebensjahr oder ihr Ausbleiben noch über das sechzehnte Lebensjahr hinaus.

Behandlung

1. Die normale Aktivität sollte während der Periode nicht eingeschränkt werden. Sport ohne Überanstrengung ist erlaubt.
2. Bei krampfartigen Bauchschmerzen hilft Wärme: ein entspannendes Bad, eine Wärmflasche auf dem Bauch oder heißer krampflösender Kräutertee zum Trinken. Bei anhaltenden Beschwerden ist eine Schmerztablette angebracht.
3. Lassen Sie Ihre Tochter ärztlich untersuchen. Möglicherweise versteckt sich hinter den Menstruationsproblemen eine Schilddrüsenstörung.
4. Bleibt die Periode aus, sollte ein Schwangerschaftstest vorgenommen werden.
5. In manchen Fällen kann die zeitweilige Einnahme von Hormonpräparaten wie der Antibabypille bei Zyklusstörungen Abhilfe schaffen.

Menstruationsstörungen

Wichtigste Symptome
Auftreten der Regelblutung vor dem 9. Lebensjahr oder Ausbleiben nach dem 16. Lebensjahr, Aussetzen der Menstruation für 6 Monate, starke Blutungen, heftige Bauchkrämpfe

Altershäufigkeit
Mädchen ab dem 9. Lebensjahr

Ähnliche Krankheitsbilder
Hormonstörungen bei Erkrankung der Hirnanhangdrüse (Hypophyse), Schilddrüse oder Nebennierenrinde, Mißbildungen oder Tumore an den Genitalien, Turner-Syndrom

Wann muß das Kind zum Arzt?
Beim Auftreten der obengenannten Symptome

Vaginalausfluß

Wichtigste Symptome
Gelblicher, schaumiger, blutiger oder übelriechender Ausfluß aus der Scheide verbunden mit Jucken, Brennen oder Hautreizungen

Altershäufigkeit
Vaginalausfluß kann bei Mädchen jeden Alters vorkommen

Wann muß das Kind zum Arzt?
Beim Auftreten der oben genannten Symptome sollte der Arzt aufgesucht werden. Vielerorts sind für diese Fälle kindergynäkologische Sprechstunden an Kliniken oder bei Frauenärzten eingerichtet

Vaginalausfluß

Ursachen und Symptome

Schleimiger oder weißlicher Ausfluß (Fluor) aus der Scheide (Vagina) eines neugeborenen Mädchens ist auf die Wirkung mütterlicher Hormone zurückzuführen und hört in der zweiten Lebenswoche meistens auf.

Etwa sechs bis zwölf Monate vor Auftreten der ersten Monatsblutung kommt es bei heranwachsenden Mädchen zu einem glasig-weißlichen Ausfluß als Zeichen der beginnenden Östrogenproduktion der Eierstöcke, der sich durch Flecke in der Unterwäsche bemerkbar machen kann. Auch während der Pubertät haben manche Mädchen Ausfluß. Er entsteht durch abnorme Absonderungen der im Gebärmutterhalskanal gelegenen Schleimdrüsen und ist nicht krankhaft.

Ausfluß, der unangenehm riecht, Jucken, Brennen oder Wundsein verursacht, kann durch Verwendung chemischer Badezusätze, Intimsprays, Unterwäsche aus Synthetik oder mangelnde Sauberkeit hervorgerufen werden. Ferner kann er von Würmern, einer Harnwegsinfektion, Selbstbefriedigung (Onanie, Masturbation), einem Fremdkörper in der Scheide oder falschen Hygienegewohnheiten nach dem Stuhlgang herrühren.

Ausfluß, der gelblich-schaumig oder weißlichkrümelig aussieht, faulig riecht und Juckreiz auslöst, ist Symptom einer Scheideninfektion mit Bakterien, Soorpilzen oder Mykoplasmen (Kleinstlebewesen). Auch bräunlicher oder blutiger Ausfluß kommt vor. In jedem Fall sollte bei verändertem Aussehen unbedingt der Arzt aufgesucht werden.

Behandlung

1. Ausfluß ist zwar nicht immer krankhaft, aber doch unangenehm. Eine Reizung der äußeren Geschlechtsteile kann durch vernünftiges Verhalten vermieden werden. Empfehlen Sie Ihrer Tochter deshalb, keine Intimsprays zu benutzen; baumwollene Slips und nicht zu enge Jeans zu tragen und sich nach dem Stuhlgang und beim Waschen stets von vorn nach hinten, zum After hin, zu reinigen. Achten Sie auch auf ihre Menstruationshygiene: Geben Sie ihr nur Tampons aus reiner Watte, und erklären Sie ihr den Umgang damit.
2. Warme Sitzbäder in einer Schüssel oder einem Bidet, mit Zusatz von Kamille oder einer Tasse Essig, können den Ausfluß lindern, wenn nichts Ernstes dahintersteckt.
3. Bringen Sie Ihre Tochter zum Arzt, wenn sich ungewöhnliche Absonderungen aus der Scheide bemerkbar machen. Ein Scheidenabstrich und gegebenenfalls eine Urinuntersuchung werden klären, ob eine Infektion vorliegt, die mit speziellen Medikamenten behandelt werden muß.

Vaginalblutungen

Neugeborene Mädchen können während der ersten ein bis zwei Lebenswochen einen blutigen Ausfluß aus der Scheide haben. Der Grund dafür ist, daß sich die durch Einwirkung mütterlicher Hormone aufgelockerte Schleimhaut der kindlichen Gebärmutter (Uterus) abstößt. Sind diese Hormone aus dem Körper des Babys ausgeschieden, hört die Blutung auf.

Eine Blutung aus der Scheide eines kleinen Mädchens kann durch einen Fremdkörper verursacht sein, den sich das Kind beim Spielen an den Geschlechtsorganen in die Vagina geschoben und der eine Verletzung hervorgerufen hat. Suchen Sie in diesem Fall den Arzt auf.

Vorhautverengung

Wichtigste Symptome
Die Vorhaut des Penis läßt sich nicht über die Eichel zurückschieben, Urin kann nicht im Strahl abfließen, häufige Entzündungen am Glied

Altershäufigkeit
Jungen im Vorschulalter

Komplikationen
Wenn sich die zurückgeschobene Vorhaut nicht wieder über die Eichel streifen läßt, wird das Glied abgeschnürt

Vorhautverengung (Phimose)

Symptome und Behandlung

Während der Säuglingszeit und noch in den ersten Lebensjahren ist die Vorhaut am Glied (Penis) des kleinen Jungen mit der Eichel (Glans) verklebt. Das ist eine normale Erscheinung, und es sollte nicht versucht werden, die Vorhaut über die Eichel zurückzustreifen. Das kann vor allem dann zu Einrissen, Vernarbungen und Entzündungen der Vorhaut führen, wenn man dabei Gewalt anwendet. Auch eine Dehnungsbehandlung oder Lösung der Vorhaut durch den Arzt ist überflüssig. Gewöhnlich ist die na-

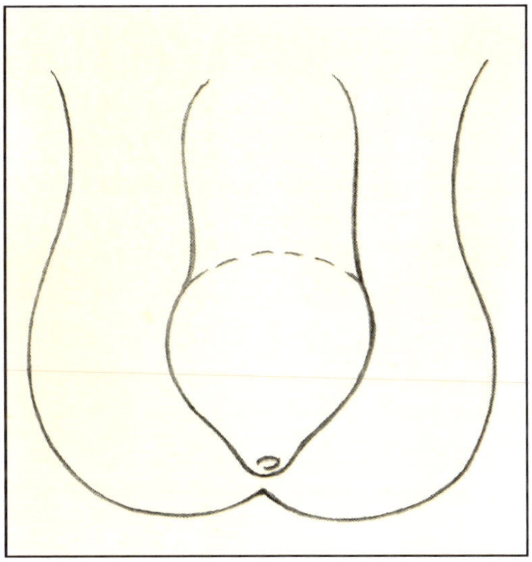

Unbeschnittener Penis

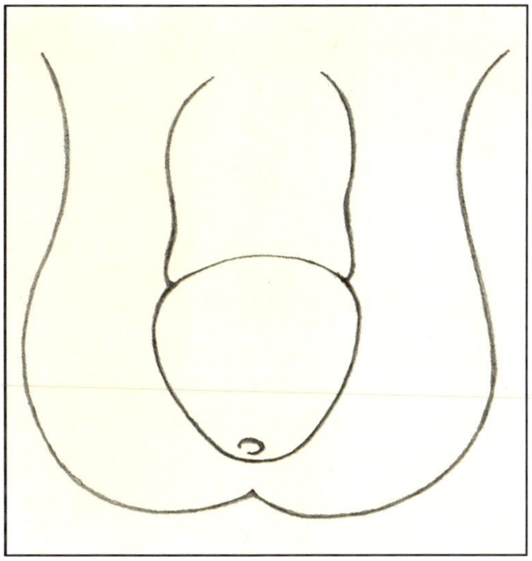

Beschnittener Penis

türliche Öffnung in der Vorhaut groß genug, um den Urin durchzulassen. Nur wenn Schwierigkeiten beim Wasserlassen auftreten, wenn die Vorhaut so eng ist, daß sich der Urin dahinter staut und Entzündungen am Glied verursacht, oder wenn sich eine zurückgeschobene Vorhaut nicht wieder über die Eichel streifen läßt und diese abschnürt, muß eine Beschneidung vorgenommen werden (Zirkumzision).

Beschneidungen sind bei anderen Völkern schon seit Jahrtausenden üblich, sowohl aus religiösen Gründen wie auch als Mannbarkeitsritual. Manche Mediziner vertreten die Ansicht, daß bei neugeborenen Knaben vorsorglich eine Beschneidung vorgenommen werden sollte, um einer Phimose vorzubeugen. Außerdem, so argumentieren sie, ließe sich ein beschnittener Penis leichter sauberhalten, weil die talgartigen Absonderungen der Vorhaut, das Smegma, bei den täglichen Säuberungen besser abzuwaschen wäre. Dieses Smegma wird von Fachleuten mit dafür verantwortlich gemacht, Peniskrebs beim Mann und Gebärmuttermund- und -halskrebs bei der Frau auszulösen.

Mit sorgfältiger Hygiene läßt sich dieses Risiko aber ebenfalls verringern. Die echte Phimose ist sehr selten und bedarf einer operativen Behandlung.

Wann muß das Kind zum Arzt?

Beim Auftreten der obengenannten Symptome; bei Einklemmungserscheinungen am Glied muß sofort ein Krankenhaus aufgesucht werden

Juvenile rheumatoide Arthritis

Wichtigste Symptome
Morgensteifigkeit in den Gelenken der Knie, Ellenbogen, Halswirbelsäule oder der Hände und Füße, Kaubeschwerden, symmetrische Gelenkschwellungen und -schmerzen

Altershäufigkeit
Kinder bis zum 16. Lebensjahr

Ähnliche Krankheitsbilder
Gelenkerkrankungen durch Viren, Bakterien und atypische Erreger, Tuberkulose, Knochenmarkentzündung

Komplikationen
Gelenkdeformierungen, Versteifung

Wann muß das Kind zum Arzt?
Beim Auftreten der obengenannten Symptome

Rheumatisches Fieber

Wichtigste Symptome
Fieber, von Gelenk zu Gelenk überspringende Schmerzen, Rötung und Schwellung der betroffenen Gelenke, Schweißausbrüche, Fröstelgefühl, Appetitlosigkeit, Mattigkeit, Kopfschmerzen, Herzjagen, Hautausschlag

Altershäufigkeit
Kinder im Alter von 5–15 Jahren

Krankheiten des Bewegungsapparates

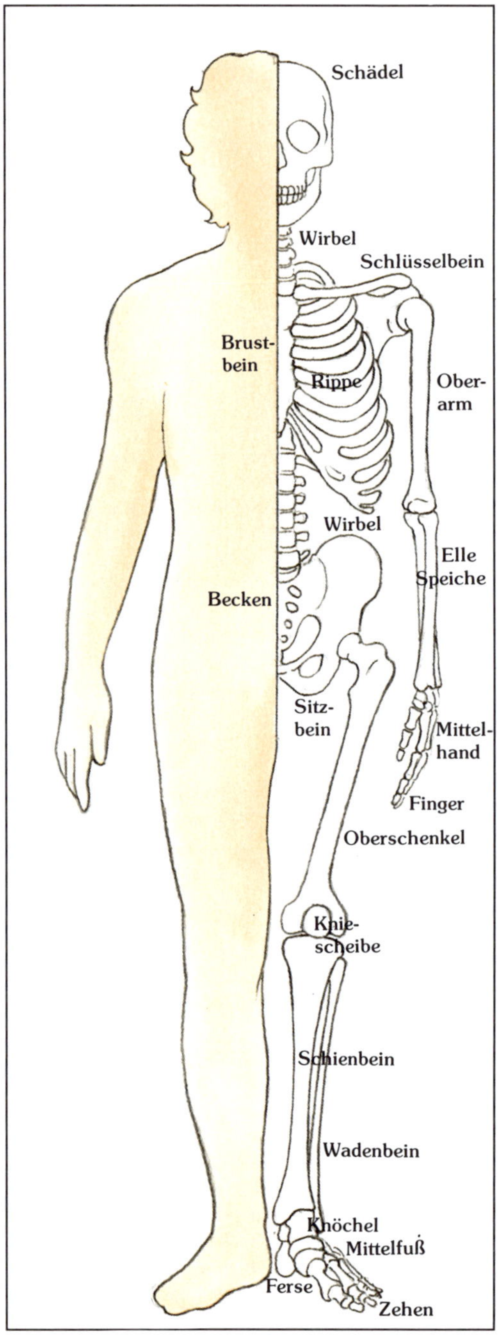

Das Skelett

Arthritis

Arthritis ist eine Gelenkentzündung, die von der Gelenkinnenhaut ausgeht und zu einer Flüssigkeitsansammlung im Gelenk (Gelenkerguß) führen kann.
Es gibt verschiedene Formen von Arthritis, die bereits im Kindesalter auftreten können und oft einen alterstypischen Verlauf zeigen. Allen ist jedoch das morgendliche Steifheitsgefühl und der typische Schmerz in den Gelenken gemeinsam. Das Kind kann darüber hinaus blaß aussehen, Fieber haben und eine ängstliche Verstimmung zeigen.

Juvenile rheumatoide Arthritis

Die rheumatoide Arthritis des Jugendalters ist gekennzeichnet durch langanhaltende oder ständig wiederkehrende (chronische), nichteitrige Entzündungen der Gelenkinnenhaut, die vor dem 16. Lebensjahr beginnen. Mädchen sind davon häufiger betroffen als Jungen.
Die Erkrankung verläuft oft in Schüben. Nach scheinbarer Genesung kommt es zu einem Rückfall. In fortschreitendem Prozeß kann die Entzündung im Laufe der Zeit auf Sehnen, Gelenkknorpel und Knochen übergreifen und damit zur Gelenkzerstörung und zunehmender Versteifung führen.
Bei der rheumatoiden Arthritis handelt es sich um eine Systemerkrankung des ganzen Körpers – auch innere Organe können miterkranken –, die in unterschiedlichen Verlaufsformen auftritt. Die eigentliche Ursache ist unbekannt; wahrscheinlich spielen immunologische Reaktionen, bei denen sich das Abwehrsystem gegen körpereigenes Gewebe richtet (Autoimmunkrankheit), ebenso eine Rolle wie eine erbliche Veranlagung.

Symptome und Verlauf

Die Oligoarthritis ist die häufigste Form der Gelenkentzündung im Kindesalter, die vor allem Mädchen im Alter zwischen sechs Monaten und sechs Jahren betrifft und meist bei Vierjährigen

beginnt. Sie befällt nur wenige große Gelenke (Ellenbogen-, Knie-, Fußgelenk), schwere Gelenkzerstörungen sind selten. Bei vielen betroffenen Kleinkindern kommt es aber zu einer Miterkrankung der Augen, die zu Erblindung führen kann. Regelmäßige Augenkontrollen über Jahre sind in diesem Fall wichtig.
Bei der *frühkindlichen Polyarthritis* treten die Gelenkentzündungen meist symmetrisch an vielen großen und kleinen Gelenken auf; auch Zwischenwirbel- und Kiefergelenke können davon befallen sein. Oft werden sie von Sehnenscheidenentzündungen begleitet. Es erkranken bevorzugt Mädchen im Alter von etwa drei Jahren.
Die heute seltene *juvenile chronische Polyarthritis (JCP)* betrifft vor allem Mädchen im Pubertätsalter. Sie zeigt sich anfangs meist durch symmetrischen Befall der Finger- und Handgelenke, dann greifen die Entzündungen oft auf sämtliche Gelenke der Gliedmaßen über. Diese Form der Arthritis verläuft wie die primäre chronische Polyarthritis (PCP) der Erwachsenen. Im Blutserum der erkrankten Kinder läßt sich der sogenannte „Rheumafaktor“ nachweisen.
Beim *Still-Syndrom* (Morbus Still) handelt es sich um eine Erkrankung des gesamten Organismus, die das Allgemeinbefinden stark beeinträchtigt. Schmerzhafte Gelenkschwellungen, Fieberschübe mit hohen Temperaturen, kleinfleckige Hautausschläge, Leber-, Milz- und Lymphknotenvergrößerungen kennzeichnen das Krankheitsbild. Eine Herzbeteiligung ist möglich. Kinder im Vorschulalter erkranken am häufigsten daran.

Rheumatisches Fieber

An einem rheumatischen Fieber (akute Polyarthritis) erkranken vorwiegend Schulkinder im Alter von fünf bis fünfzehn Jahren, die zwei bis vier Wochen zuvor eine Streptokokkeninfektion im Nasen-Rachen-Raum, zum Beispiel eine Angina, durchgemacht haben. Aufgrund einer individuellen Überempfindlichkeit entwickelt sich wahrscheinlich eine allergische Reaktion gegen Substanzen der Bakterien, die entzündliche Veränderungen an den Gelenken, dem Herzen, dem Gehirn und der Haut hervorruft. Die Krankheit ist heute selten geworden.

Symptome und Verlauf

Der Beginn ist meist akut, mit hohem Fieber, Blässe, Mattigkeit, Kopf- und Bauchschmerzen sowie Gelenkschmerzen, die rasch von einem Gelenk zum anderen wechseln und die mit Schwellung, Überwärmung, Rötung und starker Berührungsempfindlichkeit verbunden sein können. Bei manchen Kindern zeigen sich zudem noch flüchtige, ringförmige, blaßrote Hautausschläge, besonders am Rumpf, und kleine, derbe, schmerzlose Knötchen unter der Haut in der Nähe von Sehnen. Das Gehirn wird nur sehr selten in Mitleidenschaft gezogen, doch oft ist eine Beteiligung des Herzens zu beobachten, wodurch die Erkrankung einen schweren Verlauf nehmen und eine bleibende Schädigung entstehen kann.
Zur völligen Ausheilung des rheumatischen Fiebers gehört die Beseitigung von Streuherden durch infizierte Mandeln, chronische Nasennebenhöhleninfekte, Mittelohr- oder Zahnwurzelentzündungen.

Septische Arthritis

Die septische Arthritis ist eine eitrige Gelenkentzündung als Folge einer bakteriellen Erkrankung. Die Erreger (Haemophilus influenzae, Staphylokokken, Streptokokken, Pneumokokken, Meningokokken oder Salmonellen) breiten sich meist über den Blutweg aus und siedeln sich in einem der großen Gelenke an. Das Knie- und das Hüftgelenk werden davon am häufigsten befallen.
Diese Form der Arthritis kann zwar in jedem Alter auftreten, sie betrifft aber insbesondere Kinder bis zum zweiten Lebensjahr. Sie beginnt oft plötzlich mit hohem Fieber und schmerzhafter Gelenkschwellung. Als Zeichen der eingeschränkten Beweglichkeit wird das Kind möglicherweise hinken. Die septische Arthritis ist ein akuter Notfall! Durch eine länger als vierundzwanzigstündige Verzögerung der Behandlung (Eiterentleerung durch Gelenkpunktion, hochdosierte Antibiotikagaben) kann ein Dauerschaden am Gelenk entstehen. Bei bakteriellen Erkrankungen sollte deshalb immer auch auf die ersten Zeichen plötzlich auftretender Gelenkbeschwerden geachtet werden.

Ähnliche Krankheitsbilder
Bakterielle Arthritis und Endokarditis

Komplikationen
Herzbeteiligung mit zurückbleibendem Herzklappenfehler oder Herzmuskelschaden

Wann muß das Kind zum Arzt?
Beim Auftreten der obengenannten Symptome im Anschluß an eine Rachen- oder Mandelentzündung

Still-Syndrom

Wichtigste Symptome
Gelenkschmerzen, Lymphknotenschwellung, Milzvergrößerung, Fieberschübe

Altershäufigkeit
Kann ab dem 2. Lebensjahr auftreten

Komplikationen
Gelenkveränderungen, Versteifung, Herzbeteiligung

Wann muß das Kind zum Arzt?
Sofort beim Auftreten von unklaren Gelenkschmerzen (verbunden mit Lymphknotenschwellungen)

Septische Arthritis

Wichtigste Symptome
Rötung, Schwellung, Schmerzhaftigkeit eines Gelenks, Fieber, Hautblutungen nahe dem Gelenk

Wann muß das Kind zum Arzt

Es handelt sich um einen Notfall, das Kind muß sofort in ärztliche Behandlung (Krankenhaus)

Behandlung bei den verschiedenen Formen von Arthritis

1. Bei anhaltenden Schmerzen und einer Bewegungseinschränkung im Gelenk sollte an eine Arthritis gedacht werden, wenn keine Verletzung (Prellung, Zerrung oder Verstauchung) vorausging. Nehmen Sie keine häusliche Behandlung vor, ehe das Kind nicht dem Arzt vorgestellt wurde. Ihre Bemühungen, die Beschwerden des Kindes zu lindern, erschweren dem Arzt die Diagnose. Ist der Arzt nicht erreichbar, können Sie ein Schmerzmittel geben und das befallene Gelenk ruhigstellen (Bettruhe).
2. Um die Art der Erkrankung näher zu bestimmen, sind spezielle Untersuchungen und Tests nötig.
3. Die Behandlung besteht zunächst in Bettruhe, meist in Form eines Krankenhaushaufenthaltes und in der Gabe von entzündungshemmenden und schmerzstillenden Medikamenten wie Antibiotika, Salicyl- und Kortisonpräparaten. Die medikamentöse Therapie ist über lange Zeit erforderlich. In der akuten Phase lindern Kälteanwendungen (Eispackungen oder kühlende Umschläge) die Beschwerden.
4. Um die Gelenkfunktionen zu erhalten und Fehlstellungen entgegenzuwirken, müssen frühzeitig orthopädische Maßnahmen mit krankengymnastischen Übungen und Bewegungsschulung einsetzen und konsequent durchgeführt werden. Die Eltern werden dabei in das Behandlungsprogramm einbezogen, damit sie es zu Hause fortsetzen können.

Fußschäden

Fußschäden

Wichtigste Symptome

Senkung oder völlige Abflachung des Fußgewölbes, Abknickung des Fußes nach außen, Verbreiterung des Vorfußes

Altershäufigkeit

Kinder mit Beginn des Schulalters

Komplikationen

Schmerzen beim Gehen und Stehen

Wann muß das Kind zum Arzt?

Fußschäden sollten bei den routinemäßigen ärztlichen Untersuchungen rechtzeitig erkannt werden, bei Beschwerden gehört das Kind in orthopädische Behandlung

Ursachen und Symptome

Anomalien der Füße können bereits angeboren sein. Die bekannteste ist der *Klumpfuß*, der bei Jungen doppelt so häufig vorkommt wie bei Mädchen und beidseitig oder einseitig auftreten kann. Er zeigt sich in einer Spitzfußstellung mit Senkung der äußeren Fußkanten nach unten und einer Heranziehung des Vorfußes. Gleich nach der Geburt setzt die Behandlung mit korrigierenden Gipsverbänden ein.
Der angeborene *Hackenfuß* ist durch eine abnorme Beugehaltung des Fußes mit Tiefstand der Ferse gekennzeichnet. Diese Deformität ist bei frühzeitiger krankengymnastischer Therapie gut zu beeinflussen.
Ebenso ist der *Sichelfuß*, bei der der Fuß bogenförmig nach innen gestellt ist, eine Haltungsanomalie, die sich durch Behandlung beheben läßt.
Leichte Fehlstellungen der Füße, wie sie durch Zwangshaltung in der Gebärmutter hervorgerufen werden, sollten sich innerhalb der ersten drei Lebensmonate ausgeglichen haben. Ansonsten werden unterstützende Maßnahmen, wie Massage, Bandagen und heilgymnastische Übungen, notwendig.

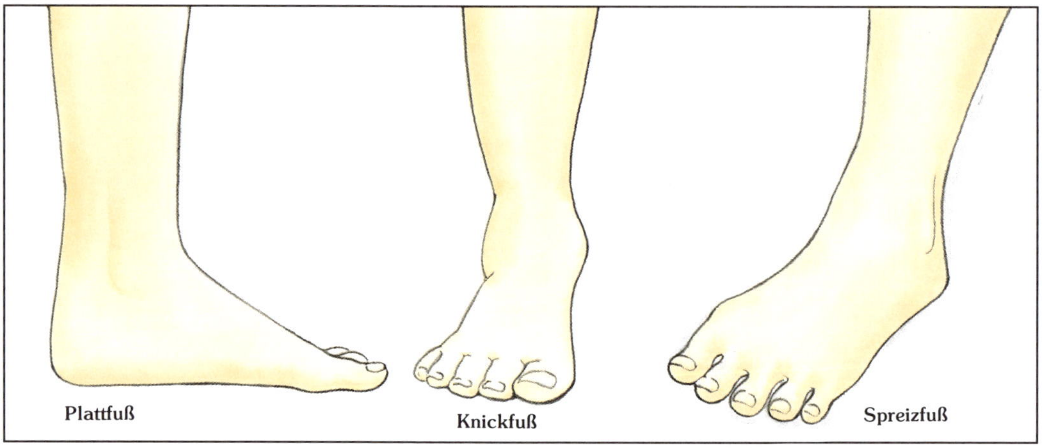

Fußschäden

Zu den erworbenen Fußschäden gehört der weitverbreitete *Senkfuß*. Durch die anlagebedingte Bindegewebsschwäche kommt es bei Überbelastung des Fußes zu einer Senkung des Fußgewölbes. Knickt der Fuß dabei auch noch nach außen ab, entsteht ein *Knick-Senkfuß*. Daraus kann sich ein *Knick-Plattfuß* entwickeln, wenn das Fußgewölbe vollkommen abflacht und die Fußsohle auf dem Boden aufliegt.

Nach Abflachung des Längsgewölbes verbreitert sich der Vorfuß, die Mittelfußknochen weichen auseinander: Ein *Spreizfuß* hat sich ausgebildet. Die Gelenke, Sehnen und Knochen werden dadurch in unnatürlicher Weise belastet, so daß Beschwerden beim Stehen und Gehen auftreten.

Behandlung

1. Die Füße der Kinder sind noch nicht voll entwickelt, das ist erst im Pubertätsalter der Fall, und mancher angebliche Fußschaden korrigiert sich bis dahin von selbst. Dennoch sollten Sie schon vorher einen Orthopäden aufsuchen und rechtzeitig etwas für die Fußgesundheit Ihres Kindes tun.
2. Fußformen sind Veranlagung, darum sind stützende Einlagen für Kinderschuhe nicht in jedem Fall notwendig, denn sie können den Fuß in seiner natürlichen Bewegung hindern, die Muskulatur schwächen und der Entwicklung zu einem gesunden Fuß eher schaden.
3. Die beste Behandlung für schwache Füße besteht darin, das Kind möglichst oft barfuß laufen zu lassen und eine gezielte Fußgymnastik durchzuführen, durch die Muskeln und Sehnen gekräftigt werden.
4. Als beste Vorsorge gegen spätere Fußfehler gilt: ein Baby nicht früher zum Stehen oder Gehen zu veranlassen, bevor es sich nicht von selbst auf seine Füße stellt. Ferner sollte es bei den ersten Gehversuchen nicht in sogenannte „Laufiernschuhe" eingezwängt werden. Der Fuß eines Kleinkindes benötigt keinen Halt. Nur durch Übung und Gebrauch festigt sich seine Muskulatur. Die Schuhe müssen den Füßen angepaßt sein und nicht umgekehrt. Der richtige Kinderschuh sollte stets in Länge und Weite dem wachsenden Fuß entsprechen.

Hüftdysplasie

Ursachen und Häufigkeit

Die Fehlbildung des Hüftgelenks ist die häufigste angeborene Skelettmißbildung überhaupt. Mädchen sind davon öfter betroffen als Jungen; ebenso Kinder, die aus einer Steißlage geboren wurden.

Bei ihnen ist die schalenförmige Vertiefung der Hüftgelenkspfanne nur flach ausgebildet (Dysplasie), so daß der Oberschenkelkopf seitlich aus der Hüftpfanne herausrutschen kann (Hüftgelenksverrenkung = Luxation). Warum es während der embryonalen Entwicklung zu einer mangelhaften Ausbildung der Hüftknochen kommt, ist noch nicht sicher bekannt, wahrscheinlich spielt auch eine erbliche Veranlagung eine Rolle.

Die Unterentwicklung des Hüftgelenks kann ein- oder beidseitig auftreten. Sie würde unbehandelt zu einer schmerzhaften Gehbehinderung führen. Bei einseitiger Hüftgelenksverrenkung ist ein hinkender Gang des Kindes zu beobachten, liegt sie beidseitig vor, ist der Gang watschelnd.

Symptome und Verlauf

Bestimmte Verdachtsmomente lassen auf einen Hüftschaden schließen, sind aber, jedes für sich allein, noch kein hinreichender Beweis:

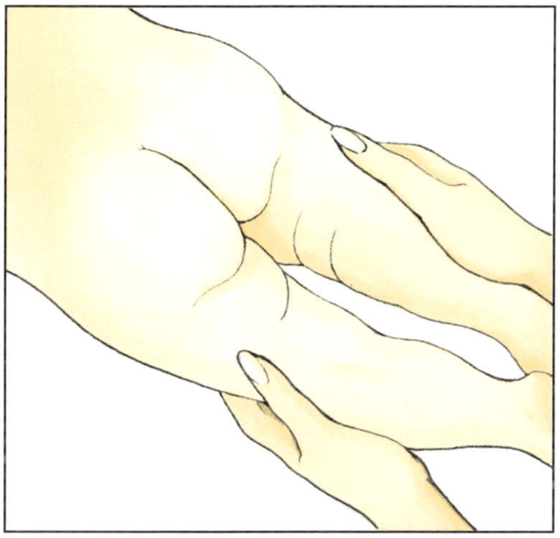

Asymmetrische Beinfalten bei Hüftdysplasie

Hüftdysplasie

Wichtigste Symptome
Asymmetrische Gesäß- und Kniegelenkfalten, Abspreizhemmung, sichtbare Verkürzung eines Beines, ungleichmäßiges Strampeln

Altershäufigkeit
Angeborene Fehlbildung, häufiger bei Mädchen

Komplikationen
Ein unbehandelter Hüftschaden führt zu einer schmerzhaften Gehbehinderung

Wann muß das Kind zum Arzt?
Die Hüftdysplasie sollte bei den Kindervorsorgeuntersuchungen frühzeitig erkannt werden; sonst bei Feststellung der obengenannten Symptome zum Arzt

1. Das Bein der betroffenen Seite wird auffallend geschont und nach außen gedreht. Das Baby strampelt mit ungleich gebeugten Beinen.
2. Die Speckfalten am Gesäß und im Kniegelenk sind asymmetrisch. Auf der erkrankten Seite zeigen sich die Hautfalten weiter oben, und die Pobacke erscheint abgeflacht.
3. Eine Verkürzung des Beines ist deutlich zu sehen.
4. Das Abspreizen des Beines nach der Seite ist behindert. Bei den Vorsorgeuntersuchungen des Neugeborenen und Säuglings wird dem Arzt die Spreizhemmung eines oder beider Beine auffallen. Bei Verdacht auf eine Hüftdysplasie können Röntgenaufnahmen meist aber erst nach dem vierten Monat endgültige Klarheit schaffen.

Heute wird zur frühzeitigen Diagnosestellung die Ultraschalluntersuchung herangezogen, die ohne Strahlenbelastung schon beim Neugeborenen Hüftreifungsstörungen nachweist.

Behandlung

1. Je früher die Therapie einsetzt, desto erfolgreicher lassen sich bleibende Schäden verhindern. Am besten ist ein Kind in diesem Fall in orthopädischer Behandlung aufgehoben.
2. Bei auffälliger Spreizhemmung der Beine genügt meist eine Spreizlagerung der Oberschenkel durch „breites Wickeln“ *nicht,* um die Entwicklung einer Hüftgelenksverrenkung zu vermeiden.
3. Wird die Hüftdysplasie sicher erkannt, ist das Anlegen einer Spreizhose erforderlich. Wenn die Größe richtig angepaßt ist, liegen die Oberschenkelköpfe genau in der Mitte der Hüftpfanne und werden in dieser Position festgehalten. Das seitliche Pfannendach kann sich nun verfestigen und normal ausbilden.

Bis das Kind sitzen und krabbeln lernt, ist die Behandlung normalerweise abgeschlossen.
4. Setzt die Therapie verspätet ein, vielleicht gar erst im Laufalter, hilft die Spreizhose nicht mehr, denn nun handelt es sich um eine Hüftluxation. Diese muß, nach einer Einrenkung in Narkose, mit Bandagen, Abspreizschienen oder einem „Sitz-Hock-Gips“ und, wenn diese Maßnahmen versagen, mit einer korrigierenden Operation behandelt werden.

Wirbelsäulenerkrankungen

Skoliose

Skoliose

Wichtigste Symptome

S-förmige seitliche Verbiegung der Wirbelsäule, Rückenschmerzen

Altershäufigkeit

Eine Skoliose entwickelt sich im Laufe der Kindheit, hauptsächlich bei Mädchen

Komplikationen

Funktionsstörungen des Herzens und der Lunge

Wann muß das Kind zum Arzt?

Diese Form der Wirbelsäulenverkrümmung sollte bei den Kindervorsorgeuntersuchungen rechtzeitig erkannt werden; sonst bei auffallender Symptomatik zum Arzt

In Seitenansicht zeigt eine normale Wirbelsäule eine S-förmige Kurve; von vorn oder hinten gesehen, ist sie gerade.

Eine Skoliose ist eine seitliche Rückgratverbiegung mit Verdrehung der einzelnen Wirbelkörper gegeneinander. Die krankhafte Krümmung nach einer Seite produziert oft eine kompensierende zweite Krümmung in der Wirbelsäule, damit der Kopf gerade gehalten werden kann.

Ursachen

Die *angeborene Skoliose* (idiopathische Skoliose) ist in den ersten Lebensjahren des Kindes kaum zu erkennen. Die natürlichen Krümmungen der Wirbelsäule sind durch die aufrechte Körperhaltung bedingt. Beim Säugling sind sie zunächst nicht vorhanden, sondern bilden sich erst aus, wenn das Kind anfängt zu laufen.

Dieser Typ der Wirbelsäulenerkrankung befällt aus noch ungeklärter Ursache bevorzugt Mädchen. Sie entwickelt sich während der Jugendzeit weiter, mit dem Ende der Wachstumsperiode kommt die Ausbildung der Verkrümmung zum Stillstand.

Andere Arten der Skoliose sind Folgeerkrankungen, die zum Beispiel durch Schäden an den Wirbelkörpern oder eine Schwäche der Rückenmuskulatur verursacht werden. Sie können ebenso durch eine Längendifferenz der Beine oder eine Hüftgelenkluxation entstehen. Eine nicht behandelte Skoliose führt zur Ausbildung eines Rippenbuckels. In schweren Fällen stellen sich Schmerzen, Funktionsstörungen des Herzens und der Lunge ein.

Symptome

Bei deutlicher Ausprägung kann die Verkrümmung der Wirbelsäule beim stehenden Kind leicht wahrgenommen werden. Selbst eine geringgradige Verbiegung läßt sich beim genauen Hinsehen erkennen, wenn das Kind in einer Position steht, bei der das Becken schief gehalten wird. Besonders gut ist die seitliche Verkrümmung sichtbar, wenn das Kind mit durchgestreckten Knien den Oberkörper nach vorn beugt. Die Skoliose verursacht dabei eine Drehung des Brustkorbs, so daß eine Seite des Rückens höckerförmig hervortritt.

Behandlung

1. Die frühzeitige Diagnose und Therapie durch einen Orthopäden kann die Skoliose, je nach Ursache, mit Hilfe krankengymnastischer Übungen und/oder durch Tragen eines Korsetts bessern oder heilen.
2. In manchen Fällen ist eine chirurgische Wirbelsäulenkorrektur allerdings unumgänglich.

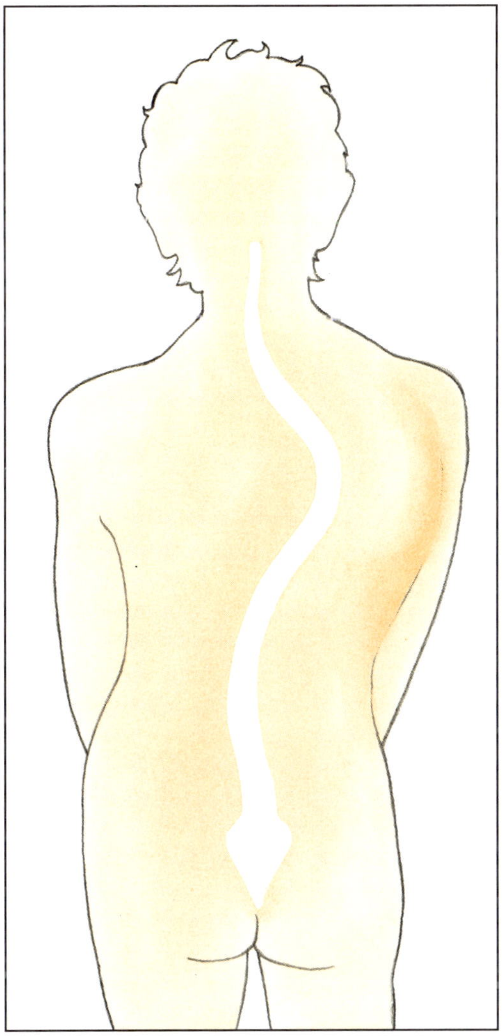

Skoliose

Kyphose

Eine leichte Krümmung nach hinten ist im Bereich der Brustwirbelsäule und des Kreuzbeins normal. Eine stärkere Biegung in diesen beiden Wirbelsäulenabschnitten bezeichnet man jeweils als Kyphose – wenn sie im Brustwirbelbereich auftritt, auch als Rundrücken oder Buckel.

Ursachen

Haltungsfehler bei Kindern, die meist auf eine anlagebedingte Bindegewebs- und Muskelschwäche zurückzuführen sind, können zur

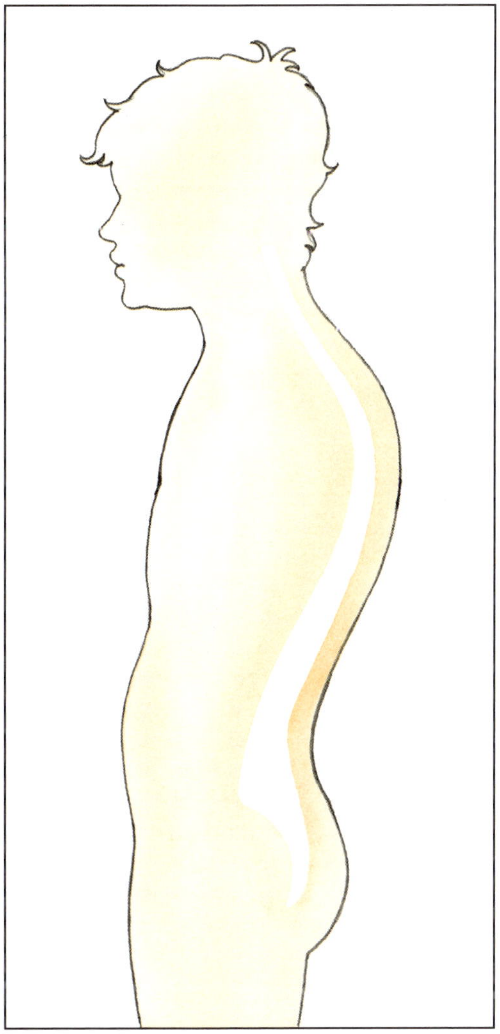

Kyphose

Kyphose

Wichtigste Symptome
Ausgeprägte Krümmung der Wirbelsäule nach hinten,
vorwiegend in der unteren Brust- und oberen Lendenwirbelsäule (Rundrücken), eventuell Rückenschmerzen

Altershäufigkeit
Männliche Jugendliche

Wann muß das Kind zum Arzt?
Die Ausbildung einer Kyphose sollte bei den regelmäßigen Arztbesuchen nicht übersehen werden; sonst bei unklaren, wiederholt auftretenden Rückenschmerzen zum Arzt

Ausbildung eines Rundrückens führen. Eine Rückgratverkrümmung nach hinten kann bei Mißbildung eines Wirbelkörpers angeboren oder durch rachitische Veränderungen an der Wirbelsäule erworben sein.
Von der sogenannten *Adoleszentenkyphose* (Scheuermann-Krankheit) sind ganz besonders männliche Jugendliche betroffen. Die Ursache ist eine anlagebedingte Gewebeveränderung in den Zwischenwirbelscheiben sowie eine Deformation der Wirbelkörper, die dadurch keilförmig zusammenbrechen.

Symptome

Häufig fallen die betroffenen Kinder schon mit acht oder neun Jahren durch eine schlechte Haltung auf. Zwischen dem zehnten und achtzehnten Lebensjahr kommt es zu mehr oder weniger ausgeprägter Verkrümmung, meistens in der unteren Brustwirbelsäule mit Bildung eines Rundrückens. Die Beweglichkeit ist zwar eingeschränkt, aber es treten durchaus nicht immer Schmerzen auf.

Behandlung

1. In leichten Fällen können Krankengymnastik und Schwimmen eventuell die fortschreitende Wirbelsäulenverkrümmung aufhalten.
2. Stärkere Ausprägungen erfordern zusätzlich das Tragen eines Korsetts, nachdem eine vorsichtige Wirbelsäulenkorrektur mit Hilfe eines Gipsmieders vorgenommen wurde.

Lordose (Hohlkreuz)

Die normale Wirbelsäule ist in ihrem Lendenbereich leicht nach vorn ausgebuchtet. Eine stärkere Krümmung führt zur Ausbildung eines Hohlkreuzes.
Dieser Haltungsfehler ist auf eine schwachentwickelte Muskulatur zurückzuführen, die durch Turnen, Gymnastik, Schwimmen, also sportliche Betätigung, trainiert werden sollte.
In ausgeprägten Fällen sind orthopädische Maßnahmen (zum Beispiel orthopädisches Haltungsturnen, Krankengymnastik) nötig.

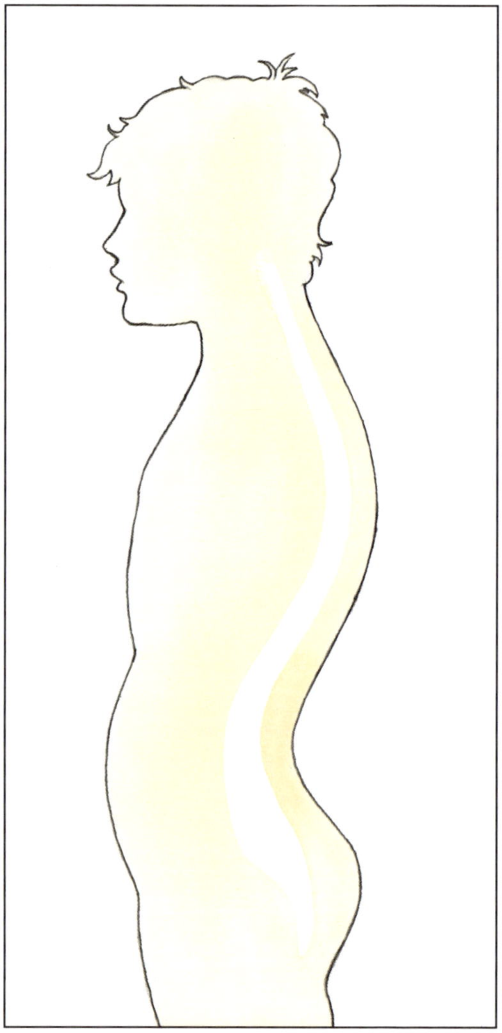

Lordose

Krankheiten des Stoffwechsels und der Drüsen

Fibrose, zystische (Mukoviszidose)

Ursachen und Häufigkeit

Die zystische Fibrose ist eine chronische, erbliche Stoffwechselanomalie, die zu den häufigsten angeborenen Stoffwechselleiden gehört. Die Krankheit wird von beiden Elternteilen, die selbst nicht krank sind, durch ein verändertes Gen in ihrem Erbgut auf 25 Prozent der Nachkommenschaft übertragen.
Dabei handelt es sich um eine Funktionsstörung der Drüsen mit äußerer Sekretion. Betroffen sind die Schleimdrüsen im Bereich der Luftwege und des Verdauungskanals sowie die Schweißdrüsen. Die befallenen Drüsen sondern ein zähflüssiges Sekret ab, das die Ausführungsgänge verschließt. Die Sekretstauung schädigt und zerstört das Drüsengewebe, wodurch es zu Folgeerscheinungen in den Organen kommt. Die Schweißdrüsen bilden stark kochsalzhaltige Absonderungen. Diese Tatsache ist die Grundlage der Diagnose. Mit Hilfe der Schweißuntersuchung kann der zuverlässige Nachweis für die Krankheit erbracht werden, die in allen Schweregraden vorkommt.

Symptome und Verlauf

Besonders schwere Veränderungen werden durch den zähen Bronchialschleim in den kleinsten Bronchialverzweigungen der Lungen hervorgerufen. Außerdem ist das eiweißreiche Sekret ein guter Nährboden für Bakterien; darauf entstehen chronische Bronchitiden und Lungenerkrankungen.
Gegen Ende der Säuglingszeit oder im Kleinkindalter fällt ein quälender, keuchhustenähnlicher Husten auf. Als Folge der chronischen Atemwegsinfektionen wird funktionsfähiges Lungengewebe vernichtet, und es kommt damit zu Atembehinderungen, die das Herz belasten und im schlimmsten Fall durch Herzversagen zum Tod führen können.

Die betroffenen Drüsen des Verdauungstraktes in der Bauchspeicheldrüse, der Leber und dem Darm sondern ebenfalls ein zähes Sekret ab. Dadurch können die Verdauungsfermente die aufgenommenen Nährstoffe nicht mehr ausreichend verwerten. Vor allen Dingen wird das Fett schlecht verdaut und teilweise mit dem Stuhl wieder ausgeschieden. Die Stühle sind massig, übelriechend und fettglänzend. Wird ein Säugling mit Muttermilch ernährt, zeigt sich die Verdauungsstörung kaum oder gar nicht. Aber sobald das Kind eine andere Nahrung erhält, tritt die verminderte Verdauungsleistung in Erscheinung.
Die Folge ist eine chronische Unterernährung. Das Kind bleibt im Wachstum zurück und hat einen aufgetriebenen Bauch, der im auffallenden Gegensatz zu den dünnen Armen und Beinen steht. Manchmal zeigt sich ein Mastdarmvorfall, ein wichtiges Symptom zur Diagnose der Krankheit.
Frühzeichen einer zystischen Fibrose ist ein Darmverschluß (Ileus) beim Neugeborenen. Das zähflüssige Sekret hat den Darm verstopft, das Kindspech (Mekonium), der erste Stuhl des Säuglings, kann nicht entleert werden, was zum Mekoniumileus führt.

Behandlung

1. Die Lebenserwartung des Kindes ist heute höher als früher; natürlich hängt sie auch von dem Schweregrad der Erkrankung ab. Ein Heilmittel gibt es noch nicht, aber je früher die Krankheit erkannt und behandelt wird, desto besser sind die Chancen für das Kind.
2. Die Behandlung richtet sich vor allem auf die Lungenkomplikationen. Durch physikalische Maßnahmen, wie Inhalation von Medikamenten mit einem Ultraschallvernebler, der die winzigen Aerosoltröpfchen bis in die feinsten Verzweigungen der Bronchien eindringen läßt, durch Drainagelagerung, Klopfmassage und Atemgymnastik, wird versucht, den Schleim aus den Bronchien zu verdünnen und zu lösen,

Fibrose, zystische

Wichtigste Symptome
Keuchhustenähnlicher Husten, massige, fettglänzende, übelriechende Stühle, salziger Schweiß, Entwicklungsstörungen, Hervortreten der Afterschleimhaut

Altershäufigkeit
Angeborenes Leiden, das sich im Säuglings- und Kleinkindalter zeigt.
Von etwa 1000 bis 2000 Neugeborenen ist ein Kind betroffen.

Ähnliche Krankheitsbilder
Zöliakie, Keuchhusten

Komplikationen
Immer wieder auftretende Lungenentzündungen können zu einer Verstopfung der Bronchialäste führen, wodurch sich eine Überblähung des Lungengewebes mit Zerstörung der Lungenbläschen (Emphysem) einstellt; häufige Bronchitiden und Lungenentzündungen, die zur Erweiterung der Bronchialäste führen (Bronchiektasien); Leberzirrhose

Wann muß das Kind zum Arzt?
Zur Früherkennung wird in der Entbindungsklinik ein Test aus dem ersten Stuhlgang des Neugeborenen eingesetzt

Rachitis

Wichtigste Symptome
Weichheit und Verformung der Schädelknochen, des Brustkorbs, der Wirbelsäule und der Beine; große, offene Fontanelle, verspäteter Zahndurchbruch; Blässe, Übellaunigkeit. Appetitlosigkeit, schlechte Entwicklung

Altershäufigkeit
Ältere Säuglinge und Kleinkinder

Komplikationen
Ein schwerer Krankheitsverlauf zeigt sich in einer gesteigerten Nerventätigkeit mit Muskelkrämpfen (Spasmophilie), besonders in den Gliedmaßen

Wann muß das Kind zum Arzt?
Die normale Verknöcherung des noch weichen kindlichen Skeletts sollte bei den Kindervorsorgeunterungen ärztlich überwacht werden

Vorbeugung
Tägliche Gabe eines Vitamin-D-Präparates

Schilddrüsenunterfunktion

Wichtigste Symptome
Verlängerte Neugeborenengelbsucht, außergewöhnlich ruhiges Verhalten, Trinkschwäche, heiseres Schreien, Verstopfung; teigige, trockene, gelbliche Haut, wulstige Lippen, plumpe Zunge, Wachstumsrückstand (Zwergwuchs)

so daß er leichter abgehustet werden kann. Hinzu kommt eine gezielte Antibiotikatherapie bei Infektionen der Atemwege und zur Verhütung weiterer Komplikationen.
3. Die Verdauungsstörungen werden mit einer sehr energiereichen, eiweiß- und vitaminreichen Kost behandelt, die viel Salz enthält, um den starken Kochsalzverlust durch das Schwitzen auszugleichen, sowie mit der unterstützenden Zufuhr von Verdauungsfermenten. Diese Maßnahmen, konsequent durchgeführt, helfen dabei, das Leben der betroffenen Kinder zu erleichtern und zu verlängern.
4. Mit Hilfe der Gentherapie kann die Krankheit vielleicht in absehbarer Zukunft geheilt werden. Experimente zu diesem Ziel sind erfolgversprechend.

Rachitis

Ursachen und Häufigkeit

Die Rachitis ist im wesentlichen eine Vitamin-D-Mangelerkrankung. Unter dem Einfluß ultravioletter Strahlen des Sonnenlichts bildet sich in der Haut des Menschen eine Vorstufe des Vitamin D, das in der Leber zu dem chemisch wirksamen Stoff umgewandelt wird, der für die Einlagerung der wichtigen Mineralien Kalzium und Phosphor in das Knochensystem verantwortlich ist. Besonders der schnell wachsende Organismus des kleinen Kindes benötigt Vitamin D zum Aufbau einer festen Knochensubstanz. Die Sonneneinstrahlung, die zudem noch von den Dunstglocken der Städte und in nebelreichen Gebieten zurückgehalten wird, reicht in unseren Breiten nicht aus, um in die Haut die Vorstufe des Vitamin D in ausreichender Menge zu bilden.

Symptome und Verlauf

In erster Linie zeigen sich durch die mangelnde Kalkeinlagerung Schäden am Knochensystem: Die Schädelknochen bleiben weich (Kraniotabes), die große Fontanelle schließt sich verspätet, an den Rippenenden, nahe dem Brustbein, bilden sich Knochenverdickungen (rachitischer Rosenkranz), die Zahnung setzt später ein, und schließlich kommt es zu mehr oder weniger schweren Verformungen des Schädels, des Brustkorbs (Hühnerbrust), des Beckens, der Wirbelsäule (Buckelbildung) und, wenn das Kind schon laufen kann, der Beine.
Auch das Nervenzentrum wird letztlich in Mitleidenschaft gezogen, was sich im Auftreten von Krämpfen (Spasmophilie) äußert. Außerdem sind die Abwehrkräfte gegen Infektionen herabgesetzt, Folgeerkrankungen können sich deshalb leicht anschließen. Rachitische Kinder sind blaß, appetitlos, übellaunig, schwitzen auffallend am Hinterkopf und entwickeln sich schlecht.

Behandlung

1. Die beste Behandlung ist in diesem Fall die Vorbeugung, die darin besteht, bereits dem Säugling von Geburt an ein Vitamin-D-haltiges Präparat in Tabletten- oder Tropfenform zu geben (siehe auch Seite 59).
2. Für Kinder, die eine mit Vitaminen angereicherte Milchfertignahrung erhalten oder gestillt werden, reicht eine medikamentöse Zufuhr von

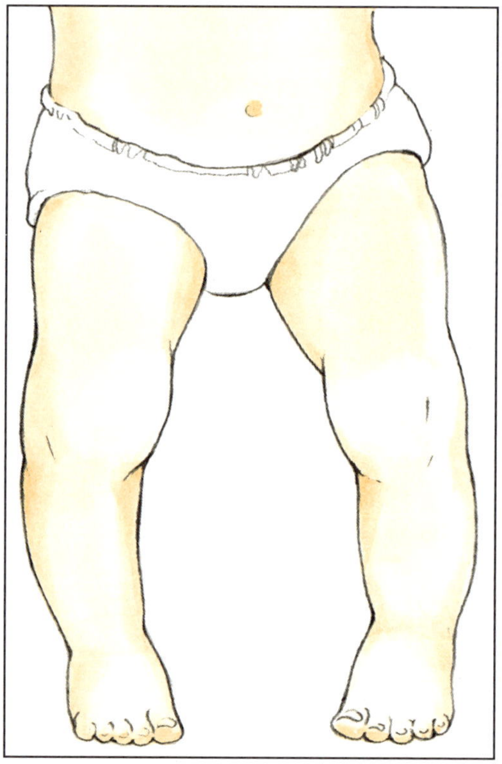

Durch Rachitis bedingte O-Beine

500 internationalen Einheiten Vitamin D in der Regel aus.

3. Ansonsten halten viele Ärzte die tägliche Verabreichung von 1000 internationalen Einheiten Vitamin D_3 zur sicheren Verhütung der Rachitis für notwendig. Auch diese Menge hat keinerlei schädliche Folgen. Die Einnahme sollte sich über das ganze erste Lebensjahr und den zweiten Lebenswinter erstrecken.

4. Neben der Rachitisprophylaxe (Vorbeugung) durch Vitamin-D-Gaben sollte das Kind kalzium- und phosphorhaltige Nahrung erhalten und so oft wie möglich an die Sonne gebracht werden.

Schilddrüsenerkrankungen

Die Schilddrüse liegt vorn im Hals unterhalb des Kehlkopfes zu beiden Seiten des oberen Teils der Luftröhre. Von der Hirnanhangdrüse (Hypophyse) im Zwischenhirn gesteuert, produziert sie Hormone, die die Körpertemperatur, die Stoffwechselfunktionen, das Wachstum und die Fruchtbarkeit beeinflussen.

Schilddrüsenstörungen können sich auf verschiedene Weise zeigen. Bei der *Unterfunktion* besteht ein mehr oder weniger starker Hormonmangel, bei der *Überfunktion* ein Hormonüberschuß. Eine *Schilddrüsenvergrößerung* kann sowohl bei einer Unter- als auch bei einer Überfunktion entstehen, aber auch ohne Stoffwechselverschiebungen für sich allein auftreten.

Schilddrüsenunterfunktion (Hypothyreose)

Ursachen

Fehlen oder Unterentwicklung des Drüsengewebes oder zuwenig Antriebshormone aus der Hypophyse bewirken einen Mangel an Schilddrüsenhormon (Thyroxin). Dieser Zustand kann angeboren sein, aber auch in jeder anderen Altersstufe auftreten.

Fehlt die Schilddrüse vollständig (Athyreose), zeigen sich bereits nach der Geburt deutliche Symptome. Bei leichter Hypothyreose können einige Wochen vergehen, bis sich der Hormonmangel bemerkbar macht. Darum wird heute zur Früherkennung bei allen Neugeborenen eine Blutuntersuchung (TSH-Test) vorgenommen.

Symptome und Verlauf

Der Säugling fällt durch eine verlängerte Neugeborenengelbsucht, übermäßige Schläfrigkeit, außergewöhnlich ruhiges Verhalten, Trinkschwäche und seltenes, aber heiseres Schreien auf. Das Kind neigt zu Verstopfung, hat eine trockene, schuppige Haut, struppiges Haar und eine dicke, hervorstehende Zunge. Im weiteren Verlauf verzögert sich das Wachstum, das Kind hat einen gedrungenen Körper und kurze Arme und Beine. Die Haut ist gelblich-blaß und teigig, die Gesichtszüge sind plump und ausdruckslos. Ohne Behandlung bleiben die körperliche, die geistige und die psychische Entwicklung zurück.

Behandlung

Frühzeitige und lebenslange Gaben des fehlenden Schilddrüsenhormons können eine normale Entwicklung gewährleisten.

Schilddrüsenüberfunktion (Hyperthyreose, Basedow-Krankheit)

Symptome und Verlauf

Durch übermäßige Aktivität der Schilddrüse kommt es zu einer vermehrten Hormonausschüttung, die sich in Nervosität, Reizbarkeit, Verhaltensauffälligkeiten, Durchfall, Appetitsteigerung ohne Gewichtszunahme, Herzklopfen, Zittern der Hände und extremem Schwitzen zeigen kann. Manchmal stehen die Augäpfel deutlich hervor (Exophthalmus). In der Regel entwickelt sich die Erkrankung bei Kindern erst im Alter von zehn bis fünfzehn Jahren. Bevorzugt tritt sie allerdings bei erwachsenen Frauen auf.

Behandlung

Die Behandlung besteht in der Zufuhr von Medikamenten, die die Bildung des Schilddrüsenhormons unterdrücken, oder in einer operativen Teilentfernung der Schilddrüse.

Altershäufigkeit
Die angeborene Form zeigt sich bei Geburt oder im Laufe der ersten Lebenswochen

Komplikationen
Ohne Behandlung geistige und körperliche Entwicklungsstörungen

Wann muß das Kind zum Arzt?
Früherkennungstest aus dem Blut des Neugeborenen wird in der Entbindungsklinik durchgeführt; später beim Auftreten der oben genannten Symptome zum Arzt

Schilddrüsenüberfunktion

Wichtigste Symptome
Nervosität, Reizbarkeit, Gewichtsabnahme, Herzklopfen, Haarausfall, Zittern der Hände, extremes Schwitzen; in manchen Fällen vorstehende Augäpfel, Kropfbildung und Pulsbeschleunigung (Basedow-Krankheit)

Altershäufigkeit
Tritt frühestens im Alter von 10–15 Jahren auf, bevorzugt bei Mädchen

Komplikationen
Unbehandelt können sich Herzmuskelschädigungen und andere gefährliche Krankheiten einstellen

Wann muß das Kind zum Arzt?
Wenn das Kind über die obengenannten Beschwerden klagt

Kropfbildung (Struma)

Ursachen

Schon ein Neugeborenes kann mit einer vergrößerten Schilddrüse zur Welt kommen, was meistens auf einen Mangel an Jod zurückzuführen ist. In bestimmten Jodmangelgegenden, vor allem in Süddeutschland, treten Kropferkrankungen besonders häufig auf.
Baustein für die Bildung des wichtigen Schilddrüsenhormons ist das Spurenelement Jod, das mit der Nahrung aufgenommen werden muß. Ist eine ausreichende Jodzufuhr nicht gewährleistet, vermehrt sich das Schilddrüsengewebe, um dem Organismus die benötigten Hormone dennoch bereitzustellen (Schilddrüsenhyperplasie). Die Hormonbildung kann dabei völlig normal sein (blande Struma), aber auf die Dauer kommt es zu einer Überlastung der Schilddrüse. Außerdem kann die Wucherung auch nach innen wachsen, auf die Luft- und Speiseröhre drücken und damit zu einem Atem- und Schluckhindernis werden.
Diese Störung kommt bei Kindern am häufigsten im Alter von sechs bis sechzehn Jahren vor, Mädchen sind davon wesentlich häufiger betroffen als Jungen. Bei ihnen ist eine leichte Schilddrüsenschwellung während der Pubertätsentwicklung häufig zu beobachten und nicht ungewöhnlich.

Vorbeugungsmaßnahmen

Eine einfache vorbeugende Maßnahme gegen Jodmangelzustände, wie sie in unserem Land fast üblich sind, ist die Verwendung jodierten Speisesalzes für die Nahrungszubereitung. Es ist in jedem Supermarkt zu haben.

Behandlung

1. Zur Entlastung der Schilddrüse werden dem Körper synthetische Schilddrüsenhormone zugeführt.
2. Eine operative Schilddrüsenentfernung ist nur in den seltenen Fällen nötig, in denen die vergrößerte Schilddrüse bereits zu Atem- und Schluckstörungen führt oder der Kropf hinter dem Brustbein in den Brustraum wächst, so daß der Blutrückfluß zum Herzen behindert ist.

Kropfbildung

Zöliakie

Zöliakie

Wichtigste Symptome
Massige, übelriechende, fettglänzende Stühle, Blässe, schlechte Entwicklung, Appetitlosigkeit, Übellaunigkeit

Altershäufigkeit
Angeborenes Leiden, zeigt sich erst bei älteren Säuglingen oder Kleinkindern, häufiger bei Mädchen

Ähnliche Krankheitsbilder
Zystische Fibrose (Mukoviszidose), Bauchspeicheldrüsenschwäche, Kohlenhydrat- oder Kuhmilchunverträglichkeit

Komplikationen
Anämie, Austrocknungserscheinungen (Exsikkose), Abmagerung (Dystrophie)

Wann muß das Kind zum Arzt?
Beim Auftreten der obengenannten Symptome

Ursachen und Häufigkeit

Die Zöliakie beruht auf einer Unverträglichkeit eines bestimmten Eiweißstoffes im Getreide, dem Klebereiweiß Gluten. Es ist in Weizen (Dinkel, Grünkern), Gerste, Hafer und Roggen enthalten, so daß die Körner und Mehle dieser Getreidearten und alle daraus hergestellten Nahrungsmittel schwere Schädigungen an der Dünndarmschleimhaut auslösen.
Der Krankheit liegt möglicherweise ein angeborener Enzymmangel zugrunde. Es könnte sich aber auch um eine allergische Reaktion handeln, die um so früher und heftiger auftritt, je eher der Kontakt mit dem Antigen „Gluten“ erfolgt. Das Erkrankungsrisiko ist insbesondere dann erhöht, wenn der Säugling bereits in den ersten vier Lebensmonaten mit Getreidezusätzen ernährt wird.

Symptome und Verlauf

Die Krankheitserscheinungen zeigen sich erst Monate nach der Geburt, wenn das Kind eine Zeitlang mit glutenhaltigen Kohlenhydraten, zum Beispiel bei Ernährung mit Breinahrung, in Berührung gekommen ist.

Durch die Veränderungen in der Dünndarmschleimhaut kommt es zu einem Mangel an Verdauungsenzymen und damit zu einer gestörten Aufnahme von Nährstoffen, Vitaminen und Mineralien. Die Folge ist eine chronische Unterernährung.
Neben schweren und mittelschweren Verlaufsformen der Erkrankung sind auch leichte Fälle möglich, die häufig erst spät als Zöliakie erkannt werden.
Das ausgeprägte Bild führt nach allmählichem Beginn zu Appetitlosigkeit, mangelndem Gedeihen und gereizter, weinerlicher Stimmung. Dann bilden sich die charakteristischen Zeichen aus: massige, übelriechende, grauglänzende, schaumiggärende Stühle werden entleert; die Muskulatur ist schlaff, das Unterhautfettgewebe fehlt. Das Kind ist mager (dystroph) mit dünnen Armen und Beinen, hat aber einen aufgetriebenen, schwappenden Bauch; es bleibt in seinem Wachstum zurück. Typisch für ein Kind mit Zöliakie ist das mürrische Wesen mit vermindertem Antrieb.
Bei längerer Krankheitsdauer zeigen sich Vitamin- und Mineralstoffmangelzustände wie auffallende Blässe durch eine Anämie. Die Diagnose ergibt sich aus dem Stuhlbefund (ein Großteil der zugeführten Fette wird darin ausgeschieden); aus Resorptionstests, bei denen die Aufnahmefähigkeit der Dünndarmschleimhaut für bestimmte Substanzen geprüft wird; aus der mikroskopischen Untersuchung eines Stückchens der Dünndarmschleimhaut (Biopsie) und aus dem Röntgenbefund. Eine deutliche Besserung aller Symptome nach probeweiser Einführung einer glutenfreien Diät ist ebenfalls ein wichtiger Hinweis auf das Vorliegen einer Zöliakie.

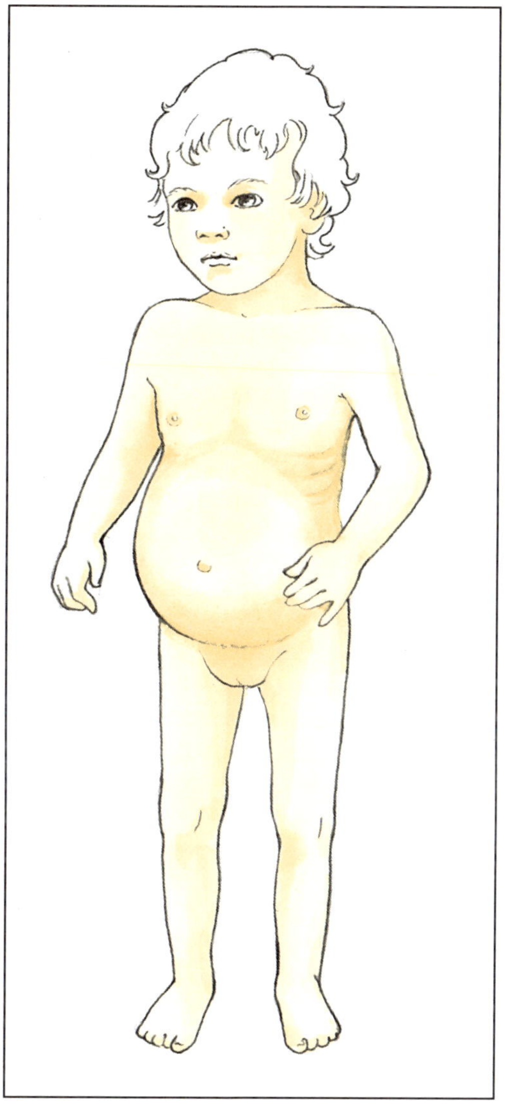
Zöliakie

Behandlung

1. Es ist wichtig, die schädigend wirkenden Getreidesorten und alle daraus hergestellten Produkte in der Ernährung strengstens zu meiden. Bei Säuglingen bereitet das keine Schwierigkeiten, da die heute erhältlichen Fertignahrungen zum großen Teil auf solche Probleme abgestimmt und glutenfrei sind. Reis-, Hirse-, Buchweizen- und Maisprodukte sowie Kartoffelmehle kann man zur Zubereitung von Breien verwenden.
Für ältere Kinder lassen sich Brot, Kuchen und Gebäck aus diesen Nährmitteln entweder selbst herstellen oder in einigen Bäckereien und Reformhäusern (auch im Versand) kaufen.
2. Ferner erhält das Kind eine eiweiß- und vitaminreiche Kost mit Pflanzenfetten, die überwiegend ungesättigte Fettsäuren enthalten, da diese besser vertragen werden als tierische Fette. Eventuell sind ergänzende Vitamin- und Eisengaben nötig.
Unter einer streng glutenfreien Diät erholen sich die Kinder bald. Diese Diät muß ein Leben lang

eingehalten werden, sonst kann es zu einem Rückfall kommen.

Zuckerkrankheit (Diabetes mellitus)

Zuckerkrankheit

Wichtigste Symptome
Mattigkeit, Konzentrationsschwäche, Heißhunger, großes Durstgefühl, häufiges Wasserlassen, Gewichtsverlust, Reizbarkeit, nächtliches Einnässen

Altershäufigkeit
Insulinabhängiger Diabetes (Typ I): im Alter von 3 bis 15 Jahren

Komplikationen
Diabetisches Koma (Insulinmangelzustand): starkes Erbrechen, gespannte Bauchdecken, tiefe, verlangsamte Atmung, eingesunkene Augäpfel, Acetongeruch, Kreislaufschwäche, Bewußtseinsstörungen bis zur Bewußtlosigkeit. Hypoglykämischer Schock (Unterzuckerungszustand): Übellaunigkeit, Heißhunger, Schweißausbruch, Schwächegefühl, Zittern der Hände, Kopfschmerzen, Blässe, Unruhe, Bewußtlosigkeit, Krämpfe

Wann muß das Kind zum Arzt?
Wenn sich die obengenannten Symptome einstellen. Tritt die Krankheit mit einem diabetischen Koma in Erscheinung, sofort den Arzt rufen!

Ursachen und Häufigkeit

Der Diabetes ist eine chronische Stoffwechselkrankheit, die auf einer Funktionsschwäche der Bauchspeicheldrüse (Pankreas) beruht. Dieses Organ ist unter anderem die Bildungsstätte des Hormons Insulin, mit dessen Hilfe der im Blut gelöste Zucker (Glukose) in die Körperzellen gelangt und in der Leber und den Muskeln gespeichert wird.
Unterfunktion oder völliges Versagen des hormonproduzierenden Drüsengewebes führt zu einer Störung im Kohlenhydratstoffwechsel: Der ungenutzte Zucker sammelt sich im Blut an und wird mit dem Urin ausgeschieden (Zuckerharnruhr). Um dennoch die benötigte Energie zu gewinnen, „verbrennt" der Körper mehr Fett. Bei diesem Prozeß fallen Ketonkörper (vorwiegend Aceton) an, die im Urin nachweisbar sind.
Der jugendliche (Typ-I-) Diabetes ist ein Insulinmangeldiabetes, bei dem das lebenswichtige Hormon von der Bauchspeicheldrüse nicht oder nicht in ausreichender Menge zur Verfügung gestellt wird. Die betroffenen Kinder sind darum ein Leben lang darauf angewiesen, sich täglich Insulin zu spritzen. Es kann nicht in Tablettenform eingenommen werden, da es von den Verdauungsenzymen zerstört würde. Die Zuckerkrankheit kann in jedem Alter auftreten. Die meisten Diabetiker leiden jedoch an einem über viele Jahre nicht insulinabhängigen Erwachsenen-, Alters- oder Typ-II-Diabetes, der bei erblicher Veranlagung wesentlich durch falsche Ernährungsgewohnheiten und Übergewicht bestimmt wird.
Beim jugendlichen Typ-I-Diabetes liegt zwar auch eine angeborene Krankheitsbereitschaft vor, zusätzlich bedarf es aber eines auslösenden Faktors, um die Erkrankung hervorzurufen. Die Zusammenhänge sind noch nicht vollständig geklärt. Möglich ist eine Schädigung der insulinproduzierenden Zellen der Bauchspeicheldrüse aufgrund einer Virusinfektion, chemischer Substanzen oder einer Autoimmunreaktion (Antikörperbildung gegen die eigenen Körperzellen).

Symptome und Verlauf

Frühe Anzeichen sind: Mattigkeit, großes Hungergefühl, ungewöhnlich starker Durst, häufige Ausscheidung großer Urinmengen (da der Zucker von der Niere nur mit reichlich Wasser ausgeschwemmt wird). Später werden weitere Symptome deutlich wie Abmagerung trotz großen Appetits, rasche körperliche und geistige Ermüdung, Reizbarkeit und Übellaunigkeit.
Ein unerkannter und unbehandelter Diabetes kann sich eventuell zu einem *diabetischen Koma* mit Erbrechen, tiefer, verlangsamter Atmung, eingesunkenen Augäpfeln, Austrocknung der Haut, Kreislaufschwäche und Bewußtseinsstörungen bis zur Bewußtlosigkeit entwickeln. Von dem erkrankten Kind geht ein eigentümlicher obstartiger (Aceton-) Geruch aus.

Behandlung

1. Die eigentliche Ursache der Krankheit, die Funktionsschwäche der Bauchspeicheldrüse, läßt sich bislang nicht beheben. Die Therapie besteht im Ersatz des fehlenden Hormons Insulin und im Einhalten einer Diät. Dazu sind eingehende klinische Untersuchungen notwendig.
2. Bei Kindern ist es unumgänglich, das Insulin in Form von Spritzen (Injektionen) zuzuführen. Die Technik kann das Kind frühzeitig selbst erlernen. Die exakte Dosis wird während eines Krankenhausaufenthaltes ermittelt. Häufige Stoffwechselkontrollen sind weiterhin erforderlich. Urinkontrollen auf Zucker und Aceton sowie Blutzuckerbestimmungen (Teststreifen) müssen immer vor den Hauptmahlzeiten durchgeführt werden.
Die Behandlung dieser chronischen Krankheit über Jahre hinweg muß die Besonderheiten des kindlichen Stoffwechsels und der Wachstumsphasen mit dem wechselnden Bedarf berücksichtigen. Bei richtiger „Einstellung" des Diabetes ist eine normale Entwicklung des Kindes weitgehend gewährleistet.
3. Die Diät, der Ernährungsplan für ein diabetisches Kind, richtet sich nach dem Energiebedarf

für das jeweilige Alter und Gewicht sowie nach der körperlichen Aktivität. Alle Nahrungsmittel müssen in kleinen Mahlzeiten, mehrmals über den Tag verteilt, aufgenommen werden. Zukkerhaltige Speisen und Getränke sind zu meiden oder entsprechend des Diätplans anzurechnen. Eine große Rolle spielen die Zuckeraustausch- und Süßstoffe.
Diätfehler können schwerwiegende gesundheitliche Folgen haben.
4. Wegen der Gefahr der Unterzuckerung des Blutes (Hypoglykämie) muß ein Kind außer seinem Diabetikerausweis immer ein Stück Traubenzucker, Zucker oder Brot bei sich tragen.
Das Insulin bewirkt eine Senkung des Blutzuckers; bei zu starkem Absinken durch eine Insulinüberdosierung entsteht der Unterzuckerungsschock (hypoglykämischer Schock). Er kann auch auftreten, wenn das Kind nicht zur festgesetzten Zeit nach Gabe von Insulin seine Mahlzeit einnimmt.
Warnende Vorzeichen sind: Heißhunger, Schwächegefühl, Kopfschmerzen, Schweißausbruch, Blässe, Zittern der Hände, Angstzustände und Unruhe. In schweren Fällen kann das Kind in tiefe Bewußtlosigkeit und Krämpfe verfallen.
Die Einhaltung der Diät und die Verabreichung der verordneten Insulindosis verlangen von Kind und Eltern sehr viel Disziplin und auch Einsicht sowie Rücksicht auf die Notwendigkeiten, die diese Krankheit nun einmal mit sich bringt.

Krankheiten durch Allergien

Als Allergie wird ganz allgemein die Überempfindlichkeitsreaktion des Organismus gegen bestimmte Substanzen bezeichnet. Die Bereitschaft des Körpers, bei erneutem Kontakt mit einem an sich harmlosen Stoff mit krankhaften Symptomen zu reagieren, ist meist erblich. Wenn beide Eltern Allergiker sind, ist das Risiko besonders hoch: etwa 75 Prozent ihrer Kinder entwickeln später ebenfalls eine Allergie. Bei einem allergiebelasteten Elternteil erkrankt noch jedes zweite Kind, und bei Kindern ohne familiäre Veranlagung muß mit einer Allergiehäufigkeit von ungefähr 10 Prozent gerechnet werden.
Der allergischen Reaktion liegen etwa die gleichen Vorgänge zugrunde, wie sie vom Immunsystem auch gegen Krankheitserreger eingesetzt werden: Eine vom Körper als „fremd" erkannte Substanz (Antigen) sensibilisiert das Immunsystem und regt es zur Bildung von spezifischen Antikörpern an, die körperfremde Stoffe neutralisieren und den Organismus schützen.
Bei Allergikern kommt es aber zu einer übertriebenen Immunreaktion gegen eingedrungene Antigene, in diesem Fall Allergene genannt: Sie produzieren in verstärktem Maße einen bestimmten Antikörpertyp. Ein Teil dieser Antikörper setzt sich auf den in den Schleimhäuten gelegenen Mastzellen fest. Bei erneutem Allergenkontakt verbinden sich nun die Antikörper mit den Allergenen, wobei bestimmte Wirksubstanzen aus den Mastzellen freigesetzt werden, die zu den Symptomen der Allergie führen: Sie bringen die Haut oder Schleimhaut zum Schwellen, ziehen die Bronchialmuskulatur zusammen (Asthmaanfall, Atemnot) und füllen das Körpergewebe mit Flüssigkeit (Ödeme, Quaddeln). Bei erheblicher Ausschüttung kann schon wenige Minuten nach dem Allergenkontakt eine heftige Sofortreaktion einsetzen und einen anaphylaktischen Schock mit Kreislaufversagen auslösen.
Je nachdem, wie und wo das Allergen in den Körper eindringt, kommt es zu verschiedenen Krankheitsbildern:
Eingeatmete Substanzen führen zu Schnupfen, Husten, Bronchitis oder Asthma. Die mit der Nahrung aufgenommenen Stoffe verursachen unter anderem Verdauungsstörungen wie Bauchschmerzen und Durchfall. Kontakte mit der Haut lösen Juckreiz, Nesselfieber (Urtikaria) oder Ekzeme aus.
Allergien haben in den letzten Jahren an Häufigkeit zugenommen, besonders auch im Kindesalter. Schuld daran sind sicher auch die veränderten Umwelt- und Lebensbedingungen. Man kann die zugrundeliegende Ursache näher

eingrenzen, wenn man genau beobachtet, wann die allergische Reaktion auftritt:

- Zeigen sich Beschwerden wie Niesanfälle, Fließschnupfen, Atemnot, Durchfall oder Nesselsucht nur im Sommer, besteht Verdacht auf eine Pollenallergie.
- Erkrankt ein Kind vor allem im Frühjahr und Herbst, kann eine Schimmelpilzallergie dahinterstecken.
- Bleiben die Symptome ganzjährig bestehen, sind aber während eines Umgebungswechsels (etwa im Urlaub) verschwunden, sollte man an häusliche Allergene denken (Hausstaub, Haustiere usw.).
- Leidet das Kind ständig unter Beschwerden, im Sommer wie im Winter, zu Hause und in den Ferien, könnte es sich um eine Nahrungsmittelallergie handeln.

Die verschiedenen allergischen Sofortreaktionen werden unter dem Begriff „Atopie“ (gr. das Ungewöhnliche, das Sonderbare) zusammengefaßt. Dazu gehören insbesondere Krankheiten wie Heuschnupfen, Asthma und Ekzem.

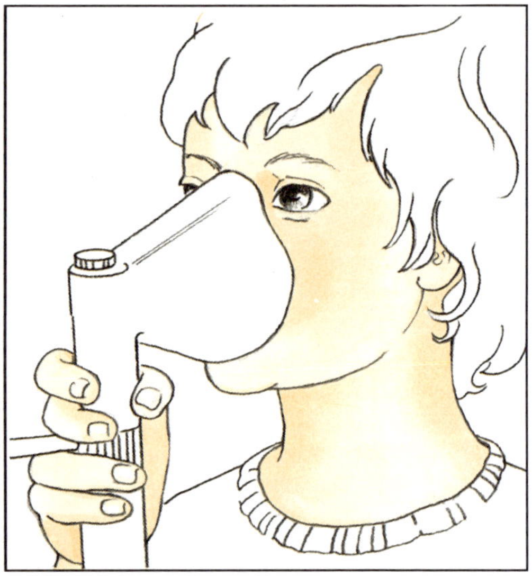

Inhaliergerät für Asthmatiker

Asthma

Asthma

Wichtigste Symptome
Anfallsweise Kurzatmigkeit, hochgradige Atemnot, keuchend-stöhnende Ausatmung (häufig in den Abend- und Nachtstunden), quälender Husten

Altershäufigkeit
Kinder nach dem 3. Lebensjahr, Jungen häufiger

Ähnliche Krankheitsbilder
Chronische Bronchitis, Krupphusten, Lungenentzündung, zystische Fibrose, eingeatmete Fremdkörper

Komplikationen
Sehr häufige oder langanhaltende Asthmaanfälle können lebensbedrohlich sein

Wann muß das Kind zum Arzt?
Beim ersten akuten Asthmaanfall sofort

Ursachen und Häufigkeit

Kindliches Asthma beruht häufig auf einer Allergie, also einer übersteigerten Reaktionsbereitschaft der Bronchien, die sich meistens schon während der Kindheit, manchmal sogar bereits in den ersten Lebensjahren, ankündigt.
Bei einem akuten Asthmaanfall zieht sich die Muskulatur in den feinen Verästelungen der Luftröhre, den Bronchien und Bronchiolen, krampfartig zusammen. Dadurch werden die Atemwege verengt und die Atmung, besonders das Ausatmen, erschwert. Zudem schwillt die Schleimhaut in den Bronchien an und bildet einen zähen Schleim, der die Ausführungsgänge verstopft. Die Ursache von Asthma ist häufig eine Überempfindlichkeit gegen bestimmte Stoffe der Umwelt, die mit der Atemluft in die Bronchien gelangen (als Allergene wirken: Tierhaare, Blütenpollen, Hausstaubmilben, Schimmelsporen). Weniger oft wird Asthma durch Nahrungsmittel, Medikamente oder Insektenstiche ausgelöst. Ein Asthmaanfall kann entstehen bei körperlicher Anstrengung, in seelischen Konfliktsituationen, durch Infektionen der Luftwege oder Einatmen von (Zigaretten-)Rauch. Bei den meisten asthmakranken Kindern besteht eine erbliche Veranlagung für eine allergische Reaktionsbereitschaft.

Symptome und Verlauf

Im Vordergrund stehen Kurzatmigkeit, Luftnot und Husten mit typischen keuchenden und pfeifenden Atemgeräuschen bei der Ausatmung. Gewöhnlich ist die Körpertemperatur nicht erhöht. Eine sorgfältige Beobachtung, wann die Asthmaanfälle auftreten, kann dem Arzt helfen, die auslösende Ursache zu finden.

Vorbeugungsmaßnahmen

Achten Sie darauf, daß Ihr Kind sich nicht körperlich überanstrengt oder zuwenig Schlaf erhält. Nach Möglichkeit sollten Aufregung, seelische Belastungen und Konfliktsituationen von ihm ferngehalten werden. Verhüten Sie Infektionen der Atemwege, etwa durch vernünftige, der Witterung angepaßte Kleidung; durch gleichmäßige, nicht zu hohe Raumtemperaturen mit angemessener Luftfeuchtigkeit (um 60 Prozent relative Feuchte); durch ausgewogene Ernährung und leichte sportliche Betätigung (Gymnastik, besonders Atemgymnastik, Schwimmen).

Behandlung

1. Die Behandlung erzielt bei Kindern gute Erfolge, ist jedoch langwierig.
2. Beim akuten Anfall werden Präparate eingesetzt, die den Krampf der Bronchialmuskulatur schnell lösen. Die Langzeitbehandlung sieht die tägliche Einnahme von schleim- und krampflösenden, beruhigenden und entzündungshemmenden Medikamenten vor. Mit Hilfe eines einfach zu handhabenden Inhalators können die wirksamen Substanzen bis tief in die Lunge gelangen.
3. Beruht das Asthma auf einer Allergie, kann es möglicherweise durch eine „Hyposensibilisierungsbehandlung" gemildert oder gar beseitigt werden. Dabei erhält der Körper den allergieauslösenden Stoff lange in ganz geringer, aber stetig steigender Konzentration eingespritzt. Er gewöhnt sich allmählich an das Allergen und reagiert nicht mehr darauf.
4. In schweren Fällen ist eine Krankenhauseinweisung notwendig, um eine sofortige und gezielte Behandlung sowie die Unterstützung der Atmung mit Sauerstoffgaben vornehmen zu können. Guten Erfolg haben auch Orts- und Klimawechsel, zum Beispiel Kuren an der Nordseeküste oder im Hochgebirge.

Ekzem (atopische Dermatitis, Neurodermitis)

Ursachen und Häufigkeit

Das atopische Ekzem ist eine chronische, oft in Schüben auftretende entzündliche Hauterkrankung, die sich als Milchschorf schon im Säuglingsalter zeigen kann und meist im dritten bis sechsten Lebensmonat beginnt. Es kann sich bis zum Ende des zweiten Lebensjahres zurückbilden – später allerdings erneut aufflackern – oder in der kindlichen Form erscheinen. Häufig geht das Ekzem gleichzeitig mit Asthma oder Heuschnupfen einher, oder es wird von diesen Krankheiten abgelöst. Bei einem Teil der Kinder verschwinden die Hautveränderungen aber bis zur Pubertät, ohne daß sich eine andere Form von Allergie entwickelt.

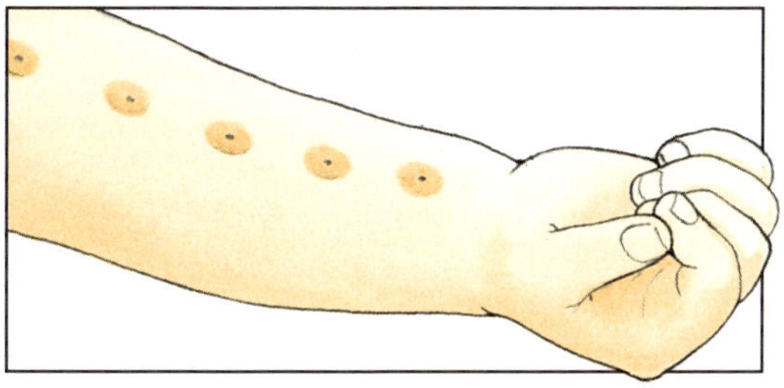

Als Reaktion auf in die Haut gespritzte Allergene bilden sich rote Flecken

Die Ursachen sind vielfältig. An der Entstehung der Krankheit sind neben der vererbten Reaktionsbereitschaft wahrscheinlich ebenfalls genetisch bedingte Immundefekte sowie Störungen des vegetativen Nervensystems und des Stoffwechsels beteiligt. Hinzu kommen äußere Einflüsse.

Symptome

Beim jungen Säugling beginnt der Ausschlag oft mit schuppenden Rötungen der Wangen. Dann werden bevorzugt die seitlichen Gesichtspartien, die Stirn, der behaarte Kopf und der Hals von kleinen Knötchen und Bläschen befallen, die stark jucken. Der Ausschlag zeigt sich manchmal auch auf Armen, Beinen und in den Gesäßfalten.
Durch Reiben und Kratzen verschlimmern sich die Hauterscheinungen, sie werden nässend. Es kann zu eitrigen Entzündungen mit gelblicher Krustenbildung sowie zu anderen Sekundärinfektionen der Haut kommen. Das Kind ist unruhig, sein Schlaf erheblich gestört.
Im Kleinkind- und Kindesalter herrscht ein anderes Bild vor, das durch trockene, knötchenförmige Hautveränderungen, besonders am Hals, in den Ellenbeugen und Kniekehlen sowie an den Hand- und Fußgelenken gekennzeichnet ist. Die betroffenen Hautstellen sind entzündlich gerötet, während die Haut am übrigen Körper eher eine fahle Blässe zeigt, trocken ist und schuppt. Es besteht heftiger, quälender Juckreiz, vor allem in der Nacht (Juckkrisen).
Bei vielen Kindern lösen allein Hitze- oder Kälteeinwirkung, seelische Erregung oder Konfliktsituationen die juckenden Hauterscheinungen aus.

Ekzem

Wichtigste Symptome
Milchschorf beim Säugling: gerötete, schuppende, nässende Hautstellen (besonders auf den Wangen) mit gelblichen Krusten. Bei Kleinkindern, älteren Kindern: trockene, verdickte, schuppende Hautstellen (meist in Gelenkbeugen, am Gesäß). Heftiger, quälender Juckreiz (besonders nachts)

Altershäufigkeit
Das Ekzem beginnt erst nach dem 3. Lebensmonat

Ähnliche Krankheitsbilder
Gneis (Kopfgrind), Nahrungsmittelallergie, Herpes simplex

Komplikationen
Zweitinfektion mit Bakterien (starke Rötung, Fieber, Lymphknotenschwellungen)

Wann muß das Kind zum Arzt?
Beim Auftreten der obengenannten Symptome

Heuschnupfen

Wichtigste Symptome
Verstopfte Nase, Niesattacken, wäßriger Nasenausfluß, Juckreiz in der Nase und am Gaumen, Augenbindehautentzündung, Kopfschmerzen

Altershäufigkeit
Tritt gewöhnlich erst nach der Säuglingszeit auf

Ähnliche Krankheitsbilder
Schnupfen bei Erkältung, Augenallergie, Nasennebenhöhlenentzündung

Komplikationen
Es kann sich im Laufe der Jahre ein Asthmaleiden entwickeln

Wann muß das Kind zum Arzt?
Wenn die obengenannten Symptome auftreten, ohne daß eine andere erkennbare Krankheit zugrunde liegt

Behandlung

1. Bei einem nässenden Ekzem sollten Sie Feuchtigkeit anwenden, zum Beispiel Schwarztee- oder Zinnkrautumschläge oder eine Schüttelmixtur auftragen.
2. Baden Sie das Kind nur selten (1 bis 2mal pro Woche) mit rückfettenden Ölbädern oder desinfizierenden Zusätzen, die der Arzt verordnet. Kühlere Wassertemperaturen (32–34° C) werden meist besser vertragen.
3. Regelmäßige Pflege der trockenen, schuppenden Haut mit halbfetten Cremes oder Fettsalben ist wichtig. Harnstoffhaltige Präparate unterstützen zudem die Schuppenablösung und die Wasserbindungsfähigkeit und wirken entzündungshemmend. Zink- und teerhaltige Mittel beruhigen die entzündlich veränderte Haut und lindern den Juckreiz.
Mit kortisonähnlichen Präparaten ist zwar eine deutliche Besserung des Ekzems zu erreichen, aber meist nur vorübergehend. Sie sollten bei Kindern nur kurzfristig in niedriger Dosierung angewendet werden, denn sie können schwerwiegende Nebenwirkungen hervorrufen.
Häufig müssen verschiedene Mittel und Wege ausprobiert werden, bis eine erfolgreiche Behandlung gefunden ist.
Homöopathische und andere alternative Behandlungsmethoden können individuell hilfreich sein, aber auch sie vermögen das Hautleiden nicht zu heilen.
4. Gegen den quälenden Juckreiz, vor allem zur Beruhigung für die Nacht, kann der Arzt bei Bedarf Medikamente zum Einnehmen verordnen (Antihistaminika, Beruhigungszäpfchen).
5. Unter Umständen muß das Kind mit besonderen Maßnahmen (Umhüllen der Hände mit Schlauchverband) am Kratzen gehindert werden, denn durch das Aufkratzen der Haut kann es zu Infektionen kommen, die den Einsatz von Antibiotika nötig machen.
6. Die allergieauslösende Ursache zu finden ist trotz eingehender Untersuchungen oft nicht möglich. Eine Nahrungsmittelallergie (insbesondere gegen Kuhmilch, Eier, Fisch, Nüssen, Zitrusfrüchte, Weizenmehl, Tomaten, Lebensmittelzusatzstoffe) ist nur bei einem Teil der Kinder durch Hauttest, Blutuntersuchung, Auslaßdiät nachweisbar. Dann muß das betreffende Nahrungsmittel für mindestens ein Jahr weggelassen werden.
7. Es ist in jedem Fall sinnvoll, die Umgebung des Kindes allergenarm zu gestalten: Tiere und Staubfänger aus der Wohnung entfernen; das Rauchen in seiner Gegenwart unterlassen; auf regelmäßiges Lüften achten; die Raumtemperatur niedrig halten; Kleidung, die die Haut berührt, sollte aus Baumwolle sein (keine Wolle und Synthetics); Wäsche gründlich ausspülen; auf Haushaltschemikalien weitgehend verzichten; ausgewogene, vollwertige Ernährung anbieten; seelische Belastungen vermeiden.

Heuschnupfen (allergische Rhinitis, Pollinosis)

Ursachen

Heuschnupfen ist eine allergische Reaktion der Schleimhäute der Augen (Konjunktivitis), der Nase und der oberen Luftwege gegen eingeatmete Substanzen aus der Luft. Die jahreszeitlich gehäuft auftretende Rhinitis beruht auf einer Allergie gegen Blütenpollen bestimmter Pflanzen. Die Saison für den Pollenflug liegt zwischen Januar und Ende September. Besteht die Erkrankung während des ganzen Jahres, ist sie meist von Allergenen aus der häuslichen Umgebung (Hausstaubmilben, Tierhaare, tierische Hautschuppen, Schimmelsporen) verursacht.
Heuschnupfen kommt manchmal schon bei Säuglingen und Kleinkindern als Begleiterscheinung der atopischen Dermatitis vor. Meistens liegt der Beginn der Erkrankung aber im Kindes- oder Erwachsenenalter.

Symptome

Heuschnupfen kann sich durch verschiedene Beschwerden äußern, die einzeln oder zusammen auftreten: Eine Schwellung der Schleimhäute durch Austritt von Blutplasma aus den Haargefäßen in das Gewebe (Ödembildung) bewirkt eine Verstopfung der Nase; die vermehrte Absonderung von Flüssigkeit verursacht einen ständigen Ausfluß von wäßrigem Sekret und mehr oder weniger heftige Niesanfälle; in der Nase und am Gaumen kribbelt und juckt es;

die Augenbindehäute sind entzündet, die Lider geschwollen, die Augen tränen, und es besteht Juckreiz. Die Augenbindehautentzündung ist ein Symptom der Pollenallergie, durch häusliche Allergene wird sie selten hervorgerufen.
Die Sekretansammlung in den Nasennebenhöhlen führt zu Kopfschmerzen. Das Kind klagt über Müdigkeit, im Schlaf schnarcht es.

Behandlung

1. Wenn Ihr Kind häufiger unter Fließschnupfen, verbunden mit Niesanfällen und eventuell geröteten, tränenden Augen, leidet, denken Sie daran, daß es sich um eine allergische Rhinitis handeln kann.
2. Die beste Behandlung wäre die Vermeidung des Allergenkontaktes. Das ist bei einer Pollenallergie kaum möglich. Daher können mit entsprechenden Maßnahmen nur die Beschwerden gelindert werden.
Schließen Sie nachts die Fenster, denn der stärkste Pollenflug ist in den frühen Morgenstunden zu erwarten. Beachten Sie die Pollenflugberichte der Wettervorhersage und der Tagespresse. Halten Sie das Kind bei warmem, windigem Wetter besser im Haus. Waschen Sie ihm abends die Haare, um die Pollen auszuspülen.
3. Die auslösende Ursache kann manchmal gefunden werden, wenn Sie genau beobachten, in welcher Umgebung oder in welcher Situation sich der Heuschnupfen mit besonders heftigen Erscheinungen bemerkbar macht. Zur Erhärtung des Verdachts kann der Arzt einen Allergietest vornehmen. Dabei werden die in Frage kommenden Allergene in gelöster Form mit einer Nadel in die oberste Hautschicht eingebracht (Pricktest).
4. Ist ein Allergen (oft sind es sogar mehrere) ausfindig gemacht worden, dem Ihr Kind nicht aus dem Wege gehen kann, wird der Arzt bei zunehmender Schwere der Erkrankung vielleicht eine Hyposensibilisierung vorschlagen. Die Behandlung dauert in der Regel allerdings drei Jahre: Kleinste Mengen des ermittelten Allergens werden in steigender Konzentration unter die Haut gespritzt, um die Empfindlichkeit des Körpers schrittweise herabzusetzen und eine Gewöhnung herbeizuführen.
5. Bei akuten Zuständen helfen Medikamente: örtlich wirkende, schleimhautabschwellende Mittel, die die allergische Entzündung hemmen (Antihistaminika, Calcium, Cromoglicinsäure).

Nahrungsmittelallergien

Ursachen

Nahrungsmittel lösen recht häufig Krankheitserscheinungen aus. In vielen Fällen handelt es sich aber nicht um eine allergische Reaktion, sondern lediglich um eine Unverträglichkeit gegenüber bestimmten Stoffen aus der Nahrung, die verschiedene Ursachen haben kann. Bei einer Allergie entstehen die Krankheitssymptome aufgrund einer Immunreaktion: Einige mit der Nahrung aufgenommene Eiweiße passieren „unverdaut" die Darmschleimhaut und werden vom Immunsystem als körperfremd erkannt. Daraufhin kommt es zur Bildung spezifischer Antikörper.
Als Nahrungsmittelallergene spielen im Kindesalter eine besondere Rolle: Hühnerei, Kuhmilch, Fisch, Nüsse, Soja, Hülsenfrüchte, daneben Mehl, Zitrusfrüchte, Tomaten, Sellerie und Karotten. Säuglinge und Kleinstkinder reagieren am häufigsten auf Kuhmilch- und Hühnereiweiß allergisch. Manchmal weist ihr Verhalten schon auf eine Unverträglichkeit hin: Sie weigern sich, solche Nahrung zu sich zu nehmen. Wird sie trotzdem gefüttert, stellen sich kurz darauf Erbrechen und Durchfall ein. In vielen Fällen verliert sich die Kuhmilchunverträglichkeit jedoch im Laufe der Jahre, oft bereits bei zweijährigen Kindern, die dann ohne weiteres Kuhmilch trinken können.

Symptome

Nahrungsmittelallergien zeigen sich wenige Minuten bis Stunden nach dem Verzehr des betreffenden Lebensmittels durch lokale Reaktionen des Verdauungstraktes mit Erbrechen, Durchfall (manchmal sogar mit Blutbeimengungen) und Bauchkrämpfen. Weiterhin können Symptome an der Haut (Juckreiz, rotfleckiger Ausschlag, Ekzem oder Quaddelbildung) und/oder an den Atemwegen (Fließschnupfen, Atembeschwerden) hinzukommen.

Nahrungsmittelallergien

Wichtigste Symptome
Erbrechen, Durchfall, krampfartige Bauchschmerzen, wenige Minuten bis Stunden nach dem Essen

Altershäufigkeit
Eine Nahrungsmittelallergie kann sich bereits beim Säugling (besonders dem nichtgestillten Kind) einstellen

Ähnliche Krankheitsbilder
Infektiöse Magen-Darm-Erkrankungen, Ernährungsstörungen des Säuglings

Komplikationen
Schwerer Brechdurchfall mit Austrocknungserscheinungen

Wann muß das Kind zum Arzt?
Wenn Erbrechen und/oder Durchfall häufiger auftreten, bei Komplikationen sofort

Nesselsucht

Wichtigste Symptome
Schubweise aufschießende, rote, stark juckende Quaddeln

Altershäufigkeit
Nesselsucht kann in jedem Alter auftreten, bei Säuglingen selten

Ähnliche Krankheitsbilder
Quincke-Ödem mit Gefahr der Kehlkopfschwellung, Juckpöckchen (Strophulus)

Wann muß das Kind zum Arzt?
Wenn sich die obengenannten Symptome zeigen, bei Komplikationen sofortige ärztliche Hilfe suchen

Vorbeugungsmaßnahmen

1. Bei Neugeborenen aus allergiebelasteten Familien kann nach der Geburt das Nabelschnurblut auf vorhandene Antikörper untersucht werden. Die ermittelten Werte erlauben eine gewisse Aussage über das bestehende Risiko für das Kind, in den ersten Lebensjahren, selbst an einer Allergie zu erkranken. Gefährdete Säuglinge sollten unbedingt sechs Monate lang ausschließlich gestillt werden. Um eine frühzeitige Sensibilisierung zu vermeiden, dürfen sie keine der kuhmilchhaltigen Fertignahrungen zugefüttert bekommen, sondern müssen hypoallergene Nahrung erhalten.
2. Eine stillende Mutter sollte potentielle Nahrungsallergene (Milch, Milchprodukte, Eier, Fisch) nicht im Übermaß zu sich nehmen. Spuren von Fremdeiweiß können nämlich in die Muttermilch übergehen und bei empfindlichen Säuglingen Reaktionen auslösen.
3. Beikost sollte erst im zweiten Lebenshalbjahr gegeben werden. Führen Sie aber stets nur ein neues Nahrungsmittel in den gewohnten Speiseplan ein, damit Sie Unverträglichkeitsreaktionen leichter mit einer bestimmten Nahrung in Zusammenhang bringen können. Wenn nach dem Verzehr eines neuen Lebensmittels Erbrechen, Bauchschmerzen und/oder Durchfall auftreten, lassen Sie einige Zeit vergehen, bevor Sie es erneut anbieten. Kommt es danach wieder zu Krankheitserscheinungen, verzichten Sie bei der Ernährung Ihres Kindes künftig darauf.
Mit vorbeugenden Maßnahmen läßt sich eine Allergie nicht grundsätzlich verhüten, ihr Auftreten aber möglicherweise zeitlich hinausschieben und ihr Verlauf mildern.

Behandlung

1. Oft gibt die Vorgeschichte der Erkrankung schon einen Hinweis auf das mögliche Nahrungsmittelallergen, vor allem, wenn die Symptome deutlich ausgeprägt sind und unmittelbar nach der Nahrungsaufnahme auftreten.
Bei verzögerter Reaktion ist die Diagnose schwierig. In den meisten Fällen ist ein Provokationstest unter ärztlicher Aufsicht, bei dem das verdächtige Nahrungsallergen verabreicht wird, erforderlich.
2. Bei nachgewiesener Nahrungsmittelallergie besteht die Therapie darin, das betreffende Allergen zu meiden. Meistens läßt sich ein Lebensmittel problemlos durch ein anderes ersetzen, und auch für Säuglinge, die Kuhmilcheiweiß nicht vertragen, steht Spezialnahrung zur Verfügung. Mit zunehmendem Alter des Kindes ist es allerdings nicht mehr so einfach, eine milcheiweißfreie Ernährung durchzuführen, da es in vielen Produkten der Nahrungsmittelindustrie vorkommt.

Nesselsucht (Urtikaria)

Ursachen

Die Urtikaria ist ein plötzlich auftretender Hautausschlag, der meistens auf einer Allergie, manchmal aber nur auf einer Unverträglichkeitsreaktion ohne Beteiligung des Immunsystems beruht.
Zu den Substanzen, die am häufigsten eine Nesselsucht hervorrufen, gehören: Nahrungsmittel (Fisch und Schalentiere, Eier, Erdbeeren, Zitrusfrüchte, Tomaten, Sellerie, Nüsse und Schokolade), Nahrungsmittelzusatzstoffe, Gewürze und Medikamente (vor allem Penicillin und Aspirin). Sie kann ebenso durch Insektenstiche, Läuse- oder Flohbisse sowie durch Wurmbefall ausgelöst werden. Auch Inhalationsallergene, wie Blütenpollen, Tierhaare und Tierhautschuppen, Hausstaub und Schimmelsporen, und Kontaktallergene (Pflanzen, Salben, Kosmetika, Wolle und andere Tierhaare) kommen als Ursache in Frage. Die nichtallergische Form entsteht meist durch physikalische Reize (mechanischen Druck, Kälte, Sonnenlicht).

Symptome und Verlauf

Beim Nesselausschlag zeigen sich plötzlich rötliche, juckende Schwellungen (Quaddeln) von Linsen- bis Handtellergröße in der Oberhaut. Sie entwickeln sich sehr bald nach dem Allergenkontakt, meist am ganzen Körper, und bleiben ein bis zwei Tage bestehen. Typisch ist das schubweise Auftreten: Es erscheinen neue Quaddeln, während sich die vorhandenen zurückbilden. Dieser sich ständig wandelnde Hautausschlag hält gelegentlich bis zu sechs

Wochen an oder kehrt häufiger wieder. Er kann von Fieber (Nesselfieber) begleitet sein.

Behandlung

1. Manchmal läßt sich die Ursache sehr schnell finden, wenn Sie darüber nachdenken, was Ihr Kind in den letzten Stunden vor Auftreten der Hauterscheinungen gegessen oder getrunken hat oder womit es in Kontakt gekommen ist. Dieses Allergen und alle Nahrungsmittel, die es enthalten, müssen künftig möglichst vermieden werden.
2. Feuchtkalte Kompressen, Pinselungen mit Zinklotion und Bäder mit Kleiezusatz können Linderung bringen und vor allem den Juckreiz mildern.
3. Eine lang anhaltende oder wiederholt auftretende Urtikaria kann mit Antihistaminpräparaten behandelt werden.

Infektionskrankheiten

Diphtherie

Ursachen und Häufigkeit

Diphtherie ist eine durch spezifische Bakterien hervorgerufene Infektionskrankheit, die durch die Giftstoffe (Toxine) der Erreger den gesamten Organismus in Mitleidenschaft zieht und dadurch zum Tod führen kann. Früher trat die Krankheit besonders während der Wintermonate als Epidemie auf und war sehr gefürchtet. Heute kommt sie nach Einführung der Schutzimpfung nur noch selten vor, ganz verschwunden ist sie jedoch nicht.
Die *Empfänglichkeit* ist nicht sehr groß und hängt von der körperlichen Abwehrkraft des Menschen ab. Es erkranken aber nicht nur Kinder, Erwachsene sind ebenso gefährdet.
Die *Übertragung* erfolgt durch Tröpfcheninfektion von Erkrankten oder von gesunden Keimträgern, selten durch infizierte Gegenstände.
Die *Inkubationszeit* beträgt drei bis fünf Tage, ist aber manchmal kürzer. *Ansteckungsgefahr* besteht, solange die Erreger im Abstrich aus Nase, Rachen oder Kehlkopf nachweisbar sind. Die *Immunität* nach überstandener Krankheit richtet sich gegen die Bakteriengifte und hält nicht lebenslang an. Früher haben sich viele Menschen mit den Erregern auseinandergesetzt, ohne zu erkranken. Durch diese stumme Infektion wurden sie immunisiert (stille Feiung). Heute ist die Immunität nur durch Impfung zu erreichen!

Symptome und Verlauf

Bei Säuglingen findet die Infektion vor allem in der Nase statt *(Nasendiphtherie):* Schnupfen mit dünnflüssig-eitrigem, oft blutigem Ausfluß. Diese Art der Diphtherie ist ebenso selten wie die *Nabeldiphtherie,* die durch eine Schmierinfektion entsteht. Rund um den Nabel sind dabei schmierige, gelbgraue Beläge und Geschwüre zu sehen.
Ältere Kinder erkranken meist an der häufigsten Form, der *Rachendiphtherie.* Zu Beginn zeigen sich uncharakteristische Symptome wie Kopf- und Leibschmerzen, Mattigkeit und Schluckbeschwerden. Unter mäßigem Temperaturanstieg (38–39 °C) bilden sich auf den geschwollenen Gaumenmandeln grauweiße, fest haftende Beläge, die auch auf den geröteten Rachen übergreifen können. In schweren Fällen, die heute selten sind, kommt es zu einer ausgedehnten Belagbildung und starken Schwellung des Rachenrings sowie zu Ödembildung im Hals und im Bereich der Lymphknoten. Die Sprache wird kloßig, das Kind strömt einen fad-süßlichen Mundgeruch aus. Es fühlt sich schwer krank bei geringem oder aber hohem Fieber und neigt zum Erbrechen.
Die Verschlechterung des Allgemeinzustandes ist durch die Wirkung des Toxins auf den Kreislauf bedingt: blasses Aussehen, stark beschleunigter, unregelmäßiger oder auch verlangsamter Puls, Haut- und Schleimhautblutungen, Apathie und Kollapsneigung. Diese Form der toxischen Diphtherie, die sich auch sofort ent-

Diphtherie

Wichtigste Symptome
Mattigkeit, mäßiges Fieber, leichte Schluckbeschwerden, fad-süßlicher Mundgeruch, kloßige Sprache, grauweiße Beläge auf den geschwollenen, geröteten Mandeln, schmerzhafte Kieferlymphknotenschwellung (Rachendiphtherie); Heiserkeit bis zur Stimmlosigkeit, bellender Husten, Atemnot (Kehlkopfdiphtherie)

Altershäufigkeit
Diphtherie kann in jeder Altersstufe auftreten

Inkubationszeit
3–5 Tage

Ähnliche Krankheitsbilder
Alle Formen von Halsentzündung, Masern-Krupp, Krupphusten, Pfeiffersches Drüsenfieber, Scharlach

Komplikationen
Entzündung des Herzmuskels (Kurzatmigkeit, rasche Erschöpfung, Unruhe, Herzjagen), Nierenschädigung (Nephritis)

Wann muß das Kind zum Arzt?
Jeder Fall von schwerer fieberhafter Halsentzündung und von Krupphusten sollte dem Arzt vorgestellt werden

Vorbeugung
Impfung

wickeln kann, führt häufig zum Tod. Durch Ausbreitung der Bakterien auf die Kehlkopfschleimhaut entsteht das Krankheitsbild des *„echten Krupp"*, der bevorzugt Kinder vom ersten bis vierten Lebensjahr befällt. Zunächst besteht nur ein heiserer Husten. Durch zunehmende Schwellung des Kehlkopfes und Belagbildung auf den Stimmbändern kommt es zu bellendem Husten (Krupp), der in völlige Stimmlosigkeit übergeht. Dann stellen sich die ersten Zeichen von Atemnot unter besonderer Erschwerung der Einatmung mit pfeifenden Atemgeräuschen ein. Wenn die immer schwerer werdenden Erstickungsanfälle nicht mit Medikamenten gebessert werden können, ist ein Luftröhrenschnitt (Tracheotomie) erforderlich, sonst tritt der Tod ein.
In den meisten Fällen verläuft die Krankheit aber gutartig, und nach Verabreichung des Diphtherieheilserums kommt es zu einer schnellen Genesung.

Komplikationen

1. Als Folge der toxischen Wirkung der Bakterien kann sich die gefürchtete Herzmuskelschädigung mit tödlichem Ausgang entweder frühzeitig (dritter bis vierzehnter Krankheitstag) oder während der Genesung (vier bis sieben Wochen nach Krankheitsbeginn) einstellen.
2. Schädigungen der motorischen Nerven, die zu Lähmungen führen (zum Beispiel Gaumensegellähmung), bilden sich meist von selbst zurück.

Vorbeugungsmaßnahmen

1. Wenn Ihr Kind eine schwere Halsentzündung mit eitrig-grauen Belägen auf der Schleimhaut, dazu Fieber, Husten und Atemprobleme hat, denken Sie selbst daran, daß die Diagnose „Diphtherie" heißen könnte. Es ist für den Arzt gar nicht so leicht, die Krankheit auf Anhieb zu erkennen, schließlich haben fast alle jüngeren Mediziner niemals einen Fall von Diphtherie zu Gesicht bekommen. Viele vermuten auch in der heutigen Zeit keine Diphtherieerkrankungen mehr und könnten darum unter Umständen auf die nötigen Untersuchungen verzichten.
2. Lassen Sie Ihr Kind gegen Diphtherie impfen! Nur die rechtzeitig durchgeführte Grundimmunisierung und die später alle zehn Jahre erforderlichen Auffrischimpfungen bieten einen wirksamen Schutz, auch für Sie.
3. Im Falle einer Ansteckung im Bekanntenkreis können nicht immune Kinder und Erwachsene vorsorglich ein wirksames Diphtherieantitoxin erhalten.

Behandlung

1. Die Krankheit erfordert an sich bei normalem Verlauf keine Klinikbehandlung, sofern im häuslichen Bereich eine Isolierung möglich ist. Meistens aber wird das Kind in die Infektionsabteilung eines Krankenhauses eingewiesen.
2. Die Isolierung darf erst aufgehoben werden, wenn aus drei Abstrichen von Nase und Rachen des Erkrankten die Bakterien nicht mehr nachgewiesen werden können.

Dreitagefieber

Wichtigste Symptome
Plötzlich einsetzendes hohes Fieber, kaum verändertes Allgemeinbefinden; nach etwa 3 Tagen Temperaturabfall und Auftreten eines kleinfleckigen, blaßroten Hautausschlags

Altershäufigkeit
Kinder im Alter von 6 Monaten bis zu 2 Jahren

Ähnliche Krankheitsbilder
Masern, Röteln

Wann muß das Kind zum Arzt?
Das Kind sollte dem Arzt vorgestellt werden, um die Diagnose zu sichern und keine andere Erkrankung zu übersehen

Dreitagefieber (Roseola infantum, Exanthema subitum)

Ursachen und Häufigkeit

Das sogenannte Dreitagefieber ist eine harmlose Virusinfektion, charakterisiert durch hohes Fieber mit nachfolgendem Hautausschlag. Es ist eine der häufigsten Krankheiten in den ersten Lebensjahren. Davon werden fast ausschließlich Kinder im Alter von sechs Monaten bis zu zwei Jahren betroffen.
Der akute Beginn mit unvermittelt ansteigenden Temperaturen erweckt den Anschein einer ernsten Erkrankung, die Sorge ist jedoch unbegründet.

Symptome und Verlauf

Die Erkrankung beginnt mit plötzlich einsetzendem hohen Fieber von 40–41° C, das drei oder vier Tage bestehenbleibt und sich durch fiebersenkende Maßnahmen kaum beeinflussen läßt. Manchmal wird der Anstieg der Temperatur von Krämpfen begleitet, oder das Kind erbricht. An-

dere Symptome, wie die eines Nasen-Rachen-Infektes und leichte Vergrößerungen der Halslymphknoten, sind selten.
Das Kind ist trotz des hohen Fiebers nur wenig in seinem Allgemeinbefinden beeinträchtigt. Mit dem raschen Temperaturabfall erscheint am Rumpf, weniger an den Armen und Beinen, ein kleinfleckiger, blaßroter Hautausschlag, der den Masern oder den Röteln ähnelt. Nach ein bis zwei Tagen ist er wieder verschwunden und die Krankheit überstanden.
Die Diagnose ist schwierig. Erst nach Abfall des Fiebers und beim Auftreten der Hauterscheinungen kann die Infektion als solche erkannt werden. Komplikationen sind nicht zu erwarten.

Behandlung

Die Pflege und die Behandlung bestehen lediglich darin, das Auftreten weiterer Symptome, die auf eine andere Krankheit hinweisen würden, zu beachten und mit Hilfe fiebersenkender Maßnahmen den Anstieg der Temperatur in Grenzen zu halten.

Eiterflechte (Impetigo contagiosa)

Ursachen und Häufigkeit

Die Impetigo ist eine sehr ansteckende Infektion der oberflächlichen Hautschichten, hervorgerufen durch Staphylo- oder Streptokokkenbakterien. Sie kommt besonders bei Kindern in Gemeinschaftseinrichtungen (Kinderkrippen, Kindergärten, Heimen) vor und wird durch direkten Kontakt oder über infizierte Gegenstände übertragen. Begünstigend für die Erkrankung wirkt sich eine Schwächung der körpereigenen Abwehrkräfte, etwa durch andere Hautleiden oder Virusinfektionen, aus.
Die Inkubationszeit dauert zwei bis fünf Tage; das Kind bleibt bis zur völligen Abheilung der Hauterscheinungen ansteckend.

Symptome und Verlauf

Bei Kindern sind besonders der Kopf und das Gesicht betroffen, aber auch am übrigen Körper zeigen sich auf rotem Grund kleine, juckende, eitrige Bläschen. Diese platzen später auf und bilden offene, nässende Wunden. Die Absonderungen trocknen zu gelbbraunen Krusten ein. Nach acht bis zehn Tagen fallen die Krusten ab und hinterlassen für längere Zeit rote Flecken auf der Haut. Die erste Pustel erscheint häufig an einer Hautstelle, die verletzt oder gereizt wurde, beispielsweise durch einen Insektenstich, einen Kratzer oder ähnliches. Die Infektion breitet sich schnell aus. Sie kann durch Aufkratzen der Bläschen und Verschmieren des eitrigen Inhalts noch verschlimmert und auf andere Teile des Körpers ausgedehnt werden.

Komplikationen

Bei Streptokokkeninfektionen muß auf eine mögliche Nierenbeteiligung (Glomerulonephritis) geachtet werden. Der Arzt wird aus der Flüssigkeit der Bläschen den spezifischen Erreger nachweisen und dann entsprechende Urinkontrollen veranlassen.

Vorsichtsmaßnahmen

1. Impetigo ist hochinfektiös. Achten Sie darum auf Sauberkeit.
2. Um Impetigoinfektionen zu verhüten, sollten auch kleine Wunden von Hautabschürfungen und Kratzern nach Möglichkeit desinfiziert werden. Anschließend legen Sie am besten einen sterilen Verband an (Hautpflaster). Auch bei anderen Familienmitgliedern sollten Sie auf die ersten Anzeichen einer Infektion achten.

Behandlung

1. Wenn nur wenige kleine Hautbezirke befallen sind, reinigen Sie die infizierten Stellen mit einem Hautdesinfektionsmittel, und geben Sie mehrmals täglich die vom Arzt verordnete antibiotische Salbe darauf. Bedecken Sie die Wunden mit einem Mullverband, damit das Kind die Krankheit nicht durch Kratzen verbreitet.
2. Bei einer durch Streptokokken verursachten Infektion wird der Arzt für zehn bis vierzehn Tage die Einnahme von Penicillin anordnen. Wurden Staphylokokken gefunden, muß ein spezifisches Antibiotikum verschrieben werden.

Eiterflechte

Wichtigste Symptome
Kleine, juckende Bläschen mit rotem Hof, die Eiterkuppen zeigen, platzen und borkig eintrocknen; erscheinen meistens im Gesicht, hochinfektiös

Altershäufigkeit
Kinder aller Altersstufen (besonders in Gemeinschaftseinrichtungen)

Inkubationszeit
2–5 Tage

Ähnliche Krankheitsbilder
Infizierte Insektenstiche, Pilzerkrankungen der Haut, infiziertes Ekzem

Komplikationen
Nierenbeteiligung (Nephritis)

Wann muß das Kind zum Arzt?
Beim Auftreten der obengenannten Symptome. Nach einer Infektion sind Urinuntersuchungen nötig

Frühsommermeningo-enzephalitis

Wichtigste Symptome

1. Krankheitsphase (dauert 4–6 Tage): Kopfschmerzen, Fieber, Magen-Darm-Beschwerden, Nasen-Rachen-Katarrh;
2. Krankheitsphase (beginnt nach einer beschwerdefreien Zeit von etwa 8 Tagen): Fieberanstieg und Zeichen einer Gehirnbeteiligung mit heftigen Kopfschmerzen, Erbrechen, Nackensteifigkeit

Altershäufigkeit

FSME kann in jedem Alter auftreten; im Kindesalter verläuft sie weniger schwer

Inkubationszeit

2–28 Tage

Ähnliche Krankheitsbilder

Andere virusbedingte Hirnhaut- und Gehirnentzündungen, etwa bei Grippe, Kinderlähmung

Komplikationen

Es können hirnorganische Dauerschäden zurückbleiben

Wann muß das Kind zum Arzt?

Wenn das Kind von einer Zecke gebissen wurde oder bei unklaren Veränderungen des Allgemeinbefindens nach einem Aufenthalt in zeckengefährdeten Gebieten

Vorbeugung

Reiseimpfung

Frühsommermeningo-enzephalitis (FSME)

Ursachen und Häufigkeit

Diese durch Viren hervorgerufene und durch infizierte Zecken übertragene Krankheit kommt nur in bestimmten Gebieten vor, nämlich dort, wo die Zecke (Holzbock) günstige Umweltbedingungen vorfindet. Betroffen sind der süddeutsche Raum längs der Donau, der Bayerische Wald und Südbaden, der östliche Teil Mecklenburg-Vorpommerns, bestimmte Regionen in Sachsen und Thüringen; daneben viele Urlaubsgegenden im Ausland.

Die Zecke ist ein Parasit der im Wald lebenden Kleintiere. Sie nimmt das Virus beim Saugen an einem Wirtstier auf und überträgt es durch einen Biß auf den Menschen. Da die Zecke nur bei besonderen klimatischen Bedingungen aktiv wird, ist eine jahreszeitliche Häufung der Erkrankung im Juni und Anfang Oktober zu beobachten, Zeckenkontakt ist aber von April bis November möglich.

Gefährdet sind Personen, die sich beruflich oder als Spaziergänger, Wanderer oder Pilzsucher in Wäldern, Flußniederungen oder Moorgegenden infizierter Gebiete aufhalten. Am Waldrand oder unter Hecken und Bäumen spielende Kinder können ebenso von einer solchen Zecke gebissen werden.

Symptome und Verlauf

Bis zu einem Monat nach einem Zeckenbiß kommt es zu grippeähnlichen Erscheinungen mit Fieber, Kopf-, Kreuz- und Gliederschmerzen, Magen-Darm-Beschwerden und eventuell einem Nasen-Rachen-Katarrh. Die Symptome klingen nach einer Woche wieder ab.

Nun ist die Krankheit entweder überstanden und eine wahrscheinlich lebenslange Immunität erlangt, oder es beginnt nach einem fieberfreien Intervall von ein bis zwanzig Tagen eine zweite Krankheitsphase, die eigentliche Hirnhautentzündung (Meningitis).

Sie ist durch Temperaturen bis 40° C, heftige Kopfschmerzen, Erbrechen und Nackensteifigkeit gekennzeichnet. Bei Infektion von Hirngewebe und/oder Mitbeteiligung des Rückenmarks kann es zu Krampfanfällen, Lähmungen sowie zu psychischen und geistigen Störungen kommen. Der Verlauf ist stark vom Alter abhängig, Kinder und Jugendliche trifft es meist weniger schwer. Viele zeigen gar keine Symptome der Erkrankung, es können aber auch Dauerschäden und Todesfälle eintreten.

Vorbeugungsmaßnahmen

1. Gegen Zeckenbisse kann man sich zwar durch vollständige und hochgeschlossene Bekleidung schützen, in der Praxis wird diese Maßnahme gerade während der warmen Jahreszeit aber kaum durchgeführt.
2. Zur Vorbeugung, besonders bei Reisen in verseuchte Gebiete, ist eine aktive Schutzimpfung möglich. Geimpft wird zweimal im Abstand von vier bis zwölf Wochen sowie einmal nach neun bis zwölf Monaten. Nach dieser dritten Impfung besteht ein fast hundertprozentiger Schutz für drei Jahre. Falls nötig, kann danach eine Auffrischimpfung erfolgen. Mit einem neuen Impfstoff ist eine Immunisierung auch noch kurz vor Antritt einer Reise möglich.
3. Als kurzfristiger Sofortschutz nach einem Zeckenbiß kann ein Immunglobulin verabreicht werden. Es hilft auch noch bis einschließlich zum vierten Tag, die Krankheit zu verhüten oder ihren Verlauf zu mildern.

Behandlung bei Zeckenbiß

1. Die Zecke muß möglichst bald und vollständig aus der Haut entfernt werden, mit den Fingern oder mit einer Pinzette (eine Zeckenpinzette ist in der Apotheke erhältlich).
Ziehen Sie die Zecke vorsichtig heraus, ohne dabei den Hinterleib zu zerquetschen. Desinfizieren Sie anschließend die Bißstelle. Beobachten Sie Ihr Kind in der Folgezeit, ob sich Anzeichen einer Erkrankung (siehe oben) einstellen. Die Zecke zuvor mit aufgetupftem Fett oder Klebstoff abzutöten, davon raten Experten neuerdings ab, weil diese Maßnahme die Übertragung der Keime eher noch fördern soll.
2. Bleibt der Kopf der Zecke in der Haut zurück, entzündet sich die Bißwunde oder bildet sich um sie herum ein roter Ring, dann bringen Sie Ihr Kind unverzüglich zum Arzt.

Gelbsucht, infektiöse (Virushepatitis)

Ursachen und Häufigkeit

Die akute Leberentzündung wird durch Viren verursacht, von denen inzwischen fünf verschiedene Erregervarianten bekannt sind (Typ A, B, C, D und E).
Die Erreger der *Hepatitis A* gelangen vor allem durch den Mund in den Körper, und zwar in erster Linie über verseuchte Nahrung und verunreinigtes Wasser. Doch auch der direkte Kontakt mit Erkrankten sowie die gemeinsame Benutzung von Toiletten und Eßgeschirr etwa spielen bei der Übertragung eine Rolle.
Die *Inkubationszeit* beträgt 15 bis 20 (50) Tage. *Ansteckungsgefahr* besteht schon ein bis zwei Wochen vor Erkrankungsbeginn und bis zu drei Wochen nach Auftreten der Gelbsucht. Gegen das Hepatitis-A-Virus erwirbt der Körper nach überstandener Krankheit eine wahrscheinlich lebenslange *Immunität.*
In südlichen Ländern ist die Infektion weitverbreitet. Es erkranken meist junge Erwachsene, vor allem nach Reisen in diese Gebiete. Bei Kindern und Jugendlichen verläuft die Krankheit oft unerkannt, da das typische Zeichen einer Gelbsucht (Gelbfärbung der Haut) fehlen kann.
Die *Hepatitis B* wird hauptsächlich durch Kontakt mit infektiösem Blut übertragen (Bluttransfusion, verunreinigte Instrumente), wobei Erreger direkt in die Blutbahn gelangen. Doch sie kann auch bei Kontakt mit virushaltigen Körperflüssigkeiten oder -sekreten eines Infizierten durch Schmierinfektion über kleine Hautwunden weitergegeben werden. Schwangere können ihr Kind anstecken.
Die Symptome erscheinen erst nach etwa sechs Wochen bis sechs Monaten *(Inkubationszeit).* Während dieser Zeit und gelegentlich noch Monate danach besteht *Ansteckungsgefahr.*
Die Hepatitis B verläuft schwerer als die Hepatitis A und kann in chronische Formen übergehen. Ernste Folgen sind jedoch im Kindesalter selten.
Die Symptome und das klinische Bild sind bei den Erkrankungen weitgehend gleich, nur durch Bluttests ist eine sichere Unterscheidung möglich.

Symptome und Verlauf

Hepatitis beginnt mit einem uncharakteristischen Vorstadium von wenigen Tagen bis zu zwei Wochen Dauer. Die Erscheinungen ähneln denen eines grippalen Infekts: allgemeines Unwohlsein und mäßiges Fieber, Gelenk- und Gliederschmerzen sowie unklare Bauchbeschwerden können auftreten.
Danach zeigen sich die typischen Zeichen: Appetitverlust, Übelkeit mit Neigung zum Erbrechen, Schmerzen im Oberbauch; Auftreten einer Gelbsucht (gelbliche Verfärbung des Weißen im Auge, später auch der Haut = Ikterus), dunkelbrauner Urin und entfärbter, heller Stuhl. Die entzündete Leber kann den Gallenfarbstoff Bilirubin nicht mehr ausreichend abbauen, außerdem ist sie geschwollen, wodurch der Abfluß der Gallenflüssigkeit in den Darm behindert ist, der gelbe Farbstoff staut sich im Blut an. Die Gelbsucht kann jedoch auch fehlen *(anikterische Hepatitis),* das kommt bei Kindern häufiger vor. Juckreiz der Haut und ein flüchtiger Hautausschlag sind nicht selten.
Die Gelbsucht geht nach zwei bis sechs Wochen wieder zurück, aber anschließend kann das Kind noch für ein oder zwei Monate über Mattigkeit klagen.

Vorbeugungsmaßnahmen

1. Vor Hepatitis A schützt Sauberkeit, insbesondere bei Reisen ins südliche Ausland und in die Tropen. Der Genuß von rohem Obst und Gemüse und unabgekochtem Wasser birgt in diesen Gebieten immer die Gefahr einer Ansteckung, ebenso die Benutzung von Schwimmbecken oder Stränden.
2. Zur Vorbeugung kann Immunglobulin verabreicht werden. Es schützt aber nur für etwa drei Monate. Ein neuentwickelter Impfstoff für eine aktive Immunisierung bietet jetzt auch langjährigen Schutz.
3. Gegen Hepatitis B gibt es ebenfalls eine Schutzimpfung, die aber nur für besonders gefährdete Personen empfohlen wird. Dazu gehören Neugeborene von Hepatitis-B-Virus-positiven Müttern (das Virus ist im Blut der Mutter nachweisbar); Kinder, die engen Kontakt zu Hepatitis-B-Virus-positiven

Gelbsucht, infektiöse

Wichtigste Symptome
Vorstadium: allgemeines Unwohlsein, mäßiges Fieber, Gelenk-, Glieder- und Bauchschmerzen;
danach Fieberanstieg, Übelkeit, Erbrechen, Oberbauchbeschwerden; Gelbfärbung der Augen, später der Haut; hellfarbiger Stuhl, bierbrauner Urin; Juckreiz, flüchtiger Hautausschlag;
bei Kindern und Jugendlichen kann die Gelbsucht fehlen (besonders bei Hepatitis-A-Erkrankungen)

Altershäufigkeit
Ältere Kinder und Jugendliche

Inkubationszeit
Hepatitis A:
15–20 (50) Tage
Hepatitis B: etwa 6 Wochen bis 6 Monate

Ähnliche Krankheitsbilder
Während des Vorstadiums oder bei fehlender Gelbsucht:
Pfeiffersches Drüsenfieber, Grippe, Hirnhautentzündung, Kinderlähmung, Appendizitis, Magen-Darm-Infektion, Toxoplasmose

Komplikationen
Hepatitis-B-Erkrankung kann in eine chronische Form der Leberentzündung übergehen

Wann muß das Kind zum Arzt?
Im Fall einer möglicherweise erfolgten Ansteckung, wenn sich unklare körperliche Beschwerden einstellen; beim Auftreten einer Gelbsucht sofort

Vorbeugung
Impfung für besonders gefährdete Kinder möglich

Personen haben; kranke Kinder, denen häufig Blut übertragen wird oder die vor einer großen Operation stehen sowie Nierenpatienten, die auf die Blutwäsche (Dialyse) angewiesen sind. Vor einer Auslandsreise in Gebiete mit ständiger Hepatitis-B-Gefahr (Tropen und Subtropen) ist die Impfung besonders anzuraten.

Behandlung

1. Das Kind ist in einem Krankenhaus am besten aufgehoben, da dort die anfangs strengen Isolierungsmaßnahmen besser durchführbar sind als im häuslichen Bereich.
2. Ein Heilmittel steht nicht zur Verfügung. Behandelt wird mit Bettruhe (die horizontale Lage fördert die Leberdurchblutung), Leberschonkost und feuchtwarmen Leibwickeln.

Grippe

Wichtigste Symptome
Hohes Fieber, Kopf-, Rücken- und Gliederschmerzen, Halsweh, trockener Husten, Magen-Darm-Beschwerden

Altershäufigkeit
Grippe kann in jedem Alter auftreten

Inkubationszeit
1–3 Tage

Ähnliche Krankheitsbilder
„Banale“ Erkältungskrankheiten, Nierenentzündung, Vorstadium anderer Infektionskrankheiten (Frühsommermeningoenzephalitis, Masern, Keuchhusten, Scharlach, Diphtherie)

Komplikationen
Erneut ansteigendes Fieber, Krupp, Lungenentzündung, Angina, Bronchitis, Nasennebenhöhlenentzündung, Mittelohrentzündung, Herzerkrankungen, Hirnhaut- oder Gehirnentzündung

Grippe (Influenza)

Ursachen und Häufigkeit

Häufig werden banale Infekte der oberen Luftwege als „Grippe“ bezeichnet. Das ist unrichtig, denn bei der echten Grippe handelt es sich um eine sehr ansteckende, weltweit verbreitete Infektionskrankheit, die meist in Epidemien oder gar Pandemien (Ausbreitung über Länder und Kontinente) und gehäuft während der Wintermonate auftritt.
Grippe wird von Influenzaviren der Typen A, B oder C ausgelöst und vorwiegend durch Tröpfcheninfektion verbreitet.
Ansteckungsgefahr besteht schon kurz vor Ausbruch der Erkrankung, sie hält bis zu einer Woche an.
Die *Inkubationszeit* dauert nur ein bis drei Tage.
Die *Immunität* nach einer überstandenen Grippe ist zeitlich begrenzt. Die Influenzaviren ändern häufig ihre Struktur; die Immunität kann sich darum immer nur gegen eine spezifische Virusvariante richten.

Symptome und Verlauf

Die Zeichen einer Grippe treten plötzlich auf: Abgeschlagenheit, Kopf-, Rücken- und Gliederschmerzen, Halsweh, Fröstelgefühl und schneller Anstieg der Körpertemperatur (39–41 °C). Die Entzündung der Atemwege zeigt sich mit Heiserkeit und trockenem Husten. Kleine Kinder reagieren oft mit Erbrechen, Bauchschmerzen und Durchfall.
Das Fieber ist nach drei bis vier Tagen wieder gesunken, und die Krankheitserscheinungen gehen innerhalb einer Woche zurück. Typisch ist aber eine langanhaltende Schwäche und Müdigkeit, währen der das Kind besonders empfänglich für andere Krankheiten ist.

Komplikationen

Durch schleimhautschädigende Wirkung der Viren können sich Zweitinfektionen mit Bakterien anschließen und zu Komplikationen führen, aber auch toxische Organschädigungen sind möglich.
Erneut ansteigendes Fieber kündigt eine Sekundärinfektion an: Entzündungen von Luftröhre, Bronchien und Lunge (Bronchopneumonie) mit Verschlimmerung des Hustens und reichlichem Auswurf, beschleunigter und erschwerter Atmung; Entzündungen der Nasennebenhöhlen (Sinusitis) und der Mittelohren (Otitis media); Herzschädigung mit Kreislaufkollaps und in schweren Fällen eine Beteiligung des Nervensystems mit Hirnhaut- oder Gehirnentzündung (Meningitis oder Enzephalitis).

Vorbeugungsmaßnahmen

Eine generelle Schutzimpfung aller Kinder wird zur Zeit nicht empfohlen. Jedoch ist eine Grippeimpfung für Kinder mit besonderen gesundheitlichen Risiken anzuraten. Dazu gehören Krankheiten wie rheumatisches Fieber, Asthma, Herzleiden und angeborene Herzfehler, zystische Fibrose (Mukoviszidose), Tuberkulose, Nierenleiden (Nephrose, chronische Nephritis), Zuckerkrankheit (Diabetes mellitus) und chronische Nervenleiden.

Behandlung

1. Bis das Fieber abgeklungen ist, sollte das Kind Bettruhe einhalten. Zur Fiebersenkung helfen bewährte Hausmittel wie Wadenwickel und reichliche Flüssigkeitszufuhr, bei sehr hohen Temperaturen auch entsprechende Medi-

kamente, aber keine Acetylsalicylsäure-Präparate wie Aspirin oder ASS. Diese können in sehr seltenen Fällen in Verbindung mit einer Virusgrippe Symptome eines schweren Krankheitsbildes wie starkes Erbrechen, Unruhe, Benommenheit und Bewußtlosigkeit hervorrufen, das als „Reye-Syndrom" bezeichnet wird. Diese Erkrankung kann lebensgefährlich sein.

Gürtelrose (Herpes zoster)

Ursachen und Häufigkeit

Verursacht durch das Varizellen-Zoster-Virus, das auch Erreger der Windpocken ist, entsteht diese akute Infektion. Dabei bilden sich auf der Haut, entlang des Versorgungsgebietes eines Nervenstranges, Gruppen von Papeln und Bläschen. Es werden von dieser Erkrankung vorwiegend ältere Kinder und Erwachsene betroffen, die irgendwann in ihrem Leben Windpocken durchgemacht haben. Danach ruht der Erreger inaktiv in den Nervenzellen nahe der Wirbelsäule und wird, meist durch äußere Umstände wie Verletzungen, Operationen oder Infektionen, wieder reaktiviert. Ein an Gürtelrose erkrankter Mensch kann Kinder anstecken, bei denen sich dann die Windpocken entwickeln.

Symptome und Verlauf

Die Krankheit bricht plötzlich, unter allgemeinem Krankheitsgefühl, mit Hautbrennen und Berührungsempfindlichkeit entlang einer Nervenbahn aus; nicht selten besteht Fieber. Ist ein Rückenmarksnerv betroffen, erscheinen halbseitig auf der Brust, dem Rücken oder dem Bauch Gruppen von roten Papeln, die sich zu Bläschen umbilden und nach etwa einer Woche unter Krustenbildung eintrocknen.
Der Blaseninhalt kann blutig oder auch eitrig werden. Dabei bestehen heftige Schmerzen (Neuralgien), die noch lange nach Abfall der Borken (eventuell mit Narbenbildung) im betroffenen Bereich anhalten können. Der Ausschlag und die Schmerzen verschwinden im allgemeinen nach ein bis fünf Wochen.
Die Hauterscheinungen können sich auch auf den Armen oder Beinen zeigen. Sind Kopfnerven befallen, können sich schwere Krankheitsbilder entwickeln, bei denen Dauerschäden vorkommen.

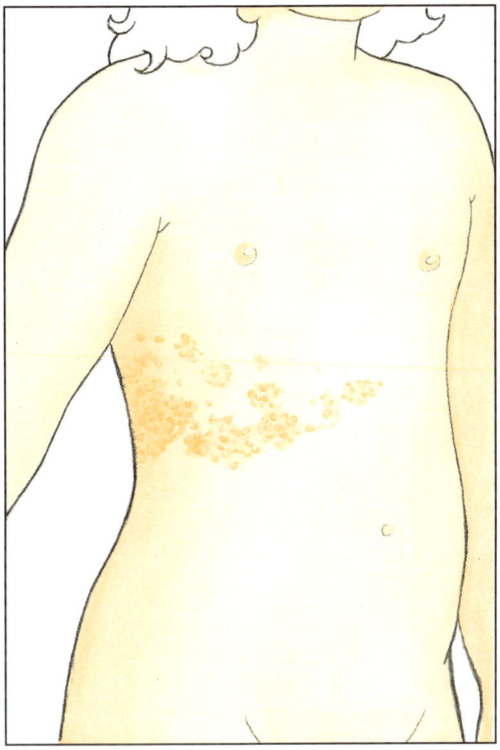

Gürtelrose

Vorsichtsmaßnahmen

1. Zosterkranke sollten für eine Woche isoliert werden, um die Ausbreitung der Keime zu vermeiden, denn es können ja dadurch Windpocken entstehen.
2. Vermeiden Sie eine Ansteckung bei Ihrem Kind, wenn dieses noch keine Windpocken durchgemacht hat oder falls es anderen gesundheitlichen Risiken ausgesetzt ist, indem Sie den Kontakt mit einem Erkrankten ausschließen.

Behandlung

1. Bei frühzeitiger Behandlung mit Medikamenten, die die Virusvermehrung verhindern, heilt die Erkrankung schneller ab.
2. Das Eintrocknen und Abheilen der Bläschen kann mit Puder und mit Lotionen unterstützt werden.

Wann muß das Kind zum Arzt?
Bei den obengenannten Beschwerden sollte das Kind dem Arzt vorgestellt werden, vor allem bei erneutem Fieberanstieg

Vorbeugung
Impfung, besonders für Risikokinder

Gürtelrose

Wichtigste Symptome
Gruppen von Knötchen und Bläschen, die einseitig bandartig im Bereich der Brust, der Taille, des Rückens, des Kopfes oder an den Armen oder Beinen erscheinen; brennende Schmerzen, eventuell Fieber

Altershäufigkeit
Selten bei älteren Kindern oder Jugendlichen

Ähnliche Krankheitsbilder
Nervenentzündung, Nervenschmerzen, Arzneimittelallergie, Herpes simplex der Haut

Komplikationen
Bei Befall des Trigeminus (5. Gehirnnerv) mit sehr starken Schmerzattacken im Kopfbereich können Folgeschäden eintreten

Wann muß das Kind zum Arzt?
Wenn die obengenannten Symptome auftreten

3. Gegen die Schmerzen verordnet der Arzt spezielle Medikamente (Analgetika, aber keine Acetylsalicylsäure; Vitamin-B_{12}-Präparate und eventuell Breitbandantibiotika zur Verhütung von bakteriellen Zweitinfektionen).

Herpes simplex

Herpes simplex

Wichtigste Symptome
Fieber, schubweises Auftreten von Bläschen verschiedener Größe auf Zunge, Zahnfleisch, Gaumen, Lippen und Wangen, aus denen offene, schmerzhafte Geschwüre entstehen können (Mundfäule), eventuell schlechtes Allgemeinbefinden

Altershäufigkeit
Kinder im Alter von 1–5 Jahren

Inkubationszeit
3–7 (12) Tage

Ähnliche Krankheitsbilder
Aphthen, Mundfäule (Stomatitis ulcerosa)

Komplikationen
Auf die Hornhaut des Auges übergreifende Infektion (Hornhauttrübung); lebensgefährliche Hirnhaut- und Gehirnentzündung (Erbrechen, Nackensteifigkeit, Krämpfe)

Wann muß das Kind zum Arzt?
Beim Auftreten der obengenannten Symptome

Ursachen und Häufigkeit

Die Herpesviren, vor allem bekannt als Erreger der *Fieberbläschen* (Herpes labiales) und der *Mundschleimentzündung* (Stomatitis herpetica), sind weitverbreitete Krankheitskeime. Die Erstinfektion erfolgt meistens unbemerkt im Kleinkindalter durch Kontakt- oder Tröpfcheninfektionen bei Kranken oder von gesund scheinenden Keimträgern. Das Virus kann für Monate oder Jahre, manchmal auch lebenslang, im Körper bleiben. Bei Schwächung der Abwehrlage (durch Fieber, Erschöpfung, Krankheit, seelischen Streß, Magen-Darm-Störungen, Sonnenbrand, Menstruation, Verletzungen) kann das Virus wieder aktiv werden und seine krankmachende Wirkung entfalten. Trotz hoher Antikörperzahl im Blut, die wohl eine Allgemeinerkrankung verhindert, kommt es häufig zu lokalen Rückfällen (Rezidiven).
Die *Inkubationszeit* dauert durchschnittlich drei bis sieben Tage, in seltenen Fällen auch zwölf Tage.
Von den Herpes-simplex-Viren gibt es zwei Stämme: Typ I verursacht Erkrankungen häufig im Gesichtsbereich, Typ II Infektionen im Genitalbereich.

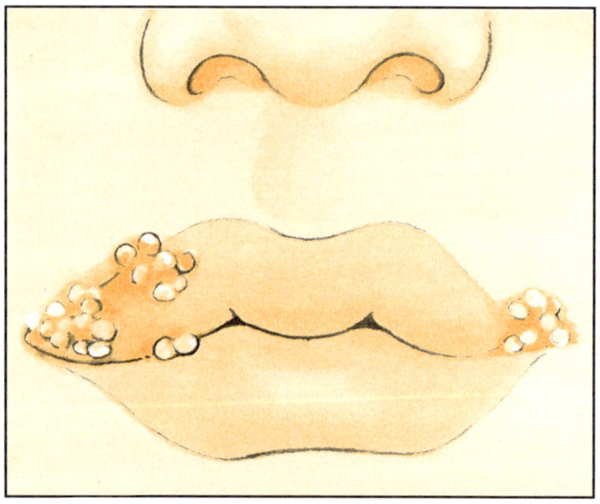

Herpes-simplex-Bläschen

Symptome und Verlauf

Typ I-Infektionen: Begleitet von Temperaturerhöhungen bis über 40° C zeigen sich in der entzündlich geröteten und geschwollenen Mundschleimhaut (Zunge, Zahnfleisch, Gaumen) Bläschen, aus denen offene, schmerzhafte Geschwüre entstehen.
An den Lippen und/oder den Wangen erscheinen unter Brennen und Schmerzen einzelne oder mehrere dünnwandige Bläschen verschiedener Größe, die leicht platzen, krustig eintrocknen und nach ein bis zwei Wochen ohne Narbenbildung abheilen. Weil die Bläschenflüssigkeit infektiös ist, kann die Erkrankung durch Schmierinfektion auf andere Körperpartien oder andere Personen übertragen werden.
Typ II-Infektionen führen zu schmerzenden Blasenbildungen mit geschwürigen Hautveränderungen auf den Geschlechtsteilen; sie werden fast nur durch Geschlechtsverkehr übertragen.
Ein ungeborenes Baby kann sich während der Geburt mit den Erregern infizieren, wenn die Genitalien der Mutter befallen sind. Es entwickelt sich daraus ein schweres Krankheitsbild (Herpessepsis), das nicht selten zum Tod des Kindes führt. Aus diesem Grund ist bei vorliegender Erkrankung der Mutter eine Entbindung durch Kaiserschnitt notwendig.

Komplikationen

1. Eine ernste Erkrankung ist die Infektion des Auges mit anschließender Hornhaut- und Bindehautentzündung (Keratokonjunktivitis), die eine bleibende Hornhauttrübung zurücklassen kann.
2. Eine lebensbedrohliche Komplikation ist die herpetische Meningoenzephalitis, die durch Herpesviren verursachte Entzündung der Gehirnhäute und des Gehirns.

Behandlung

1. Neuerdings können die Krankheitserscheinungen mit virostatischen, die Virusvermehrung hemmenden Medikamenten, gelindert werden. Sie wirken besonders im Frühstadium, wenn sich die Erkrankung mit Jucken, Kribbeln oder Brennen ankündigt. Darum sollte die Be-

handlung schon beim Auftreten der ersten Anzeichen beginnen.
2. Gegen Schmerzen und Fieber geben Sie Ihrem Kind entsprechende Medikamente oder wenden fiebersenkende Maßnahmen an.
3. Ernähren Sie das Kind mit einer flüssig-breiigen Kost wie Milchsuppe, Griesbrei, Pudding, Eiscreme, Quarkspeise oder Fleischbrühe, die eher lauwarm bis kalt sein darf als heiß.
4. Lassen Sie Mundspülungen mit einem Lokalanästhetikum (vom Arzt verordnet) oder Teezubereitungen (Kamille, Salbei, Melisse – sie soll besonders gegen Herpes helfen) durchführen, oder pinseln Sie den Mund mehrmals täglich nach den Mahlzeiten aus.

Kawasaki-Syndrom

Ursachen und Häufigkeit

Dieses Krankheitsbild wurde zuerst in Japan von Dr. Kawasaki beobachtet, zunehmend tritt es auch bei uns auf. Betroffen sind vor allem Kleinkinder bis zum fünften Lebensjahr, Jungen etwas häufiger als Mädchen.
Die Ursache ist bislang noch nicht eindeutig geklärt. Es wird vermutet, daß dem Krankheitsgeschehen eine Infektion mit bestimmten Mikroorganismen zugrunde liegt. Ein Zusammenhang mit Regulationsstörungen des Immunsystems wurde ebenfalls angeführt.

Symptome und Verlauf

Die Krankheit beginnt mit hohem Fieber, das länger als eine Woche anhalten kann und sich nicht durch Antibiotikabehandlung beeinflussen läßt. Am Rumpf zeigt sich ein grobfleckiger oder auch scharlachähnlicher Hautausschlag. An den Augen tritt eine Bindehautentzündung auf. Die Lippen sind stark gerötet, trocken und rissig. Die Rachenschleimhaut ist rot und aufgelockert. Die Zunge ist verändert wie beim Scharlach (Himbeerzunge). Die seitlichen Halslymphknoten sind geschwollen. Nach ein paar Tagen bildet sich auf den Handinnenflächen und an den Fußsohlen eine fleckige Rötung aus, später kommt es zur Hautabschuppung, die an den Fingerkuppen beginnt. Nach etwa drei Wochen ist die Krankheit überstanden.
Nicht immer zeigt sie sich mit diesem vollständigen Erscheinungsbild. Die hervorstechendsten Merkmale sind Veränderungen an Schleimhaut (Mukosa), Haut (Kutis) und Lymphknoten. Darum wird die Erkrankung auch als Mukokutanes-Lymphknotensyndrom bezeichnet.

Komplikationen

1. Möglich ist eine Leberbeteiligung mit Gelbsucht, das Auftreten von Durchfall und Leibschmerzen, Beschwerden in den Fingergelenken, eine Harnwegsentzündung oder eine nicht bakterielle Meningitis (Hirnhautentzündung).
2. Wenn das Herz in Mitleidenschaft gezogen wird, handelt es sich um eine ernste Gefährdung des Kindes, die zum Tod führen kann.

Behandlung

1. Wegen der möglichen Herzbeteiligung gehören Kinder mit dem Verdacht auf diese Erkrankung in klinische Behandlung.
2. Da die Ursache ungeklärt ist, bleibt dem Arzt nur eine symptomatische Therapie, die sich vor allem darauf richtet, Gefäßverschlüsse durch Zusammenballung von Thrombozyten (für die Blutgerinnung wichtige Blutplättchen, die dazu neigen, sich aneinanderzulagern) (Thrombose) zu verhindern. In einigen Fällen kommt es nämlich während der Krankheit zu einem Anstieg der Thrombozytenzahl. Darum behandelt man mit Acetylsalicylsäure (dem Wirkstoff von Aspirin), weil sie der Entstehung von Gefäßthromben entgegenwirkt, und gegebenenfalls mit Kortikosteroiden (Hormonen der Nebennierenrinde).

Keuchhusten (Pertussis)

Ursachen und Häufigkeit

Keuchhusten ist eine hochinfektiöse Erkrankung der Atmungsorgane, die durch spezifische Bakterien hervorgerufen wird. Sie ist eine im Säuglingsalter lebensgefährliche Infektionskrankheit; eine angeborene Immunität durch mütterliche Antikörper gibt es nicht.
Im allgemeinen erkranken Kinder im Vorschulalter nach einer *Inkubationszeit* von sieben bis

Kawasaki-Syndrom

Wichtigste Symptome
Hohes Fieber, grobfleckiger oder scharlachähnlicher Hautausschlag am Körper, Augenbindehautentzündung, geröteter Rachen, Himbeerzunge, geschwollene Halslymphknoten, fleckige Rötung der Handinnenflächen und Fußsohlen, Durchfall, Gelenkbeschwerden

Altershäufigkeit
Kleinkinder bis zum 5. Lebensjahr, Jungen etwas häufiger

Ähnliche Krankheitsbilder
Scharlach, Masern, Angina, Röteln, Pfeiffersches Drüsenfieber

Komplikationen
Durch eine Mitbeteiligung des Herzens, die sich mit Herzjagen und Herzrhythmusstörungen zeigt, kann die Krankheit einen lebensgefährlichen Verlauf nehmen

Wann muß das Kind zum Arzt?
Sofort beim Auftreten der obengenannten Symptome

Keuchhusten

Wichtigste Symptome
Vorstadium von 1–2 Wochen Dauer: Schnupfen, Heiserkeit, Husten, eventuell leichtes Fieber; danach krampfartige Hustenanfälle mit tiefer, ziehender Einatmung und keuchender Ausatmung (besonders in der Nacht), anschließendes Erbrechen von glasigem Schleim oder Nahrung

Altershäufigkeit
Kinder im Vorschulalter

Inkubationszeit
7–21 Tage

Ähnliche Krankheitsbilder
Virusinfektionen des Atemtrakts, Kehlkopfentzündung, Krupphusten, zystische Fibrose (Mukoviszidose), Asthma

Komplikationen
Gefährlich ist die Beteiligung der Lunge (Bronchopneumonie) und des Gehirns (Enzephalopathie)

Wann muß das Kind zum Arzt?
Wenn das Kind einer Ansteckung ausgesetzt war, wenn es länger als 1 Woche Husten hat

Vorbeugung
Impfung (besonders für gefährdete Säuglinge)

vierzehn Tagen, selten länger. Die *Ansteckung* erfolgt über Tröpfcheninfektionen durch Niesen und Husten eines erkrankten Kindes.
Ansteckungsgefahr besteht vom Beginn des grippalen Vorstadiums an (sie ist während dieser Zeit am größten) bis zu etwa vier bis sechs Wochen danach. Bei Antibiotikabehandlung ist die Infektiosität nach acht Tagen erloschen.
Die Erkrankung hinterläßt eine langdauernde *Immunität,* die jedoch mit den Jahren abnimmt, so daß gelegentlich Erwachsene erneut angesteckt werden.

Symptome und Verlauf

Nach der Ansteckung beginnt das Vorstadium von etwa ein bis zwei Wochen mit Schnupfen, leichtem Fieber (38–38,5° C) und uncharakteristischem Husten, der nicht auf die üblichen Hustenmittel anspricht. Allmählich verschlimmert sich der Husten, er nimmt anfallsähnliche Formen an und tritt besonders häufig in der Nacht auf.
Ab der dritten Woche kommt es dann zu dem typischen Krampfhusten: mehrere kurze, heftige Hustenstöße mit tiefer ziehender, hörbarer Einatmung, gefolgt von neuerlichem Husten (Stakkatohusten). Dabei entsteht zunehmend Atemnot. Das Gesicht des Kindes verfärbt sich durch die Anstrengung rot oder blau, die Zunge wird hervorgestreckt und ein zäher, glasiger Schleim ausgewürgt, eventuell zusammen mit Nahrung erbrochen.
Danach ist das Kind zwar erschöpft, erholt sich aber schnell wieder. Nur in schlimmen Fällen zeigt sich ein schlechtes Allgemeinbefinden. Bei heftigen Hustenattacken können Nasenbluten und Blutergüsse im Auge entstehen.
Die Anzahl der Hustenanfälle steigert sich im Verlauf der Krankheit. Manche Kinder haben wenige Anfälle, andere bis zu 50 in 24 Stunden, aber das ist selten. Der schwere Stickhusten bleibt für zwei bis drei Wochen bestehen und nimmt in den nächsten drei bis sechs Wochen allmählich ab. Nach weiteren zwei bis vier Wochen ist die Krankheit im allgemeinen überwunden.
Bei neurotischen Kindern sind die Hustenanfälle häufig zur Gewohnheit geworden und noch über die Zeit hinaus zu beobachten, vor allem, wenn Kinder auf diese Weise ihren Willen durchsetzen können.
Junge Säuglinge haben noch keine dieser typischen Hustenattacken. Bei ihnen kommt es nach einigen Hustenstößen zu einem meist kurzzeitigen Atemstillstand, der aber lebensbedrohende Ausmaße annehmen kann.
Eine milde und wesentlich verkürzte Verlaufsform der Keuchhustenerkrankung findet sich bei teilimmunen, geimpften Kindern und zweiterkrankten Erwachsenen.

Komplikationen

1. Gefährlich ist eine Beteiligung der Lunge (Bronchopneumonie), besonders im Säuglingsalter.
2. Auch die Enzephalopathie, eine nichtentzündliche Gehirnveränderung, die unter Krämpfen zum Tode führen oder Dauerschäden wie Halbseitenlähmung, spastische Lähmung, Taubheit oder epileptische Anfälle hinterlassen kann, ist eine ernste Komplikation.
3. Bei Säuglingen können sich Durchfälle und/oder eine Mittelohrentzündung einstellen.

Vorbeugungsmaßnahmen

1. Ein keuchhustenkrankes Kind sollte von jüngeren Geschwistern, insbesondere Säuglingen, ferngehalten werden.
2. Wenn Sie ein Baby haben, meiden Sie den Kontakt mit hustenden Kindern, es könnte Keuchhusten dahinterstecken.
3. Gehen Sie unbedingt mit Ihrem Kind zum Arzt, wenn es länger als eine Woche Husten hat (auch wenn es gegen Keuchhusten geimpft wurde).
4. Im Ansteckungsfall kann die sofortige Gabe von Antibiotika den Krankheitsverlauf günstig beeinflussen und die Ansteckungsgefahr für andere herabsetzen.
5. Es steht eine Schutzimpfung zur Verfügung. Sie schließt die Erkrankung nicht mit Sicherheit aus, sorgt aber für einen leichteren Verlauf.

Behandlung

1. Säuglinge sind besser in einem Krankenhaus aufgehoben, da es sehr schwierig sein kann, ih-

nen die benötigte Flüssigkeit und Nahrung zuzuführen. Außerdem brauchen sie eine ständige Überwachung.
2. Ältere Kinder gehören an die frische Luft, allerdings nicht in die Nähe anderer Kinder.
3. Die Ernährung besteht aus häufigen, kleinen, festen, vitamin- und energiereichen Mahlzeiten, die dem Kind am besten nach einem Hustenanfall angeboten werden.
Das Kind braucht Ruhe, Ablenkung und Beschäftigung. Hustenanfälle können durch Essen (keine krümelige Nahrung geben), Trinken, Anstrengung und Aufregung ausgelöst werden.
4. Der Arzt verordnet Antibiotika, eventuell Beruhigungsmittel, hustendämpfende oder schleimverflüssigende Medikamente (zum Beispiel zur Inhalation).
5. Das Kind sollte – je nach der Schwere der Erkrankung und Dauer des Hustens – vier bis sechs Wochen von anderen Kindern ferngehalten werden. Bei einer Antibiotikabehandlung verkürzt sich diese Zeit.

Kinderlähmung (Poliomyelitis epidemica)

Ursachen und Häufigkeit

Die epidemische Kinderlähmung ist eine Infektionskrankheit des Zentralnervensystems, die weltweit verbreitet ist, aber seit Einführung der Schutzimpfung in Deutschland nur noch höchst selten auftritt.
Sie wird durch Viren dreier bekannter Stämme verursacht. Davon betroffen sind zwar vorwiegend Kinder, es können jedoch auch Jugendliche und Erwachsene erkranken, so daß der Name „Kinderlähmung“ täuschen kann.
Die *Empfänglichkeit* dafür ist sehr groß, allerdings verläuft die Krankheit meistens in leichter Form. Nur ein Prozent der erkrankten Kinder entwickelt die gefürchteten Lähmungserscheinungen oder eine Gehirnbeteiligung, die zum Tod führen kann.
Die *Übertragung* erfolgt weniger durch Tröpfchen aus dem Nasen-Rachen-Raum Erkrankter, sondern vielmehr durch Kontakt mit infizierten Gegenständen oder durch Aufnahme verseuchten Wassers oder verunreinigter Nahrungsmittel, die mit den Fäkalien des Infizierten in Berührung kamen, da der Erreger über den Verdauungstrakt aufgenommen und hauptsächlich über den Darm ausgeschieden wird. Die Krankheit wird in erster Linie durch gesund scheinende Keimträger verbreitet.
Die *Inkubationszeit* dauert drei bis vierzehn Tage. Lebenslange *Immunität* wird nur gegen den jeweiligen Erregertyp erworben, der die Krankheit ausgelöst hat.
Kinderlähmung ist bereits bei Krankheitsverdacht meldepflichtig.

Symptome und Verlauf

Dem Ausbruch der Krankheit geht oft eine Schwächung der Widerstandsfähigkeit voraus, etwa durch Erkältung, Durchfall, Masern, Operationen, sportliche Überanstrengung.
Dann folgt das Anfangsstadium (Initialstadium) von wenigen Tagen Dauer mit uncharakteristischen Erscheinungen wie Abgeschlagenheit, mäßigem Temperaturanstieg, Schnupfen, Halsschmerzen und Schluckbeschwerden, Kopf- und Gliederschmerzen. Ferner können Übelkeit, Erbrechen, Bauchschmerzen, Verstopfung oder Durchfall auftreten. Verdächtig ist auffallend starkes Schwitzen. Bei der sogenannten *abortiven Form* der Kinderlähmung, das sind Fälle, bei denen die Krankheit sehr kurz und leicht verläuft, kann sie bereits nach diesem Stadium überwunden sein.
Sonst schreitet die Erkrankung nach einem beschwerde- und fieberfreien Zwischenstadium von einigen Tagen weiter fort. Im Vorlähmungsstadium (präparalytisches Stadium), das zwei bis sieben Tage anhält, kommt es zur Beteiligung der Hirnhäute mit erneutem Fieberanstieg, Kopfschmerzen, Nackensteifigkeit, Erbrechen und Berührungsempfindlichkeit. Danach schließt sich eine allgemeine Mattigkeit und Muskelschwäche an.
In einigen Fällen folgt nun das Lähmungsstadium (paralytisches Stadium). Unter Fieberanstieg entwickeln sich, vorwiegend in den Gliedmaßen, ein- sowie beidseitige schlaffe Lähmungen. Diese können auf bestimmte Muskelpartien beschränkt oder sehr ausgedehnt sein und im schlimmsten Fall auch die Atemmuskulatur befallen.

Kinderlähmung

Wichtigste Symptome
Anfangsstadium: körperliches Unwohlsein, mäßiges Fieber, Schluckbeschwerden, Kopf- und Gliederschmerzen, eventuell Magen-Darm-Störungen.
Danach fieber- und symptomfreies Zwischenstadium von 1–9 Tage Dauer.
Erneuter Temperaturanstieg, Kopf-, Rücken- und Gliederschmerzen, Nackensteifigkeit, Berührungsempfindlichkeit. Manchmal treten Bauchschmerzen auf, sie können eine Appendizitis vortäuschen (meningitisches Stadium, dauert wenige Stunden bis 3 Tage).
Anschließend Stadium allgemeiner Muskelschwäche, 2–4 Tage lang.
Darauf folgen, meist auf dem Höhepunkt des Fiebers, die schlaffen Lähmungen (besonders an den Armen und Beinen). Die Krankheit kann während jeder Phase enden oder in abgeschwächter Form verlaufen

Altershäufigkeit
Kinderlähmung kann in jedem Alter auftreten

Inkubationszeit
3–14 Tage, selten länger

Ähnliche Krankheitsbilder
Grippaler Infekt, Meningitis bei anderen Viruserkrankungen (zum Beispiel Mumps, Masern, Windpocken, Grippe), Rückenmarks- und Nervenerkrankungen, Gehirnentzündung

Komplikationen
Gefährlich ist die Lähmung der Atemmuskulatur (Zwischenrippenmuskeln und Zwerchfell) sowie der Hirnnervenbefall, wodurch das Atem- und Kreislaufzentrum betroffen wird

Wann muß das Kind zum Arzt?
Sowie die obengenannten Symptome auftreten, bei einem nicht vollständigen Impfschutz des Kindes

Vorbeugung
Impfung

Die *bulbäre Form* der Kinderlähmung, bei der Hirnnerven des Atem- und Kreislaufzentrums betroffen sind, ist die gefährlichste Form der Erkrankung.
Nach der Entfieberung setzt die Genesungszeit ein, in der sich die Lähmungen zurückbilden, manchmal schon innerhalb weniger Tage. In schweren Fällen kann diese Entwicklung allerdings Monate oder bis zu einem Jahr und länger dauern. Ein völliger Rückgang ist nicht immer zu erwarten, gelegentlich bleiben dauerhafte Behinderungen zurück.

Vorbeugungsmaßnahmen

1. Die Kinderlähmung ist in vielen Ländern der sogenannten Dritten Welt weit verbreitet, besonders in den Tropen. Bei Reisen in diese Gebiete ist die vorbeugende Impfung der einzig wirksame Schutz, auch für Erwachsene.
2. Der Säugling ist gegen die Krankheit in den ersten vier bis sechs Monaten immun, wenn die Mutter geimpft war. Zur weiteren Verhütung ist die Schluckimpfung nach Sabin dringend anzuraten. Diese bedarf nach Abschluß der Grundimmunisierung spätestens alle zehn Jahre einer Auffrischung.
3. Leichte und vereinzelte Fälle von Kinderlähmung werden möglicherweise gar nicht als solche erkannt, dabei ist aber die Gefahr der Keimverbreitung gegeben. Wenn Ihr Kind keinen ausreichenden Impfschutz erhalten hat, müssen Sie auf die Symptome achten, vor allem nach einer Reise in ferne Länder. Besser ist es jedoch, Sie setzen Ihr Kind diesem Risiko nicht aus und lassen es impfen.

Behandlung

1. Im Anfangsstadium kann die Gabe von Gammaglobulin eventuell einen milderen Verlauf bewirken.
2. Das erkrankte Kind ist am besten in einem Krankenhaus aufgehoben. Dort erhält es Medikamente gegen Fieber und Schmerzen, feuchtwarme Wickel bei Gliederschmerzen, eine besondere Lagerung der gelähmten Gliedmaßen, um Versteifungen zu vermeiden. Bei Versagen der Atemmuskulatur bekommt es eine künstliche Atemhilfe. Schon frühzeitig setzt die krankengymnastische Behandlung mit Bädern, Massagen und Bewegungsübungen ein. Später sind eventuell orthopädisch-chirurgische Korrekturen und Stützapparate notwendig.

Lyme-Krankheit (Borreliose)

Ursachen

Die von schraubenförmigen Bakterien (Borrelien) ausgelöste Lyme-Borreliose oder Wanderröte wird durch verseuchte Zecken übertragen. Anders als bei der Frühsommermeningoenzephalitis sind die infizierten Tiere nicht auf bestimmte Gebiete beschränkt, sie kommen überall vor.

Symptome und Verlauf

Um die Bißstelle herum zeigt sich eine kreisförmige Hautrötung, die sich immer mehr ausbreitet. Erste allgemeine Krankheitssymptome, die nach Tagen bis Wochen auftreten, sind Kopf- und Gliederschmerzen, Mattigkeit, Magen-Darm-Beschwerden, eventuell Fieber. Unbehandelt kann die Infektion auf Gehirn und Nervensystem übergreifen, bleibende Schäden hinterlassen und in seltenen Fällen auch zum Tod führen.

Behandlung

Eine prophylaktische Impfung ist nicht möglich, aber durch eine Antibiotikatherapie lassen sich die Erreger wirksam bekämpfen. Wichtig ist frühzeitige Erkennung.

Masern

Wichtigste Symptome
Vorstadium:
Fieber, Schnupfen, Halsschmerzen, Husten, Augenbindehautentzündung, Kopf- und Bauchschmerzen, Erbrechen, Durchfall. Dann Abfall der Temperatur, Auftreten von kalkspritzerähnlichen Flecken auf der geröteten Mundschleimhaut. Danach hohes Fieber, binnen 1–2 Tagen Ausbreitung des Hautausschlags; beginnt im Gesicht, hinter den Ohren, am Hals; überzieht dann den Körper und zuletzt die Gliedmaßen. Blaßt nach 3–5 Tagen wieder ab, Temperatur sinkt

Masern (Morbilli)

Ursachen und Häufigkeit

Masern sind eine äußerst ansteckende Viruserkrankung.
Die *Übertragung* erfolgt vorwiegend in den Wintermonaten durch Tröpfcheninfektion von Mensch zu Mensch oder selten durch Verschleppung der Viren mit der Luft. Die Empfänglichkeit ist sehr groß, so gut wie jedes Kind

bekommt die Masern, wenn es nicht dagegen immun ist; am häufigsten erkranken die Drei- bis Sechsjährigen, in zunehmendem Maße auch ältere Kinder.
Die *Inkubationszeit* dauert neun bis elf Tage bis zum Auftreten der ersten Krankheitszeichen und zwölf bis fünfzehn Tage bis zum Erscheinen des Hautausschlags.
Die *Ansteckungsfähigkeit* beginnt mit dem katarrhalischen Vorstadium (Erkältungssymptome) und hält bis zum vierten Tag der Hauterscheinungen an.
Masern sind durchaus keine harmlose Kinderkrankheit, besonders für Kleinkinder unter drei Jahren, ältere Schulkinder oder Jugendliche und chronisch Kranke, bei denen die Infektion zu gefährlichen Komplikationen führen kann. Nur Säuglinge in den ersten drei bis sechs Lebensmonaten sind durch Antikörperübertragung geschützt, wenn die Mutter die Krankheit durchgemacht hat oder dagegen geimpft wurde.
Die Erkrankung hinterläßt eine lebenslange *Immunität*.

Symptome und Verlauf

Masern beginnen mit einem uncharakteristischen Vorstadium von drei bis vier Tagen, das einer Erkältung ähnelt. Das Kind hat keinen Appetit, ist matt und weinerlich, bekommt Schnupfen, Halsschmerzen, harten, trockenen Husten und Fieber, das sehr hoch sein kann und allen fiebersenkenden Maßnahmen widersteht. Die geröteten Augen tränen und reagieren empfindlich auf helles Licht; das Gesicht wirkt aufgedunsen.
Am zweiten oder dritten Tag zeigen sich auf der roten, aufgelockerten Mundschleimhaut gegenüber den Backenzähnen kleine weiße kalkspritzerartige Flecken (Koplik-Flecken), und die Temperatur geht zurück. Jetzt können die Symptome als Anzeichen einer Masernerkrankung erkannt werden.
Unter erneutem Fieberanstieg bis auf 40°C bricht nun der typische Masernausschlag zunächst hinter den Ohren, dann im Gesicht und am Hals aus. Er überzieht den Rumpf, die Arme und zuletzt die Beine mit anfangs kleinen roten, leicht erhabenen Flecken, die später einen braunvioletten Farbton annehmen und zu größeren zackigen Flächen zusammenfließen, dazwischen aber noch gesunde Haut sehen lassen.
Während sich die Hauterscheinungen im Verlauf von zwei Tagen ausbreiten, bleibt das Fieber bestehen, der Husten verschlimmert sich, das Kind fühlt sich krank und elend. Danach aber klingen die Krankheitszeichen in drei bis fünf Tagen ab, die Temperatur sinkt, der Ausschlag verschwindet in der Reihenfolge seines Auftretens, und dem Kind geht es besser. Zurück bleibt für einige Tage an den Stellen des abgeblaßten Ausschlags eine leicht bräunliche Färbung; die Haut ist gewöhnlich trocken und stößt sich manchmal in einer feinen, kleieförmigen Schuppung ab. Der Verlauf der Masern und auch die Intensität des Ausschlags variieren von leichten bis zu lebensbedrohenden Formen.

Komplikationen

Bleibt das Fieber zwei Tage nach Ausbruch des Hautausschlags unverändert hoch, ist das Kind nach einer Woche nicht wieder fieberfrei oder tritt erneut erhöhte Temperatur auf, können sich Komplikationen entwickelt haben:
1. Masern-Krupp mit Entzündungen im Bereich des Kehlkopfes und der Luftröhre mit Heiserkeit und Atemnot.
2. Mittelohrentzündung mit Schmerzen und Ausfluß.
3. Bronchitis und Lungenentzündung (Bronchopneumonie) mit Husten, Brustschmerzen, Atemstörungen. Gefürchtet ist dabei die Zweitinfektion mit Bakterien.
4. Gehirnentzündung (Enzephalitis) mit Kopfschmerzen, Erbrechen, Bewußtseinsstörungen, Krämpfen (tritt bei ein bis zwei von 2000 Masernfällen auf; bleibende Hirnschäden und Todesfälle sind möglich).
5. In seltenen Fällen ruft die Maserninfektion noch Jahre später eine fortschreitende entzündliche Erkrankung der Hirnsubstanz hervor, die zum Tode führt.
6. Auch nach einem scheinbar komplikationslosen Verlauf der Erkrankung kann es nachfolgend zu leichten Störungen der Hirnfunktion, zum Beispiel zu Verhaltensauffälligkeiten und Konzentrationsschwäche, kommen.

Altershäufigkeit
Kinder im Alter von 3–6 Jahren

Inkubationszeit
Etwa 14 Tage bis zum Auftreten des Hautausschlags

Ähnliche Krankheitsbilder
Röteln, Dreitagefieber, andere Virusinfektionen, Arzneimittelallergie, Scharlach

Komplikationen
Erneuter Fieberanstieg ist verdächtig: Bronchiolitis, Bronchitis, Lungenentzündung, Kehlkopfentzündung, Mittelohrentzündung, Miterkrankung des Gehirns

Wann muß das Kind zum Arzt?
Bei Verdacht, vor allem bei Komplikationen

Vorbeugung
Impfung

7. Es besteht der Verdacht, daß zwischen Masernviren und chronisch fortschreitenden Nervenerkrankungen (wie der Multiplen Sklerose) Zusammenhänge bestehen.

Vorbeugungsmaßnahmen

Schützen Sie Ihr Kind vor einer Masernerkrankung durch die vorbeugende Impfung, die schon dem Kleinkind ab dem 15. Lebensmonat gegeben werden kann. Auch in jedem anderen Alter ist sie durchführbar und im allgemeinen auch gut verträglich.

Behandlung

1. Bitten Sie den Arzt um seinen Besuch, wenn Sie den Verdacht haben, daß Ihr Kind an Masern erkrankt ist.
2. Das Kind sollte Bettruhe einhalten und erst drei Tage, nachdem das Fieber zur Norm gesunken ist, das erste Mal aufstehen.
3. Isolieren Sie das Kind von anderen bis einschließlich zum vierten Tag des Hautausschlags, so lange besteht Ansteckungsgefahr.
4. Damit sich Ihr Kind von der durchgemachten Krankheit vollständig erholen kann und das Risiko erneuter Infektionen gemildert wird, lassen Sie es frühestens zwei Wochen nach Ausbruch der Krankheit wieder in den Kindergarten oder in die Schule gehen, vorausgesetzt, es fühlt sich auch wieder wohl und macht einen gesunden Eindruck.
5. Wenn eine Augenbindehautentzündung Lichtscheu verursacht, tut es dem Kind gut, in einem abgedunkelten Krankenzimmer oder so im Bett zu liegen, daß es nicht ins Licht schauen muß. Eventuell ist es nötig, die verkrusteten Augenlider mit in lauwarmen, dünnen Kamillentee getauchten Wattebällchen zu reinigen. Ebenso kann der Mund mit Kamillenlösung ausgespült oder ausgewischt werden.
6. Wenn zur Linderung der Beschwerden Halstabletten, Nasentropfen oder Hustensäfte benötigt werden, verordnet diese der Arzt. Fiebersenkende Maßnahmen (Wadenwickel, Fieberzäpfchen, kühle Abwaschungen der Haut) sollten erst ab 39,5° C ergriffen werden; hohe Temperaturen sind das einzig wirksame Mittel gegen Viren.

Bei auftretenden Komplikationen setzt der Arzt Antibiotika und Gammaglobulin ein und ordnet eventuell eine Krankenhauseinweisung an.

Mumps

Wichtigste Symptome
Im eventuellen Vorstadium: leichte Temperaturerhöhung, Mattigkeit, Kopf-, Hals-, Ohrenschmerzen, Erbrechen.
Fieberanstieg und einseitige teigige, druckschmerzhafte Schwellung der Ohrspeicheldrüse, nach 1–3 Tagen auf beiden Seiten. Ohrläppchen stehen ab, Schmerzen beim Kauen treten auf. Nach 4–7 Tagen Abklingen der Symptome

Altershäufigkeit
Kinder im Alter von 3–7 Jahren

Inkubationszeit
Schwankend, meist 14–21 Tage

Ähnliche Krankheitsbilder
Akute Lymphknotenentzündung, eitrige Ohrspeicheldrüsenentzündung, Lymphdrüsentumor

Komplikationen
Bauchspeicheldrüsenentzündung mit Erbrechen und linksseitigen Oberbauchschmerzen; gutartige Gehirnhautentzündung mit erneutem Fieberanstieg, Kopfschmerzen, Erbrechen, Nackensteifigkeit; bei Knaben Hoden-, bei Mädchen Eierstockenzündung möglich

Mumps (Parotitis epidemica)

Ursachen und Häufigkeit

Mumps ist eine mäßig ansteckende Virusinfektion der Speicheldrüsen. Sie ist weltweit verbreitet und tritt – vorwiegend in kleinen Epidemien – während der kalten Jahreszeit auf.
Es erkranken Kinder zwischen dem dritten und dem siebten Lebensjahr, selten früher, aber gelegentlich auch später; Jungen sind davon doppelt so häufig betroffen wie Mädchen. Viele Erkrankungen verlaufen unerkannt.
Die *Übertragung* erfolgt fast ausschließlich durch Tröpfcheninfektion von Mensch zu Mensch.
Die *Inkubationszeit* schwankt, meist liegt sie bei 14 bis 21 Tagen.
Ansteckungsfähigkeit besteht schon zwei Tage (oder mehr) vor Beginn der Drüsenschwellung bis zu ihrem völligen Abklingen nach vier bis sieben Tagen. Auch bei fehlender Drüsenschwellung ist eine Übertragung möglich.
Das Überstehen der Krankheit hinterläßt in der Regel eine lebenslange *Immunität.*

Symptome und Verlauf

Nach kurzfristigem Vorstadium mit Appetitverlust, Reizbarkeit, Mattigkeit, Hals- und Kopfschmerzen kommt es unter Fieberanstieg (38,5–40,5° C) zu einer teigigen und leicht schmerzhaften Anschwellung der Ohrspeicheldrüsen.
Gewöhnlich erkrankt erst die eine Seite (meist die linke), dann nach ein bis drei Tagen die andere. Die Haut hinter, unter und vor der Ohrmuschel ist gespannt und glänzend, das Ohrläppchen steht in typischer Weise ab. Manchmal sind auch die übrigen Speicheldrüsen (Unterkiefer- und Unterzungenspeicheldrüsen) betroffen. Die Schwellungen können so geringfügig sein, daß die Krankheit unbemerkt vorübergeht. Nach vier bis fünf Tagen sinkt das Fieber,

Mumps

die Beschwerden lassen nach, und die Drüsenschwellungen bilden sich zurück.

Komplikationen

1. Außer den Speicheldrüsen können auch weitere Drüsen des Körpers in Mitleidenschaft gezogen werden. Eine Bauchspeicheldrüsenentzündung macht sich mit linksseitigen Oberbauchschmerzen und Erbrechen bemerkbar. Als Folge kann eventuell ein jugendlicher Diabetes mellitus (Zuckerkrankheit) zurückbleiben.
2. Die Beteiligung des Zentralnervensystems führt zu einer meist gutartig verlaufenden Gehirnhautentzündung (Meningitis), die sich unter erneutem Auftreten des Fiebers in der zweiten bis dritten Krankheitswoche mit Kopfschmerzen, Erbrechen und Nackensteifigkeit ankündigt.
Die Miterkrankung des Gehirns (Meningoenzephalitis) verläuft allerdings weniger harmlos.
In seltenen Fällen kommt es zur Schädigung des Hörnervs. Dadurch besteht die Gefahr von Hörstörungen bis zur Taubheit.
3. Wird die Erkrankung erst in oder nach der Pubertät durchgemacht, kann sich bei Jungen eine Hodenentzündung (Orchitis) und bei Mädchen eine Eierstockentzündung (Oophoritis) entwickeln. Daraus resultiert beim männlichen Geschlecht in etwa zehn Prozent der Fälle eine spätere Zeugungsunfähigkeit.

Vorbeugungsmaßnahmen

1. Die richtige Diagnose kann schwierig sein, wenn die typische Schwellung der Ohrspeicheldrüsen ausbleibt oder Komplikationen auftreten, ohne daß Sie eine Mumpserkrankung vermuten.
Erkundigen Sie sich nach Mumpserkrankungen in Ihrer Umgebung, und benachrichtigen Sie den Arzt.
2. Eine vorbeugende Impfung, am besten ab dem 15. Lebensmonat, wird dringend empfohlen. Sie ist gut verträglich und kommt auch als Einzelimpfung noch im späteren Alter, besonders für junge Männer, die keinen erkennbaren Mumps hatten, in Frage.
3. Wenn eine werdende Mutter gegen Mumps immun ist, bleibt der Säugling für vier bis sechs Monate geschützt.
4. Nichtimmune schwangere Frauen sollten den Kontakt mit Mumpskranken meiden.

Behandlung

1. Bettruhe ist angeraten, bis alle Symptome verschwunden sind. Das Kind ist solange von anderen zu isolieren, auch von Jugendlichen und Erwachsenen, besonders Männern, die nicht immun sind.
2. Wärmeanwendung auf den geschwollenen Ohrspeicheldrüsen (Öl- oder Breiumschlag, Wattepackung, Rotlichtbestrahlung) ist hilfreich.
3. Wegen der Kau- und Schluckbeschwerden gibt man dem Kind flüssig-breiige Kost. Lassen Sie Ihr Kind mehrmals am Tag mit Kamillentee gurgeln, oder wischen Sie den Mund mit entsprechend getränkten Mulläppchen aus.
4. Bei Schmerzen und hohem Fieber kann der Arzt Medikamente verschreiben. Zur Fiebersenkung sind auch Wadenwickel und kühle Abwaschungen angebracht.
5. Erneuter Fieberanstieg nach bereits eingetretener Besserung muß als Anzeichen einer Komplikation ernst genommen werden.

Wann muß das Kind zum Arzt?
Bei Verdacht, um die Diagnose zu sichern, vor allem aber bei Komplikationen

Vorbeugung
Impfung

Pfeiffersches Drüsenfieber

Wichtigste Symptome
Körperliches Unwohlsein, Brechreiz, Kopf- und Gliederschmerzen, anhaltendes Fieber, Schwellung der Lymphknoten (besonders am Hals, in den Achselhöhlen und Leistenbeugen), Milzvergrößerung, Angina mit Halsschmerzen und schmutziggrauen Belägen auf den Mandeln, eventuell flüchtiger Hautausschlag, Lebervergrößerung

Altershäufigkeit
Überwiegend männliche Jugendliche

Inkubationszeit
18 bis 21 Tage

Ähnliche Krankheitsbilder
Angina, Diphtherie, Röteln, Leukämie, Lymphdrüsenentzündung, Lymphdrüsentumor, Toxoplasmose, Scharlach, Masern, Virushepatitis

Wann muß das Kind zum Arzt?
Beim Auftreten der obengenannten Symptome

Pfeiffersches Drüsenfieber (Mononucleosis infectiosa)

Ursachen und Häufigkeit

Die infektiöse Mononukleose wird durch das Epstein-Barr-Virus aus der Gruppe der Herpes-Viren hervorgerufen. Die Erreger befinden sich im Speichel – aber auch im Blut – erkrankter Personen und werden durch Tröpfcheninfektion, insbesondere durch Mundkontakt (kissing disease = Kußkrankheit), übertragen. Die Krankheit tritt hauptsächlich bei älteren Kindern und jungen Erwachsenen, vorwiegend männlichen Geschlechts, etwa acht bis einundzwanzig Tage nach der Ansteckung auf und hinterläßt lebenslange Immunität.

Symptome und Verlauf

Der Beginn ist uncharakteristisch mit körperlichem Unwohlsein, Mattigkeit, Appetitlosigkeit, Kopf- und Gliederschmerzen und Fieber (38–39° C). Typisch sind die gleichzeitig auftretenden, leicht schmerzhaften Lymphknotenschwellungen am Hals, vor allem im Kieferwinkel, oft auch in den Achselhöhlen und Leistenbeugen. Ebenso kennzeichnend ist die diphtherieähnliche Angina mit Halsschmerzen und schmutziggrauen Belägen auf den Mandeln. Die Milz ist vergrößert, manchmal auch die Leber (möglicherweise tritt eine Gelbsucht auf), und das Blutbild zeigt eine charakteristische Veränderung. In etwa 30 Prozent der Fälle entwickelt sich ein kleinfleckiger rötelnähnlicher Hautausschlag, besonders am Rumpf.
Das Fieber kann mehrere Wochen andauern. Dabei schwankt die Temperatur im Tagesverlauf, oder hohes Fieber wechselt mit fieberfreien Intervallen ab. Meistens sind die Krankheitserscheinungen aber nach zwei bis drei Wochen wieder abgeklungen, dann ist auch die Ansteckungsgefahr in der Regel vorüber. Bei kleinen Kindern sieht man eher eine milde Verlaufsform mit nur wenig auffallenden Symptomen.

Komplikationen

Komplikationen sind selten. Möglich ist eine Beteiligung des Zentralnervensystems (Hirnhaut- und Gehirnentzündung = Meningoenzephalitis), eine entzündliche Erkrankung des Herzens (Myokarditis), der Nieren (Nephritis) und der Nerven (Polyneuritis).

Vorsichtsmaßnahmen

Stellen sich bei Ihrem Kind Fieber, Halsschmerzen und deutlich sichtbare Lymphknotenschwellungen ein, bringen Sie es zum Arzt. Vor allem bei Kleinkindern muß beim Auftreten unklarer Krankheitssymptome, die auf eine Virusinfektion hindeuten, auch an ein Pfeiffersches Drüsenfieber gedacht werden. Die exakte Diagnose ist nur mit Hilfe spezieller Labortests möglich.

Behandlung

1. Drüsenfieber ist zwar eine infektiöse, aber nur bei engem Kontakt ansteckende Krankheit. Das Kind muß daher nicht isoliert werden. Aber alle Gegenstände, die mit seinem Mund in Berührung kommen, dürfen während der akuten Phase nur von ihm allein benutzt werden. Es erhält am besten separates Eßgeschirr, das getrennt von dem der übrigen Familie gespült und aufgehoben wird.
2. Während der Fieberperiode sollte das Kind im Bett bleiben. Eine Leberbeteiligung mit Gelbsucht erfordert besonders strenge Bettruhe.
3. Bei hohem Fieber wenden Sie fiebersenkende Maßnahmen an.
4. Die Ernährung besteht aus einer leichtverdaulichen, flüssig-breiigen Kost mit reichlich bemessener Trinkmenge.
5. Die anhaltende Milzschwellung kann zu ernsten Komplikationen führen, wenn es durch lebhafte Spiele, anstrengende Aktivitäten oder sportliche Betätigung zu einem Milzriß kommt. Das Kind muß sich nach überstandener Krankheit deswegen noch eine Zeitlang schonen.

Röteln (Rubeola)

Ursachen und Häufigkeit

Die Röteln sind eine für Kinder harmlose Infektionskrankheit, die durch Viren hervorgerufen wird. Da die Empfänglichkeit nicht so groß ist wie bei Masern, erkranken längst nicht alle Kinder daran. Die Mehrzahl der Erkrankungen liegt zwischen dem dritten und dem zehnten Lebensjahr, mit einer Häufung in Winter und Frühjahr.
Die *Übertragung* erfolgt durch Tröpfchen aus Mund und Nase einer erkrankten Person, seltener über infizierte Gegenstände.
Die *Inkubationszeit* beträgt 14 bis 21 Tage.
Ansteckungsgefahr besteht vier bis sieben Tage vor Ausbruch des Ausschlags bis zu seinem Verschwinden.
Die Erkrankung hinterläßt eine lebenslange *Immunität.*

Symptome und Verlauf

Meistens tritt die Erkrankung gleich mit Ausbruch des Hautausschlags in Erscheinung. Nur gelegentlich kommt es zu einem leichten katarrhalischen Vorstadium mit Schnupfen und Kopfschmerzen. Typischerweise schwellen die Lymphknoten im Nacken und am Hals an.
Der Hautausschlag beginnt, begleitet von einer leichten Temperaturerhöhung (38–38,5° C), die aber auch fehlen kann, im Gesicht und am Hals und breitet sich innerhalb von 24 Stunden über den ganzen Körper aus. Er besteht aus zahlreichen punktförmigen, rosaroten Flecken, die einzeln stehenbleiben und gewöhnlich nach drei Tagen wieder verschwunden sind. Auch das leichte Fieber ist bis dahin abgeklungen, und die druckschmerzhafte Lymphknotenschwellung geht zurück. Das Kind fühlt sich meist nicht sehr krank, manchmal fehlt sogar der Ausschlag ganz.

Komplikationen

1. Wie bei allen Viruskrankheiten kann es zur Mitbeteiligung des Gehirns kommen (Gehirnentzündung = Enzephalitis, Hirnhautentzündung = Meningitis).
2. Erkrankt eine werdende Mutter in den ersten Monaten der Schwangerschaft an Röteln, besteht das Risiko einer Schädigung für das Ungeborene. Die Rötelnembryopathie kann Herzfehler, Augenmißbildungen (grauer Star), Taubheit und geistige Behinderung zur Folge haben, außerdem kann die Schwangerschaft mit einer Fehl- oder Totgeburt enden.

Vorbeugungsmaßnahmen

1. Lassen Sie auch Ihren Sohn ab dem 15. Lebensmonat gegen Röteln impfen, um auf diese Weise die Übertragung der Krankheit zu vermeiden, durch die immer noch Jahr für Jahr geschädigte Neugeborene zur Welt kommen.
2. Sorgen Sie bei Ihrer Tochter für eine Schutzimpfung im Kleinkindalter und für eine Wiederholungsimpfung im Alter von vierzehn bis fünfzehn Jahren, damit sie im gebärfähigen Alter vor einer Rötelninfektion geschützt ist.
3. Halten Sie Ihr rötelnkrankes Kind von schwangeren Frauen fern.
4. Da der Hautausschlag leicht mit dem von Masern oder Scharlach verwechselt werden kann, ist es ratsam, das Kind auch bei dieser harmlosen Erkrankung dem Arzt vorzustellen, damit die Diagnose gesichert ist. Typisch für Röteln ist das Auftreten von druckempfindlichen Lymphknotenschwellungen.

Behandlung

Eine besondere Pflege und Behandlung ist in der Regel nicht nötig, da die Röteln keine große Beeinträchtigung des Allgemeinbefindens verursachen. Der Kindergarten- oder Schulbesuch sollte für acht Tage unterbleiben.

Röteln

Wichtigste Symptome
Eventuell Vorstadium mit Schnupfen und Kopfschmerzen, geschwollene und druckempfindliche Nackenlymphknoten, leichte Temperaturerhöhung, Auftreten eines Hautausschlags für 2–3 Tage

Altershäufigkeit
Kinder vom 3.–10. Lebensjahr

Inkubationszeit
14–21 Tage

Ähnliche Krankheitsbilder
Masern, Scharlach, Dreitagefieber, Pfeiffersches Drüsenfieber, Arzneimittelallergie

Wann muß das Kind zum Arzt?
Beim Auftreten der Symptome, um die Diagnose zu sichern

Vorbeugung
Impfung

Ruhr, bakterielle (Dysenterie)

Ursachen und Häufigkeit

Ruhr ist eine Infektionskrankheit hauptsächlich des Dickdarms, die neben anderen Erregern (Amöben) auch durch bestimmte Bakterien (Shigellen) und deren Gifte hervorgerufen wird. Die bakterielle Ruhr ist weltweit verbreitet und

Ruhr

Wichtigste Symptome
Kolikartige Bauchschmerzen, häufige, wäßrige, übelriechende Stuhlentleerungen, später mit Blut, Schleim und Eiter; Fieber in schwankender Höhe, Erbrechen

Altershäufigkeit
Ruhr kann in jedem Alter auftreten

Inkubationszeit
2–7 Tage

Ähnliche Krankheitsbilder
Durchfallerkrankungen des Säuglings, Durchfallerkrankungen anderer Ursache, Colitis ulcerosa

Komplikationen
Der große Wasserverlust führt zu Austrocknungserscheinungen (Exsikkose); Toxikose, Zeichen einer Hirnhautentzündung, schwere Kreislaufstörungen, Mittelohrentzündung, Bronchopneumonie, Nierenentzündung

Wann muß das Kind zum Arzt?
Wenn ein Durchfall unklarer Ursache länger als 2 Tage anhält und weitere Symptome hinzutreten (Erbrechen, Fieber); je jünger das Kind ist, desto eher muß der Arzt aufgesucht werden, bei Austrocknungserscheinungen am besten gleich ins Krankenhaus

kommt besonders im Spätsommer bis Frühherbst vor. Wetterstürze in dieser Jahreszeit können zu schlagartigem Anstieg der Erkrankungshäufigkeit führen. Säuglinge und Kleinkinder sind besonders infektionsgefährdet.
Die häufigsten Überträger der Krankheit sind Fliegen und verunreinigte Nahrungsmittel wie Trinkwasser, Milch, Obst und Gemüse. Eine *Ansteckung* ist aber auch durch Schmierinfektion von Erkrankten und Dauerausscheidern von Keimen möglich.
Die *Inkubationszeit* beträgt zwei bis sieben Tage. Die Krankheit hinterläßt keine bleibende *Immunität.*
Es gibt zwei Verlaufsformen: die *toxische Bakterienruhr,* bei der die Erreger gefährliche Gifte absondern, die die Darmschleimhaut und andere Organsysteme schädigen.
Die bei uns verbreiteten Erregertypen verursachen jedoch meist eine leichtere Erkrankung nach Art eines *akuten Brechdurchfalls* (Sommerdiarrhö). Bereits der Verdachtsfall ist meldepflichtig.

Symptome und Verlauf

Ruhr beginnt meistens plötzlich mit unregelmäßig schwankendem Fieber von 37,5–39° C und kolikartigen Bauchschmerzen. Übelkeit und Erbrechen kommen hinzu; Durchfall mit wäßrigen, später schleimig-blutigen Stühlen (bis zu 20 täglich) und ziehende Leibschmerzen stellen sich ein.
Die häufigen Stuhlentleerungen führen zu körperlicher Schwäche und Entkräftung, der Wasser- und Salzverlust zieht Austrocknungserscheinungen nach sich (Exsikkose mit herabgesetztem Spannungszustand der Haut, eingesunkenen Augen, belegter, trockener Zunge, spröden Lippen). Im Säuglingsalter kann sich rasch eine Toxikose (durch Stoffwechselentgleisung bedingte Vergiftung) entwickeln. Gewöhnlich klingen die Symptome aber nach einer Woche wieder ab.

Komplikationen

1. Aus den entzündlichen Veränderungen im Dickdarm kann sich in schweren Fällen ein geschwüriger Zerfall der Darmwand mit Durchbruch (Perforation) in die Bauchhöhle und anschließender Bauchfellentzündung (Peritonitis) entwickeln.
2. Nach Abklingen der akuten Erkrankung bleiben manchmal Gelenkschmerzen (allergische Polyarthritis) zurück.

Vorsichtsmaßnahmen

1. Bei jedem Durchfall, der länger als zwei oder drei Tage anhält, gehört das Kind in ärztliche Behandlung. Wenn blutiger Stuhlgang auftritt, muß sofort ein Arzt hinzugezogen werden: Je jünger das Kind ist, desto schneller führt der Flüssigkeits- und Mineralstoffverlust zur Exsikkose (innerhalb von 12 bis 24 Stunden nach Beginn des Durchfalls).
2. Bei Reisen ins südliche Ausland, besonders bei primitiven Verhältnissen und schlechten sanitären Einrichtungen, ist Vorsicht bei der Nahrungsaufnahme geboten.

Behandlung

Ruhrkranke bedürfen strenger Isolierung und Behandlung auf einer Infektionsstation eines Krankenhauses.

Salmonellosen

Salmonellosen

Wichtigste Symptome
Heftiger Brechdurchfall mit dünnen, wäßrigen Stühlen (gelegentlich mit Blutbeimengungen), krampfartige Bauchschmerzen, ständiger Stuhldrang, Fieber nicht über 39° C

Ursachen und Häufigkeit

Eine akute Magen-Darm-Störung (Gastroenteritis) ist eine durch Bakterien oder deren Gifte ausgelöste Infektionskrankheit, die meist als *Lebensmittelvergiftung* auftritt.
Zu den am weitesten verbreiteten Erregern gehören die Salmonellen, bei denen eine Erkrankungshäufigkeit während der Sommermonate zu beobachten ist.
Die *Ansteckung* erfolgt gewöhnlich durch infizierte Nahrungsmittel: Schlachttiere oder deren Fleisch, besonders Geflügel; Tierprodukte wie Eier und Eipulver, Milch und Speiseeis; Fische und Meeresfrüchte (Muscheln); auch Obst, Trinkwasser und Konserven können Salmonellen enthalten.
Die *Inkubationszeit* kann unterschiedlich lang sein und dauert von nur einigen Stunden bis zu wenigen Tagen.

Die *Ansteckungsgefahr* von Erkrankten hält an, solange Erreger im Stuhl ausgeschieden werden, im allgemeinen bis zu drei Wochen, unter Umständen aber auch für Jahre (Dauerausscheider). Die überstandene Infektion hinterläßt keine *Immunität*. Meldepflicht nach dem Bundesseuchengesetz besteht schon im Falles eines Erkrankungsverdachts.

Symptome und Verlauf

Die Krankheit beginnt mit plötzlich einsetzendem Brechdurchfall, krampfartigen Leibschmerzen, anhaltender Übelkeit, ständigem Stuhldrang und Fieber bis etwa 39° C. Der Durchfall kann „reiswasserähnlich“ sein, Blut und/oder Schleimbeimengungen enthalten. Der erhebliche Wasser- und Salzverlust führt bei Kindern sehr schnell zu Austrocknungserscheinungen (Exsikkose). Bei Kleinkindern ist der Krankheitsverlauf häufig sehr schwer.

Vorsichtsmaßnahmen

1. Salmonellen finden sich häufig in (tiefgefrorenem) Geflügel. Die Keime können bei der Zubereitung leicht auf Haushaltsgegenstände übertragen werden. Auch der Tiefkühlprozeß tötet die Erreger nicht ab. Beseitigen Sie daher sorgfältig das Auftauwasser und die Verpackung. Säubern Sie die benutzten Küchenutensilien möglichst unter fließend heißem Wasser.
2. Infektionsgefahr geht immer häufiger auch von rohen und nicht durchgegarten Eiern aus. Deshalb: Braten Sie Spiegeleier beidseitig, backen Sie Rühreier völlig durch, kochen Sie Frühstückseier mindestens vier Minuten, und verzichten Sie besser auf Speisen mit Frischeizusatz.
3. Fleischgerichte, vor allem aus Geflügel und Hackfleisch, müssen unbedingt gut durchgebraten sein. Halten Sie Speisen nicht über einen längeren Zeitraum warm. Achten Sie bei Anwendung der Mikrowelle darauf, daß eine vollkommene Erhitzung des Kochguts erreicht wird.

Behandlung

1. In leichten Fällen ist keine Krankenhausbehandlung nötig. Solange Fieber besteht und der Körper geschwächt ist, sollte das Kind im Bett bleiben. Trockene Wärme (Wärmflasche) auf dem Bauch lindert die Leibschmerzen.
2. Nach einer Nahrungspause, in der nur reichlich Tee mit Traubenzucker oder Süßstoff und Salzzusatz angeboten wird, baut man langsam eine Diät auf. Dazu erhalten Sie vom Arzt meist einen speziellen Ernährungsplan. Dieser geht davon aus, daß Magen und Darm nur nach und nach belastet werden dürfen.
3. Wichtig ist insbesondere bei Kindern der Ausgleich des Flüssigkeits- und Mineralstoffverlustes. Sie müssen Ihr Kind unbedingt häufig zum Trinken kleiner Mengen Tee ermuntern.

Altershäufigkeit
Salmonellosen können in jedem Alter auftreten

Inkubationszeit
Wenige Stunden bis einige Tage

Ähnliche Krankheitsbilder
Typhus, Paratyphus, Durchfallerkrankungen anderer Ursache, Pilzvergiftung

Komplikationen
Der große Wasserverlust kann zu Austrocknungserscheinungen (Exsikkose) führen

Wann muß das Kind zum Arzt?
Wenn ein Durchfall unklarer Ursache länger als 2 Tage anhält und weitere Symptome hinzutreten (Fieber/Erbrechen); je jünger das Kind ist, desto eher muß der Arzt aufgesucht werden, bei Austrocknungserscheinungen am besten gleich ins Krankenhaus

Scharlach (Scarlatina)

Ursachen und Häufigkeit

Scharlach ist eine ansteckende Kinderkrankheit, die durch eine bestimmte Streptokokkenart (eiterbildende Bakterien) hervorgerufen wird. Diese Keime bilden Giftstoffe (Toxine), die den typischen Hautausschlag, aber auch die möglichen Organerkrankungen bewirken.
Diese an sich schwere Infektionskrankheit verläuft heute in einer milderen Form und mit weniger ausgeprägten Symptomen. Von ihr werden besonders Kinder im Alter von drei bis zehn Jahren befallen, vorwiegend in der kalten Jahreszeit. Säuglinge bekommen gewöhnlich keinen Scharlach; sie sind in den ersten Lebensmonaten immun, sofern die Mutter Scharlach gehabt hat.
Die *Inkubationszeit* beträgt etwa zwei bis sieben Tage. Die *Ansteckung* erfolgt durch Tröpfcheninfektion über Erkrankte oder gesunde Keimträger, seltener über infizierte Gegenstände.
Ansteckungsgefahr ist von Anfang an gegeben, 48 Stunden nach Beginn der Antibiotikabehandlung ist sie aber vorüber.
Da es viele verschiedene Erregertypen gibt, ist die Immunität nach überstandener Krankheit nur gegen diese eine Bakterienart und deren Toxine gerichtet. Zweit- oder Mehrfacherkrankungen sind daher möglich.

Symptome und Verlauf

Die Krankheit beginnt fast immer plötzlich ohne Vorstadium mit Kopfschmerzen, hohem Fieber

Scharlach

Wichtigste Symptome
Kopfschmerzen, hohes Fieber über 39° C, Schüttelfrost, Erbrechen, Halsschmerzen, Schluckbeschwerden;

flammendrote Verfärbung und Schwellung des Rachens und der Mandeln, häufig mit gelblich-weißen Belägen; Schwellung der Hals- und Kieferwinkellymphknoten; Auftreten eines Hautausschlags, beginnend am Hals, in den Achselhöhlen und Leistenbeugen, dann am ganzen Körper; anfangs belegte, später gerötete Zunge (Himbeerzunge); Abschuppung der Haut nach etwa 1 Woche

Altershäufigkeit
Kinder im Alter von 3–10 Jahren

Inkubationszeit
Etwa 2–7 Tage

Ähnliche Krankheitsbilder
Angina anderer Ursache, beginnende Diphtherie, Masern, Röteln, Arzneimittelallergie

Komplikationen
Mittelohrentzündung, rheumatisches Fieber und Herzmuskelentzündung sind heute selten; Nierenentzündung

Wann muß das Kind zum Arzt?
Beim Auftreten der obengenannten Symptome

Vorbeugung
Bei möglicherweise erfolgter Ansteckung vorsorglich Antibiotikatherapie

(über 39° C), Schüttelfrost, Halsschmerzen und Schluckbeschwerden, eventuell auch mit Erbrechen.
Im Verlauf des ersten Krankheitstages kommt es zu einer Angina (Infektion des Rachens und der Mandeln) mit flammendroter Verfärbung und Schwellung der Schleimhaut und gelblichweißen Belägen auf den Mandeln. Die Hals- und Kieferwinkellymphknoten sind geschwollen. Innerhalb von 24 bis 72 Stunden bildet sich der typische Hautausschlag mit kleinsten, dichtstehenden, erhabenen, roten Flecken aus (ähnlich grobkörnigem, rotem Sandpapier). Er beginnt am Hals, in den Achselhöhlen und in den Leistenbeugen, überzieht dann häufig den ganzen Körper und läßt auf dem geröteten Gesicht einen Bezirk um den Mund frei (blasses Munddreieck). Die anfangs belegte Zunge zeigt nach zwei bis vier Tagen eine kräftige Rötung mit deutlicher Schwellung der Papillen (Himbeer- oder Erdbeerzunge). Nach drei Tagen blaßt der Ausschlag wieder ab. In der zweiten Woche beginnt sich die Haut in feinen Schuppen zu schälen; an den Handflächen und Fußsohlen stößt sie sich grobflächig ab. Unter Antibiotikabehandlung sinkt die Temperatur rasch.

Komplikationen

Komplikationen sind heute selten.
1. Nach einem symptomfreien Zwischenstadium kann es infolge einer allergischen Reaktion zu einem „zweiten Kranksein“ kommen, das heute jedoch weniger auftritt.
2. Folgekrankheiten sind möglich: am Ohr (Otitis media), am Herzen (Myokarditis), an den Nieren (Nephritis) und an den Gelenken (Rheumatoid), und zwar entweder schon während der akuten Phase oder aber erst Wochen nach einem durchgemachten Scharlach.
3. Die septische Verlaufsform zeigt sich, wenn die Streptokokken auf die umliegenden Gewebe übergreifen (Angina, eitrige Mittelohrentzündung, Lymphknotenentzündung, Nasennebenhöhlenentzündung) und der Eiter in die Blutbahn einbricht.
4. Die beim toxischen Scharlach wirksam werdenden Giftstoffe der Keime führen unter Kreislaufschwäche und Bewußtlosigkeit schnell zum Tod.

Behandlung

1. Eine Krankenhausbehandlung ist heute nur noch beim Auftreten schwerer Komplikationen nötig. Wenn die häuslichen Gegebenheiten es zulassen, soll das Kind für drei Tage isoliert werden. Bettruhe ist einzuhalten, solange Fieber besteht.
2. Scharlach wird für die Dauer von zehn Tagen mit Penicillin behandelt. Bei Penicillinallergie stehen andere wirksame Medikamente zur Verfügung. Geben Sie das Präparat streng nach Verordnung des Arztes. Auch wenn Ihr Kind inzwischen einen gesunden Eindruck macht, dürfen Sie die Therapie nicht eigenmächtig abbrechen. Durch die Antibiotikabehandlung wird das Risiko von Komplikationen verringert, die Ansteckungsgefahr für andere gemindert und die Dauer der notwendigen Isolierung verkürzt.
3. Geben Sie Ihrem Kind eine weiche, nicht reizende Kost, und bieten Sie ihm reichlich Flüssigkeit an (Tee, Mineralwasser, säurearme Fruchtsäfte).
4. Nach drei Tagen lassen Sie das Kind baden, geben ihm saubere Bett- und Leibwäsche und reinigen das Krankenzimmer und die Spielsachen durch feuchtes Abwischen mit einem Desinfektionsmittel.
5. Bei komplikationslosem Verlauf, der heute die Regel ist, kann das Kind nach fünf bis zehn Tagen wieder den Kindergarten oder die Schule besuchen.
6. Ärztliche Kontrolluntersuchungen, besonders des Urins (Gefahr der Nephritis), sind in Abständen noch in den nächsten Wochen nötig, um mögliche Spätkomplikationen rechtzeitig zu erkennen.

Tetanus (Wundstarrkrampf)

Ursachen und Häufigkeit

Der Wundstarrkrampf ist eine schwere, nicht ansteckende Infektionskrankheit, hervorgerufen durch spezifische Bazillen, die unter Luftabschluß Toxine (Giftstoffe) bilden. Die Erreger sind in Erde (von Gärten, Feldern), Schmutz (Straßenstaub), menschlichen und tierischen Fäkalien (Dung) zu finden. Durch geringfügige Verletzungen der Haut oder der Schleimhaut dringen die Keime in den menschlichen Körper ein, beim Neugeborenen auch durch die Nabelwunde, und wirken mit ihren Giftstoffen schädigend auf das Nervensystem.
In schweren Fällen beträgt die *Inkubationszeit* bei hoher Toxinmenge drei bis fünfzehn Tage, bei milderem Verlauf dauert sie länger. Tetanus verläuft oft tödlich; je kürzer die Zeitspanne zwischen dem Beginn allgemeiner Krankheitszeichen und dem Einsetzen von Krämpfen, desto aussichtsloser die Hoffnung auf Genesung. Die Krankheit ist meldepflichtig.

Symptome und Verlauf

Am Anfang treten uncharakteristische Erscheinungen wie Abgeschlagenheit, Kopfschmerzen, Appetitlosigkeit, Unruhe und eventuell leichtes Fieber auf. Darauf folgt eine krampfhafte Starre der Kaumuskulatur (mit Schwierigkeiten beim Sprechen und Schlucken = Kieferklemme) und der mimischen Muskulatur im Gesicht mit verengten Lidspalten und einem zu eigentümlichem Lächeln verzogenen Mund (sardonisches Lachen).
Die Krämpfe können sich über die gesamte Muskulatur ausbreiten. Durch Spannung der Nacken- und Rückenmuskulatur kommt es zu einer Rückwärtsbeugung des Rumpfes. Arme und Beine sind weniger betroffen, Streckkrämpfe sind jedoch möglich. Bedrohlich ist ein Dauerkrampf der Atemmuskulatur, der zu einem qualvollen Tod führen kann. Tetanus kann ebenso als örtlicher Muskelkrampf auftreten, wenn er auf die Umgebung der Eintrittspforte der Erreger begrenzt bleibt.

Vorbeugungsmaßnahmen

1. Jeder Mensch sollte durch vorbeugende Impfungen gegen diese immer noch gefährliche Krankheit geschützt sein. Das gilt besonders für das Kindesalter, in dem Hautabschürfungen, Schnittwunden und andere Verletzungen an der Tagesordnung sind. Darum beginnt bereits beim Säugling die Grundimmunisierung. Auffrischimpfungen sind routinemäßig alle zehn Jahre erforderlich.
2. Im Verletzungsfall, vor allem bei tiefen Schnitt- oder Stichwunden sowie bei verschmutzten Wunden, ist eine ärztliche Wundversorgung, eventuell mit Ausschneidung und Spülung des Wundgebietes, erforderlich. Dabei wird der Impfstatus überprüft (Impfpaß mitnehmen) und gegebenenfalls eine Auffrischimpfung verabreicht.

Behandlung

1. Bei Verdacht auf eine Infektion kann einem nicht oder nur unzureichend geschützten Kind Tetanusimmunglobulin mit hohem Antitoxingehalt sowie Tetanusimpfstoff (zur Auffrischung eines früheren Impfschutzes) gegeben werden.
2. Die Krankheit selbst erfordert Klinikbehandlung; sie richtet sich nach der Schwere des Falles. Bei Kindern und Jugendlichen sind die Überlebenschancen durch moderne Therapieverfahren recht günstig.

Tetanus

Wichtigste Symptome
Körperliches Unwohlsein, leichte Temperaturerhöhung, Kopfschmerzen, Schweißausbrüche, Kiefersperre, anfallsweise Muskelspasmen

Altershäufigkeit
Wundstarrkrampf kann in jedem Alter auftreten

Inkubationszeit
3–15 Tage oder auch länger

Ähnliche Krankheitsbilder
Muskelkrämpfe anderer Ursache (zum Beispiel bei Hirnhaut- und Gehirnentzündung), Kalziummangel (hypokalzämische Tetanie), Hirnblutung

Komplikationen
Dauerkrampf der Muskulatur

Wann muß das Kind zum Arzt?
Im Verletzungsfall bei nicht ausreichendem Impfschutz

Vorbeugung
Impfung

Toxoplasmose

Ursachen und Häufigkeit

Die Toxoplasmose ist eine Infektionskrankheit, die durch Parasiten verursacht wird. Sie kommt bei allen Säugetieren, vielen Vogelarten und einigen Reptilien vor und kann durch Verzehr von rohem oder nicht durchgegartem Schweine- und Rindfleisch (Mett, Tatar, blutigen Steaks) sowie durch direkten Kontakt mit den Fäkalien von Tieren, insbesondere Katzenkot, auch auf den Menschen übertragen werden.
Die Krankheit ist für andere Menschen nicht ansteckend, jedoch kann eine werdende Mutter ihr ungeborenes Kind infizieren. Toxoplasmose

Toxoplasmose

Wichtigste Symptome
Grippaler Infekt, Lymphknotenschwellungen, eventuell hohes Fieber; bei Gehirnbeteiligung Erbrechen, Zittern, Krämpfe; eventuell Gelbsucht, Exanthem

Altershäufigkeit
Toxoplasmose kann in jedem Alter auftreten

Inkubationszeit
Nicht genau bekannt, Tage bis Wochen

Ähnliche Krankheitsbilder
Gehirnentzündung, Lymphknotentumor, Pfeiffersches Drüsenfieber

Komplikationen
Nach durchgemachter Gehirnerkrankung Entwicklung eines Wasserkopfes möglich

Wann muß das Kind zum Arzt?
Bei unklaren Fieberzuständen verbunden mit Lymphknotenschwellungen, im Fall von Komplikationen sofort

ist weitverbreitet. Ein Großteil der Erwachsenen hat sie ohne Krankheitserscheinungen unerkannt durchgemacht, jüngere Menschen aber sind möglicherweise nicht immun. Allerdings ist es auch für diese Altersgruppe keine schwere Erkrankung.

Symptome und Verlauf

Bei Kindern kann sich die Toxoplasmose außer mit mehr oder weniger starken Lymphknotenschwellungen in Entzündungserscheinungen des zentralen Nervensystems (Gehirn und Hirnhäute) zeigen. Diese gehen mit Kopfschmerzen, Erbrechen, hohem Fieber (39,5–40° C) und Krämpfen einher. Die anschließende Entwicklung eines Wasserkopfes (Hydrozephalus) ist in seltenen Fällen zu beobachten.
In späteren Jahren ist ein plötzlicher Ausbruch der Krankheit nach anfänglich grippeähnlichen Symptomen (Abgeschlagenheit, Kopf- und Gliederschmerzen) mit Fieberanstieg, Hirnhautreizung und Lungenbeteiligung möglich. Auch an anderen inneren Organen kann sich ein Entzündungsprozeß abspielen.
Im allgemeinen verläuft die Toxoplasmose jedoch eher wie ein grippaler Infekt mit Lymphknotenschwellungen und wird darum nicht als solche erkannt.
Gefährlich ist die Krankheit für das ungeborene Kind, wenn sich die werdende Mutter während der Schwangerschaft zum ersten Mal damit infiziert, was zu Fehlgeburt, Totgeburt oder Geburt eines geschädigten Kindes führen kann. Das Neugeborene kommt dann eventuell mit einem Wasserkopf oder einem verkleinerten Schädel (Mikrozephalus) auf die Welt. Es kann unter Krämpfen, Lähmungen und Gelbsucht leiden und geistige Behinderungen sowie Augenschäden (Blindheit) davontragen.

Vorbeugungsmaßnahmen

Eine Frau, die sich ein Kind wünscht, sollte vorsorglich einen Toxoplasmosetest machen lassen. Ist sie nicht durch eine „stille Feiung" geschützt, wäre es ratsam, in der Schwangerschaft, besonders in der zweiten Schwangerschaftshälfte, auf rohes, nicht durchgebratenes Fleisch, rohe Eier und rohe Milch (vom Bauernhof) zu verzichten. Auch den intensiven Kontakt mit Katzen und das Reinigen der Katzentoilette sollte sie vermeiden.

Behandlung

Eine Erstinfektion in der Schwangerschaft wird vorsorglich mit Chemotherapie behandelt. Kommt es zur Geburt eines kranken Kindes, sind dessen Überlebens- und Heilungsaussichten schlecht.

Tuberkulose

Tuberkulose

Wichtigste Symptome
Leichte Temperaturerhöhung, Appetitlosigkeit, Magersucht, rasche körperliche Erschöpfung, trockener Husten, nächtliches Schwitzen

Altershäufigkeit
Tuberkulose kann in jedem Alter auftreten

Inkubationszeit
Etwa 3–8 Wochen

Ähnliche Krankheitsbilder
Lungenentzündung, Gehirnentzündung

Ursachen und Symptome

Die weltweit verbreitete Tuberkulose ist eine Infektionskrankheit, die durch Tuberkelbakterien hervorgerufen wird. Sie kann in jedem Lebensalter auftreten. Die Anfälligkeit ist im Säuglingsalter besonders hoch, im Schulalter geringer und steigt zur Pubertät hin wieder an.
Die *Übertragung* erfolgt heute fast ausschließlich durch Tröpfcheninfektion von Mensch zu Mensch. Der Ausbruch der Krankheit hängt aber, außer vom Lebensalter, auch von der körperlichen Widerstandskraft ab. Gegen die Tuberkulose besitzt der menschliche Organismus im allgemeinen eine natürliche Resistenz. So kommt es, daß von den nahezu 40 Prozent der Menschen, die sich in ihrem Leben mit den Erregern auseinandersetzen, nur ein kleiner Teil wirklich erkrankt. Die *Inkubationszeit* beträgt etwa drei bis acht Wochen.

Symptome und Verlauf

1. *Stadium* – Die Tuberkulose ist nicht nur eine Erkrankung der Lungen, sie kann sich in allen Organen des Körpers ansiedeln. Eintrittspforte für die Erreger ist aber hauptsächlich die Lunge. Am Ort der Infektion entsteht eine lokale Entzündung (Tuberkel). Von hier dringen die Keime bis zu dem dazugehörigen Lymphknoten vor, der sogenannte Primärkomplex ist entstanden. Das Allgemeinbefinden ist meist wenig beeinträchtigt. Es treten uncharakteristische Temperaturerhöhungen auf, manchmal sehr hoch (bis 40° C) oder nur subfebril (um 37,5° C). Eventuell zeigen sich Appetitlosigkeit, Müdig-

keit, rasche Erschöpfung, Magersucht, trockener Husten und nächtliches Schwitzen.
In der Mehrzahl der Fälle heilt der Infektionsherd unter Kalkeinlagerungen aus, und die Tuberkulose kommt spontan in diesem Stadium zum Stehen. Oft ist die Erkrankung nur am Positivwerden des Tuberkulintests festzustellen.
2. Stadium – Infolge einer Abwehrschwäche des Körpers kann es von frischen oder bereits verkalkten Infektionsherden zu einer Ausbreitung der Erreger und zur Ansiedlung zahlreicher Tuberkel in anderen Organen (Lunge, Milz, Leber, Gehirn, Hirnhäute, Nieren und Knochen) kommen *(Miliartuberkulose)*. Gefürchtet sind dabei die besonders bei kleinen Kindern vorkommende *tuberkulöse Meningitis* (Hirnhautentzündung) und die Knochentuberkulose.
3. Stadium – Das dritte Stadium ist gekennzeichnet durch die verschiedenen Organtuberkulosen mit Fieber und starkem Kräfteverfall, was der Krankheit die Bezeichnung „Schwindsucht" gegeben hat. Am häufigsten ist davon die Lunge betroffen. Es bilden sich tuberkulöse Gewebshöhlen (Kavernen), die in den Bronchialstamm einbrechen können, so daß auf diesem Wege die Erreger nach außen gelangen *(offene Tuberkulose)*.

Vorbeugungsmaßnahmen

1. Die Tuberkulose ist zwar eine Infektionskrankheit, aber wie bei den meisten dieser Krankheiten ist die persönliche Abwehrlage für den Ausburch und den Verlauf von grundsätzlicher Bedeutung. Die äußeren Lebensbedingungen (schlechte Wohnverhältnisse, mangelnde Hygiene, einseitige und/oder fehlerhafte Ernährung, körperliche Überanstrengung) und eine vorausgegangene Schwächung des Organismus durch andere, vor allem chronische Krankheiten, können die Tuberkulose begünstigen. In der heutigen Zeit des „Globaltourismus" sollte stets daran gedacht werden, daß die Krankheit in anderen Ländern noch weit verbreitet und eine Ansteckung möglich ist. In westlichen Ländern ist die Erkrankungshäufigkeit stark zurückgegangen.
2. Gegen die Krankheit gibt es eine Schutzimpfung, die besonders die schweren Tuberkuloseformen bei Kleinkindern wirkungsvoll verhütet (BCG-Impfung). Wird auf die Impfung im Säuglingsalter verzichtet, sollte regelmäßig, mindestens einmal jährlich, ein Tuberkulintest vorgenommen werden. Bei der Salbenprobe nach Moro oder der Tuberkulinpflasterprobe wird Tuberkulinsalbe auf die Haut gebracht und die Reaktion nach zwei bis drei Tagen beurteilt. Fällt der Test bei einem nicht geimpften Kind positiv aus, bilden sich also kleine Knötchen auf rotem Grund, setzt sich das Kind entweder gerade mit den Tuberkuloseerregern auseinander, oder es hat bereits früher eine Tuberkulose durchgemacht.
In ihrer Aussagekraft sicherer sind Tuberkulintests, bei denen eine Testlösung in die Haut eingedrückt (Stempeltest) oder noch besser in die Haut eingespritzt wird (Intrakutantest).
Das geimpfte Kind zeigt in den ersten fünf bis zehn Jahren ebenfalls eine positive Reaktion. Wenn der Impfschutz nachläßt, fällt der Test wieder negativ aus.

Behandlung

Eine aktive Tuberkulose wird zur Einleitung der Chemotherapie auf der Isolierstation einer Klinik, in einem Fachkrankenhaus oder Sanatorium mit Tuberkulostatika (Medikamente, die auf Tuberkelbakterien hemmend wirken) behandelt.

Komplikationen
Tuberkulose kann sich über den Blutweg in anderen Organen ansiedeln. Besonders bei Kleinkindern tritt sie als Hirnhautentzündung und Knochenentzündung auf

Wann muß das Kind zum Arzt?
Einmal im Jahr Tuberkulintest bei nichtgeimpften Kindern vornehmen lassen, um eine Infektion rechtzeitig zu erkennen

Vorbeugung
Impfung

Unterleibstyphus (Typhus abdominalis) und Paratyphus A, B und C

Ursachen und Häufigkeit

Diese Darminfektionen werden ebenfalls durch Bakterien aus der großen Gruppe der Salmonellen hervorgerufen. Sie sind in warmen Ländern weit verbreitet und werden durch den Reiseverkehr häufig bei uns eingeschleppt.
Die Überträger sind meistens verseuchte Nahrungsmittel und Trinkflüssigkeiten. Die Ansteckung erfolgt aber auch durch direkten Kontakt von Mensch zu Mensch (Schmierinfektion), über die Ausscheidungen (Stuhl und Urin) Erkrankter oder gesund scheinender Keimträger (beim Paratyphus).

Typhus

Wichtigste Symptome
In der 1. Krankheitswoche ansteigende Temperatur, die danach etwa 1–2 Wochen bei etwa 40 °C bleibt. Dabei Benommenheit, Kopf-, Bauch- und Gliederschmerzen, dick belegte Zunge, rote Flecken auf der Bauchhaut, Gelbsucht möglich. In der 3. Woche erbsbreiartige Stühle. In der 4. Woche Entfieberung

Altershäufigkeit
Typhus kann in jedem Alter auftreten; verläuft bei Säuglingen und Kleinkindern uncharakteristisch unter dem Bild einer akuten Durchfallerkrankung

Inkubationszeit
7–21 Tage

Komplikationen
Geschwürige Veränderung der Darmschleimhaut (Darmblutung, Bauchfellentzündung); durch Giftwirkung der Erreger toxisches Kreislaufversagen; Folgeerkrankungen: Lungenentzündung, Herzmuskelentzündung, Hirnhaut- und Gehirnentzündung

Wann muß das Kind zum Arzt?
Bei unklaren Fieberzuständen (besonders nach Aufenthalt in südlichen Ländern)

Vorbeugung
Reiseimpfung

Symptome und Verlauf bei Typhus

Bei Kindern tritt, nach einer *Inkubationszeit* von sieben bis vierzehn (21) Tagen, allmählich ansteigendes Fieber auf, begleitet von Mattigkeit, Benommenheit, Appetitlosigkeit, Kopf-, Bauch- und Gliederschmerzen, Verstopfung und belegter Zunge. Nach der ersten Krankheitswoche ist die Temperatur auf 40–41°C angestiegen und bleibt eventuell wochenlang auf dieser Höhe, dabei ist der Pulsschlag langsam.
Auf der Bauchhaut zeigen sich rote Fleckchen (Roseolen), die Zunge ist dick belegt (Typhuszunge). Der Bauch ist aufgetrieben und schmerzt. Es kommt selten zu erbsbreiartigen Durchfällen, die mit Verstopfung abwechseln können. Das Kind ist teilnahmslos und wirkt sehr schwach.
Zu Beginn der vierten Woche geht das Fieber langsam zurück, das Bewußtsein hellt sich auf, und der Appetit stellt sich wieder ein.
Die Infektion kann außerordentlich leicht verlaufen. Das typische Krankheitsbild fehlt vor allem bei Säuglingen und Kleinkindern sowie unter Behandlung mit Chemotherapeutika (Antibiotika).

Komplikationen

1. Durch geschwürige Veränderungen der Dünndarmschleimhaut kann es zu schweren Darmblutungen mit Gefahr eines Kreislaufversagens kommen.
2. Bei geschwürigem Zerfall der Darmwand und Durchbruch in die Bauchhöhle wird sich eine Bauchfellentzündung (Peritonitis) entwickeln.

Vorbeugungsmaßnahmen

Bei Reisen in südliche Länder, insbesondere in Gebiete mit ständiger Typhusgefahr oder bei primitiven hygienischen Verhältnissen, empfiehlt sich die Schutzimpfung. Der orale Lebendimpfstoff in Form von Kapseln schützt für zwölf Monate.

Behandlung

Die Behandlung muß in einem Krankenhaus vorgenommen werden, das ist im Bundesseuchengesetz vorgeschrieben.

Symptome und Verlauf bei Paratyphus

Nach einer für die einzelnen Salmonellentypen unterschiedlichen *Inkubationszeit* kann es zu typhusähnlichen Erscheinungen kommen, der Verlauf ist jedoch milder.
Kleine Kinder erkranken eher in Form einer akuten Ernährungsstörung (Dyspepsie), in schweren Fällen kommt es zu einer Toxikose (Vergiftung durch Stoffwechselentgleisung).

Vorbeugungsmaßnahmen

Zur Vorbeugung steht ein Kombinationsimpfstoff „TAB“ (Typhus und Paratyphus A + B) zur Verfügung.

Behandlung

Eine Klinikbehandlung ist erforderlich.

Windpocken (Varizellen)

Windpocken

Wichtigste Symptome
Leichtes Fieber, juckender, schubweise auftretender Hautausschlag mit einzelnen roten Flecken, die sich von Knötchen zu Bläschen umwandeln, später verschorfen; behaarte Kopfhaut, Augenbindehaut, Mundschleimhaut und Scheide können auch befallen werden; Abfall der Krusten nach 1–2 Wochen

Ursachen und Häufigkeit

Der Erreger der Windpocken gehört zu den Herpesviren, die bei Jugendlichen und Erwachsenen das Krankheitsbild der Gürtelrose (Herpes zoster) verursachen. Die Empfänglichkeit für Windpocken ist groß, schon Säuglinge können daran erkranken; vorwiegend sind aber Kinder vom dritten bis zehnten Lebensjahr davon betroffen.
Die *Übertragung* erfolgt durch Tröpfcheninfektion bei direktem Kontakt mit Erkrankten, aber auch durch strömende Luft.
Windpocken sind die Folge einer Erstinfektion mit dem Varicella-Zoster-Virus. Nach Überstehen der Krankheit bleiben einige Viren inaktiv im Körper; sie können später, meist im Erwachsenenalter, das Krankheitsbild der Gürtelrose hervorrufen.
Die *Inkubationszeit* dauert neun bis achtundzwanzig Tage.

Die *Ansteckungsfähigkeit* beginnt ein bis zwei Tage vor Ausbruch des Hautausschlags, sie erlischt mit dem Eintrocknen der letzten Bläschen.

Symptome und Verlauf

Die Krankheit beginnt meist ohne typisches Vorstadium, eventuell sind die Zeichen einer leichten Erkältung vorhanden. Unter Fieberanstieg auf 38–39°C kommt es zur Entwicklung kleiner, einzelstehender roter Flecken, die sich rasch in stecknadelkopf- bis linsengroße Papeln, dann in wasserhelle, in der Mitte gedellte Bläschen umwandeln, die sich eintrüben und später unter Krustenbildung eintrocknen.
Der Ausschlag erscheint gewöhnlich zuerst und vorwiegend am Rumpf und breitet sich über die Gliedmaßen und das Gesicht aus. Dabei werden die behaarte Kopfhaut, die Mundschleimhaut, die Augenlider und die Schamgegend manchmal mitbetroffen. Die Pocken kommen schubweise, täglich folgen neue bis etwa zum dritten oder vierten Krankheitstag, so daß der Körper von Flecken, Papeln, Bläschen und Borken übersät ist. Es besteht heftiger Juckreiz.
Ein bis zwei Wochen nach Krankheitsbeginn fallen die Borken ab und hinterlassen auf der Haut rötliche Flecke, die mehrere Wochen lang nicht verblassen.

Komplikationen

1. Durch Aufkratzen der Bläschen kann eine bakterielle Schmierinfektion entstehen, die eventuell zu Abszeßbildungen führt und häßliche Narben hinterläßt.
2. Sehr selten kommt es zu einer Gehirnentzündung (Enzephalomyelitis). Falls hohes Fieber, Mattigkeit, Kopfschmerzen, Erbrechen und Krämpfe auftreten, ziehen Sie sofort den Arzt hinzu.

Vorsichtsmaßnahmen

1. Windpockeninfektionen können während der ersten drei Monate der Schwangerschaft zu Schädigungen des ungeborenen Kindes führen (Grauer Star, Herzfehler, Gehörschäden). Treten bei einer werdenden Mutter um den Geburtstermin herum Windpocken auf, besteht für das Neugeborene die Gefahr einer ernsten Erkrankung. Halten Sie Ihr windpockenkrankes Kind von schwangeren Frauen fern.
2. Neugeborene und junge Säuglinge haben für vier bis fünf Monate einen passiven Schutz durch mütterliche Antikörper, wenn die Mutter früher Windpocken durchgemacht hat.
3. War das Kind dem Risiko der Infektion ausgesetzt, kann mit der Gabe von Gammaglobulin oder Varizellaimmunglobulin der Ausbruch der Krankheit verhütet oder der Verlauf gemildert werden.
4. Für Kinder mit einem angeborenen Abwehrkräftemangel (Immunmangelkrankheit), geschädigter Immunabwehr (etwa bei Leukämie) oder unter Behandlung mit immunsuppressiven Medikamenten (die eine körpereigene Abwehrreaktion unterdrücken) steht eine vorbeugende Impfung zur Verfügung.

Behandlung

1. Bettruhe ist im allgemeinen nur während der ersten drei bis vier Tage erforderlich, wenn Fieber besteht. Bei hohen Temperaturen dürfen zur Fiebersenkung keine Acetylsalicylsäure-Präparate wie Aspirin oder ASS verwendet werden. Diese können in sehr seltenen Fällen in Verbindung mit Viren Symptome eines schweren Krankheitsbildes wie starkes Erbrechen, Unruhe, Benommenheit und Bewußtlosigkeit hervorrufen, das als „Reye-Syndrom" bezeichnet wird. Diese Erkrankung kann lebensgefährlich sein.
2. Die Behandlung beschränkt sich auf juckreizstillende Puder oder Lotionen (Zink-Schüttelmixtur) und eventuell flüssig-breiige Kost, falls die Mundschleimhaut befallen ist, sowie Mundspülungen oder -pinselungen. Wenn alle Bläschen verkrustet sind, darf das Kind auch mit lauwarmem bis kühlem Wasser abgeduscht werden.
3. Schneiden Sie dem Kind die Fingernägel kurz, und bürsten Sie die Hände dreimal täglich mit Seife. Appellieren Sie an Ihr Kind, das Kratzen zu unterlassen, oder ziehen Sie Ihrem Kleinkind, vor allem für die Nacht, Handschuhe an.

Altershäufigkeit
Kinder im Alter von 3–10 Jahren

Inkubationszeit
9–28 Tage, meist 14 Tage

Ähnliche Krankheitsbilder
Allergischer Bläschenausschlag

Komplikationen
Gehirnbeteiligung (Kopfschmerzen, Erbrechen, Krämpfe), durch Aufkratzen der Bläschen Abszeßbildung, Narben

Wann muß das Kind zum Arzt?
Beim Auftreten der Symptome, um die Diagnose abzuklären

Das behinderte Kind

Ein geistig und/oder körperlich behindertes Kind zu haben ist für Eltern ein schweres Schicksal. Der Anblick ihres mißgestalteten Kindes, das Wissen um eine dauerhafte Krankheit lösen bei ihnen einen Schock aus und stürzt sie in eine seelische Krise.

Die Erschütterung ruft die unterschiedlichsten Reaktionen hervor: Zunächst sind die Eltern in ihrem Kummer und Schmerz wie erstarrt und nicht fähig, das wahre Ausmaß der Behinderung zu begreifen. Ihrer tiefen Enttäuschung folgt ängstliche Abwehr: Sie wollen nicht akzeptieren, daß gerade sie und ihr Kind von einem solchen Unglück betroffen sind. Sie fragen sich, wie es dazu kommen konnte und wer die Schuld daran trägt. Häufig weisen sich die Eltern gegenseitig die Verantwortung dafür zu, suchen nach Erbkrankheiten bei anderen Familienangehörigen oder nach einem möglichen Fehlverhalten der Ärzte. Wenn die Behinderung des Kindes tatsächlich durch eigene Nachlässigkeit oder Unachtsamkeit oder schuldhafte Versäumnisse Dritter ausgelöst wurde, ist dieses Wissen für das weitere Leben eine drückende Last, an der die Eltern schwer zu tragen haben werden. Aber oft genug hat ein unglückliches Zusammentreffen verschiedener Umstände zu der Behinderung geführt, für die niemand verantwortlich gemacht werden kann, oder die Ursache ist völlig ungeklärt und muß als schicksalsgegeben hingenommen werden.

In jedem Fall bleiben familiäre Spannungen nicht aus, manchmal zerbricht sogar die Partnerschaft daran. Doch es ist gerade in einer solchen Situation wichtig, sich gegenseitig zu stärken und die Probleme gemeinsam zu lösen.

Viele im Mutterleib erworbene oder frühkindliche Schäden könnten im übrigen vermieden werden, wenn die Mütter das Angebot der kostenlosen Schwangerschaftsvorsorge besser nutzen und eine gesunde Lebensweise während der Schwangerschaft einhalten würden. Besonders belastete Familien, in denen Erbkrankheiten oder angeborene Fehlbildungen, häufige Fehl- oder Totgeburten bereits vorkamen, sollten schon vor der Zeugung eines Kindes eine genetische Beratungsstelle (Genetik = Vererbungslehre) aufsuchen, die meistens einer Universitätsklinik (Humangenetisches Institut) angeschlossen ist, um sich dort über ein möglicherweise bestehendes Risiko für ein erbkrankes Kind zu informieren. Auch wenn bei fortgeschrittenem Alter der Eltern noch ein Kinderwunsch besteht, sollte man sich dort vorsorglich Rat holen.

Manche Gesundheitsstörung wird auch erst im Laufe der kindlichen Entwicklung deutlich oder ist nicht so ausgeprägt, daß Eltern sie rechtzeitig bemerken. Je früher aber eine gezielte Behandlung einsetzen kann, desto besser lassen sich dauerhafte Schäden verhindern. Aus diesem Grund ist die Früherkennung so außerordentlich wichtig. Alle Eltern müßten darum noch mehr als bisher die kostenlosen Vorsorgeuntersuchungen (U1–U9, siehe Seite 51–53) für Kinder wahrnehmen, denn sie sind verantwortlich für das wertvollste Gut ihrer Kinder – deren Gesundheit.

Wenn es den Eltern gelungen ist, den Schock über die Behinderung ihres Kindes zu überwinden und die erste schwierige Phase zu bewältigen, werden sie sich um eine sachliche Aufklärung bemühen, welche Lebens- und Leistungsaussichten, welche Behandlungsmöglichkeiten und Zukunftschancen für ihr Kind gegeben sind. Dabei kann es unter Umständen erforderlich sein, die Ansichten mehrerer Fachärzte einzuholen. Kein gewissenhafter Arzt wird in den Eltern falsche Hoffnungen erwecken, aber es sollten im Interesse des Kindes alle heute zur Verfügung stehenden Diagnose-, Therapie- und Förderungsmaßnahmen ausgeschöpft werden. Wenn die Eltern wissen, daß sie etwas für ihr Kind tun können, daß sie in ihrer Not nicht allein gelassen werden, daß sie Hilfe und Unterstützung erfahren, fällt es ihnen leichter, mit die-

ser Belastung fertigzuwerden. Häufig wachsen sie an der ihnen gestellten Aufgabe und mobilisieren seelische Kräfte, die sie sich selbst nie zugetraut hätten.
Wenn die Eltern erleben, daß durch ihr Bemühen Fortschritte in der kindlichen Entwicklung und eine Besserung der körperlichen oder geistigen Behinderung erzielt werden, fassen sie neuen Mut und werden dadurch befähigt, in ihrem Einsatz nicht nachzulassen. Doch es werden immer wieder einmal Zeiten des Stillstands oder gar Rückschläge eintreten, die erneut an den Kräften zehren und wiederum Mutlosigkeit aufkommen lassen.
Wenn das Aussehen ihres mißgestalteten Neugeborenen oder die Diagnose des Arztes, daß das Kind mit einer Fehlbildung zur Welt kam, für die Eltern zunächst auch erschreckend sein mag, so muß dieser körperliche Makel doch nicht für immer bestehenbleiben. In vielen Fällen können durch die verbesserte Operationstechnik und die plastische Chirurgie wahre Wunder vollbracht werden, und manche angeborenen Schäden lassen sich weitgehend beheben.
Oft ist sofort nach der Geburt eine korrigierende Operation möglich, bei lebensbedrohlichen Fehlbildungen sogar nötig. Eltern sollten sich in ihrer Verzweiflung die Chancen für ihr Kind nicht übertrieben negativ ausmalen. Vielleicht ist die Behinderung gar nicht so schlimm, wie sie einem unglücklichen Elternpaar im ersten Moment erscheint, oder sie läßt sich mit einer intensiven Therapie bessern. Auch für ein geistig behindertes Kind gibt es heute zahlreiche Fördermöglichkeiten.

Der Umgang mit einem Sorgenkind

Die beste Förderung erhält ein Kind mit angeborenen oder erworbenen Mißbildungen, körperlichen und/oder geistigen Schäden in der Regel in der eigenen Familie. Gerade das behinderte Kind braucht außer Schutz und Geborgenheit von seinen Angehörigen besonders viel Liebe. Darum sollte eine Heimunterbringung nach Möglichkeit vermieden werden. Ein Kind, das in der Gemeinschaft von Mutter, Vater, Geschwistern und Verwandten aufwachsen kann und daneben die für sein Leiden erforderliche ärztliche, heilpädagogische und krankengymnastische Behandlung erfährt, hat die besten Chancen, seine, wenn auch begrenzten, Fähigkeiten zu entwickeln.
Wichtig ist dabei allerdings, daß das Kind als Familienmitgleid angenommen und nicht in eine Außenseiterrolle gedrängt wird. Mitleid, maßlose Verwöhnung und übertriebene Rücksichtnahme beschwören mit Sicherheit Verhaltensstörungen und seelische Probleme herauf, die zusätzliche Schwierigkeiten verursachen. Je natürlicher die Eltern mit ihrem behinderten Kind umgehen, desto weniger wird es selbst unter seinem Gebrechen leiden. Vor allem dort, wo gesunde Geschwister mit einem Sorgenkind leben, ist es wichtig, neben der Fürsorge für das behinderte Kind nicht die berechtigten Ansprüche der anderen Kinder auf Liebe, Zeit und Zuwendung der Eltern zu vernachlässigen.
Wenn auch die abweisenden Reaktionen der Umwelt gegenüber behinderten Menschen für die Eltern eine Kränkung bedeuten, sollten sie sich ihres Kindes doch nicht schämen und es vor der Öffentlichkeit nicht verstecken. Nur wenn sie selbst ihr Kind als Persönlichkeit akzeptieren und sich für seine Rechte in der Gesellschaft einsetzen, läßt sich die Überheblichkeit derer, die von diesem Schicksal nicht betroffen sind, überwinden.

Wo erhalten Eltern Hilfe?

In der Sorge um ihr behindertes Kind stehen Eltern nicht allein; sie haben einen Rechtsanspruch auf staatliche Hilfe und Unterstützung. Allerdings ist es sehr kompliziert, sich durch die Gesetze, Vorschriften und Zuständigkeiten hindurchzufinden. Aufklärung, Auskunft und Beratung darüber geben die behandelnden Ärzte, die gesetzlichen Krankenkassen, die Gesundheitsämter, die Versorgungsämter, die Sozialämter, die Auskunfts- und Beratungsstellen für Behinderte. Auch Rechtsanwälte und Verbände können diese beratende Tätigkeit ausüben. Bei der Wahrnehmung der Interessen stehen den Eltern die Ärzte, Therapeuten, die Wohlfahrtsorganisationen, die kirchlichen und gemeinnützigen Verbände, Elternvereinigungen und Selbsthilfegruppen zur Seite.

Neben den medizinischen Leistungen können Maßnahmen wie Krankengymnastik, Bewegungstherapie, Sprachtherapie, Entwicklungstherapie, Verhaltenstherapie und psychologische Betreuung in Anspruch genommen werden. Auch finanzielle Hilfen sind vorgesehen, unter anderem Steuererleichterungen, Pflegegeld, Sozialhilfe, Beihilfe in besonderen Lebenslagen und Übernahme der Anschaffungskosten für Krankenhilfsmittel.
Durch den Besuch eines heilpädagogischen Kindergartens und später (soweit erforderlich) einer speziell auf die Behinderung ausgerichteten Sonderschule sowie durch eine geeignete berufliche Ausbildung ist möglicherweise eine soziale Eingliederung und weitgehende Selbständigkeit zu erreichen.

Wie entstehen angeborene Krankheiten und Mißbildungen?

Die Ursachen angeborener Krankheiten und Mißbildungen, geistiger und körperlicher Behinderungen sind vielfältig. Sie können durch Defekte in den elterlichen Erbanlagen (Genopathien), durch eine Störung bei der Reifeteilung der Ei- und Samenzellen und einem damit verbundenen Mangel oder Überschuß von Chromosomen (Gametopathien), durch fehlerhafte Teilung der ersten Keimzelle nach der Befruchtung, durch intrauterine (in der Gebärmutter geschehene) Schädigung während der Organbildung des Embryos im ersten bis dritten Schwangerschaftsmonat (Embryopathien) oder durch Störung der fetalen Entwicklung im Mutterleib (Fetopathie) bedingt sein.

Genopathien

In den menschlichen Zellkernen liegen die Chromosomen. Diese bestehen aus komplizierten chemischen Verbindungen, den Desoxyribonukleinsäuren (abgekürzt DNS genannt); die Chromosomen sind die Träger der Erbinformationen, der Gene. Die einzelnen fadenförmigen DNS-Moleküle haben die Struktur einer spiralig gedrehten „Leiter", deren Quersprossen aus Eiweißbausteinen (Aminosäuren) bestehen. Die unterschiedliche Reihenfolge bestimmter Aminosäuren, die jeweilige Anordnung der einzelnen Eiweißbausteine, stellt den „genetischen Kode" dar. Alle erblichen Merkmale des Menschen, etwa die Blutgruppe, die Augen- und Haarfarbe, die Haarstruktur, die Körperkonstitution, besondere Begabungen und intellektuelle Fähigkeiten, Anfälligkeiten für bestimmte Krankheiten, also die Gesamtheit aller körperlichen und geistigen Eigenschaften, sind in Tausenden von Genen festgelegt und auf die Chromosomen verteilt. Dabei ist aber für die Ausbildung eines Merkmals nicht nur ein einzelnes Gen veantwortlich, sondern es sind mehrere, wenn nicht gar Hunderte. Außerdem hat jeder Mensch sein Erbgut zum einen Teil von der Mut-

ter, zum anderen Teil vom Vater erhalten. Es kommt nun darauf an, welche Gene stärker sind und sich bei der Gestaltung des neuen Individuums durchsetzen. Ist ihr Einfluß beherrschend, nennt man sie dominant, ist ihre Wirkung schwach, bezeichnet man sie als rezessiv. Eine Zelle, die sich zur Vermehrung teilen will, verdoppelt ihre DNS-Moleküle und gibt diese Kopie an die Tochterzelle weiter. Bei dieser Vervielfältigung können nun Fehler auftreten, wodurch sich die Erbanweisung für die neue Zelle verändert. Solche Erbänderungen werden Mutationen genannt. Sie können spontan und ohne erkennbare Ursache auftreten, aber häufig entstehen sie unter dem Einfluß ionisierender Strahlen (Radium, radioaktive Stoffe, Röntgenstrahlen) und chemischer Substanzen.
Ist der genetische Kode durcheinandergeraten, etwa weil ein Glied der Molekülkette seine chemische Struktur gewandelt oder sich an falscher Stelle der Doppelspirale festgesetzt hat, können die Zellen ihre eigentliche Aufgabe nicht erfüllen, so daß für den betroffenen Menschen mehr oder weniger schwerwiegende Folgeerscheinungen eintreten.
Viele Erbkrankheiten entstehen auf diese Weise, besonders Enzymdefekte, die Stoffwechselanomalien nach sich ziehen (wie bei der Phenylketonurie und der Galaktosämie). Ebenso wird die Veranlagung zur Zuckerkrankheit auf diesem Wege weitergegeben. Solche Genopathien sind auch die Bluterkrankheit (Hämophilie), bei der dem Körper ein wichtiger Blutgerinnungsfaktor fehlt, und die hämolytische Anämie, bei der es zu einer krankhaften Auflösung der roten Blutkörperchen kommt. Krankheiten des Auges, wie Kurzsichtigkeit, Netzhautveränderungen, abnorme Kleinheit des Augapfels (Mikroophthalmie), Nachtblindheit und Farbenfehlsichtigkeit (Sehschwäche für Rot, Grün und/oder Blau), gehören dazu und noch andere mehr.
Bei schweren Schädigungen des Erbmaterials ist die befruchtete Keimzelle nicht entwicklungsfähig und stirbt in der Gebärmutter ab.
Doch nicht alle Genveränderungen treten als Krankheit, Behinderung oder Leistungsschwäche in Erscheinung. So kann ein Elternteil selbst völlig gesund sein, aber es besteht die Möglichkeit, daß ein Gendefekt auf die Nachkommen übertragen wird. Wenn nämlich zufällig bei beiden Partnern die gleiche fehlerhafte Erbinformation vorliegt, ist für 25 Prozent der gemeinsamen Kinder das Risiko gegeben, an diesem Leiden zu erkranken. Auf weitere 50 Prozent wird die Anlage ohne Auswirkungen übertragen, und 25 Prozent der Kinder sind nicht betroffen (rezessiver Erbgang, das heißt, ein Merkmal hat sich nicht durchgesetzt).
Ist ein Elternteil mit einer erkennbaren Erbkrankheit belastet, können 50 Prozent seiner Nachkommen ebenfalls erkranken (dominanter Erbgang, das heißt, ein Merkmal hat sich durchgesetzt).

Gametopathien

Die Zellen des menschlichen Körpers enthalten 46 Chromosomen, 44 Körperchromosomen (Autosomen) und 2 Geschlechtschromosomen (Heterosomen), die sich zu 23 Paaren anordnen. Jedes Chromosomenpaar stammt zur Hälfte aus der mütterlichen Eizelle, zur anderen Hälfte aus der väterlichen Samenzelle. In der Phase der Zellteilung lassen sich die fadenförmigen Strukturen der Chromosomen (daher auch Kernschleifen genannt) unter dem Mikroskop sichtbar machen. Mit Hilfe einer Fotografie können sie dann entsprechend ihrer Form und Größe zusammengefügt und mit international festgelegten Buchstaben und Zahlen kenntlich gemacht werden. Das Bild eines solchen Chromosomensatzes nennt man Karyogramm.
Die weiblichen Geschlechtschromosomen bestehen aus zwei X-förmigen Chromosomen, die männlichen aus einem X- und einem kürzeren Y-Chromosom. Bei der normalen Zellteilung (Mitose) verdoppelt die Zelle kurz vor dem Teilungsvorgang ihren Chromosomensatz und gibt das Duplikat an die Tochterzelle ab. Auf diese Weise werden die verbrauchten Zellen des Organismus ständig erneuert.
Die Keimzellen aber nehmen eine Sonderstellung ein, denn bei der Befruchtung *vereinigen* sich ja die Ei- und die Samenzelle zu einem neuen Lebewesen. Damit das künftige Individuum ebenfalls nur 46 Chromosomen erhält, machen die Geschlechtszellen bei ihrer Ausreifung eine sogenannte Reifeteilung (Reduktionsteilung =

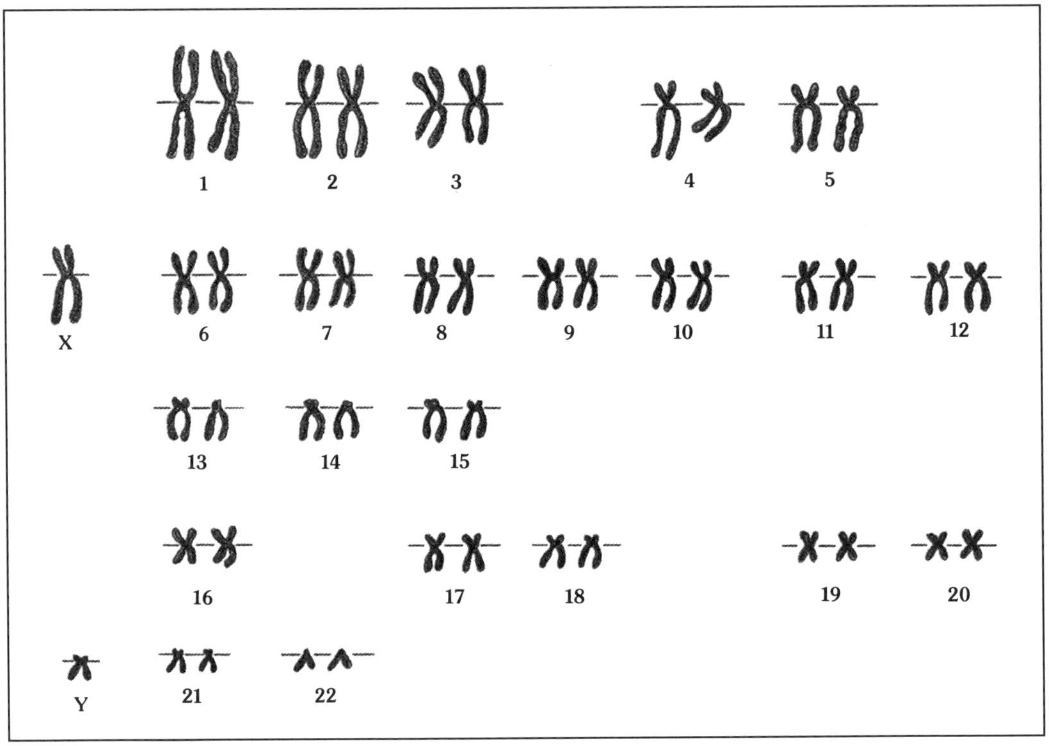

Normaler Chromosomensatz

Meiose) durch, bei der sie ihren Chromosomensatz auf die Hälfte reduzieren. Bei der Befruchtung enthalten die Zellkerne der Ei- und der Samenzelle also jeweils nur den halben Chromosomenanteil, und wenn die Zellkerne miteinander verschmolzen sind, ist wiederum ein vollständiger Chromosomensatz entstanden.
Weil die weiblichen Geschlechtszellen zwei X-Chromosomen in ihren Zellkernen haben, findet sich auch nach der Halbierung immer ein X-Chromosom in einer befruchtungsfähigen Eizelle. Die Samenzellen aber erhalten bei der Teilung entweder ein X- oder ein Y-Chromosom. Trifft bei der geschlechtlichen Vereinigung eine Samenzelle mit väterlichem X-Chromosom auf die Eizelle, wächst ein Mädchen heran. Wenn ein Samenfaden mit Y-Chromosom die Eizelle befruchtet, wird ein Junge gezeugt.
Während der Reifeteilung der Keimzellen kann es nun zu Abweichungen in Zahl und Form der Chromosomen (Chromosomenaberration) kommen. Ein zusätzliches Chromosom findet sich beispielsweise beim Mongolismus, beim Turner-Syndrom dagegen fehlt eins.
Auch eine Veränderung in der Chromosomenstruktur, wenn ein Stück von einem Chromosom abbricht und sich an einem anderen Chromosom ansetzt (Translokation), kann zu Mißbildungen und anderen Abnormitäten führen. Möglicherweise aber liegt bei dem betreffenden Menschen selbst keine Schädigung vor, er besitzt ja die normale Menge des genetischen Materials in seinen Zellkernen (ausgeglichene Translokation). Bei seinen Nachkommen besteht jeoch ein höheres Risiko, daß sie ein zusätzliches Chromosom erhalten (Trisomie), weil sich der Chromosomensatz in seinen Geschlechtszellen nicht in zwei gleiche Hälften aufteilen kann.
Chromosomenanomalien führen zu Mißbildungen, Stoffwechselkrankheiten, geistigen oder körperlichen Behinderungen. Dabei besteht eine deutliche Abhängigkeit vom Alter der Mutter und – zu einem wesentlich geringeren Anteil – auch vom Alter des Vaters. Auch junge Eltern können ein geschädigtes Kind haben, doch mit zunehmendem Alter wird das Risiko eben größer.

Einige vererbbare Leiden sind an das mütterliche X-Chromosom gebunden. Ein Mädchen, das von seinem Vater ja ein zweites, in der Regel gesundes X-Chromosom erhalten hat, erkrankt nicht daran, weil sich die normale Anlage gegenüber der defekten durchsetzt. Wenn ein Junge aber in seinem Erbgut ein anormales X-Chromosom von der Mutter hat, vermag das Y-Chromosom des Vaters diesen Schaden nicht auszugleichen; die Krankheit wird also in Erscheinung treten (wie die Bluterkrankheit = Hämophilie oder die Muskeldystrophie vom Typ Duchenne, die unter fortschreitendem Muskelschwund zum Tod führt).
Auch bei der ersten Zellteilung nach der Befruchtung können Fehler auftreten, die sich nachhaltig auf die Gesundheit des Lebewesens auswirken. Ist das Ausmaß des Defektes größer, wird die Entwicklung des Keimlings meistens so sehr gestört, daß die Natur ihn regulierend ausstößt.

Embryopathien

Falsche Keimanlagen und Störungen während der Organentwicklung des Embryos in den ersten Wochen der Schwangerschaft sind häufig auf äußere (exogene) Einflüsse zurückzuführen. Viele Krankheitserreger, die bei der werdenden Mutter eine Infektion auslösen, wirken keimschädigend. So vor allem das Rötelnvirus, das beim Ungeborenen Augenmißbildungen (Katarakt = grauer Star = Linsentrübung), Taubheit, Herzfehler und geistige Defekte hervorrufen kann. Auch andere Viren, die zum Beispiel Grippe, Masern, Kinderlähmung, Mumps und Windpocken verursachen, können bei einer Erstinfektion der Schwangeren zu schweren Entwicklungsstörungen beim Kind führen.
Chemische Substanzen, die in Medikamenten, Drogen, Haushalts- und Industrieprodukten, Umweltgiften, Zigaretten, Alkohol und vielem mehr enthalten sind, bergen das Risiko, pränatale (vorgeburtliche) Schäden auszulösen.
Werdende Mütter sollten darum keine Arzneimittel einnehmen, die nicht unbedingt für die Behandlung eines bestehenden Leidens notwendig sind. Das Rauchen sollte nach Möglichkeit ganz eingestellt werden. Die im Zigarettenrauch enthaltenen Gifte beeinträchtigen die lebenswichtige Sauerstoffversorgung des Ungeborenen und damit seine intrauterine Entwicklung. Kinder von Raucherinnen kommen häufig untergewichtig zur Welt (Mangelgeburt). Früh- und Totgeburten sind bei diesen Müttern öfter anzutreffen als beim Durchschnitt der Frauen. Die Mißbildungsrate und die perinatale (um den Geburtstermin herum) Sterblichkeit dieser Kinder liegen auch dann höher, wenn nur der Vater stark geraucht hat. Möglicherweise wurde dadurch die normale Zellteilung der Samenfäden gestört. Die körperliche und geistige Entwicklung der Kinder von rauchenden Eltern bleibt noch im Schulalter zurück; eine erhöhte Krankheitsanfälligkeit ist bei ihnen ebenfalls zu beobachten.
Außerordentlich schädlich auf das Ungeborene wirkt sich übermäßiger Alkoholgenuß der Mutter aus. Regelmäßiger Konsum von 60 Gramm reinen Alkohols, das sind etwa zwei bis drei Flaschen Bier oder zwei bis drei Gläser Wein täglich, über die Dauer der Schwangerschaft getrunken, verstärkt die Gefahr, ein geschädigtes Kind zu bekommen:
Mißbildungen des Kopfes (kleiner Schädel = Mikrozephalie), des Gesichtes (fliehendes Kinn, aufgebogene Nase, schmallippiger Mund) und der Augen (Verkleinerung der Augen = Mikroophthalmus, überhängende Augenfalte, verkürzte Lidspalten), Herzfehler, Anomalien an den Gelenken und Geschlechtsteilen (Genitalien) wurden registriert. Die körperlichen Bewegungsvorgänge (Motorik) und die geistige Entwicklung sind gestört. Das Geburtsgewicht ist niedrig, das Wachstum zurückgeblieben (= embryofetales Alkoholsyndrom).
Aber auch geringerer Alkoholkonsum kann leichte Behinderungen hervorrufen, die erst beim älteren Kind auffallen.
Für viele angeborene Leiden kommen sowohl genetische als auch umweltbedingte Faktoren als auslösende Ursachen in Frage. Das heißt, ein Fehler in der Erbmasse wird erst dann wirksam, wenn gleichzeitig ein äußerlich schädigender Einfluß hinzukommt. Das gilt nach heutigen Erkenntnissen beispielsweise für die Spina bifida und für die Lippen-Kiefer-Gaumen-Spalte.

Fetopathien

In der letzten Periode der Schwangerschaft kann die gesunde Entwicklung des Ungeborenen durch Infektionskrankheiten (zum Beispiel Syphilis = Lues, Toxoplasmose), Stoffwechselleiden (wie Zuckerkrankheit und Schilddrüsenstörungen) und schwangerschaftsbedingte Erkrankungen der Mutter (etwa bei einer Gestose – Auftreten von hohem Blutdruck, Eiweißausscheidung im Urin und Wassereinlagerung ins Gewebe) beeinträchtigt werden.

Geburtsschäden

Komplikationen während der Geburt können, vorwiegend durch Sauerstoffmangelzustände des Gehirns und Hirnblutungen, bleibende Schäden hervorrufen, zum Beispiel krampfartige (spastische) Lähmungen.

Krankheitsbilder

Galaktosämie

Galaktosämie

Wichtigste Symptome
Nahrungsverweigerung, Unruhe, Erbrechen, Durchfall, Gewichtsabnahme, Gelbsucht

Krankheitshäufigkeit
Etwa 1 Erkrankung auf 50 000 Lebendgeborene

Ähnliche Krankheitsbilder
Virushepatitis, Gallengangsmißbildungen, Toxoplasmose, Blutvergiftung

Komplikationen
Leberzirrhose, Augenstörungen, geistiger Entwicklungsrückstand bis zum Schwachsinn

Therapie
Milchfreie Ernährung

Vorsorgemaßnahmen
Durch einen Bluttest beim Neugeborenen kann die Krankheit frühzeitig erkannt werden

Ursachen

Bei der Galaktosämie handelt es sich um eine angeborene Stoffwechselstörung. Aufgrund eines Enzymmangels kann Galaktose, ein Bestandteil des Milchzuckers, nicht abgebaut werden und wirkt zellschädigend. Die Galaktoseintoleranz ist ein rezessives Erbleiden, das auf einem Gendefekt beruht.

Symptome und Verlauf

Durch die Ernährung des Säuglings mit Milch (Muttermilch oder Kuhmilch) sammelt sich die nicht verwertete Galaktose im Körper an. Dies führt, manchmal schon nach einigen Lebenstagen, zu toxischen (Vergiftungs-) Erscheinungen mit Erbrechen, Durchfall, Nahrungsverweigerung, Abmagerung, Gelbsucht und Lebervergrößerung.
Bleibt die Krankheit unbehandelt, kommt es zur Schädigung des Gehirns (Schwachsinn), der Leber (Leberzirrhose = Zerstörung des Lebergewebes) und der Augen (Katarakt = grauer Star = Linsentrübung) sowie zu schnellem körperlichem Verfall.

Behandlung

Bei rechtzeitiger Diagnose kann durch eine galaktosefreie Ernährung, bei der Milch und alle Milchprodukte gemieden werden, die Entwicklung des Kindes normal ablaufen. Dafür sind besondere Präparate, zum Beispiel auf Soja- und Fleischbasis, entwickelt worden.
Für die Früherkennung steht ein Suchtest zur Verfügung.

Lippen-Kiefer-Gaumen-Spalten

Ursachen und Häufigkeit

Eine angeborene Mißbildung der Oberlippe, des Kiefers und des weichen oder des harten und weichen Gaumens entsteht durch eine ausbleibende Verwachsung der Gesichts-, Kiefer- und Gaumenfortsätze während der embryonalen Entwicklung in der dritten bis achten Schwangerschaftswoche.
Als Ursache kommen erbliche Faktoren – die Fehlbildung tritt familiär gehäuft auf – sowie schädigende äußere Einflüsse in Frage (ein bis zwei Fälle auf 1 000 Lebendgeburten). Auch das Alter der Eltern scheint eine Rolle zu spielen.
Von Lippen-Kiefer-Spalten mit und ohne Gaumenspalten sind mehr Jungen betroffen als Mädchen. Die isolierte Gaumenspalte tritt etwas seltener und vorwiegend beim weiblichen Geschlecht auf.

Symptome und Verlauf

Die Lippenspalte (Hasenscharte) kann ein- oder beidseitig und verschieden stark ausgeprägt sein. In ihrer ausgeprägtesten Form verläuft sie als auffälliger Spalt bis zur Nase hinauf. Davon kann auch der Oberkiefer bis zum zahntragenden Fortsatz betroffen sein (Lippen-Kiefer-Spalte).
Ebenso wie die Lippen-Kiefer-Spalte kann eine Gaumenspalte isoliert auftreten und allein im weichen Gaumen zu sehen sein, dann zeigt sich eventuell nur ein schmaler Schlitz an der Stelle, wo Mundhöhle und Rachenraum ineinander übergehen; oder aber sie durchzieht den weichen und harten Gaumen als klaffender Spalt. Die komplette Lippen-Kiefer-Gaumen-Spalte (Wolfsrachen) kann ebenfalls verschieden stark ausgeprägt sein.
Da der weiche Gaumen mit dem Gaumensegel die Mundhöhle beim Schlucken und Sprechen normalerweise gegen die Nasenhöhle hin abdichtet und durch die Spaltung seine Funktion nicht erfüllen kann, ist das Trinken des Säuglings, je nach dem Ausmaß der Mißbildung, behindert. Das Kleinkind hat Schwierigkeiten beim Sprechenlernen, weil die Lautbildung gestört ist.

Behandlung

1. Die Nahrungsaufnahme des Säuglings ist in vielen Fällen nur wenig erschwert, er kann sogar gestillt werden. Bei einseitiger Spaltbildung muß die Mutter das Nasenloch auf der Spaltseite fest gegen die Brust drücken und es auf diese Weise verschließen. Bei der Flaschenernährung empfiehlt sich die Verwendung eines Spezialsaugers. Das Kind wird immer in halb sitzender Stellung gefüttert. Der frühzeitige Übergang auf das Essen vom Löffel ist vorteilhaft.
2. Die Lippen-Kiefer-Spalte kann bereits im ersten Lebenshalbjahr chirurgisch geschlossen werden.
Die Operation des weichen Gaumens sollte ebenfalls so früh wie möglich erfolgen, am besten ab dem sechsten Lebensmonat, damit die Sprachentwicklung nicht beeinträchtigt wird. Spätestens vor der Einschulung sollte die Korrektur des harten Gaumens vorgenommen werden.

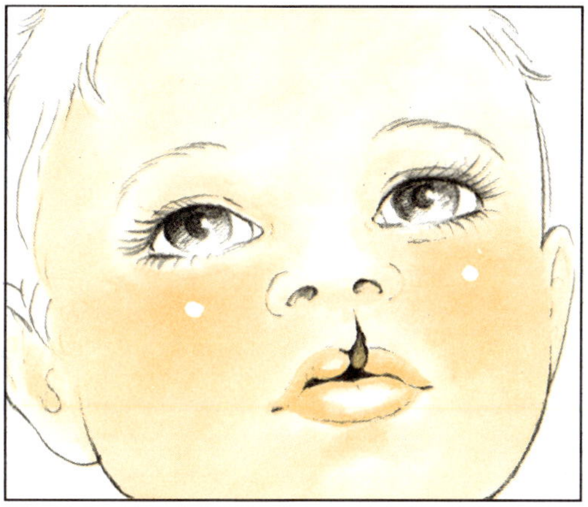

Lippenspalte

Um die Behinderung weitgehend auszugleichen, sind mehrere Eingriffe und plastische Operationen mit anschließender Sprachtherapie nötig. Später muß beim Jugendlichen eine kieferorthopädische Behandlung durchgeführt werden, um die Kieferfehlbildungen zu beheben. Falls erforderlich, können spätere kosmetische Korrekturoperationen das Aussehen noch verbessern.

Mongolismus (Down-Syndrom, Trisomie 21)

Ursachen und Häufigkeit

Dieses Leiden entsteht durch eine Chromosomenanomalie, wenn zum 21. Chromosomenpaar noch ein drittes Chromosom hinzukommt. Ein solches Kind hat 47 Chromosomen in den Zellkernen seiner Körperzellen.
Von etwa 700 gesunden Kindern wird durchschnittlich eines mit einem Down-Syndrom geboren. Das Risiko, ein mongoloides Kind zu bekommen, erhöht sich mit steigendem Alter der Mutter und – wenn auch weniger – mit dem des Vaters. Besonders betroffen ist die Gruppe der Mütter über 40 Jahre, hier liegt das Verhältnis bei 1:50. Die Störung geht aus von den Keimzellen, wenn sich während der Reifeteilung der Chromosomensatz halbiert und sich das 21. Chromosomenpaar nicht voneinander trennt. Dieser Defekt ereignet sich in der Mehrzahl der Fälle spontan.

Mongolismus

Wichtigste Symptome
Kurzer, kleiner Schädel; rundlicher Minderwuchs, mongoloider Gesichtsausdruck mit schrägstehenden Lidachsen und halbmondförmigen Augenfalten über den inneren Augenwinkeln; Sattelnase; tiefstehende verformte Ohrmuscheln; kurze, plumpe Finger mit Vierfingerfurche; geistiger Entwicklungsrückstand

Krankheitshäufigkeit
Etwa 1 Erkrankung auf 700 Lebendgeborene

Komplikationen
Herzfehler, Magen-Darm-Mißbildungen

Therapie

Die Behandlung kann sich lediglich auf krankengymnastische, pädagogische und psychologische Hilfen beschränken. Organmißbildungen lassen sich eventuell operativ beseitigen. Der Infektanfälligkeit muß durch entsprechende Maßnahmen begegnet werden

Vorsorgemaßnahmen

Genetische Beratung bei Kinderwunsch, besonders bei fortgeschrittenem Alter der Eltern; Fruchtwasseranalyse oder Chorionbiopsie in der Schwangerschaft

Eine erbliche, aber seltene Form des Mongolismus liegt vor, wenn sich bei einem Elternteil ein überlanges Chromosom des 21. Chromosomenpaares oder ein Stück von ihm mit einem anderen Chromosom verbindet (Translokation, meist mit dem 15. Chromosomenpaar). Die Chromosomenzahl bleibt dann scheinbar bei 46, und der Elternteil wirkt äußerlich gesund. Er überträgt jedoch einen Chromosomenschaden auf seine Kinder. Für solche Eltern ist, unabhängig vom Alter, das Risiko für den Wiederholungsfall sehr groß. Auch wenn in der näheren Verwandtschaft Kinder mit Down-Syndrom geboren wurden, kann die Wahrscheinlichkeit erhöht sein, daß hier die erbliche Form vorliegt.

Symptome und Verlauf

Die Krankheit zeigt sich nicht immer in ihrem ausgeprägten Erscheinungsbild. Typisch ist das Aussehen: Die Kinder sind von rundlicher, gedrungener Statur; der Schädel ist kurz und klein. In dem flachen Gesicht stehen die Augen weit auseinander mit schräg nach oben außen verlaufenden Lidspalten und einer zusätzlichen Falte über dem inneren Augenwinkel (Epikanthus), wodurch die Ähnlichkeit mit der mongolischen Rasse hervorgerufen wird. Die Nase ist klein und hat einen breiten Nasenrücken (Sattelnase). Die tief angesetzten Ohren sind mangelhaft modelliert. In dem meist offenstehenden Mund zeigt sich eine lange, plumpe Zunge. Die Finger sind kurz und überstreckbar; quer über die Handinnenfläche verläuft eine Furche (Vierfingerfurche). Der Spannungszustand der Muskulatur ist herabgesetzt, die Haut ist schlaff und trocken, die Gelenke sind stark überbeweglich. Sehr häufig finden sich Mißbildungen an den inneren Organen, vor allem Herzfehler. Die geistige Entwicklung bleibt zurück: von leichten Graden des Schwachsinns (Imbezellität) bis zur Idiotie. Die Kinder sind anfällig für Infektionen; sie erkranken öfter an Leukämie als andere.

Als Säuglinge fallen sie durch ihr stumpfes, teilnahmsloses Verhalten auf. Während der Kindheit zeigen sie ein lebhaftes, unruhiges und in der Pubertät oft schwer lenkbares Wesen. Später werden sie meistens ausgeglichener; sie sind fröhlich, kontaktfreudig und von gutartigem Charakter. Ihre Lebenserwartung ist, sofern nicht ausgedehnte Organmißbildungen vorliegen, heute wesentlich verbessert. Es erreichen jedoch nur wenige ein höheres Erwachsenenalter.

Vorbeugungsmaßnahmen

1. Die Entstehung dieses Leidens läßt sich nicht verhüten, aber in belasteten Familien oder bei fortgeschrittenem Alter der Eltern ist es vernünftig, bei einem bekannt hohen Risiko die Zeugung eines Kindes zu vermeiden. Über die Wahrscheinlichkeit, ein mongoloides Kind zu bekommen, erhalten Eltern Auskunft in einer genetischen Beratungsstelle.

2. Wenn eine schwangere Frau das 35. Lebensjahr überschritten hat oder der Vater des Kindes älter als 45 Jahre ist, wäre eine Chromosomenanalyse sinnvoll:

Bei einer *Fruchtwasserpunktion* (Amniozentese) durch die Bauchdecke der Mutter und den Uterus (Gebärmutter) gewinnt der Arzt einige Milliliter Fruchtwasser des Ungeborenen, in der sich Haut- und Schleimhautzellen des Kindes befinden. Nach einer Anzüchtung auf Nährböden können die Zellkulturen auf die Anzahl und Beschaffenheit ihrer im Zellkern liegenden Chromosomen untersucht werden (Karyogramm).

Die Amniozentese wird ab der 14. Schwangerschaftswoche vorgenommen, weil erst dann genügend Fruchtwasser vorhanden ist, um eindeutige Ergebnisse zu erzielen.

Im Falle einer kindlichen Schädigung darf die Schwangerschaft bis zur 24. Schwangerschaftswoche abgebrochen werden. Wer aus ethisch-religiösen Gründen einen solchen Eingriff ablehnt, sollte besser keine Fruchtwasseruntersuchung durchführen lassen.

3. Eine neuere Methode gibt schon in einem wesentlich früheren Schwangerschaftsstadium Aufschluß über die Gesundheit des Ungeborenen. Bei der *Chorionbiopsie* wird durch die Scheide oder auch durch die Bauchdecke der Mutter eine Gewebeprobe aus der Zottenhaut (Chorion) des Embryos entnommen, die den Keimling umgibt und aus der sich die Plazenta (Mutterkuchen) entwickelt. Sie ist aus denselben Zellen entstanden wie das Kind und enthält darum auch den identischen Chromosomensatz.

Mongolismus

Diese Untersuchung kann zwischen der siebten und zwölften Schwangerschaftswoche durchgeführt werden, und der Befund liegt schon kurze Zeit später vor.
Allerdings ist man durch diese Verfahren nur in der Lage, bestimmte Erbkrankheiten und Entwicklungshemmungen zu diagnostizieren oder auszuschließen. Die Geburt eines völlig gesunden Kindes kann der Arzt nicht garantieren.

Behandlung

1. Das in der Regel liebenswerte Gemüt der Mongoloiden und ihre gefühlsmäßige Ansprechbarkeit und Lenkbarkeit machen die Erziehung eines solchen Kindes in der Familie möglich. Es sollte nicht in einer Anstalt verkümmern, sondern in einer liebevollen und fürsorglichen Umgebung aufwachsen, die alle Hilfen für ihr behindertes Kind ausschöpft.
2. Durch intensive heilpädagogische Maßnahmen, durch die Förderung der begrenzten intellektuellen Fähigkeiten und manuellen Geschicklichkeiten in Sonderkindergärten und -schulen sowie eine fürhzeitige krankengymnastische Behandlung lernen viele dieser Kinder, wenn auch verzögert, Laufen, Sprechen, etwas Lesen und Schreiben, und sie können später, zum Beispiel in beschützenden Werkstätten, mit einfachen praktischen Arbeiten beschäftigt werden.
3. Eine spezielle Therapie gibt es nicht. Medikamente, Frisch- oder Trockenzellbehandlungen haben keinen Erfolg. Aber eine plastisch-chirurgische Korrektur, etwa im zweiten bis vierten Lebensjahr, die den typisch mongoloiden Gesichtsausdruck abschwächt, macht den Eltern und Kindern mit Down-Syndrom das Leben in der Gemeinschaft leichter und wirkt sich, gerade beim älteren Kind, günstig auf seine Persönlichkeit aus.
4. Wenn die gesteigerte Infektanfälligkeit zu häufigen Lungenerkrankungen führt, ist die Behandlung mit Antibiotika nötig.

Phenylketonurie (PKU, Fölling-Krankheit)

Ursachen und Häufigkeit

Diese Krankheit ist eine rezessiv (versteckt) vererbte Stoffwechselanomalie. Sie tritt nur dann auf, wenn ein Kind den genetischen Defekt von beiden Eltern mitbekommen hat. Im Durchschnitt erkrankt nur eines von etwa 8 000 Kindern daran, aber bei Ehen unter Verwandten steigt das Risiko an. Durch die fehlerhafte Erbinformation der Gene ist der Körper nicht in der Lage, ein für den Phenylalaninstoffwechsel wichtiges Enzym zu bilden.
Phenylalanin ist eine lebenswichtige Aminosäure (Grundbaustein für Eiweiß), die normalerweise zu anderen Substanzen abgebaut wird. Weil jedoch das dazu benötigte Enzym fehlt, sammeln sich das Phenylalanin und dessen chemische Verbindungen (wie die Phenylbrenztraubensäure) im Blut und im Gewebe an; sie werden auch mit dem Urin ausgeschieden. Von einer bestimmten Konzentration an wirken diese Stoffe auf die Nervenzellen des Gehirns schädigend und verhindern die gesunde geistige Entwicklung.

Symptome und Verlauf

Die Haut ist in der Regel wenig pigmentiert; sie kann ekzemartige Veränderungen zeigen. Das Kind hat hellblondes Haar und blaue Augen. Von seiner Haut und dem Urin gehen ein eigenartiger Mäuse- oder Pferdestallgeruch aus. Die körperliche Entwicklung muß nicht gestört sein. Die geistige Retardierung (Zurückbleiben) fällt

Phenylketonurie

Wichtigste Symptome
Mangelnde Hautpigmentierung; mäuseartiger Geruch, der vom Körper und Urin ausgeht, zunehmende geistige Entwicklungsstörungen

Krankheitshäufigkeit
Etwa 1 Erkrankung auf 8 000 Lebendgeborene

Komplikationen
Schädigung des Gehirns bis zum Schwachsinn, Krampfanfälle

Therapie
Phenylalaninarme Ernährung

Vorsorgemaßnahmen
Durch einen Bluttest beim Neugeborenen kann die Krankheit frühzeitig erkannt werden

meist erst nach der Säuglingszeit auf. Unbehandelt führt die Krankheit zu mehr oder weniger stark ausgeprägtem Schwachsinn. Etwa jedes zweite betroffene Kind leidet unter Krampfanfällen.

Behandlung

1. Wichtig ist die Früherkennung dieser Stoffwechselstörung. Darum wird routinemäßig das Blut aller Neugeborenen auf Phenylketonurie getestet (Guthrie-Test).
2. Bei einem positiven Befund und gesicherter Diagnose erfolgt die Behandlung mit einer Diät, die zwar den Bedarf an essentiellen (lebenswichtigen) Aminosäuren deckt, aber arm an Phenylalanin ist. Dafür stehen besondere Präparate zur Verfügung. Je früher mit der Therapie begonnen wird, desto besser läßt sich eine Schädigung vermeiden. Die geistige Entwicklung ist dann normal oder fast normal. Mit zwölf bis vierzehn Jahren kann die Diät dann gelockert oder ganz eingestellt werden, weil das Gehirn bis dahin genügend ausgereift ist. Das gilt jedoch nicht für Mädchen, die später Kinder haben wollen, denn ohne phenylalaninarme Kost ist später eine Schädigung des Fetus zu erwarten.

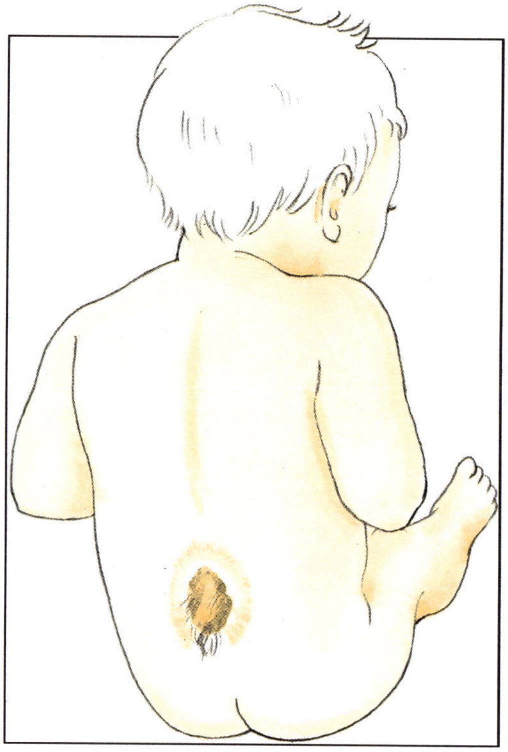
Einfacher Wirbelspalt

Rücken, offener (Spina bifida)

Ursachen

Diese Spaltbildung der Wirbelsäule kann verborgen oder äußerlich sichtbar sein. Sie kommt durch unvollständigen Verschluß des Wirbelkanals während der embryonalen Entwicklung zustande. Die auslösende Ursache ist noch unbekannt, die Hemmungsmißbildung tritt jedoch in manchen Familien gehäuft auf.
Das Ausmaß der Entwicklungsstörung hängt davon ab, ob auch das Rückenmark und die Nerven betroffen sind. Danach unterscheidet man folgende Formen:
- Ein *einfacher Wirbelspalt* (Spina bifida occulta), der nicht nach außen hin sichtbar ist und keine Beschwerden verursacht, kommt häufiger vor und wird, wenn überhaupt, meistens nur

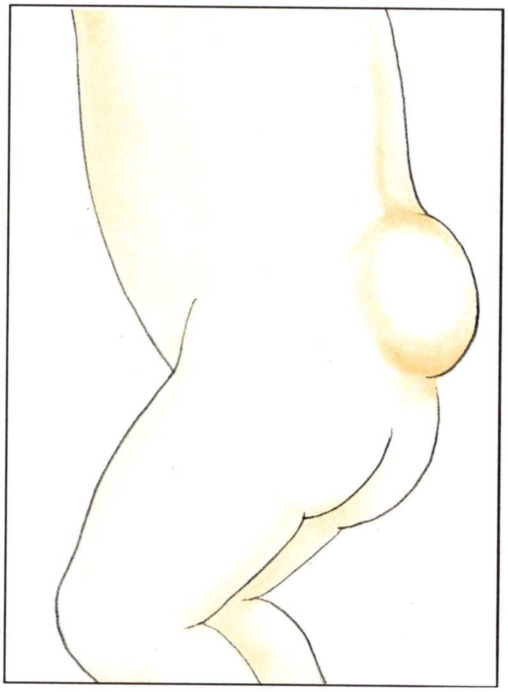
Offener Wirbelspalt

durch Zufall entdeckt, etwa anläßlich einer Röntgenuntersuchung. Manchmal läßt sich an der Haut über dem Spalt im unteren Rückenbereich ein kleines Grübchen erkennen. Auch Pigmentflecke, Feuermale und Tierfellnaevi (behaarte Hautmale) in diesem Bereich können darauf hinweisen.

● Beim *offenen Wirbelspalt* (Spina bifida aperta) sind die Wirbelbögen – meistens im unteren Lendenwirbel- und oberen Kreuzbeinbereich – gespalten, und die Rückenmarkshäute stülpen sich durch den Defekt nach außen. In der sackartigen Ausweitung befindet sich Gehirn-Rückenmarks-Flüssigkeit (Liquor cerebrospinalis). Bei dieser Form handelt es sich um eine *Meningozele* (Hirnhautbruch).

● Eine *Meningomyelozele* liegt vor, wenn in den Bruchsack ein Abschnitt des Rückenmarks mit den Spinalnerven (Rückenmarksnerven) austritt. Sie ist meistens kombiniert mit einer Mißbildung im Gehirn (Arnold-Chiari-Syndrom), bei der Teile des Kleinhirns in den Rückenmarkskanal verschoben sind. Infolge einer Abflußstörung der Hirnflüssigkeit bildet sich ein Wasserkopf (Hydrozephalus) aus.

Symptome

1. Bei der Meningozele kommt es häufig gar nicht zu ausgeprägten Symptomen. Manchmal zeigen sich leichte neurologische (die Nerven betreffende) Ausfallerscheinungen. Die Füße können stets kalt und bläulich (zyanotisch) verfärbt sein, und es treten Schwierigkeiten beim Wasserlassen auf.
2. Die Schädigung der Rückenmarksnerven bei der Meningomyelozele führt zur teilweisen oder totalen Querschnittslähmung mit schlaffen Lähmungen der Beine sowie einer gestörten Harnblasen- und Darmentleerung. Es kommen jedoch alle Grade der körperlichen Beeinträchtigung vor, von leichten Symptomen bis zu schwersten Behinderungen. Oft liegt gleichzeitig ein Klumpfuß vor.

Vorbeugungsmaßnahmen

1. Obwohl sich die Spaltbildungen der Wirbelsäule nicht mit Sicherheit verhindern lassen, besteht doch möglicherweise eine kleine Chance, daß diese Hemmungsmißbildungen auf die Behandlung der werdenden Mutter mit hohen Dosen des Vitamin-B-Komplexes während der Frühschwangerschaft ansprechen.
2. Wenn der Verdacht auf eine Neuralrohrmißbildung (aus dem Neuralrohr entwickeln sich Gehirn und Rückenmark) besteht, kann eine Fruchtwasseranalyse (Amniozentese) weitere Aufschlüsse geben. Liegt ein Defekt vor, läßt sich im Fruchtwasser ein erhöhter Gehalt eines besonderen Eiweißstoffes nachweisen.
Dieses Alpha-Fetoprotein (AFP) in gesteigerter Konzentration ist ein sicherer Hinweis auf ein krankes Kind. Eine schwere Hirnmißbildung, bei der die Schädeldecke und Teile des Gehirns fehlen (Froschkopf = Anenzephalus), geht ebenso mit einem AFP-Anstieg einher.
Ist eine Schädigung des Kindes zu erwarten, kann die Schwangerschaft bis zur 24. Schwangerschaftswoche abgebrochen werden.

Behandlung

1. Die Therapie besteht in einem möglichst frühzeitigen Verschluß der offenen Rückenspalte durch eine neurochirurgische Operation. Eine intensive krankengymnastische Nachbehandlung vermag in leichten Fällen eine erhebliche Besserung der Ausfallerscheinungen zu erzielen.
2. Ausgedehnte Mißbildungen mit hochgradigen Schädigungen sind aber einer Therapie meist nicht zugänglich.

Speiseröhrenverschluß (Ösophagusatresie)

Ursachen

Die auslösende Ursache dieser Hemmungsmißbildung, bei der die Speiseröhre nicht in den Magen führt, sondern nur als blind endender Schlauch vorliegt oder aus zwei Schläuchen angelegt ist, zwischen denen eine Lücke besteht, ist unbekannt. Schädigende äußere Einflüsse auf das Kind während der embryonalen Organentwicklung in den ersten zwei Monaten der Schwangerschaft lösen möglicherweise diese Fehlentwicklungen aus.

Speiseröhrenverschluß

Wichtigste Symptome
Vor der Geburt: abnorme Vermehrung des Fruchtwassers bei der werdenden Mutter (Hydramnion); nach der Geburt: Hustenanfälle, Auswürgen oder Erbrechen von Schleim, bläuliche Hautverfärbung, Atemnot

Krankheitshäufigkeit
Etwa eine Erkrankung auf 2 000 Lebendgeborene

Therapie
Sofortige Operation

Vorsorgemaßnahmen
Ultraschallaufnahmen in der Schwangerschaft können auf eine mögliche Störung hinweisen. In diesem Fall sollte die kinderärztliche Überwachung sofort nach der Geburt einsetzen. Die Entbindung findet am besten in einer auf Risikofälle eingestellten Klinik statt

Ullrich-Turner-Syndrom

Wichtigste Symptome
Minderwuchs: kurzer, breiter Nacken mit Faltenhals; schildförmiger Brustkorb mit weit auseinanderstehenden Brustwarzen; hörnerartige Ausbildung der Beckenschaufeln; Ausbleiben von Brustentwicklung und Menstruation; Intelligenzstörungen kommen vor

Krankheitshäufigkeit
Etwa 1 Erkrankung auf 2 500 Mädchengeburten

Therapie
Eine ursächliche Behandlung ist nicht möglich. Durch die Gabe von weiblichen Sexualhormonen kann das Brustwachstum angeregt und ein frauliches Erscheinungsbild hergestellt werden

Die Anomalie ist häufig kombiniert mit einer Fistelbildung zur Luftröhre (Ösophagotrachealfistel), das heißt, die Speiseröhre ist durch einen röhrenförmigen Gang mit der Luftröhre verbunden, wodurch die Nahrungsaufnahme unmöglich wird.

Symptome

Der Verdacht auf eine fehlerhaft angelegte Speiseröhre oder auch auf ein Passagehindernis im Darmtrakt (wie ein Verschluß des Zwölffingerdarms = Duodenalatresie, eine Dünndarmatresie oder eine Darmverschlingung = Volvulus) ergibt sich bereits in der Schwangerschaft, wenn bei einer Ultraschalluntersuchung der Schwangeren eine abnorme Vermehrung des Fruchtwassers (Hydramnion) diagnostiziert wird. Da das Ungeborene normalerweise einen Teil des Fruchtwassers trinkt und die Flüssigkeit über den Blutkreislauf und die Plazenta (Mutterkuchen) an die Mutter zurückführt, sammelt sich in der Fruchtblase zuviel Fruchtwasser an, wenn dieser Zyklus unterbrochen ist.
Beim Neugeborenen bildet sich schaumiges Speichelsekret im Rachenraum, oder es würgt bald nach der Geburt Schleim aus. Versucht das Kind zu schlucken, treten Hustenanfälle und Atemnot auf. Ein solches Kind darf keinesfalls gefüttert werden, da es die Nahrung leicht in die Lunge einatmen könnte. Bei einer Fistelbildung zur Luftröhre gelangt die Flüssigkeit direkt in die Lunge.

Behandlung

Um eine Speiseröhrenatresie rechtzeitig zu erkennen oder auszuschließen, gehört zur Erstuntersuchung des Neugeborenen eine routinemäßige Magensondierung, bei der ein feiner Plastikschlauch (Sonde) vorsichtig in die Speiseröhre bis in den Magen geschoben wird. Ist dies nicht durchführbar, weil nach etwa zehn Zentimetern ein deutliches Hindernis zu spüren ist, liegt mit großer Wahrscheinlichkeit eine Atresie vor, die durch eine röntgenologische Untersuchung nachgewiesen werden kann. In diesem Fall ist eine Operation dringend erforderlich.

Ullrich-Turner-Syndrom

Ursachen

Die Krankheit wird durch eine Chromosomenstörung ausgelöst. Es handelt sich dabei in der Regel um ein fehlendes zweites weibliches Geschlechtschromosom (XO), die am Ullrich-Turner-Syndrom erkrankten Kinder haben also nur 45 Chromosomen.

Symptome

Zu den Krankheitszeichen gehören: vermindertes Wachstum, eine Faltenbildung am Hals (Pterygium colli) und höckerartige Knochenvorsprünge an den Beckenschaufeln (Beckenhörnersyndrom). Häufig liegen weitere Mißbildungen des Herzens, der Haut und besonders der Nieren vor. Es fehlen funktionstüchtige Keimdrüsen, so daß es ohne Behandlung nicht zur Pubertät und dem damit verbundenen Wachstumsschub kommt.

Behandlung

Ab dem 12. Lebensjahr kann eine angepaßte Dauerbehandlung mit weiblichen Sexualhormonen begonnen werden.

Zerebrale Bewegungsstörung (Zerebralparese)

Ursachen

Bei der zerebralen Bewegungsstörung handelt es sich um eine bleibende, jedoch nicht fortschreitende Hirnfunktionsstörung als Folge einer Schädigung der motorischen (der Bewegung dienenden) Steuerungszentren im Gehirn. Je nachdem, welche Hirnbereiche betroffen sind, kommt es zu Beeinträchtigungen der Körperhaltung und -beweglichkeit in unterschiedlichem Ausmaß.
Der frühkindliche Hirnschaden kann durch anlagebedingte Fehlbildungen oder Entwicklungsstörungen, durch Komplikationen vor, während oder kurz nach der Geburt (Sauerstoffmangel, Hirnblutungen, besonders bei extrem unreifen

Frühgeborenen, Kernikterus durch Bilirubinablagerung im Gehirn), durch Infektionen (Hirnhaut- oder Gehirnentzündung) oder Verletzungen bei einem Unfall verursacht worden sein. Die Bewegungsbehinderung ist häufig mit anderen Störungen kombiniert (Mehrfachbehinderung).

Symptome

Die häufigste Erscheinungsform der zerebralen Bewegungsstörung ist die *spastische Lähmung.* Dabei ist der Spannungszustand der Muskulatur krankhaft erhöht, und es treten unwillkürliche Muskelzuckungen sowie abnorme Reflexe auf. Dadurch fällt es dem zerebralgelähmten Kind schwer, sich aufrecht zu halten, sich zu bewegen und im Gleichgewicht zu bleiben. Die Spastik kommt bevorzugt in beiden Beinen vor, kann aber auch alle vier Gliedmaßen befallen (Tetraplegie) oder nur eine Körperhälfte betreffen (Halbseitenlähmung = Hemiplegie).
Andere motorische Fehlfunktionen zeigen sich in Form einer allgemeinen Bewegungsunruhe (Hyperkinese), verbunden mit einem gestörten Bewegungsverhalten. Das Krankheitsbild der *Athctose* ist gekennzeichnet durch verlangsamte, geschraubte Bewegungsabläufe, das der *Chorea* durch ruckartig-ausfahrende Bewegungen, und bei der *Ataxie* stehen unkoordinierte Bewegungsmuster mit Schüttel- und Wackelbewegungen im Vordergrund. Die verschiedenen Erscheinungsformen der Zerebralparese sind meistens miteinander kombiniert.
Die charakteristische Symptomatik entwickelt sich erst im Lauf der Zeit. Aber schon beim Säugling kann ein abnormes Bewegungsverhalten (ausgeprägte Bewegungsarmut, asymmetrische Körperhaltung, verkrampfte Beugestellung der Arme, ständig überstreckte und gekreuzte Beinhaltung) sowie eine Verzögerung der körperlichen und geistigen Entwicklung auffallen und auf eine Störung der Nervenfunktionen hinweisen.

Behandlung

1. Der erlittene Hirnschaden kann mit keiner Therapie geheilt werden, denn zerstörte Nervenzellen können sich – im Gegensatz zu anderen Körperzellen – nicht regenierieren. Wenn die Ausbildung krankhafter Bewegungsformen frühzeitig erkannt und behandelt wird, lassen sich die motorischen Störungen aber in vielen Fällen bessern oder weitgehend normalisieren und insbesondere die Spätfolgen gering halten.
2. Mit intensiven und langfristigen heilgymnastischen Übungsprogrammen können die gesteigerte Muskelspannung, die abnormen Reflexe und falschen Bewegungsmuster abgebaut und die entwicklungsmäßigen Bewegungsabläufe eingeübt werden. Das erfordert geduldige Mitarbeit der Eltern.
3. Daneben sind meist heilpädagogische Maßnahmen (Beschäftigungs-, Spiel- und Sprachtherapie) notwendig, um die häufig beeinträchtigte Wahrnehmungs- und Denkfähigkeit sowie das Sprechvermögen zu schulen.
4. Um Muskel- und Sehnenverkürzungen vorzubeugen, die Wirbelsäulenverkrümmungen, Haltungsanomalien, Hüftgelenkschäden und Fehlstellungen der Gliedmaßen hervorrufen und deren Gebrauchsfähigkeit einschränken, sind orthopädische Maßnahmen und manchmal auch korrigierende Operationen unerläßlich.

Zerebrale Bewegungsstörung

Wichtigste Symptome
Verkrampfte, steife oder schlaffe Muskeln, unwillkürliche Bewegungsabläufe, Koordinationsstörungen, Haltungsanomalien

Altershäufigkeit
Erste Symptome im Säuglingsalter, deutliche Anzeichen im 2. Lebensjahr

Ähnliche Krankheitsbilder
Fortschreitende Gehirnerkrankungen durch angeborene Erbleiden, Stoffwechselstörungen, Tumore

Komplikationen
Spitzfußstellung, Hüftgelenksverrenkung, Skoliose, Epilepsie, geistige Behinderung, Sprach- und Schluckstörungen, Sehfehler, Schwerhörigkeit, Verhaltensauffälligkeiten

Wann muß das Kind zum Arzt?
Alle Risikokinder, besonders Frühgeborene, sollten regelmäßig dem Arzt vorgestellt werden (Vorsorgeuntersuchungen)

Unfälle und Erste Hilfe

Heutzutage sind es weniger Krankheiten, die Leben und Gesundheit der Kinder bedrohen, sondern in zunehmendem Maße Unfälle in Haus und Garten, beim Spielen und im Straßenverkehr. Sie sind die häufigsten Todesursachen von Kindern bis zum 15. Lebensjahr.
Dabei sind die meisten Unfälle vermeidbar, denn in erster Linie droht den Kindern, vor allem den Säuglingen und Kleinkindern, Gefahr im häuslichen Bereich. Aber Aufpassen allein genügt nicht: Jeder vierte Unfall eines Kindes ereignet sich in Gegenwart der Eltern.
Die Ursachen einer erhöhten Unfallgefährdung liegen einmal natürlich in der geistigen Unreife und in der körperlichen Unbeholfenheit, der mangelnden Erfahrung und der Neugierde des Kindes. Andererseits aber auch an den veränderten Umwelt- und Lebensbedingungen. In unserer modernen Welt scheint kein Platz mehr für Kinder zu sein, und vielen Erwachsenen fällt es schwer, sich mit Umsicht und Einfühlungsvermögen in die Gedankenwelt eines kleinen Kindes hineinzuversetzen. Da sich viele Gefahrenquellen nicht beseitigen lassen, muß ein Kind frühzeitig lernen, wie man mit den Gefährdungen des Alltags umgeht. Die Verantwortung für die Sicherheit unserer Kinder tragen alle Erwachsenen, in erster Linie aber die Eltern. Um Ihrem Kind im Notfall besser helfen zu können, sollten Sie unbedingt einen Lehrgang in Erster Hilfe besuchen, bei dem Sie unter anderem lebensrettende Maßnahmen, wie Atemspende und äußere Herzdruckmassage, erlernen.

Blutungen

Symptome

Arterielle (Schlagader-) Blutung: hellrotes Blut spritzt im Schlagrhythmus des Herzens aus

Venöse Blutung: dunkelrotes Blut fließt gleichmäßig

Blutungen

Wenn Blutgefäße beschädigt werden, kommt es zu einer mehr oder weniger starken Blutung. Ihre Stärke hängt davon ab, welche Blutgefäße betroffen sind und wie groß der Schaden ist. Heftige oder länger andauernde Blutungen sowie Schlagaderblutungen (arterielle Blutungen) können lebensgefährlichen Blutverlust zur Folge haben, der unter den Anzeichen eines Schocks zum Tod führt.
Meistens entstehen Blutungen durch Gewalteinwirkungen von außen. Sie können aber auch durch ein krankhaftes Geschehen im Körper verursacht sein: Eine abnorme Brüchigkeit der Kapillaren (Haargefäße) kann auf Grund eines Vitamin-C-Mangels (Skorbut), durch Infektionen an den feinsten Blutgefäßen oder eine allergische Gefäßreaktion zu Blutungen führen, ebenso eine Blutgerinnungsstörung. Die Kapillarblutungen erscheinen als äußerlich sichtbare, punktförmige Blutungen in der Haut (Petechien). Stumpfe Verletzungen können Organblutungen nach sich ziehen, die äußerlich nicht zu sehen sind, sondern sich in einer zunehmenden Verschlechterung des Allgemeinbefindens (Schockgefahr) zeigen. Bei Blutungen aus Venen tritt in gleichmäßigem Fluß dunkelrotes Blut aus, bei arteriellen Blutungen hellrotes in stoßweisem Erguß.
Kleine Blutungen aus Wunden kommen in der Regel von selbst zum Stehen, stärkere lassen sich meist durch Druck von außen stillen. Hochhalten des verletzten Körperteils genügt oft schon, um die Blutung zu vermindern.

Nasenbluten

Nasenbluten ist bei Kindern eine häufige Erscheinung, die nach einem Schlag oder Fall auf die Nase, nach heftigem Naseputzen bei Schnupfen oder nach Nasenbohren auftreten kann. Örtliche Erkrankungen der Nasenschleimhaut und körperliche Überanstrengung führen ebenfalls gelegentlich dazu, daß Blut aus der Nase rinnt.

Maßnahmen

1. Lassen Sie das Kind mit leicht nach vorn gebeugtem Kopf aufrecht sitzen, damit das Blut

Bei Nasenbluten gegen die Nasenscheidewand drücken

herauströpfen kann und nicht verschluckt wird. Endet die Blutung nicht von selbst, drücken Sie den oder die Nasenflügel fünf Minuten lang gegen die Nasenscheidewand; so lange dauert es etwa, bis das Blut gerinnt. Das Kind muß dabei natürlich durch den Mund atmen. Hilfreich sind kalte Umschläge im Nacken.

2. Manchmal ist auch ein Trick wirkungsvoll: Dem Kind wird für 2 bis 3 Minuten ein Gummiband fest um den kleinen Finger gewickelt.

3. Bei häufigem Nasenbluten sollte eine ärztliche Untersuchung vorgenommen werden. Eventuell ist es nötig, ein oberflächliches Blutgefäß in der Nase verschorfen zu lassen.

Wunden

Schürf-, Platz- und Schnittwunden sind Begleiter der Kindheit. Meistens sind die Wunden selbst harmlos, aber auch durch kleinste und oberflächliche Verletzungen der Haut können Krankheitserreger eindringen und eine Infektion verursachen. Besonders gefährlich ist dabei eine Wundstarrkrampfinfektion (Tetanus). Überprüfen Sie darum stets, ob Ihr Kind ausreichend geschützt ist. Liegt die letzte Impfung länger als fünf Jahre zurück, ist eine Auffrischung nötig. Nach jeder Bißverletzung durch ein Tier besteht auch Tollwutgefahr. Suchen Sie in diesem Fall immer den Arzt auf. Ob eine Wunde ärztliche Hilfe erfordert, richtet sich nach der Größe der Wunde, ihrer Ausdehnung in Breite, Länge und

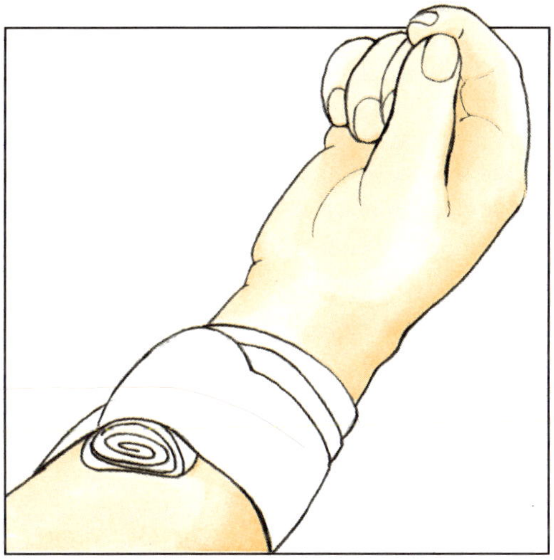

Bei Blutungen aus der Arterie einen Druckverband anlegen

Abbinden nur, wenn ein Glied ganz oder teilweise amputiert ist

Tiefe, nach dem Grad der Verschmutzung und der Stärke der Blutung.

Maßnahmen

1. Kleine Wunden und oberflächliche Hautabschürfungen heilen in der Regel von selbst. Verschmutzte Schürfwunden dürfen Sie unter fließendem Wasser reinigen. Eventuell können Sie

Schürfwunden

Symptome
Zerstörung der oberflächlichen Hautschicht, Verletzung der feinsten Blutgefäße (geringe Blutung) und der Nervenendigungen (Schmerzen), Austritt von Gewebswasser

Riß-, Quetsch-, Platzwunden

Symptome
Zerreißen der Haut, unregelmäßige, zerfetzte Wundränder mit Wundtaschen, Quetschung oder Beschädigung der Blutgefäße (mäßige Blutung oder Bluterguß in die Haut)

Schnittwunden

Symptome
Durchtrennung der Haut, glatte Wundränder, Eröffnung tieferliegender Blutgefäße (starke Blutung)

einen Pflastersprühverband oder ein Pflaster nach Desinfektion mit einem reizlosen Antiseptikum auf die Wunde geben.

2. Große oder tiefe Schnittwunden mit starker Blutung bedürfen schneller ärztlicher Versorgung. Der Arzt sollte innerhalb der ersten sechs Stunden aufgesucht werden, sonst ist die Gefahr der bakteriellen Verunreinigung so groß, daß die Wunde nicht mehr genäht werden kann. Die Folge wären dann häßliche, entstellende Narben.

Eine Verletzung mit zackigen Wundrändern bildet Wundtaschen, in denen sich Schmutz einbettet. Solche Wunden müssen fachmännisch gereinigt werden. Sind Muskeln, Sehnen oder Nerven verletzt, gehört das Kind gleich in ein Krankenhaus.

Ausdehnung und Sitz der Wunde sind für die weitere Behandlung ebenfalls von Bedeutung. Eine kleine Wunde muß selten genäht werden, aber das Nähen kann eine Narbenbildung verhindern. Eine klaffende Schnittwunde heilt narbig, je nachdem, wie weit die Haut geöffnet wurde. Je näher die Wundränder während des Heilungsprozesses aneinanderliegen, desto feiner wird die Narbe sein. Wenn eine Hautpartie verletzt wurde, die ständiger Bewegung ausgesetzt ist, zum Beispiel in der Nähe eines Gelenks oder im Gesicht, können die Wundränder nur durch eine Naht zusammengehalten werden.

3. Bei stark blutenden Wunden müssen Sie zuerst die Blutung stoppen, indem Sie mit sterilem Mull fünf Minuten lang fest auf die Wunde drücken. Im Notfall hilft auch ein sauberes Tuch (Taschentuch, Handtuch). Halten oder lagern Sie nach Möglichkeit den verletzten Körperteil hoch.

4. Reicht diese Maßnahme zur Blutstillung nicht aus, legen Sie einen Druckverband an: Die Wunde wird mit einer keimfreien Wundauflage bedeckt, darüber kommt das Druckpolster (zum Beispiel ein Verbandpäckchen, eine Bindenrolle), das Sie mit einigen Bindengängen unter leichtem Zug befestigen. Sie können auch eine Dreiecktuchkrawatte oder einen breiten Pflasterstreifen verwenden. Ist der Verband durchgeblutet, darf er nicht entfernt werden. Legen Sie in diesem Fall einen weiteren Verband über dem ersten an. Selbst Blutungen aus einer Arterie können so kontrolliert werden.

5. Die Abbindung einer stark blutenden Schlagader am Arm oder Bein sollte man nur vornehmen, wenn ein Glied ganz oder teilweise amputiert ist oder wenn es sich um eine großflächige Wunde handelt, bei der eine Blutstillung mit anderen Mitteln nicht zu erreichen ist.

Die Aderpresse wird oberhalb der Wunde, aber nicht im Bereich von Gelenken, mit geeignetem Material (Dreiecktuchkrawatte, notfalls Herrenkrawatte, breitem Gürtel) angelegt. Notieren oder merken Sie sich dabei unbedingt die Uhrzeit. Eine Abbindung darf nur im Krankenhaus wieder gelöst werden. Veranlassen Sie schnellstens den Transport dorthin.

6. Nachdem die Blutung zum Stillstand gekommen ist, entscheidet man, ob die Wunde ärztlicher Behandlung bedarf. Versorgen Sie die Verletzung mit einem keimfreien Verband, und bringen Sie das Kind in die Arztpraxis oder in die Notaufnahme einer Klinik. Dort wird, falls erforderlich, die Wunde genäht, oder die Wundränder werden lediglich mit einem Klammerpflaster zusammengefügt.

7. Inspizieren Sie die Wunde täglich auf Anzeichen einer Infektion (Schwellung, Rötung, Eiterbildung und Schmerzhaftigkeit), und wechseln Sie den Verband. Zur Unterstützung der Heilung können Sie einen Wundpuder (bei trockener Wundfläche) oder eine -salbe (bei nässender Verletzung) anwenden. Starke Schmerzen, die von den verletzten Nerven ausgehen, lassen sich mit einer Schmerztablette oder einem schmerzstillenden Zäpfchen lindern.

Ersticken (Fremdkörperaspiration)

Ersticken

Symptome

Heftiger Hustenreiz, Atemnot, bläuliche Verfärbung der Haut, Verkrampfung, bei völliger Blockade: Erschlaffung und Bewußtlosigkeit

Wurde ein größerer Fremdkörper in den Kehlkopf oder in die Luftröhre eingeatmet (aspiriert), entsteht ein akuter Notfall, in dem Minuten über Leben und Tod entscheiden können. Da kleine Kinder alles in den Mund stecken, müssen Sie damit rechnen, daß sie dabei etwas verschlucken. Gefährlich sind vor allem: Erdnüsse, Popcorn, Münzen, Knöpfe, Murmeln, Bonbons, Tabletten, winzige Spielzeuge (Legosteine) oder Teile von Spielsachen, die herausgelöst oder abgebissen werden (zum Beispiel

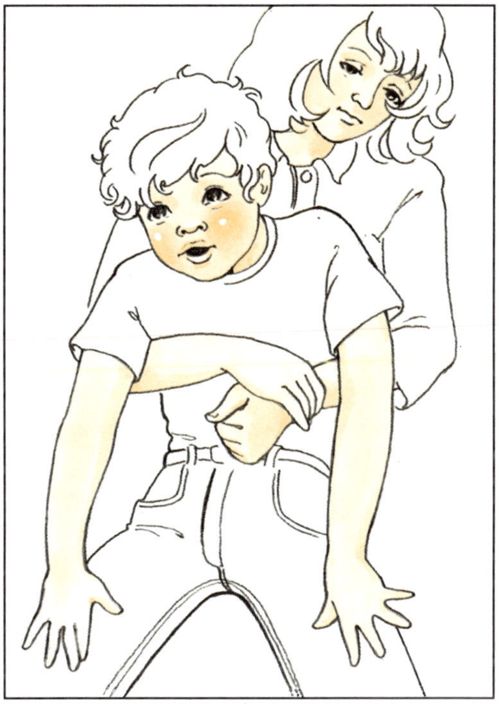

Bei Gefahr des Erstickens zunächst zwischen die Schulterblätter schlagen. Stellt sich kein Erfolg ein, die Heimlich-Technik (siehe Seite 194) im Stehen oder im Liegen anwenden

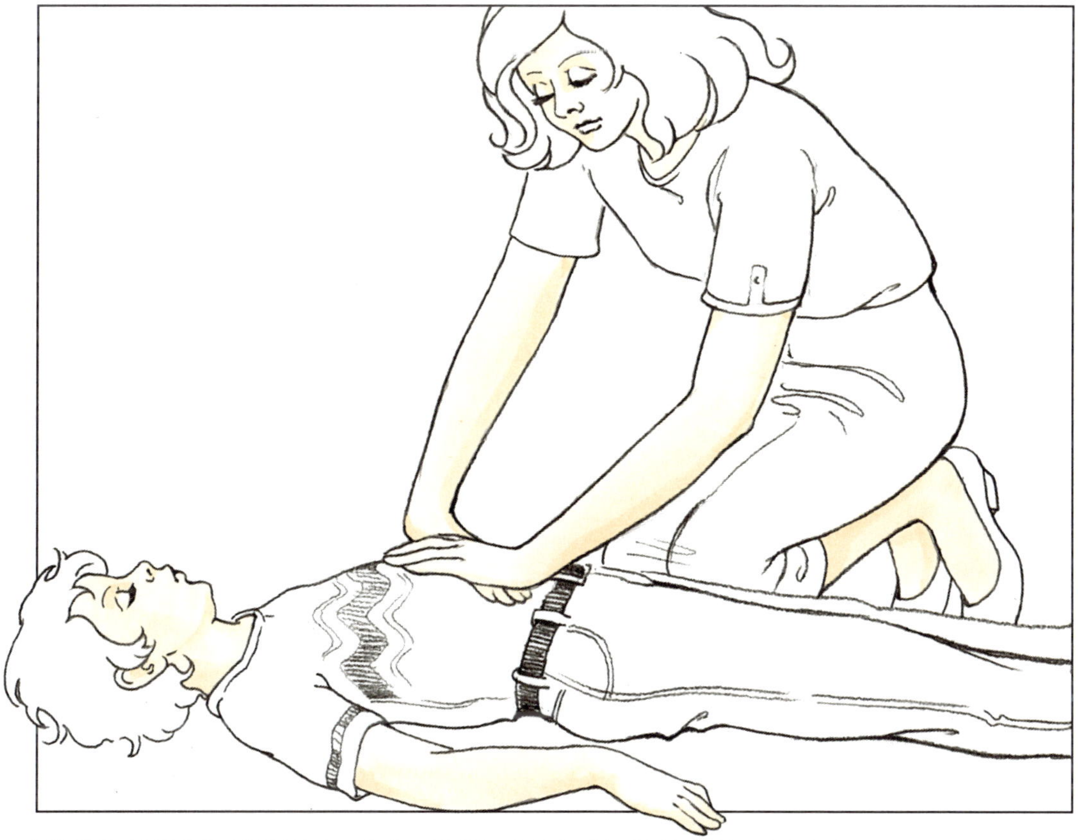

Glasaugen von Puppen und Stofftieren). Bei Babys und Kleinstkindern stellen Nahrungsbrocken von Äpfeln und Karotten, die sie zwar abbeißen, aber noch nicht kauen können, eine Gefahr dar. Ein Säugling kann an Erbrochenem ersticken, wenn er auf dem Rücken liegt.

Wenn ein kleiner Gegenstand in die Atemwege des Kindes gelangt, während es gerade unbeobachtet ist, wird dieser Vorgang oft gar nicht bemerkt. Manchmal stellen sich kurz darauf Schluckstörungen und Schmerzen in der Brust ein. Das Kind verweigert fortan die Nahrung, zeigt einen ängstlichen Gesichtsausdruck und weint viel. Bleibt der Fremdkörper längere Zeit in der Luftröhre liegen, verursacht er eine Schleimhautentzündung, und es kommt nachfolgend zu anhaltendem Husten (eventuell mit blutigen oder eitrigem Auswurf) und Fieberschüben (Bronchopneumonie). In einem solchen Fall sollte man bei Kleinkindern immer an die Möglichkeit einer Fremdkörperaspiration denken.

Symptome

Ein akuter Erstickungsanfall zeigt sich darin, daß das Kind verzweifelt nach Luft ringt und nicht fähig ist, zu schreien oder zu sprechen. Oft setzt sofort ein heftiger Hustenreiz ein, der den Gegenstand wieder herausbefördert. Bei tiefer Einatmung kann das Objekt aber in einen der beiden Luftröhrenäste (Stammbronchien) gelangen und dort festsitzen. Darauf folgt Atemnot, die sich wie ein Asthmaanfall oder Kruppsyndrom äußern kann. Wenn ein Gegenstand die Luftpassage völlig blockiert, tritt schwere Atemnot ein: Das Kind wird blau, verkrampft, schlaff und schließlich bewußtlos. Dann haben Sie nur wenige Minuten Zeit, das Atemhindernis zu beseitigen, bevor ein Hirnschaden oder der Tod eintritt. Rufen Sie schnelle Hilfe.

Maßnahmen

1. Wird der Fremdkörper nicht ausgehustet, fassen Sie Ihr Baby oder Kleinkind an den Beinen, so daß es mit dem Kopf nach unten hängt. Schütteln Sie es zunächst kräftig. Schlagen Sie ihm dann mit der flachen Hand viermal zwischen den Schulterblättern auf den Rücken. Sie können das Kind auch vorn übergebeugt halten oder mit herunterhängendem Oberkörper über Ihre Knie legen. Haben Sie keine Angst, dabei Ihr Kind zu verletzen.
2. Bleiben Sie mit Ihren Versuchen erfolglos, können sie die „Heimlich-Technik“ anwenden: Kann das Kind aufrecht stehen, schlingen Sie von hinten die Arme um seine Taille. Ballen Sie eine Hand zur Faust, und umfassen Sie diese mit der anderen Hand. Führen Sie zwischen Nabel und Rippenbogen, genau unterhalb des Brustbeins, vier oder mehr kurze, kräftige Stöße nach innen aufwärts (in Richtung Zwerchfell) aus. Das hat zum Ziel, das Zwerchfell nach oben zu drücken, so daß Luft aus den Lungen gepreßt wird. Möglicherweise befördert der Luftstrom das verschluckte Objekt mit hinaus.
3. Ist das Kind bewußtlos, können Sie diese Maßnahme auch am liegenden Kind durchführen: Knien Sie sich in Höhe der Hüften über oder neben das Kind. Legen Sie Ihre Hände übereinander zwischen seinem Nabel und Brustkorb. Drücken Sie mehrmals kräftig mit den Handballen auf den Bauch, leicht schräg nach oben, zum Zwerchfell hin.
4. Vielleicht hat sich der Fremdkörper nun gelockert. Darum versuchen Sie anschließend, durch kräftige Schläge auf den Rücken des nach vornübergehaltenen Kindes, das Objekt ganz aus den Luftwegen auszustoßen. Führen Sie Ihre Rettungsmaßnahmen so lange durch, bis fachkundige Hilfe eintrifft. Sie dürfen jedoch niemals eine Beatmung vornehmen, wenn der Gegenstand noch in den Luftwegen steckt.

Ertrinken

Der Ertrinkungstod bedroht schon das Baby, sobald es zu krabbeln beginnt, wenn es unbeaufsichtigt in der Nähe eines offenen Gewässers oder Swimmingpools spielt. Kleinkinder sind nicht nur an Meer, See, Fluß, Teich und Schwimmbecken gefährdet, sondern sie stürzen auch in Regentonnen, Brunnen und Wasserlöcher, die sie erkunden wollen. Lassen Sie Ihr Kind auch niemals alleine in der Badewanne.

Ein Kind, das noch nicht schwimmen kann, sollte sich niemals allein, auch nicht mit Schwimmflügeln ausgestattet, im Wasser aufhalten. Die Schwimmhilfe könnte versagen, und auch an

seichten Stellen ist ein Ertrinken möglich. In Schlauchbooten oder auf Luftmatratzen haben Nichtschwimmer nichts zu suchen. Zur Vorbeugung sollte jedes Kind so früh wie möglich schwimmen lernen.
Ältere, im Schwimmen geübte Kinder müssen Sie vor einem Sprung in unbekannte Gewässer warnen und sie immer wieder darauf hinweisen, daß sie nicht mit vollem Magen und ohne sich vorher abzukühlen ins Wasser springen.

Maßnahmen

1. Finden Sie das Kind bewußtlos im Wasser, beginnen Sie am besten sofort mit Wiederbelebungsmaßnahmen. Die Mund-zu-Mund- oder Mund-zu-Nase-Beatmung können Sie möglicherweise bereits im Wasser ausführen, während ein eventuell anwesender zweiter Helfer den Notarzt alarmiert. Sonst rufen Sie um Hilfe, denn das Überleben des Kindes hängt unter Umständen von dem sofortigen Einsatz der richtigen, notfallmedizinischen Maßnahmen ab. Es ist nicht erforderlich und kostet nur wertvolle Zeit, eingedrungenes Wasser aus dem Körper zu entfernen. Bei Kindern setzt häufig ein Reflex ein, der den Kehldeckel verschließt, so daß gar kein Wasser in die Lunge gelangt.
2. Die Atemspende und, im Falle eines Herzstillstands, die äußere Herzdruckmassage müssen so lange durchgeführt werden, bis der Arzt eintrifft (siehe Seite 211 und 213). Geben Sie Ihre Rettungsversuche nicht auf. Besonders bei Unterkühlung des Körpers besteht die Chance, daß die Wiederbelebungsmaßnahmen auch noch nach längerer Zeit zum Erfolg führen, denn im unterkühlten Zustand benötigt der Körper weniger Sauerstoff.
3. Wichtig ist vor allem, die Beatmung nicht mit einem zu hohen Beatmungsdruck auszuführen. Das hätte eine Überblähung des Magens zur Folge mit der Gefahr, daß Mageninhalt nach oben fließt und in die Atemwege eindringt.
Hat das verunglückte Kind das Bewußtsein wiedererlangt, hüllen Sie es in eine wärmende Decke. Es gehört auch bei Beschwerdefreiheit noch für ein paar Tage in ärztliche Überwachung, um Spätkomplikationen rechtzeitig erkennen zu können.

Hitzschlag

Der Hitzschlag ist die Folge eines Wärmestaus im Körper bei gesteigerter Wärmebildung und Behinderung der Wärmeabgabe. Diese Situation tritt ein, wenn der Körper großer Hitze ausgesetzt ist, ohne daß die durch Schwitzen verlorengegangene Flüssigkeit ersetzt wird. Das führt zu einer Verminderung des Blutvolumens. Da

Hitzschlag

Symptome
Heiße, gerötete, trockene Haut; hochrotes, gedunsenes Gesicht, Kopfschmerzen, Schwindelgefühl, Übelkeit, eventuell Fieber; kann zu Bewußtlosigkeit führen

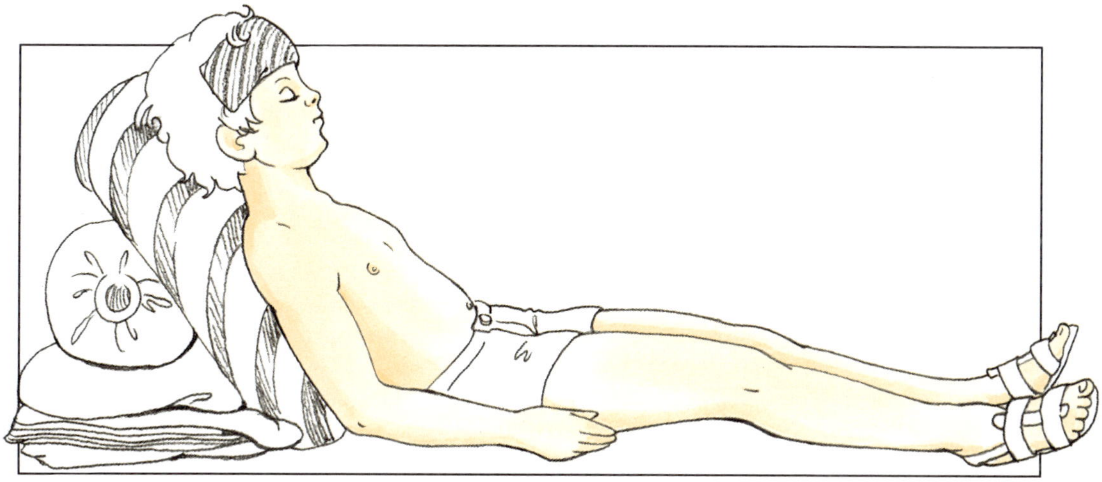

Bei Hitzschlag den gesamten Oberkörper höher lagern

Insektenstiche

Kinder, die auf das Gift eines Insektes allergisch reagieren, können schon nach einem einzelnen Stich in einen bedrohlichen Zustand geraten (anaphylaktischer Schock), Massenstiche von Insekten sind in jedem Fall gefährlich

aber die lebenswichtigen Organe weiterhin mit Blut versorgt werden müssen, fließt nicht mehr genügend Blut zur Körperoberfläche. Die Haut verliert ihre Fähigkeit zu schwitzen und den Körper durch Verdunstung zu kühlen. Dieser Zustand kann eintreten bei sportlicher Überanstrengung, in überheizten Räumen, bei Massenveranstaltungen, unzweckmäßiger Kleidung und beim übertriebenen Zudecken von Säuglingen bei hoher Lufttemperatur, besonders aber bei feuchtheißem Wetter.

Symptome

Der Hitzschlag kündigt sich durch ein Gefühl an, als ob Muskeln und Lungen „brennen". Die Haut ist extrem heiß, gerötet und trocken, das Gesicht hochrot und gedunsen. Fieber, Kopfschmerzen, Übelkeit, Schwindelgefühl, Sehstörungen und Angstgefühle treten auf. Das Kind zeigt Atemstörungen, und in schweren Fällen verliert es das Bewußtsein, die Herztätigkeit versagt.

Maßnahmen

1. Wenn Sie annehmen, daß Ihr Kind einen Hitzschlag hat, rufen Sie sofort den Notarzt. Öffnen oder entfernen Sie beengende Kleidung, und bringen Sie das Kind an einen kühlen, schattigen Platz. Lagern Sie es mit erhöhtem Oberkörper. Übergießen Sie es mit kühlem Wasser, reiben Sie den Körper mit Eiswürfeln ab, machen Sie naßkalte Umschläge, und fächeln Sie ihm Luft zu.
2. Ist Bewußtlosigkeit eingetreten, bringen Sie das Kind in Seitenlage (siehe Seite 210). Bei Atemstillstand müssen Sie Wiederbelebungsmaßnahmen (Atemspende) anwenden (siehe Seite 211). Ist das Kind wach und ansprechbar, geben Sie ihm schluckweise kühle Getränke.
3. In den nächsten Stunden müssen Sie gut auf das Kind achtgeben und dafür sorgen, daß es sich ruhig verhält. Beobachten Sie, ob sich sein Zustand verschlechtert. Nach einem Hitzschlag muß sich das Kind für längere Zeit schonen, sonst kann es einen Rückfall erleiden. Flüssigkeitsmangel, extremes Schwitzen, Erbrechen oder Durchfall können einen Hitzschlag begünstigen.

Insektenstiche

Der Biß oder Stich eines Insekts ist zwar unangenehm, in den meisten Fällen aber harmlos. Die Haut um die Einstichstelle schwillt an, wird rot und juckt eine Zeitlang. Bei Massenstichen oder wenn jemand allergisch auf das Gift von Bienen, Wespen oder Hornissen reagiert, kann es allerdings zu ernsten Komplikationen kommen. Die Beschwerden können leichter Natur sein (vorübergehend Übelkeit, Erbrechen, Schwindelgefühl), in Form eines generalisierten Ausschlags (Urtikaria), eines Asthmaanfalls oder eines Kreislaufkollapses (anaphylaktischer Schock) auftreten; manchmal sind die Folgen tödlich.

Maßnahmen

1. Halten Sie Ihr Kind an, nicht nach Bienen oder Wespen zu schlagen, da diese sich mit einem Stich zu wehren versuchen. Wurde Ihr Kind gestochen, entfernen Sie den Stachel vorsichtig aus der Haut, indem Sie ihn mit dem Fingernagel seitlich wegziehen. Auf diese Weise wird die am Ende des Stachels hängende Giftblase mitherausgezogen und nicht in die Haut ausgedrückt. Saugen Sie die Einstichstelle aus. Geben Sie, sofern vorhanden, Salmiakgeist, Ammoniak, verdünnten Alkohol, Essig, Zwiebelsaft oder zerdrücktes Aspirin darauf. Andernfalls helfen Eiswürfel und feuchtkalte Umschläge, um die Schwellung und das Jucken zu lindern.
2. Ihr Kind sollte die Einstichstelle nicht aufkratzen, dadurch wird die Aufnahme des Giftes ins Gewebe gefördert, und es kann darüber hinaus eine Infektion entstehen. Tragen Sie Antihistaminsalbe oder -gel auf, denn solche Präparate wirken dem Juckreiz entgegen.
3. Insektenstiche im Rachenraum können in kürzester Zeit durch Anschwellen der Schleimhaut zum Erstickungstod führen. Vorsicht ist daher beim Genuß von Obst, Obstkuchen, Eis und Limonade im Freien geboten.

Lassen Sie das Kind in einem solchen Fall ununterbrochen Eisstückchen lutschen, während Sie es sofort zum Arzt bringen.

Knochenbrüche (Frakturen)

Ursachen

Ein Knochenbruch entsteht durch stärkere äußere Gewalteinwirkung. Ist auch die Haut über der Bruchstelle verletzt, handelt es sich um einen offenen (komplizierten) Knochenbruch, mit der Gefahr, daß Keime in die Wunde eindringen und eine Infektion verursachen können. Bei Kindern kommt es oft zu einer sogenannten „Grünholzfraktur“, bei der die Knochenhaut unverletzt geblieben ist und die Bruchstücke zusammenhält, dabei fehlen Form- und Lageveränderung der betroffenen Gliedmaßen.
Knochenbrüche ereignen sich nicht nur bei Unfällen im Straßenverkehr – hier vor allem beim Fahrradfahren – und im Freien beim Spielen, sie sind auch die Folge häuslicher Unglücksfälle und passieren gar nicht selten schon bei Säuglingen. Am häufigsten sind in diesem Alter Stürze vom Wickeltisch. Ebenso kann sich ein Baby beim Fall aus dem Kinderwagen oder dem Kinderbett einen Knochenbruch zuziehen. Kleinkinder sind gefährdet beim Laufen auf glatten Fußböden in der Küche und auf rutschenden Bodenbelägen, durch Stürze aus Fenstern oder von Balkonen und Treppen. Bei zu schnellem Laufen können sie fallen und beim Anschlagen an Möbelstücke, Heizkörper, Türpfosten und Mauerwände Kopfverletzungen erleiden.

Symptome

Das sicherste Zeichen für einen Knochenbruch ist die sichtbare Formveränderung (abnorme Lage oder unnatürliche Beweglichkeit), sie ist in vielen Fällen jedoch nicht festzustellen, wenn ein Grünholzbruch oder ein Schädelbruch vorliegt. An der Bruchstelle treten Schmerzen auf, die bei Bewegung des betreffenden Körperteils besonders heftig sind, außerdem entwickelt sich eine zunehmende Schwellung.
Die Funktions- und Bewegungsfähigkeit ist eingeschränkt oder ganz aufgehoben. Blutergüsse zeigen sich manchmal jedoch erst Tage später und in vielen Fällen auch nicht direkt an der Bruchstelle.

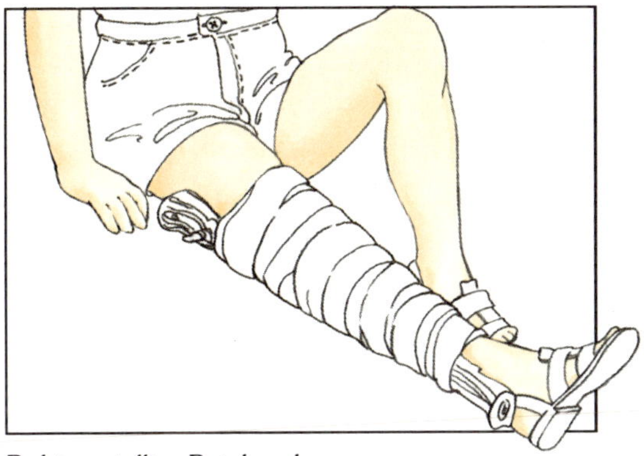

Ruhiggestellter Beinbruch

Ruhiggestellter Arm-/Handbruch

Maßnahmen

1. Wenn Sie auf sich allein gestellt sind und das Kind selbst ins Krankenhaus transportieren müssen, versorgen Sie den verletzten Körperteil mit einer „Schiene“, um die Schmerzen zu lindern und die Bruchstellen zusammenzuhalten. Sollten keine besseren Hilfsmittel (zum Beispiel Holzlatten) verfügbar sein, genügen an der gebrochenen Stelle und den benachbarten Gelenken auch mehrere Lagen Zeitungspapier, die Sie mit Klebeband umwickeln.

Gliederbrüche

Symptome
Schmerzen, Schwellung, Schonhaltung, Formveränderung oder abnorme Lage, Bewegungseinschränkung oder -unfähigkeit, Bluterguß, eventuell offene Hautwunde

Rippenbrüche

Symptome
Heftige Schmerzen beim Atmen und Husten, flache Atmung, Schonhaltung, Bluthusten (Verdacht auf Lungenverletzung)

Wirbelbrüche

Symptome
Schmerzen im Rückenbereich, Unfähigkeit sich aufzurichten, Kribbeln oder Gefühllosigkeit in Nacken, Armen und/oder Beinen, Abgang von Stuhl und Urin, Atemstörungen (Verdacht auf Halswirbelbruch und Rückenmarksschädigung)

Beckenbrüche

Symptome
Schmerzen im Unterbauch, Steh- und Gehunfähigkeit, blutiger Urin (bei Verletzung der Blase)

Schlüsselbeinbrüche

Symptome
Schmerzen, Schonhaltung oder Hängenlassen des Armes, Schwellung oder sichtbare Bruchstufe an der Bruchstelle

Schädelbrüche ohne sichtbare Verletzung

Symptome
Starke Kopfschmerzen, eventuell örtliche Schwellung am Kopf, Bewußtlosigkeit, Krampfneigung

Offene Schädelbrüche

Symptome
Blutung aus der Kopfwunde, eventuell Austritt von Gehirnmasse, Bewußtlosigkeit, Krampfneigung

Schädelbasisbrüche

Symptome
Geringfügige Blutung aus Nase, Mund und/oder Ohr; Ausfluß von klarer Flüssigkeit aus der Nase (Gehirnwasser!); Bluterguß um die Augen (Brillenhämatom), Bewußtlosigkeit

Prellung/Quetschung

Symptome
Schmerzen, Schwellung meist mit Bluterguß

Gehirnerschütterung

Symptome
Kurzzeitige Bewußtlosigkeit, Erinnerungslücke, Übelkeit oder Erbrechen, Schwindelgefühl, Kopfschmerzen

2. Ist der Rettungsdienst erreichbar, sorgen Sie lediglich für eine Ruhigstellung des gebrochenen Knochens, indem Sie die verletzte Gliedmaße mit geeignetem Material (festgerollten Decken oder Kleidungsstücken, Kissen) umpolstern. Arm- und Handbrüche können Sie behelfsmäßig mit einem Dreiecktuch aus der Hausapotheke oder einem Geschirrtuch und Sicherheitsnadeln versorgen.
3. Bei einem offenen Bruch muß die Wunde mit einem keimfreien Verband – notfalls mit einem sauberen, unbenutzten Stofftaschentuch – abgedeckt werden.
4. Bei Verdacht auf Verletzungen der Wirbelsäule dürfen Sie die Lage des Kindes nicht verändern. Während Sie auf Notarztwagen oder Rettungsdienst warten, wärmen Sie das Kind mit einer Decke.
5. Im Krankenhaus werden Röntgenaufnahmen Aufschluß über Ort, Ausmaß und Aussehen des Knochenbruchs und die erforderliche Behandlung geben. Ein einfacher Bruch erhält einen Gipsverband und muß lediglich wieder zusammenwachsen. Knochenbrüche heilen bei Kindern viel schneller als bei älteren Menschen. Sind die beiden Bruchenden des Knochens gegeneinander verschoben, muß der verletzte Knochen in Narkose eingerenkt oder ein Streckverband angelegt werden.

Prellung (Kontusion) – Quetschung (Kompression)

Durch Einwirkung stumpfer Gewalt ist eine Verletzung des Gewebes ohne Durchtrennung der Haut möglich (Prellung). Bei der Quetschung liegt zwar immer auch eine Prellung tieferliegenden Gewebes vor, hinzu kommen jedoch noch offene Quetschwunden und/oder Quetschfrakturen (Brüche), bei denen es sich immer um offene Splitter- oder Trümmerbrüche handelt.

Symptome

Bei einer Prellung kommt es zum Zerreißen von Blutgefäßen. Der Blutaustritt ins Gewebe macht sich durch Schmerzen und Schwellungen in dem betroffenen Gebiet bemerkbar. Je nach Ausmaß des Blutergusses zeigen sich entweder sofort oder auch erst nach ein paar Tagen blutunterlaufene Hautpartien oder blaue Flecke. Bei einer Quetschung kommt es ebenfalls zum Zerreißen von Blutgefäßen mit den oben beschriebenen Anzeichen. Die im Gegensatz zur Prellung vorhandenen Quetschwunden zeigen meist unregelmäßig zerfetzte und blutunterlaufene Wundränder.

Maßnahmen

Schwellung und Schmerz lassen sich bei Prellungen unter fließendem kaltem Wasser oder durch Umschläge mit essigsaurer Tonerde, Arnika oder verdünntem 70prozentigem Alkohol oder Franzbranntwein lindern. Kleinere Quetschwunden werden gereinigt und verbunden. Größere Quetschwunden und sehr schmerzhafte Prellungen sollten Sie dem Arzt zeigen, denn es könnte ein Knochenbruch vorliegen. Der Arzt kann Ihnen auch Salben zum Einreiben verordnen, die das Aufsaugen (Resorption) von Blutergüssen unterstützen.

Schädel-Hirn-Trauma

Äußere Gewalteinwirkungen auf den Kopf können eine Gehirnerschütterung und eine Verletzung des knöchernen Schädels mit Schädigung des Gehirns zur Folge haben.

Gehirnerschütterung (Commotio cerebri)

Bei einer Gehirnerschütterung wird die Gehirnmasse gegen den Schädelknochen gepreßt. Dadurch entsteht eine mehr oder weniger schwere Hirnschwellung mit leichten oder auch ernsten Folgeerscheinungen. Es besteht die Gefahr einer Gehirnquetschung oder Hirnblutung. Wenn das Kind nach einem Sturz oder nach einem Schlag auf den Kopf sofort schreit, blaß wird, Kopfschmerzen hat, erbricht und für einige Stunden schläfrig ist, handelt es sich meistens nur um eine Schädelprellung. Allerdings kommt es auch bei Schädelrissen (Fissuren), wie sie oft durch Stürze vom Wickeltisch entstehen, nicht zu deutlichen Symptomen, wenn keine Hirnfunktionsstörung vorliegt.

Symptome

Anzeichen einer Gehirnerschütterung sind: kurzzeitige Bewußtlosigkeit, Schwindelgefühl, Übelkeit bis hin zu anhaltendem Erbrechen, Gedächtnislücken – das Kind erinnert sich nicht an das Unfallgeschehen, ist verwirrt, kann seinen Namen nicht nennen oder erkennt die Eltern einen Moment lang nicht –, Gehunfähigkeit; die Augen stehen nicht parallel, oder die Pupillen sind verschieden groß, oder sie reagieren nicht auf Lichteinfall (verengen sich nicht).
Diese Ausfälle können sich sofort einstellen. Ist es jedoch zu einer Hirnblutung gekommen, zeigen sich die Symptome eines Blutergusses zwischen Schädelknochen und Hirnhaut *(epidurales Hämatom)* erst nach Stunden, die Zeiträume können sich von wenigen bis zu 48 Stunden erstrecken. Zeichen eines Blutergusses zwischen den Hirnhäuten *(subdurales Hämatom)* bemerken Sie erst nach Wochen: Infolge zunehmenden Hirndrucks kommt es erneut zu Bewußtlosigkeit.

Hirnquetschung (Contusio cerebri)

Beim Bruch des Schädeldaches oder der Schädelbasis besteht die Gefahr der Hirnquetschung mit Schädigung lebenswichtiger Zentren und Verletzungsgefahr der Blutgefäße und Nerven, wodurch Hirnblutungen und Nervenausfälle verursacht werden. Bei einem Schädelbasisbruch und offenen Schädelverletzungen ist die Möglichkeit zusätzlicher Infektionen im Gehirn gegeben.

Symptome

Neben den Anzeichen einer Gehirnerschütterung mit möglicherweise tiefer Bewußtlosigkeit oder zunehmender Schläfrigkeit sieht man blutige Flüssigkeit aus Nase, Mund und vor allem den Ohren austreten. Atemstörungen stellen sich ein, der Puls schlägt langsam, weniger als 50–60 Schläge in der Minute. Nach einigen Stunden, manchmal erst nach Tagen, bildet sich ein Bluterguß um die Augen (Brillenhämatom).

Maßnahmen bei Gehirnerschütterung und Hirnquetschung

1. Sind nach einem Unfall mit Kopfverletzung keine schwerwiegenden Symptome zu erkennen, bringen Sie das Kind ins Bett. Es sollte flach und ruhig liegen. In den nächsten Stunden müssen Sie es gut beobachten und aufwecken, falls es schlafen sollte, damit Sie seinen Zustand beurteilen können. Eintretende Bewußtlosigkeit dürfen Sie nicht übersehen. Bitten Sie den Arzt um seinen Besuch. Eventuell wird er das Kind für einige Tage zur Beobachtung in ein Krankenhaus einweisen.
2. Tritt nach einer Schädelverletzung Bewußtlosigkeit ein (das Kind ist nicht ansprechbar), prüfen Sie zuerst, ob das Kind noch atmet. Legen Sie dazu in Höhe des unteren Rippenbogens eine Hand seitlich an den Brustkorb, die andere Hand liegt auf der Magengrube. Bei vorhandener Atmung spüren Sie das Heben und Senken des Brustkorbs und des Oberbauches untern Ihren Händen. Ist Atemstillstand eingetreten, müssen Sie sofort mit der Wiederbelebung beginnen (siehe Seite 211).
3. Wenn das Kind atmet, muß es in eine stabile Seitenlage gebracht werden (siehe Seite 210), vor allem der Kopf muß seitlich zu liegen kommen, damit Blut und/oder Erbrochenes aus dem Mund fließen können und nicht eingeatmet werden (Erstickungsgefahr!). Rufen Sie dann den Arzt oder den Unfallrettungsdienst.

Hirnquetschung

Symptome
Längere Bewußtlosigkeit gleich nach der Verletzung; nach Wiedererlangen des Bewußtseins treten nach einigen Stunden, Tagen oder Wochen erneut Kopfschmerzen, Benommenheit, Verwirrung, Differenz in der Pupillengröße oder fehlende Pupillenreaktion, eventuell halbseitige Gliederschwäche, Bewußtseinsstörungen, Krämpfe bis hin zu Atemstörungen und Bewußtseinsverlust auf

Sonnenbrand

Ein Sonnenbrand ist die Folge übermäßiger Ultraviolettbestrahlung auf ungeschützte Hautpartien. Babys und Kinder mit hellem Teint sind dabei besonders gefährdet, und zwar auch an wolkigen Tagen und im Schatten. Gelegentlich verursacht die Sonne einen Hautausschlag (Sonnenallergie).

Symptome

Die Haut wird brennend rot, schwillt an, ist gespannt und berührungsempfindlich; Blasen können sich bilden. Meistens machen sich diese Erscheinungen erst nach Stunden bemerkbar.

Sonnenbrand

Symptome
Stark gerötete, geschwollene und gespannte Haut, Berührungsempfindlichkeit, eventuell Blasenbildung; in schweren Fällen Fieber, Übelkeit, Kopfschmerzen und Schüttelfrost

In schweren Fällen können Fieber, Übelkeit, Kopfschmerzen und Schüttelfrost hinzutreten. Eine Sonnenallergie erscheint erst nach einigen Tagen.

Maßnahmen

1. Kalte Umschläge lindern die Schmerzen. Tragen Sie spezielle, gegen Sonnenbrand wirksame Salben, Gele oder Lotionen auf die Haut. Unterlassen Sie die Anwendung von „Hausmitteln". Entwickelt sich ein ernster Sonnenbrand, suchen Sie den Arzt auf.
2. Lassen Sie es am besten gar nicht erst zu einem Sonnenbrand kommen, denn eine Schädigung der Haut im Kindesalter erhöht das Risiko, später an einem Melanom (bösartigem Hautkrebs) zu erkranken. Setzen Sie Ihr Kind nur allmählich der Sonne aus. Halten Sie es zunächst im Schatten, und verlängern Sie langsam die Zeit der Sonnenbestrahlung.
Benutzen Sie ein Breitband-Sonnenschutzmittel mit hohem Lichtschutzfaktor, das die UV-A- und UV-B-Strahlen ausfiltert. Tragen Sie es schon eine halbe Stunde vor dem Aufenthalt im Freien auf die Haut. Wählen Sie möglichst eine wasserfeste Sonnenmilch, denn beim Duschen, Plantschen und Schwimmen im Wasser werden normale Sonnenschutzmittel abgewaschen. Wiederholen Sie die Einreibungen, sie wirken immer nur begrenzte Zeit.
Sorgen Sie dafür, daß Meerwasser nach jedem Baden von der Haut abgeduscht wird. Die zurückbleibenden Salzkristalle wirken sonst wie kleine Brenngläser und begünstigen einen Sonnenbrand.
3. Schützen Sie den Kopf Ihres Babys oder Kleinkindes sowie die besonders empfindlichen Schulterpartien mit Sonnenhut und Baumwollhemdchen.

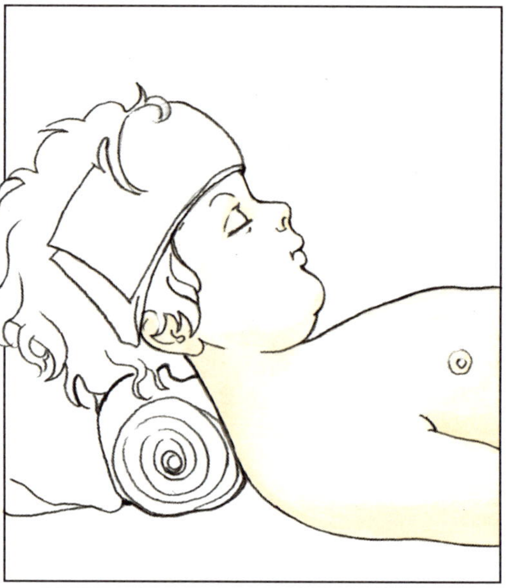

Bei Sonnenstich den Kopf höher lagern

Sonnenstich

Symptome
Hochroter, heißer Kopf, kühle Körperhaut, Unruhe, Kopfschmerzen, Schwindelgefühl, Übelkeit und Erbrechen; kann zu Bewußtlosigkeit führen

Sonnenstich

Ein Sonnenstich entsteht durch direkte Sonnenbestrahlung von Kopf und Nacken und die dadurch bedingte Reizung der Hinhäute. Wenig oder unbehaarte Köpfe von Säuglingen und Kleinkindern sind darum besonders gefährdet; sie sollten immer mit einem leichten Sonnenhut geschützt sein. Der Sonnenstich kann, ebenso wie der Hitzschlag, zu Bewußtlosigkeit und Tod führen.

Symptome

Anzeichen sind: hochroter heißer Kopf und kühle Körperhaut, Unruhe, Kopfschmerzen, Übelkeit und Erbrechen, Ohrensausen, Schwindelgefühl, Nackensteifigkeit und Bewußtseinsschwund. Kleinkinder können einige Zeit nach dem Aufenthalt in der Sonne Fieber bekommen, gleichzeitig sind sie auffallend blaß.

Maßnahmen

Bringen Sie das Kind in den Schatten, oder stellen Sie mit Hilfe von Tüchern, Decken und Gegenständen Schatten her. Lagern Sie den Kopf hoch, und kühlen Sie ihn mit naßkalten Tüchern, legen Sie feuchte Kompressen auch in den Nacken. Weiteres Vorgehen wie beim Hitzschlag.

Stromschlag

Durch Berührung schadhafter elektrischer Leitungen oder Gerätekabel sowie beim Bohren in Steckdosen kann ein Kind einen Stromunfall erleiden. Der Durchfluß des elektrischen Stroms durch den Körper verursacht schwere Schädigungen, wenn nicht gar einen Herzstillstand. Während der Stromeinwirkung kommt es zu einer Muskelverkrampfung, so daß das Kind die stromführende Leitung oder den Gegenstand nicht von selbst loslassen kann. An den Ein- und Austrittsstellen des Stromflusses treten Verbrennungen mit Brandwunden auf.

Maßnahmen

Sie müssen das verunglückte Kind schnellstens aus dem Stromkreis lösen, ohne sich selbst zu gefährden. Wenn möglich, ziehen Sie den Stecker aus der Leitung, oder schalten Sie die Hauptsicherung aus. Ist das nicht durchzuführen, ziehen Sie das Kind an seinen Kleidern weg, oder trennen Sie es durch einen nicht leitenden Gegenstand (Besenstiel) von den unter Spannung stehenden Teilen. Dabei muß die Erdleitung unterbrochen werden, indem Sie sich auf ein großes, trockenes Küchenholzbrett, einen Stapel Zeitungspapier oder eine Gummifußmatte stellen. Wenn das Kind von der Stromleitung „abfällt", sorgen Sie dafür, daß es sich nicht zusätzliche Verletzungen zuzieht. Rufen Sie sofort den Notarzt. Ist das Kind bewußtlos, bringen Sie es in Seitenlage; hat es aufgehört zu atmen, beginnen Sie mit Wiederbelebungsversuchen (siehe Seite 210–213).

Verbrennungen – Verbrühungen

Verbrennungen sind durch Hitzeeinwirkungen verursachte Verletzungen der Haut, der Schleimhaut oder des Gewebes. Sie gehören zu den häufigsten Todesursachen bei Unfällen von Kindern; gefährdet sind besonders Kleinkinder im zweiten Lebensjahr.
Verbrennungen entstehen beim Berühren heißer Herdplatten, Backofentüren oder Bügeleisen, Heizkörper und Heizkissen, durch offenes Feuer beim Spielen mit Streichhölzern und Feuerzeugen sowie beim Grillen.
Verbrühungen durch heiße und kochende Flüssigkeiten, die das Kind vom Herd oder vom Tisch zieht oder in die es hineinfällt, kommen sehr viel häufiger vor.
Verhüten Sie solche Unfälle! Bewahren Sie Streichhölzer, Feuerzeuge und leicht entflammbare Chemikalien (zum Beispiel Benzin) für Ihr Kind unerreichbar auf. Achten Sie beim Kochen in der Küche und beim Grillen im Garten darauf, daß Ihr Kind nicht in die Nähe des Herdes oder der Feuerstelle kommt. Lassen Sie es niemals allein, wenn heißes Wasser in die Badewanne läuft. Verwenden Sie keine leicht brennbaren Kleidungsstücke und Heimtextilien. Halten Sie alle Steckdosen mit kindersicheren Kappen verschlossen. Lassen Sie ein kleines Kind nicht mit brennenden Kerzen allein im Zimmer, und sorgen Sie dafür, daß immer jemand bei ihm in der Wohnung oder im Haus ist.

Symptome

Die Schwere der Verbrennung richtet sich nach dem Ausmaß und der Tiefe der Hautschädigung. Man teilt sie danach in drei Schweregrade ein:

- Verbrennung 1. Grades – Rötung und Schwellung der Haut verbunden mit Schmerzen;
- Verbrennung 2. Grades – Rötung, Schwellung und Blasenbildung mit Absonderung von Gewebsflüssigkeit (Ödembildung) und Schmerzen;
- Verbrennung 3. Grades – Zerstörung des Hautgewebes mit Verschorfung oder Verkohlung.

Gefährlicher noch als eine örtliche schwere Hautschädigung sind großflächige Verbrennungen, wenn mehr als fünf bis zehn Prozent (je nach Größe und Gewicht des Kindes) der Körperoberfläche betroffen sind. Dabei verliert der Körper große Mengen Gewebsflüssigkeit und Mineralsalze und gerät in einen Schockzustand mit möglicherweise versagender Nierenfunktion (Verbrennungskrankheit). Darum gehört ein solchermaßen verbranntes oder verbrühtes Kind umgehend in klinische Behandlung.
Als Faustregel gilt: Der Handteller des Kindes entspricht ungefähr einem Prozent seiner Kör-

Verbrennung/Verbrühung

Symptome
1. Grades: Rötung und Schwellung der Haut, Schmerzen.
2. Grades: Rötung, Schwellung und Blasenbildung, Schmerzen.
3. Grades: Zerstörung der Haut, Verschorfung, Verkohlung.
Verbrennungen von mehr als 5–10 Prozent der Körperoberfläche (je nach Größe und Gewicht des Kindes) können lebensgefährlich sein.
Faustregel: Handtellergröße des Kindes entspricht etwa 1 Prozent seiner Körperoberfläche

peroberfläche. Auch Verbrennungen der Hände, des Gesichts und der Haut über Gelenken sind ernst zu nehmen, da es an diesen Stellen durch Narbenschrumpfung zu Entstellungen und Bewegungseinschränkungen kommen kann.

Maßnahmen

1. Steht die Kleidung des Kindes in Flammen, versuchen Sie diese mit Tüchern, einem Teppich oder einer Wolldecke zu ersticken, oder wälzen Sie das Kind auf dem Boden hin und her. Steht Ihnen Wasser zur Verfügung, übergießen Sie damit das brennende Kind, oder tauchen Sie es ins Wasser hinein (Swimmingpool). Die verbrannten Kleidungsstücke dürfen Sie nicht entfernen. Wickeln Sie das Kind in ein frisches Bettlaken und eine darüberliegende Wolldecke, und warten Sie auf den alarmierten Notarzt.
2. Bei Verbrennungen ersten Grades mit Rötung der Haut hilft es, feuchtkalte Kompressen auf den verletzten Bereich zu legen oder das Körperteil in kaltes Wasser zu halten, bis der Schmerz nachläßt (20 bis 30 Minuten). Sie dürfen weder Mehl noch Puder auf die Wunde bringen, können aber einen sterilen Verband anlegen, der die Schmerzen lindert, weil die Luft ferngehalten wird.
3. Verbrennungen zweiten und dritten Grades müssen ärztlich versorgt werden. Bei ausgedehnten Verletzungen der Haut am Körperstamm darf kein kaltes Wasser angewendet werden, da der Kälteschock den Zustand des Kindes verschlimmern kann. Nur bei Verbrennungen an Armen oder Beinen ist es ratsam, die betroffenen Glieder sofort in kaltes Wasser zu halten, ohne die Kleidung auszuziehen.
4. Bedecken Sie die entstandenen Wunden lose mit keimfreien Brandwundenverbandtüchern, Metallinetüchern oder notfalls mit sauberen Geschirr- oder Bettüchern. Halten Sie das Kind warm, bringen Sie es in die Arztpraxis oder in ein Krankenhaus, oder alarmieren Sie einen Notarztwagen, wenn Ihnen das Ausmaß der Verbrennungen oder das Befinden des Kindes bedrohlich erscheint.
5. Der Zustand eines stärker verbrannten Kindes kann sich auch erst nach Stunden oder Tagen verschlechtern. Wenn Ihr Kind plötzlich Schwäche, Blässe, feuchtkalten Schweiß und Schüttelfrost zeigt, bringen Sie es am besten sofort ins Krankenhaus. Dort wird zunächst die Schockbekämpfung im Vordergrund stehen, um das drohende Kreislauf- und Nierenversagen zu verhindern. Ferner besteht die Gefahr einer Infektion der verbrannten Haut; eine verzögerte Wundheilung mit starker Narbenbildung wäre unter anderem die Folge. Große Wundflächen machen eventuell eine Hauttransplantation nötig.

Vergiftungen

In entsprechender Menge kann jede Substanz gesundheitsschädlich sein. Aber viele Dinge des Haushalts sind besonders geeignet, schon in geringsten Mengen giftig zu wirken, zumal auf ein kleines Kind, wenn sie entgegen ihrem Verwendungszweck gegessen oder getrunken werden. Dazu gehören in erster Linie alle chemischen Produkte wie Putz- und Waschmittel, Kosmetika, Körperpflegemittel, Schädlingsbekämpfungsmittel, Medikamente, Alkohol und Zigaretten. Auch Pflanzen in der Wohnung, auf dem Balkon, im Garten oder in der Nähe eines Spielplatzes können giftig sein oder giftige Früchte haben (zum Beispiel Goldregen, Maiglöckchen, Eiben, Fingerhut, Seidelbast und Oleander).
Die meisten Vergiftungsunfälle bei Kindern könnten durch Aufklärung und einfache Vorsichtsmaßnahmen verhütet werden. Besonders gefährdet sind die Kleinkinder, bei denen die Neugier, der Nachahmungstrieb und der Anreiz von bunten Pillen und farbenfrohen Verpackungen leicht zum Konsum giftiger Substanzen führen.
Darum gehört alles, was Kindern gefährlich werden könnte, unter Verschluß oder muß aus ihrer Reichweite entfernt werden. Denken Sie auch daran, daß Kinder erfinderisch sind, um an begehrte Objekte heranzukommen.
Neben der Verhütung von Vergiftungen sind ihre frühzeitige Erkennung und sofortige Behandlung von großer Wichtigkeit. Es sind also zwei Schritte unter Umständen lebensrettend: Erstens: finden Sie schnell heraus, was Ihr Kind eingenommen hat, in welcher Menge und

Vergiftungen

allgemeine Symptome

Übelkeit, Erbrechen, Durchfall, krampfartige Bauchschmerzen, Kopfschmerzen, Schwindelgefühl, Atemstörungen bis zum Atemstillstand, Bewußtseinstrübung, Erregungszustand, beschleunigter oder verlangsamter Puls

Weitere Anzeichen bei Einnahme von

Chemikalien: bei Wasch- und Reinigungsmitteln Schaumbildung im Mund; bei Säuren und Laugen Verätzungen im Mundbereich mit weißlichen Belägen, starke Schmerzen, Schluckbeschwerden.
Pflanzen, Beeren, Pilzen: treten meistens erst im Verlauf von 24 Stunden auf: Verwirrtheit, Rauschzustand, starker Brechdurchfall, Bauchschmerzen, Rötung des Gesichts, Krämpfe.
Pflanzenschutz- und Schädlingsbekämpfungsmittel: vermehrter Speichelfluß, häufig blau gefärbter Schaum vor dem Mund, weite oder verengte Pupillen, Erbrechen, Krämpfe, Lähmungserscheinungen

Erbricht das Kind, helfen Sie ihm dabei

wann das geschah. Zweitens: rufen Sie den Arzt an und/oder die Informationszentrale für Vergiftungen in Ihrer Nähe, und holen Sie von dort Verhaltensmaßregeln ein.

Symptome

Wenn Ihr Kind eine Säure oder Lauge getrunken hat, wird es ein brennendes Gefühl und weißliche Beläge auf den Lippen, im Mund und Rachen haben und vor Schmerz schreien. Wasch- und Reinigungsmittel verursachen Schaumbildung.
Anzeichen einer Vergiftung sind weiterhin: Übelkeit, Erbrechen, Durchfall, krampfartige Bauchschmerzen, Kopfschmerzen, Schwindelgefühl (das Kind torkelt); Bewußtseinstrübung bis zur Bewußtlosigkeit (das Kind ist nicht ansprechbar); Atemstörungen (das Kind ringt nach Luft, läuft blau an) bis zum Atemstillstand; Wesensveränderungen (das Kind ist auffallend schläfrig oder unnatürlich erregt).

Maßnahmen

1. Meistens findet sich das entsprechende Behältnis noch irgendwo in der Nähe. Dann geben Sie die Produktinformation von der Packung oder dem Beipackzettel an den Arzt weiter, den Sie telefonisch um Hilfe bitten. Heben Sie die Verpackung auf, nehmen Sie diese oder auch Reste, die womöglich noch vorhanden sind, sowie Erbrochenes und gegebenenfalls Urin mit ins Krankenhaus. Dadurch kann der Giftstoff schneller festgestellt werden.
2. Falls Ihr Kind nicht bewußtlos ist und erbricht, helfen Sie ihm beim Erbrechen. Lösen Sie aber selbst ohne ärztliche Anweisung kein Erbrechen aus. Im allgemeinen gilt, daß man Erbrechen herbeiführen darf, wenn das Kind eine normalerweise genießbare Substanz (etwa Medikamente) in zu großer Menge geschluckt hat. Bei Vergiftungen durch Haushalts- oder Industriechemikalien, insbesondere Säuren und Laugen, kann das Erbrechen zusätzlichen Schaden anrichten. Geben Sie dem Kind keinesfalls Milch; fettlösliche Inhaltsstoffe des Vergiftungsmittels gelangen dadurch noch schneller ins Blut.
3. Finden Sie das Kind bewußtlos vor, bringen Sie es in stabile Seitenlage (siehe Seite 210) oder Bauchlage. Halten Sie die Atemwege von Erbrochenem frei. Rufen Sie den Notarzt.
4. Bei einer *Gas- oder Rauchvergiftung* sorgen Sie sofort für frische Luft, indem Sie die Fenster öffnen oder notfalls einschlagen oder, noch besser, das Kind selbst ins Freie bringen. Wenn möglich, hüllen Sie es dabei in eine Decke. Falls das Kind nicht mehr atmet, beginnen Sie sofort mit der Atemspende (siehe Seite 211). Rufen Sie um Hilfe, damit jemand den Notarzt informieren kann. Im Fall von ausströmendem Gas dürfen Sie keineswegs einen Lichtschalter betätigen, auch keine Taschenlampe aufflammen lassen oder das Telefon benutzen, es besteht Explosionsgefahr.
5. Bei einer *Verätzung* der äußeren Hautschichten oder des Auges durch Chemikalien entfernen Sie etwaige Kleidungsstücke und spülen die betroffenen Hautpartien oder das Auge mit reichlich klarem Wasser ab. So wird die schädigende Flüssigkeit verdünnt und der Schaden gemildert. Anschließend legen Sie einen keimfreien Verband an oder bedecken die entstandenen Wundflächen mit einem sauberen Tuch und bringen das Kind zum Arzt.
6. Notieren Sie die Telefonnummern des Arztes, Krankenhauses, Notdienstes, der Feuerwehr, Polizei und Giftnotzentrale Ihres Wohnbezirks in der Nähe Ihres Telefons.

Giftinformationszentralen mit Dienst rund um die Uhr

Berlin	Beratungsstelle für Vergiftungserscheinungen Pulsstraße	0 30-3 02 30 22
Berlin	Reanimationszentrum am Klinikum Charlottenburg der Freien Universität Berlin Spandauer Damm 139	0 30-30 35 34 66 0 30-30 35 22 11 0 30-30 35 34 36
Bonn	Informationszentrale bei Vergiftungen Universitätskinderklinik Adenauer Allee 119	02 28-2 87 32 11 02 28-2 87 33 33
Bremen	Zentralkrankenhaus Klinikum für Innere Medizin, Intensivstation St.-Jürgen-Straße speziell für Kinder	04 21-4 97 36 88 04 21-4 97 52 68 04 21-4 97 54 10
Erfurt	Giftinformationszentrum für Mecklenburg-Vorpommern, Sachsen, Sachsen-Anhalt und Thüringen	03 61-73 07 30
Freiburg	Universitätskinderklinik Mathildenstraße 1	07 61-2 70 43 61
Göttingen	Universitätskinderklinik und Poliklinik Robert-Koch-Straße 40	05 51-39 62 39 05 51-39 62 40 05 51-39 62 10
Homburg/Saar	Universitätskinderklinik im Landeskrankenhaus	0 68 41-16 28 46 0 68 41-16 22 57
Kiel	Zentralstelle zur Beratung bei Vergiftungsfällen I. Medizinische Universitätsklinik Schittenhelmstraße 12	04 31-5 97 42 68 04 31-59 70 Zentrale
Mainz	Zentrum für Entgiftung und Giftinformation II. Medizinische Klinik Johannes-Gutenberg-Universität Langenbeckstraße 1	0 61 31-23 24 66 0 61 31-23 24 67
München	Giftnotruf München Toxikologische Abt. der II. Medizinischen Klinik Ismaninger Straße 22	0 89-41 40 22 11

Nürnberg	Medizinische Klinik der Städtischen Krankenanstalten – Toxikologische Intensivabteilung Flurstraße 17	09 11-3 98 24 51
Österreich *1090 Wien*	Erste Medizinische Universitätsklinik Vergiftungsinformationszentrale Spitalgasse 23	02 22-43 43 43
Schweiz *8030 Zürich*	Schweizerisches Toxikologisches Informationszentrum – Klosbachstraße 107	01-2 51 51 51
Achtung: Rufnummernänderungen möglich, gegebenenfalls bei der Fernsprechauskunft erfragen!		

Verschlucken von Fremdkörpern

Die meisten der pfennig- bis zehnpfenniggroßen Objekte, die von Kindern verschluckt werden, verursachen keine Probleme und werden vom Körper auf natürlichem Weg ausgeschieden. Objekte von der Größe einer Mark oder darüber können allerdings in der Speiseröhre steckenbleiben. Spitze Gegenstände (Reißzwecken, Nadeln, Nägel, Gräten, Streichhölzer, Glassplitter) können in den Rachen, die Mandeln oder die Speiseröhre stechen. Dinge, die länger als ein Zahnstocher sind, passieren möglicherweise nicht den Magen und müssen entfernt werden.

Symptome

Ja nachdem, an welcher Stelle sich der verschluckte Gegenstand festgesetzt hat, kann er Würgreiz, Schmerzen im Hals oder in der Brust, Schluckschwierigkeiten, Atemnot und schließlich auch einen Schock auslösen. Falls das Objekt in den Magen gelangt, macht es meistens keine Beschwerden mehr, es sei denn, es verstopft die Darmpassage oder durchdringt gar die Darmwand. Dann können Bauchschmerzen, Erbrechen und Fieber auftreten. Wenn das Kind einen metallenen Gegenstand verschluckt hat, ist dieser auf einem Röntgenbild sichtbar.

Maßnahmen

1. Ist der verschluckte Gegenstand klein und glatt, ist kein Eingreifen nötig. Ist er groß, scharf oder lang, untersuchen Sie den Stuhlgang für mehrere Tage sorgfältig (durch ein Sieb streichen), bis Sie sicher sind, daß er auf diesem Weg den Körper verlassen hat. Den problemlosen Abgang des Fremdkörpers können Sie unterstützen, wenn Sie dem Kind viel ballaststoffreiche Nahrung geben: rohes Gemüse (am besten rohes Sauerkraut), Obst, Knäckebrot, Vollkornbrot, Getreidebrei, Kartoffelbrei mit Watte.
2. Wenn ein spitzes Objekt im Hals oder in der Speiseröhre festsitzt, bringen Sie das Kind sofort zum Hals-Nasen-Ohren-Arzt, er kann es mit speziellen Instrumenten entfernen.
3. Wenn sich der Gegenstand im Magen befindet, wird der Arzt einige Zeit abwarten und den Zustand des Kindes beobachten, bevor er einen Eingriff vornimmt. Ist das Objekt im Darm und verläßt ihn nicht innerhalb einer Woche, ist eine chirurgische Entfernung nötig. Versuchen Sie nach Möglichkeit, dem Arzt ein Duplikat des verschluckten Fremdkörpers mitzubringen, dann hat er eine bessere Vorstellung davon, wie ernst die Situation sein kann.

Verschlucken von Fremdkörpern

Symptome
Würgreiz, Schmerzen im Hals oder in der Brust, Schluckschwierigkeiten, Atemnot, Schocksymptome; gelangt ein Fremdkörper in den Darm, eventuell Bauchschmerzen, Erbrechen

Bei Verstauchungen / Verrenkungen das Bein hochlegen

Verstauchung (Distorsion) Verrenkung (Luxation)

Durch gewaltsame Überdehnung der Gelenkbänder und der Gelenkkapsel tritt eine Verstauchung (Zerrung) ein. Meistens gleiten die gelenkbildenden Knochen in ihre normale Stellung zurück, manchmal aber kommt es zum Zerreißen der Bänder (Bänderriß). Die Überbeugung des Gelenks hat oft einen Bluterguß zur Folge.
Bei einer Verrenkung handelt es sich um eine Verschiebung zweier durch ein Gelenk verbundener Knochenenden, wobei ebenfalls die Gelenkkapselbänder reißen können.

Verstauchung/Verrenkung

Symptome
Schmerzen, Schwellung, Bewegungseinschränkung, Schonhaltung, Bluterguß über dem Gelenk

Symptome

Diese Verletzungen sind durch Schwellung, Gebrauchsunfähigkeit des betroffenen Gliedes, Fehlhaltung und oft erhebliche Schmerzen gekennzeichnet. Damit kein Knochenbruch oder Bänderriß übersehen wird, sollte immer der Arzt eingeschaltet werden.

Maßnahmen

1. Legen Sie kühlende Umschläge auf den verletzten Körperteil, zum Beispiel mit essigsaurer Tonerde oder verdünntem Alkohol (ein Teil Alkohol auf zehn Teile Wasser), oder tragen Sie abschwellende Salben auf.
2. Stellen Sie die Gliedmaßen ruhig, etwa durch ein im Nacken geknotetes Armtragetuch oder Hochlagerung des Beines. Das Anlegen eines elastischen Stützverbandes besorgt der Arzt.

Notfälle

Bewußtlosigkeit

Die Bewußtlosigkeit wird verursacht durch den Ausfall von Gehirnfunktionen. Die leichte Form, eine kurzfristige Bewußtlosigkeit, nennt man *Ohnmacht;* die schwere Form, eine tiefe, langdauernde Bewußtlosigkeit, *Koma*. Sie kann ausgelöst werden durch Sauerstoffmangel im Gehirn, Verletzungen oder Erkrankungen des Gehirns, schwere organische Krankheiten und Vergiftungen.

Symptome

Das bewußtlose Kind ist für kürzere oder längere Zeit nicht ansprechbar, das Bewußtsein ist erloschen, während die körperlichen Funktionen erhalten sind (Atemtätigkeit).

Maßnahmen

Ein Kind in diesem Zustand muß unbedingt so gelagert werden, daß seine Atemwege frei bleiben und es nicht zur Einatmung (Aspiration) von Erbrochenem, Blut oder Schleim kommen kann (stabile Seitenlagerung, siehe Seite 210).

Ohnmacht

Ohnmacht ist ein kurzfristiger Verlust des Bewußtseins durch Blutleere oder Sauerstoffmangel im Gehirn. Dieser Zustand kann eintreten: in schlecht gelüfteten Räumen, bei Menschenansammlungen, schwerem Blutverlust, starken Schmerzen, schwerer Krankheit, körperlicher Erschöpfung, niedrigem Blutzuckerspiegel, seelischer Erregung wie Schreck, Schock, Angst oder übermäßiger Freude. Ohnmachtsanfälle kommen häufig bei Jugendlichen vor, wenn sie längere Zeit nichts gegessen haben, lange stehen mußten oder sich abrupt aus liegender oder sitzender Position erheben.

Symptome

Kurz vor Eintritt der Bewußtlosigkeit wird dem Kind „schwarz vor Augen“, es spürt Kälte, Ohrensausen, leichte Übelkeit und bekommt feuchte Haut. Es kann aber auch ganz plötzlich, ohne Vorboten, in sich zusammensinken. Die Gesichtsfarbe erscheint blaß bis grünlich, die Augen sind glasig. In seltenen Fällen geht die Kontrolle über die Harn- und Stuhlfunktion verloren. Der Puls ist schnell und schwach, die Atmung oberflächlich und verlangsamt.
Das Bewußtsein kehrt nach wenigen Minuten zurück, doch das Kind hat keine Erinnerung an den Vorfall (Amnesie).

Maßnahmen

1. Wenn Sie beobachten, daß Ihr Kind in Ohnmacht fällt, bewahren Sie es vor weiterem Schaden durch das Hinfallen. Lassen Sie es mit hochgelagerten Beinen liegen. Öffnen Sie beengende Kleidungsstücke, nach Möglichkeit auch ein Fenster. Ist es wieder bei sich, sollte es sich nicht gleich erheben, es sei denn, die Ohnmacht wurde durch mangelnden Sauerstoffgehalt der Luft verursacht – dann bringen Sie es nach draußen an die frische Luft.
2. War die Situation dazu geeignet, eine Ohnmacht auszulösen, und erholt sich das Kind rasch und vollständig, ist dem Ohnmachtsanfall keine Bedeutung beizumessen. Treten diese Zwischenfälle häufiger auf, lassen Sie das Kind ärztlich untersuchen.

Bewußtlosigkeit

Symptome
Ausfall der seelisch-geistigen Wahrnehmungs- und Reaktionsfähigkeit bei erhaltenen körperlichen Funktionen

Koma

Symptome
Tiefe Bewußtseinsstörung, langdauernde Bewußtlosigkeit

Ohnmacht

Symptome
Schwarzwerden vor den Augen, Kälteempfindung, Ohrensausen, feuchte Haut, leichte Übelkeit, blaßgrüne Gesichtsfarbe, glasige Augen, plötzliches Zusammensinken, kurzzeitige Bewußtlosigkeit

Plötzlicher Kindstod (SIDS)

Ursachen und Häufigkeit

Der plötzliche Kindstod, auch SIDS (*Sudden Infant Death Syndrom*) genannt, ist heute die häufigste Todesursache von Säuglingen im ersten Lebensjahr. Der unerwartete Tod scheinbar gesunder Kinder tritt vorwiegend in der kalten Jahreszeit auf, mit Häufigkeitsgipfel im dritten und vierten Lebensmonat der Babys. Jungen sind öfter davon betroffen als Mädchen. In Großstädten und nahe Industriegebieten gibt es mehr Fälle als auf dem Land.

Die Kinder sterben fast immer während des Schlafes. Meistens gleiten sie in der Phase des Tiefschlafs – zwischen drei und vier Uhr nachts, wenn die Atem- und Kreislauffunktionen natürlicherweise verlangsamt sind – in völliger Ruhe in den Tod hinüber.

Gesicherte Erkenntnisse über die eigentliche Todesursache hat die Wissenschaft noch nicht. Erwiesen ist nur, daß dieses Phänomen schon im Altertum bekannt war und überall auf der Welt vorkommt.

Dieses mysteriöse Ereignis wird höchstwahrscheinlich nicht durch eine einzelne Ursache ausgelöst, sondern ist die Folge eines vielschichtigen Geschehens. Die bisherigen Forschungsergebnisse lassen vermuten, daß der Tod durch eine kurzfristige Funktionsstörung des Gehirns – infolge Unreife oder minimaler krankhafter Veränderungen – herbeigeführt wird. Diese Beeinträchtigung der zentralen Steuerung zieht eine akute Störung der Atem- und Herz-Kreislauf-Regulation sowie der Reflextätigkeit nach sich, die sich äußerlich nur wenig bemerkbar macht. Offenbar müssen aber noch andere Faktoren, wie zum Beispiel belastende Einflüsse aus der häuslichen Umgebung oder der Umwelt, die für den kindlichen Organismus eine Überforderung bedeuten, hinzukommen, ehe ein Kind sein Leben verliert.

Risikofaktoren, die jeder für sich unerheblich sein können, in ihrem Zusammenwirken möglicherweise aber eine Gefahr darstellen, sind nach derzeitigem Wissensstand:

- Jugendliches Alter der Mutter und ungünstiges soziales Milieu,
- Vernachlässigung der Schwangerenvorsorge sowie Krankheit, Tabletten-, Drogen-, Alkohol- und/oder Nikotinmißbrauch während der Schwangerschaft.
- Unreife bei der Geburt (Frühgeburt) oder Untergewicht (Mangelgeburt) oder Mehrlingsgeburt (Zwillinge usw.),
- Atemstörungen nach der Geburt (Reanimation nach Atemstillstand, durchgemachtes Atemnotsyndrom),

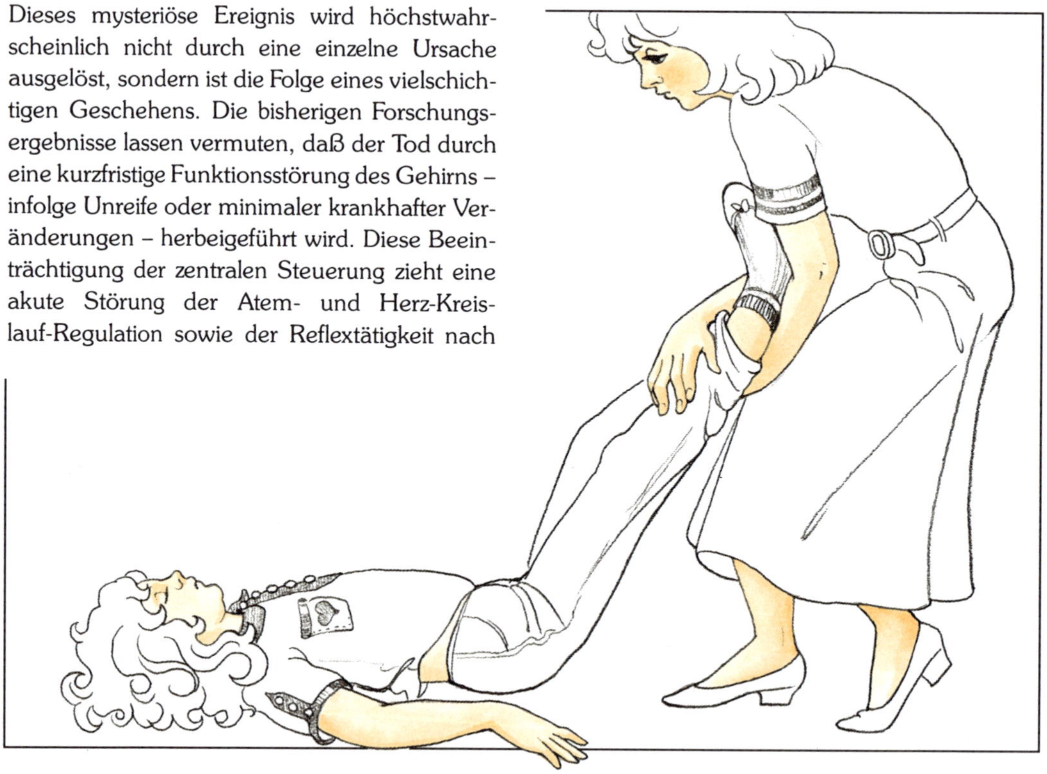

Bei einer Ohnmacht die Kleidung öffnen und die Beine hochlagern

- Unregelmäßige Atmung des Säuglings während des Schlafes. Verlängerte Atempausen oder häufige Atemunterbrechungen,
- Fälle von plötzlichem Kindstod in der Familie,
- Verausgegangener lebensbedrohlicher Zustand, aus dem das Kind gerettet wurde,
- Atemwegserkrankungen, selbst wenn sie kaum in Erscheinung treten,
- Rauchen in der Umgebung des Säuglings,
- Auffällige Saug- oder Schluckschwierigkeiten bei der Nahrungsaufnahme. Zeichen der Überanstrengung beim Trinken (blaue Lippen, blasses Munddreieck, Schweißausbruch im Kopfbereich),
- Häufiges starkes Schwitzen während des Schlafes ohne natürliche Erklärung wie Krankheit, Fieber, hohe Lufttemperatur, zu warme Bekleidung oder Decke,
- Übererwärmung des Kindes durch verminderte Wärmeabstrahlung in überheizten Räumen, in zu warmer Kleidung und unter dicken Bettdecken oder Schlafsäcken oder wegen infektbedingter Temperaturerhöhung,
- Bauchlage des Kindes während des Schlafes, insbesondere von jungen Säuglingen, solchen die krank sind oder eine schwache Konstitution haben.

Vorbeugungsmaßnahmen

1. Leider gibt es zur Zeit noch keine zuverlässigen Erkenntnisse und Untersuchungsmethoden, um die gefährdeten Kinder rechtzeitig herauszufinden. In der Mehrzahl sind die Babys bis zu dem tragischen Ereignis völlig unauffällig. Der plötzliche Kindstod tritt meistens ohne Warnzeichen ein und läßt sich eigentlich erst nach einer Autopsie (Obduktion) diagnostizieren, wenn keine andere Todesursache festgestellt wurde.
2. Bei einem Säugling, der zu atmen aufgehört hat und wiederbelebt wurde oder der aus anderen Gründen zu den Risikokindern zählt, kann eine gründliche klinische Untersuchung während der Schlafphasen (Polysomnographie = Ableitung der Herz- und Hirnstromkurven, Überprüfung der Atemmuster) vorgenommen und nach Abweichungen gefahndet werden.
3. Wenn ein Baby bereits durch lange oder häufige Atempausen aufgefallen ist oder das Polysomnogramm Unregelmäßigkeiten zeigt, kann der Schlaf des Kindes mit Hilfe eines Monitors überwacht werden. Setzen Atmung oder Herzschlag aus, ertönt ein lautes Signal.

Schock

Der Schock wird ausgelöst durch Schwächung oder völliges Versagen des Kreislaufs. Die Ursachen sind vielfältig, aber die Symptome ähnlich. Häufig führt eine Verminderung der kreisenden Blutmenge durch Blut- oder Flüssigkeitsverlust bei Unfällen und schweren Krankeiten, das Versacken des Blutes durch Erweiterung der Blutgefäße bei seelischen Krisen zu einem Schock. Ferner können Toxine von Krankheitserregern, Stoffwechselentgleisungen und schwere Allergien (anaphylaktischer Schock) einen Schock hervorrufen, und das bedeutet in jedem Fall Lebensgefahr.

Symptome

Anzeichen sind: Schwäche- und Kältegefühl, fahle Blässe, kalter Schweiß, Unruhe und Verwirrungszustand, starkes Frösteln, gelegentlich Übelkeit und Erbrechen; schneller und schwächer werdender, kaum tastbarer Puls.
Das Bewußtsein bleibt lange erhalten, Apathie ist eventuell zu beobachten. Tritt Bewußtlosigkeit ein, ist das ein sehr ernster Verlauf. Minderdurchblutung und damit Sauerstoffmangel des Gehirns kann zum Tod führen.

Maßnahmen

1. Der Schock ist ein medizinischer Notfall, der sofort ärztlicher Hilfe bedarf. Nach der Durchführung lebensrettender Erste-Hilfe-Maßnahmen (zum Beispiel Blutung stoppen, Atemwege freimachen) rufen Sie den Notarzt.
2. Legen Sie das Kind so auf den Rücken, daß der Kopf niedriger liegt als der Körper, außer, der Kopf wurde verletzt. Decken Sie es zu. Sprechen Sie tröstend und beruhigend auf das Kind ein, versuchen Sie, ihm die Angst zu nehmen. Angst und Schmerzen verschlechtern seinen Zustand.

Schock

Symptome
Schwächegefühl, fahle Hautblässe, kalter Schweiß, starkes Frösteln, Unruhe, Verwirrung, Übelkeit, Brechreiz, schneller und schwächer werdender Pulsschlag, Bewußtlosigkeit

Stabile Seitenlagerung bei Bewußtlosigkeit

Durchführung

1. Schieben Sie den Arm des Kindes, der zu Ihrer Körperseite hinzeigt, in gestrecktem Zustand unter seinen Körper.
2. Beugen Sie sein Bein derselben Körperseite rechtwinklig an.
3. Fassen Sie das Kind an Schulter und Hüfte der anderen Körperseite an, und drehen Sie es behutsam zu sich herüber, stützen Sie dabei den Körper mit Ihren Beinen ab.
4. Den unter dem Körper liegenden Arm ziehen Sie am Ellenbogen etwas hervor und winkeln ihn an.
5. Schieben Sie den Kopf des Kindes in den Nacken, so daß der Hals überstreckt ist, und wenden Sie das Gesicht nach unten. Schieben Sie die Finger der oben liegenden Hand unter die Wange.

Diese Seitenlage bewirkt, daß die Atemwege frei bleiben und Erbrochenes, Blut oder Schleim nicht in die Luftröhre eingeatmet werden, sondern nach außen abfließen können.

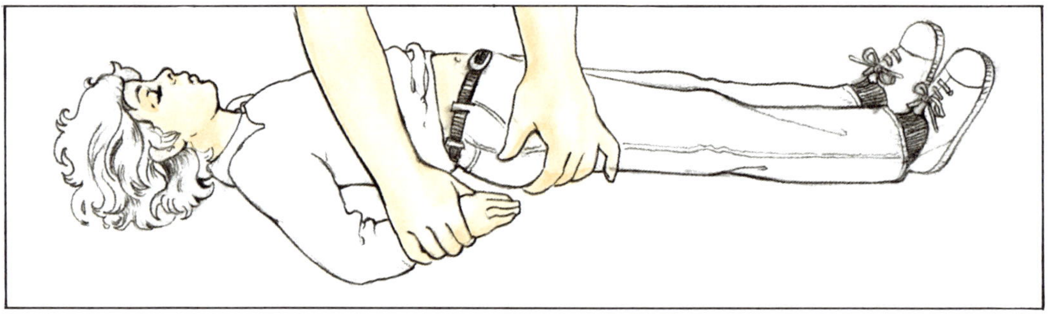

Den Arm des Kindes gestreckt unter seinen Körper stecken

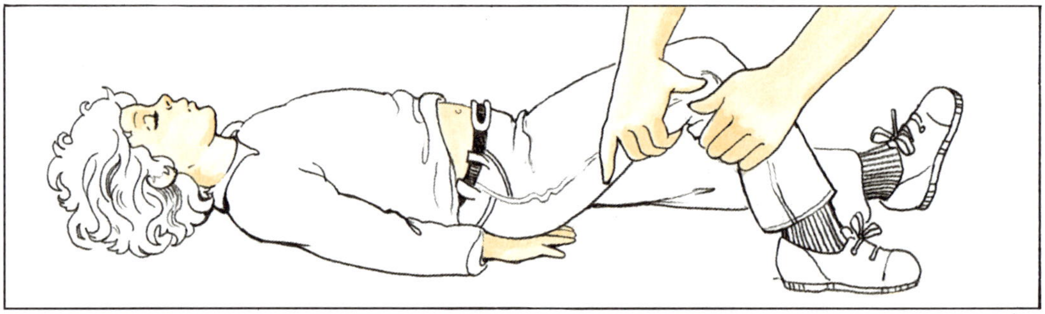

Das Bein derselben Seite anwinkeln

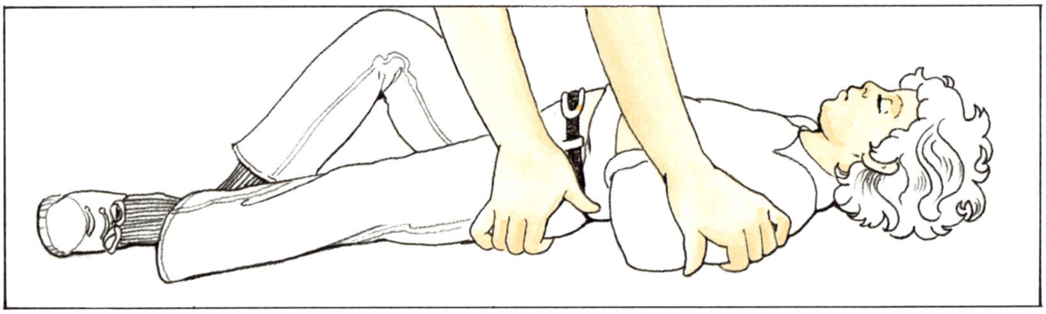

Das Kind an Schulter und Hüfte der anderen Seite fassen

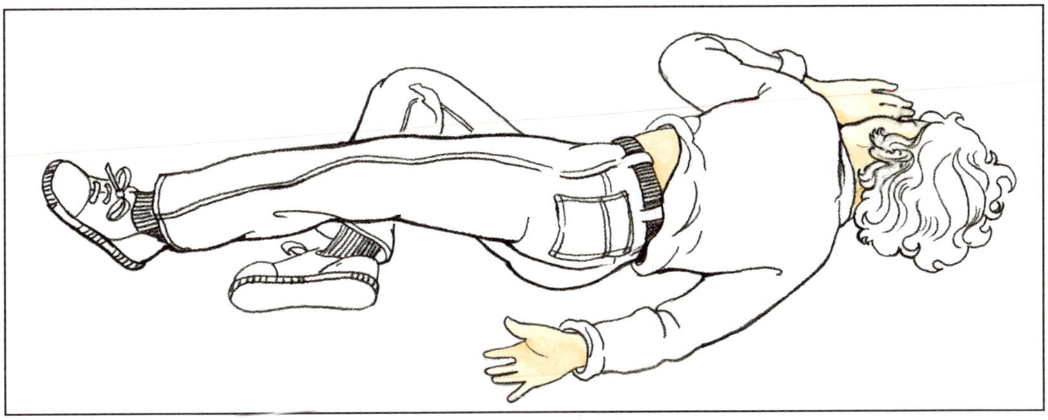

Das Kind umdrehen, den Hals nach hinten überstrecken und die obenliegende Hand unter die Wange schieben

Wiederbelebung bei Atemstillstand

Das Aussetzen oder der Stillstand der Atemtätigkeit bedeutet für Ihr Kind akute Lebensgefahr, denn ein nur wenige Minuten dauernder Sauerstoffmangel führt bereits zu einer Schädigung der Hirnzellen, ein länger anhaltender Atemstillstand zum Tod.

Wenn Sie Ihr Kind bewußtlos vorfinden, prüfen Sie, ob es noch atmet. Legen Sie dazu eine Hand auf den Oberbauch in Höhe der Magengrube, die andere seitlich an den Brustkorb unterhalb des Rippenbogens. Unter Ihren Händen spüren Sie bei vorhandener Atmung das Heben und Senken des Brustkorbs und des Oberbauches. Ist das nicht der Fall, müssen Sie sofort mit der Atemspende beginnen. Wenn Sie die Möglichkeit haben, veranlassen Sie, daß jemand den Notarzt ruft, vergeuden Sie aber selbst keine kostbare Zeit damit.

Durchführung bei kleineren Kindern

1. Zuerst machen Sie die Luftwege frei von Erbrochenem, Blut, Schleim, Wasser, Fremdkörpern (Zahnspangen, Kaugummi, Bonbons), indem Sie mit dem Finger in den Mund fahren oder den Kopf seitlich nach unten drehen, um die Flüssigkeit auslaufen zu lassen.
2. Legen Sie das Kind mit dem Rücken auf eine feste Unterlage. Knien Sie sich seitlich neben seinen Kopf, fassen Sie mit einer Hand den Kopf oberhalb der Stirn, mit der anderen an das Kinn. Beugen Sie nun den Kopf stark nach hinten in den Nacken. Dadurch werden die Atemwege frei, manchmal kommt allein durch diese Maßnahme die Atmung wieder in Gang. Halten Sie den Kopf in dieser Stellung fest.
3. Setzt die Atmung nicht ein, beginnen Sie mit der Atemspende. Atmen Sie ein, und umschließen Sie mit ihrem Mund *bei einem kleinen Kind* gleichzeitig dessen Nase und Mund. Blasen Sie Ihre Ausatmungsluft mit vier kurzen Atemstößen in die Lungen des Kindes. Wenden Sie dabei keinen starken Druck an, atmen Sie also nicht völlig aus. Nehmen Sie Ihren Kopf zur Seite, und beobachten Sie, ob sich Brustkorb und Oberbauch des Kindes heben und senken. Wiederholen Sie die Atemspende alle zwei Sekunden, bis das Kind von selbst regelmäßig atmet oder Hilfe eingetroffen ist. Flimmert es Ihnen vor den Augen, haben Sie sich dabei überanstrengt. Machen Sie eine kurze Pause, und atmen Sie tief durch.

Durchführung bei größeren Kindern

Bei *größeren Kindern* nehmen Sie eine Mund-zu-Mund-Beatmung vor.

1. Zuerst machen Sie die Luftwege frei wie oben beschrieben.
2. Lagern Sie das Kind wie oben beschrieben, und überstrecken Sie den Hals, indem Sie den Kopf nach hinten beugen. Ihre auf der Stirn des

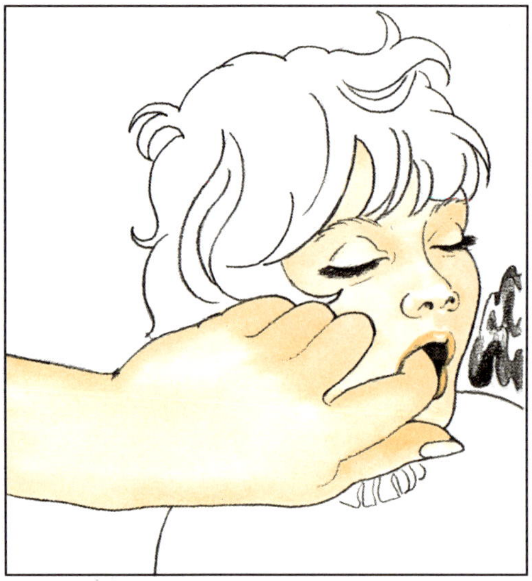

Zunächst die Luftwege frei machen

Dann den Kopf nach hinten überstrecken

Bei einem kleineren Kind Nase und Mund umschließen

Bei einem größeren Kind nur den Mund umschließen

Kindes liegenden Finger drücken seine Nase zu, und Ihre Hand am Kinn schiebt den Unterkiefer ein wenig vor, so daß der Mund etwas geöffnet wird.

3. Atmen Sie ein, und umschließen Sie mit Ihren Lippen den Mund des Kindes. Machen Sie wiederum vier kurze Atemstöße mit einem Atemzug, und wiederholen Sie diese alle drei Sekunden.

4. Wenn sich beispielsweise durch einen Krampf der Mund nicht öffnen läßt, können Sie auch eine Mund-zu-Nase-Beatmung durchführen. Dazu drücken Sie den Unterkiefer nach vorn und oben, schieben mit Ihrem Daumen die Unterlippe gegen die Oberlippe, so daß der Mund geschlossen ist. Halten Sie den Kopf in dieser Stellung fest, und setzen Sie Ihren Mund über der Nase des Kindes auf seinem Gesicht auf. Dann blasen Sie Ihre Atemluft über die Nase ein.

Wiederbelebung bei Herzstillstand

Hat Ihr Kind einen Unfall erlitten, bei dem es zu einem Herzstillstand gekommen ist, sind Minuten entscheidend. Ihrem raschen und sachkundigen Eingreifen verdankt es möglicherweise sein Leben. Fühlen Sie an der Hals- oder Schläfenschlagader keinen Puls mehr, müssen Sie eine äußere Herzdruckmassage vornehmen.

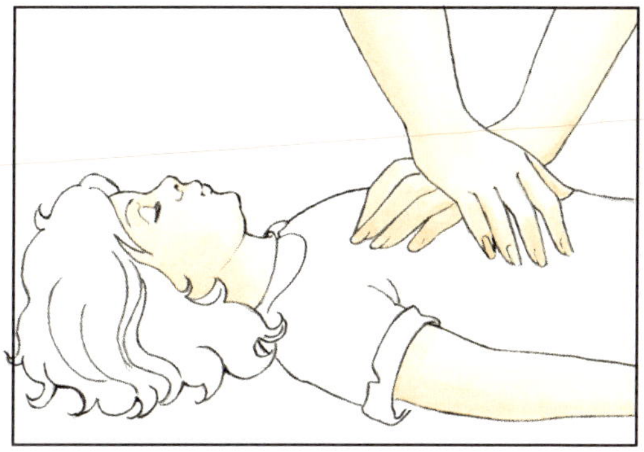

Herzdruckmassage bei einem größeren Kind

Durchführung

Das Kind muß auf einer harten Unterlage liegen. Entfernen Sie die Kleidung, so daß Sie das Brustbein zwischen den Rippen ertasten können.

1. Bei einem *Säugling* umgreifen Sie am besten den Oberkörper mit Ihren Händen und legen dabei Ihre Daumen in der Mitte des Brustbeins übereinander. In dieser Haltung drücken Sie das Brustbein kurz und etwa 1–2 Zentimenter tief ein. Das muß 100- bis 120mal in der Minute geschehen.
2. Beim *Kleinkind* führen Sie mit dem Handballen einer Hand 90- bis 100mal pro Minute kräftige Stöße auf die Mitte des Brustbeins aus, so daß es 2,5–4 Zentimeter eingedrückt wird.
3. Bei *größeren Kindern* legen Sie Ihre Hände auf dem unteren Brustbeindrittel so übereinander, daß Sie mit den Handwurzeln 60mal in der Minute ruckartige Stöße ausführen können, die das Brustbein 4–5 Zentimeter eindrücken.

Das Eindrücken des Brustbeins in Richtung auf die Wirbelsäule hat den Sinn, das Herz dabei zusammenzupressen und den Kreislauf des Blutes aufrechtzuerhalten, bis das Herz von selbst diese Aufgabe wieder übernimmt.

Wenn das Herz aufhört zu schlagen, setzt auch die Atmung aus. Bei Wiederbelebungsversuchen müssen darum Herzdruckmassage und Atemspende im Wechsel durchgeführt werden. Sind Sie auf sich allein gestellt, beginnen Sie die Atemspende mit fünf Beatmungen, danach drücken Sie 15mal auf das Brustbein. Anschließend führen Sie immer zwei Atemzüge mit vier kurzen Atemstößen und 15 Herzdruckmassagen aus. Steht ein zweiter Helfer zur Verfügung, sollte einer von Ihnen die Atemspende, der andere die Herzdruckmassage ausüben, und zwar so, daß auf eine Beatmung fünf Herzkompressionen folgen.

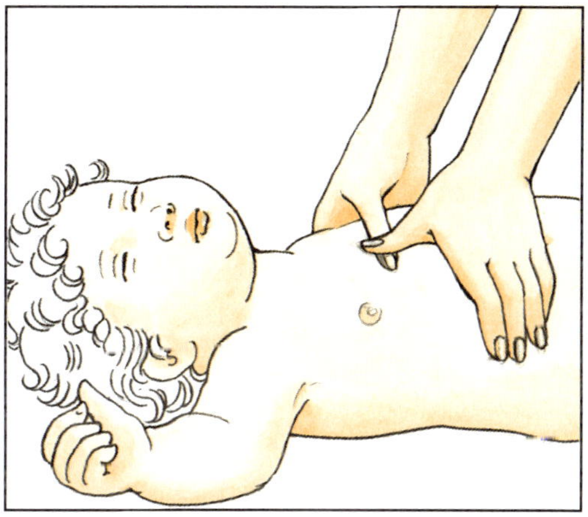

Herzdruckmassage bei einem Säugling

Diese Anleitungen können Ihnen allerdings nicht die Sicherheit vermitteln, die Sie im Notfall brauchen. Praktische Übungen sind möglicherweise von unschätzbarem Wert, wenn Sie einmal in eine solche dramatische Situation kommen. Bereiten Sie sich darauf vor, besuchen Sie einen Lehrgang in Erster Hilfe beim Roten Kreuz oder vergleichbaren Einrichtungen. Die Stunden, die Sie dafür opfern, können vielleicht eines Tages für Ihr Kind oder einen anderen Menschen lebensrettend sein.

Glossar

A

Abdomen
Bauch, Unterleib

Absencen
kurze Bewußtseinstrübung mit nachfolgender Gedächtnislücke

abszedierende Pneumonie
durch Staphylokokken hervorgerufene Lungenentzündung mit Abszeßbildung

Abszeß
von einem Wall aus Entzündungsgewebe umgebene Eiteransammlung

adenoide Wucherungen
Vergrößerung der Rachenmandel („Polypen")

Adenotomie
Entfernung der Rachenmandel

Adoleszentenkyphose
siehe Scheuermann-Krankheit

Adoleszenz
Jugendalter, Lebensabschnitt nach beendeter Pubertät

Akne
Hautkrankheit mit Bildung von Mitessern, Knötchen und Pusteln

akut
unvermittelt auftretend, schnell und heftig verlaufend

Albumin
wasserlöslicher körperlicher Eiweißstoff

Albuminurie
Ausscheiden von Albumin mit dem Urin

Allergen
Antigen, ruft Überempfindlichkeitsreaktionen hervor

Allergie
Überempfindlichkeit, gesteigerte Bereitschaft, auf Kontakt mit einer antigenen Substanz mit krankhaften Erscheinungen zu reagieren

Amblyopie
Schwachsichtigkeit

Aminosäuren
Bausteine der Eiweißkörper

Amnesie
Erinnerungslücke, zeitlich oder inhaltlich begrenzte Gedächtnisstörung

Amniozentese
Fruchtwasserpunktion für genetische Untersuchungen

Analgetika
schmerzstillende Mittel

Anämie
Blutarmut

Anamnese
Vorgeschichte einer Krankheit

anaphylaktischer Schock
ausgeprägte Überempfindlichkeitsreaktion bei wiederholtem Kontakt mit einer allergieauslösenden Substanz

Anästhesie
Ausschaltung der Empfindung für Schmerz-, Temperatur- und Berührungsreize

Anästhesist
Facharzt für Narkose

Androgene
männliche Sexualhormone

Anenzephalus
Fehlen von Schädeldecke und Teilen des Gehirns

Angina
„beengt", Gaumenmandelentzündung

Angiokardiographie
Röntgendarstellung des Herzens nach Einspritzung eines Kontrastmittels

anikterisch
ohne Gelbsucht

Antazida
Magensäure bindende Medikamente

Antibiotika
Stoffwechselprodukte verschiedener Mikroorganismen, die auf Krankheitskeime schädigend oder wachstumshemmend wirken

Antigene
Substanzen oder Organismen (zum Beispiel Bakterien), die den Körper zur Bildung von Abwehrstoffen veranlassen, um sie zu vernichten

Antihistaminika
Mittel, die die Wirkung des bei Allergien freigesetzten Histamins abschwächen oder verhindern

Antikörper
von den Körperzellen gebildete Abwehrstoffe, zum Beispiel gegen Bakterien

Antimykotikum
Arzneimittel mit spezieller Wirkung gegen Pilze

Antitoxine
Gegenstoffe, spezifische Antikörper, die tierische, pflanzliche oder mikrobielle Gifte an sich binden und deren Wirkung aufheben

Anurie
stark geminderte oder fehlende Harnproduktion

Anus
After, Darmausgang
Aorta
Hauptschlagader des Körpers
Apathie
Teilnahmslosigkeit
Apgar-Index
Punktzahl zur Beurteilung des Gesundheitszustands des Neugeborenen in den ersten 10 Minuten nach der Geburt
Aphthen
an den Lippen und an der Mundschleimhaut befindliche, gelblich-weiße Pusteln oder Bläschen, die schmerzhaft sind
Apnoe
Atemstillstand
Appendektomie
Entfernung des Wurmfortsatzes
Appendix
Wurmfortsatz
Appendizitis
Wurmfortsatz-(Blinddarm-)entzündung
Arterie
Schlagader
Arthritis
Gelenkentzündung
Askariden
Spulwürmer
Aspiration
Ansaugen, Einatmen von Luft, Eindringen von flüssigen oder festen Stoffen in die Atemwege
Aspirationspneumonie
durch Einatmen von Blut, Erbrochenem oder Fremdkörpern verursachte Lungenentzündung (Bronchopneumonie)
asthenisch
schmalwüchsig
Asthma
anfallsweise auftretende Atembehinderung, krampfhafte Atemnot
Astigmatismus
Sehfehler infolge abnormer Hornhautkrümmung des Auges
Aszites
Ansammlung von Wasser in der Bauchhöhle
Ataxie
Störung des Ablaufs koordinierter Muskelbewegungen
Atresie
Verschluß von Hohlorganen oder Körperöffnungen
Atrium
Vorhof
Atriumseptumdefekt
Loch in der Scheidewand zwischen den Herzvorhöfen (Vorhofscheidewanddefekt)
Atrophie
Schrumpfung und Verkleinerung von Organen; auch starke Abmagerung
Autoimmunkrankheit
durch eine Immunreaktion (Antigen-Antikörper-Reaktion) auf körpereigene Substanz verursachte Krankheit
Auskultation
Abhorchen des Körpers
axillar
zur Achsel gehörend, unter der Achsel

B

Bakteriämie
Vorhandensein von Bakterien im Blut
BCG-Impfung
Tuberkuloseschutzimpfung
Bilirubin
gelbroter Gallenfarbstoff, Abbauprodukt des Blutes
Biopsie
Entnahme einer Gewebeprobe zu Untersuchungszwecken
Blennorrhö
eitrige, durch Gonokokken hervorgerufene Augenbindehautentzündung
BNS-Krämpfe
Blitz-, Nick-, Salaamkrämpfe
Breitbandantibiotika
antibiotische Heilmittel mit breitem Wirkungsspektrum gegen zahlreiche Keimarten
Bronchiektase
bleibende Erweiterung der Bronchien
Bronchiolitis
Erkrankung der kleinsten Verzweigungen des Bronchialbaums
Bronchitis
Entzündung der Schleimhaut der baumartigen Verzweigungen der Luftröhre (Bronchien)
Bronchopneumonie
durch eine in die Bronchien absteigende Infektion bedingte Lungenentzündung
bulbär
das verlängerte Mark betreffend

C

Chemotherapeutika
Sammelbegriff für natürliche oder synthetische Substanzen, die Krankheitserreger und Geschwulstzellen hemmen oder abtöten können
Chorionbiopsie
Entnahme einer Gewebsprobe aus der Zottenhaut des Embryos für genetische Untersuchungen
Chromosom
Träger der Gene
Chromosomenaberration
Abweichung von der normalen Chromosomenzahl
chronisch
sich langsam entwickelnd, über einen längeren Zeitraum ausdehnend

Colitis ulcerosa
entzündliche Erkrankung des Dickdarms mit Geschwürbildung
Colon
Dickdarm
Commotio cerebri
Gehirnerschütterung
Computertomographie
verfeinertes Röntgenverfahren, mit dem Schichtaufnahmen des Körperinneren angefertigt werden
Contusio cerebri
Hirnprellung, Hirnquetschung
Crohn-Krankheit
chronische, narbenbildende Darmentzündung
CT
Computertomographie
Cushing-Syndrom
Krankheit mit einem erhöhten Nebennierenrindenhormonspiegel, unter anderem begleitet von Fettsucht

D

Dehydratation
Austrocknung
Dermatitis
Hautentzündung
Dermatitis, seborrhoische
siehe Gneis
Dermatologe
Facharzt für Hautkrankheiten
Diabetes mellitus
Zuckerkrankheit
Diagnose
Erkennung und Benennung einer Krankheit
Dialyse
Blutwäsche
Diarrhö
Durchfall
Diastole
Erschlaffung des Herzmuskels mit Blutfüllung der Herzkammern
Diphtherie
Infektionskrankheit im Hals-Rachen-Raum, Krupp
Distorsion
Verstauchung mit Zerrung der Gelenkbänder
Down-Syndrom
siehe Mongolismus
Drainage, Dränage
Ableitung von Flüssigkeitsansammlungen aus Körperhöhlen oder von Wundsekret aus Wundgebieten
Ductus
Gang, Kanal
Duodenum
Zwölffingerdarm, Anfangsstück des Dünndarms
Dysenterie
bakterielle Ruhr
Dyspepsie
akute Verdauungsstörung des Säuglings
Dysplasie
Mißgestaltung, Fehlbildung
Dyspnoe
Kurzatmigkeit, Atemnot
Dystrophie
leichte Verlaufsform einer chronischen Ernährungsstörung beim Säugling; Unterernährung, Abmagerung

E

Echokardiographie
Ultraschalldiagnostik des Herzens
EEG
Elektroenzephalogramm
EKG
Elektrokardiogramm
Ekzem
nicht ansteckende, juckende Entzündung der Haut mit zahlreichen Erscheinungsformen
Elektroenzephalogramm
Kurvenaufzeichnung der elektrischen Hirnaktionsströme
Elektrokardiogramm
Kurvenzeichnung der elektrischen Herzaktionsströme
Embryo
das ungeborene Kind in der Gebärmutter während der ersten drei Schwangerschaftsmonate
Embryopathie
vorgeburtliche Erkrankung mit folgender Entwicklungsstörung des Embryos (beispielsweise durch Rötelnerkrankung oder Medikamentenmißbrauch der Mutter)
Emesis
Erbrechen
Emphysem
Luftansammlung im Gewebe
Enanthem
Schleimhautausschlag
endogen
im Körper selbst entstanden, von innen heraus
Endokarditis
Herzinnenhautentzündung
Endoskopie
Spiegelung der Innenflächen von Körperhohlorganen
Enteritis
entzündliche Erkrankung des Dünndarms
Enteritis regionalis Crohn
siehe Crohn-Krankheit
Enterobien
Madenwürmer
Enteroviren
Viren, die Darmerkrankungen verursachen
Enzephalitis
Gehirnentzündung

Enzephalopathie
nichtentzündliche Hirnerkrankung
Enzyme
Eiweißstoffe, die im Organismus die biochemischen Reaktionen des Stoffwechsels beeinflussen
Epiglottitis
Kehldeckelentzündung
Epikanthus
Hautfalte im inneren Augenwinkel, „Mongolenfalte“
Epilepsie
in den meisten Fällen mit Bewußtseinsstörungen einhergehende Anfallskrankheit
Epispadie
Harnröhrenspalte mit Öffnung an der Penisoberseite, angeborene Hemmungsmißbildung
Epistaxis
Nasenbluten
Erythroblastose
Auftreten von zahlreichen unreifen Vorstufen der roten Blutzellen infolge eines vermehrten Blutzerfalls bei Blutgruppenunverträglichkeit zwischen Mutter und Kind
Erythrozyten
rote Blutkörperchen
Eustachische Röhre
Ohrtrompete, Ohrtube
Exanthem
Hautausschlag
Exanthema subitum
Dreitagefieber
exogen
von außen kommend
Exophthalmus
Hervortreten des Augapfels
Exsikkose
Austrocknung des Körpergewebes

F

Fäkalien
Kot
Fallot-Tetralogie
angeborener Herzfehler mit ständiger Blausucht, dem vier Defekte zugrunde liegen
Fetopathie
vorgeburtliche Erkrankung mit folgender Entwicklungsstörung des Fetus (beispielsweise durch Toxoplasmose oder Blutgruppenunverträglichkeit)
Fetus
Ungeborenes im Mutterleib nach dem 3. Schwangerschaftsmonat
Fissur
Spalt, Einriß
Fluor
Spurenelement
Fluor vaginalis
Ausfluß aus der Scheide
Fölling-Krankheit
siehe Phenylketonurie
Fontanelle
Lücke im Schädeldach des Säuglings, die später verknöchert
Fototherapie
Behandlungsmethode bei erhöhtem Bilirubingehalt des Blutes bei Neugeborenen
Fraktur
Knochenbruch
FSME
Frühsommermeningoenzephalitis
fungizid
pilztötend

G

Galaktosämie
Stoffwechselstörung mit Galaktoseunverträglichkeit
Galaktose
Bestandteil des Milchzuckers
Gametopathie
vorgeburtliche Erkrankung mit folgender Entwicklungsstörung durch Defekte der Ei- oder der Samenzelle
Gammaglobulin
Bluteiweiße, die Träger der Antikörper sind
Gaster
Magen
Gastritis
Magen(schleimhaut)entzündung
Gastroenteritis
akute Magen-Darm-Störung
Gastroskopie
Magenspiegelung
Gen
Träger der Erbinformation
Genitalien
Geschlechtsorgane
Genopathie
vorgeburtliche Erkrankung mit folgender Entwicklungsstörung durch Gen- oder Chromosomendefekte
genuin
angeboren
Gestagene
weibliche Sexualhormone
Glans
Eichel des männlichen Gliedes
Glomerula
Kapillarknäuel der Nieren
Glomerulonephritis
Entzündung der Nieren, die sich überwiegend in den Kapillarknäueln abspielt
Glukose
Traubenzucker
Gluten
Klebereiweiß im Getreide

Gneis
Ekzem des behaarten Kopfes, gekennzeichnet durch dicke, fettige Schuppen auf geröteter Haut
Gonnorrhö
Tripper, Geschlechtskrankheit
Grand mal
„großer" epileptischer Krampfanfall
Granulozyten
Untergruppe der weißen Blutkörperchen
Grippepneumonie
durch Influenzaviren verusachte Lungenentzündung
Guthrie-Test
Test zur Erkennung der Stoffwechselanomalie Phenylketonurie
Gynäkologe
Facharzt für Frauenkrankheiten
Gynäkomastie
Entwicklung einer weiblichen Brust beim Jungen

H

Hämangiom
Blutschwämmchen
Hämatokrit
Anteil an Blutzellen in der Blutflüssigkeit
Hämatom
Bluterguß
Hämoglobin
roter Blutfarbstoff
Hämolyse
Auflösung der roten Blutkörperchen
Hämophilie
Bluterkrankheit
Hautmale
von Pigmentzellen und Blutgefäßen ausgehende, gutartige Wucherungen
Hepatitis
Leberentzündung
Hernie
Eingeweidebruch
Herpes labialis
Fieberbläschen, Herpes simplex im Bereich der Lippen
Herpes simplex
gutartige, virusbedingte Hauterkrankung; im Bereich von Haut-Schleimhaut-Übergängen bilden sich mit Flüssigkeit gefüllte Bläschen, die unter Krustenbildung eintrocknen
Herpes zoster
Gürtelrose
Herzkatheterismus
zur Untersuchung des Herz-Kreislauf-Systems wird ein Katheter in ein Blutgefäß eingeführt und bis zum Herzen vorgeschoben; durch ihn können ein Kontrastmittel gegeben und Druckmessungen vorgenommen werden
Hiatus
Spalt, Öffnung
Hiatushernie
Zwerchfellbruch
Hitzepickel
infolge starken Schwitzens von den Schweißdrüsen ausgehender Hautausschlag
Hodenhypoplasie
Unterentwicklung der Hoden
Hodgkin-Lymphom
ohne Behandlung tödlich verlaufende, von den Lymphknoten ausgehende Krankheit ungeklärter Ursache
Hordeolum
Gerstenkorn
Hydramnion
übermäßige Ansammlung von Fruchtwasser
Hydrozele
Wasserbruch im Hodensack
Hydrozephalus
Wasserkopf (vergrößerte Hirnwasserräume)
Hyperbilirubinämie
vermehrter Gehalt von Gallenfarbstoffen im Blut
hyperkalzämisch
erhöhter Kalziumgehalt des Blutes
Hyperkinese
Bewegungsunruhe, übermäßig gesteigerter Bewegungsdrang
Hyperopie
Weitsichtigkeit
Hyperplasie
Organvergrößerung durch krankhafte Zellvermehrung
Hypersekretion
vermehrte Absonderung
Hyperthyreose
Schilddrüsenüberfunktion
Hypertonie
Bluthochdruck
Hypoglykämie
stark verminderter Blutzuckergehalt
hypokalzämisch
herabgesetzter Kalziumgehalt des Blutes
Hypophyse
Hirnanhangdrüse am Boden des Zwischenhirns
Hyposensibilisierung
schrittweise Herabsetzung der Empfindlichkeit bei Allergien durch Gewöhnung an die allergene Substanz
Hypospadie
angeborene Mißbildung, bei der die Harnröhrenöffnung an der Penisunterseite liegt
Hypothyreose
Schilddrüsenunterfunktion
Hypotonie
niedriger Blutdruck
Hypoxämie
verminderter Sauerstoffgehalt im Blut

I

Ikterus
Gelbsucht = gelbliche Verfärbung des Weißen im Auge sowie der Haut

Ikterus gravis
schwere Gelbsucht

Ileus
Darmverschluß

Imbezellität
mittelgradiger Schwachsinn

Immunglobuline
körpereigene Eiweißstoffe mit Antikörpereigenschaften

Immunität
Unempfindlichkeit gegen Krankheitserreger und ihre Gifte

Immunsystem
Organe, Zellen und Eiweißkörper, die dem Organismus zur Abwehr körperfremder Substanzen dienen

Impetigo contagiosa
Eiterflechte, ansteckender Hautausschlag

Infektion
Ansteckung mit Krankheitserregern

Influenza
Virusgrippe

Infusion
Eintropfen größerer Flüssigkeitsmengen, zum Beispiel mit Medikamenten, in eine Vene

Inhalation
Einatmung

Injektion
Einspritzung

Imkompatibilität
Unverträglichkeit

Inkubationszeit
Zeit zwischen der Ansteckung bis zum Auftreten der ersten Krankheitserscheinungen

Inkubator
Brutkasten

Insuffizienz
Funktionsschwäche von Organen, mangelhafte Leistung

Insulin
Hormon der Bauchspeicheldrüse

Interferon
körpereigener Virusabwehrstoff

intrauterin
in der Gebärmutter

Invagination
Einstülpung eines Hohlorgans, meist des Darmes

K

Kapillare
Haargefäße, feinste Blutgefäße

Karies
Zahnfäule

Karyogramm
Bild eines Chromosomensatzes

Karzinom
Krebs, bösartige Geschwulst

Katarakt
grauer Star, Linsentrübung des Auges

Katarrh
Entzündung der Schleimhaut

Kavernen
tuberkulöse Gewebshöhlen

Kawasaki-Syndrom
Krankheit, die Veränderungen an Schleimhaut, Haut und Lymphknoten verursacht

Keratokonjunktivitis
Hornhaut- und Bindehautentzündung

Kernikterus
Ablagerung von zellschädigendem Bilirubin in den Hirnnervenzellen

Kernspintomographie
Diagnoseverfahren, das statt mit Röntgenstrahlen mit Magnetwellen arbeitet und Schichtbilder vom Körperinneren herstellt

Klistier
Darmeinlauf, Einbringen von Flüssigkeit in den Mastdarm

Koagulopathie
Krankheit, bei der es zur Störung der Blutgerinnung kommt

Kolik
krampfartiger Schmerzanfall

Kollaps
Zusammenbruch

Koma
tiefe Bewußtlosigkeit

Kompression
Quetschung

Konjunktivitis
Augenbindehautentzündung

konnatal
angeboren

Kontusion
Prellung, Verletzung durch stumpfe Gewalt

Kortikosteroide
Hormone der Nebennierenrinde

Kortison
Hormon der Nebennierenrinde

Kraniotabes
Weichheit und Eindrückbarkeit des Schädelknochens

Kretinismus
Zurückbleiben der körperlichen und geistigen Entwicklung

Krupphusten
entzündliche Kehlkopfenge, begleitet von Atemnot und bellendem Husten, Diphtherie
Kryptorchismus
Hodenhochstand, Zurückbleiben von einem oder beiden Hoden in der Bauchhöhle
Kutis
Haut
Kyphose
abnorme Krümmung der Brustwirbelsäule nach hinten (Buckel)

L
Laryngitis
Kehlkopfentzündung
Larynx
Kehlkopf
Leberzirrhose
chronische Lebererkrankung mit Untergang des Lebergewebes
Leukämie
Form von Blutkrebs mit Überproduktion an weißen Blutkörperchen
Leukozyten
weiße Blutkörperchen
Lidphlegmone
eitrige Entzündung des Zellgewebes am Lid
Liquor cerebrospinalis
Gehirn-Rückenmark-Flüssigkeit
Listeriose
durch Bakterien verursachte Infektionskrankheit, die von Tieren (Rind, Schwein, Huhn) auf den Menschen übertragen werden kann
Lobärpneumonie
Lungenentzündung, bei der ein oder mehrere Lungenlappen befallen werden
Lokalanästhetikum
örtlich wirkendes Betäubungsmittel
Lordose
Krümmung der Wirbelsäule nach vorn (Hohlkreuz)
Lumbalpunktion
Gewinnung von Gehirn-Rückenmark-Flüssigkeit durch Einstich in die Rückenmarkshaut in Höhe der Lendenwirbelsäule
Luxation
Verrenkung
Lymphadenitis
Lymphknotenentzündung
Lymphom
Lymphknotenschwellung
Lymphozyten
weiße Blutkörperchen, die hauptsächlich in den lymphatischen Organen (Lymphknoten, Milz, Gaumenmandeln) entstehen

M
Maldescensus testis
Hodenhochstand
maligne
bösartig
Masern-Krupp
krampfartiger Krupp infolge Infektion mit Masernviren
Mastitis
Brustdrüsenentzündung
Mastoiditis
Entzündung des Warzenfortsatzes des Schläfenbeins hinter dem Ohr
Masturbation
Selbstbefriedigung
Meiose
Reduktionsteilung, betrifft die Keimzellen, die ihren Chromosomensatz vor der Zellteilung nicht verdoppeln
Mekonium
dunkelgrünes, zähes Kindspech, erster Stuhlgang des Neugeborenen
Menarche
erste Regelblutung
Meningitis
Hirnhautentzündung
Meningitis epidemica
siehe Meningokokkenmeningitis
Meningoenzephalitis
Entzündung von Hirnhäuten und Gehirn
Meningokokkenmeningitis
von Meningokokken verursachte Hirnhautentzündung
Meningokokkensepsis
Blutvergiftung durch Meningokokken
Meningomyelozele
Vorfall der Rückenmarkshäute und eines Teils des Rückenmarks durch einen Spalt in der Wirbelsäule
Meningozele
mit Flüssigkeit gefüllter Bruchsack der Rückenmarkshäute bei Vorliegen eines Wirbelsäulenspaltes
Menstruation
Monatsblutung, Regel, Periode
Meteorismus
Blähsucht, Gasansammlung im Darm
Migräne
anfallsweise auftretende halbseitige Kopfschmerzen
Mikroorganismen, Mikroben
Kleinstlebewesen wie Bakterien und Pilze
Mikrophthalmie
abnorm kleiner Augapfel
Mikrozephalie
abnorm kleiner Schädel
Miliaria
siehe Hitzepickel
Miliartuberkulose
Allgemeininfektion des Körpers mit Tuberkeln

Mitose
Zellteilung nach vorheriger Verdoppelung des Chromosomensatzes
Molar
Backenzahn
Mongolismus
Krankheit mit Chromosomenanomalie, statt 46 gibt es 47 Chromosomen
Mononucleosis infectiosa
Pfeiffersches Drüsenfieber
Morbilli
Masern
Morbus
Krankheit
Morbus Crohn
siehe Crohn-Krankheit
Morbus Hodgkin
siehe Hodgkin-Lymphom
Motorik
körperliche Bewegungsabläufe
Mukosa
Schleimhaut
Mukoviszidose
frühere Bezeichnung für zystische Fibrose, einer erblichen Erkrankung mit gestörter Ausscheidung der Drüsenabsonderungen
Multiple Sklerose
Erkrankung des Zentralnervensystems mit in Schüben verlaufenden Lähmungen
Mutation
Änderung der Erbinformation
Mykoplasmen
Kleinstlebewesen
Mykosen
Pilzkrankheiten
Myokarditis
Herzmuskelentzündung
Myoklonie
blitzartige Zuckung von Muskeln
Myopie
Kurzsichtigkeit

N

Naevi
siehe Hautmale
Naevus flammeus
Feuermal
Nephritis
Nierenentzündung
Nephrose
nicht entzündliche Nierenerkrankung
nephrotisches Syndrom
Nierenkrankheit, die sich durch bestimmte Befunde, wie unter anderem durch Ausscheiden großer Eiweißmengen im Urin und Ödeme, auszeichnet
Neuralgie
Nervenschmerz
Neurologe
Facharzt für Nervenkrankheiten
Non-Hodgkin-Lymphom
alle bösartigen Erkrankungen mit Lymphknotenschwellungen, die nicht zum Hodgkin-Lymphom gehören
Nystagmus
zuckende Augenbewegung

O

Obstipation
Verstopfung
Ödem
Schwellung des Gewebes infolge wäßriger (seröser) Flüssigkeitsansammlung
Onanie
Selbstbefriedigung
Onkologie
Lehre von den Geschwulstkrankheiten
Oophoritis
Eierstockentzündung
Ophthalmologe
Facharzt für Augenkrankheiten
Ophthalmoskop
Augenspiegel
Opisthotonus
Krampf der Rückenmuskulatur mit Rückwärtsbeugung des Rumpfes
Orbitalphlegmone
eitrige Entzündung des Zellgewebes der Augenhöhle
Orchitis
Hodenentzündung
Orthopäde
Facharzt für Krankheiten des Bewegungsapparates
Orthostasesyndrom
durch Versacken des Blutes in die Beinvenen bedingte Mangeldurchblutung des Gehirns (Schwindel, Ohrensausen)
Ösophagus
Speiseröhre
Osteoporose
vorzeitige Entkalkung der Knochen
Östrogene
weibliche Sexualhormone
Otitis media
Mittelohrentzündung
Otoskop
Ohrenspiegel
Oxyuren
ehemalige Bezeichnung der Enterobien

P

Pädiater
Facharzt für Kinderkrankheiten
Palpation
Abtasten der Organe
Pankreas
Bauchspeicheldrüse
Paralyse
Lähmung
Paratyphus
dem Typhus ähnliche, aber leichter verlaufende Infektionskrankheit
Parotitis epidemica
Mumps, Ziegenpeter
pathologisch
krankhaft
Pediculus humanus capitis
Kopflaus
Penis
männliches Glied
Perforation
Durchbruch, Durchstoßung
Perikarditis
Herzbeutelentzündung
Periode
siehe Menstruation
peripher
außen, am Rande, entfernt
Peritonitis
Bauchfellentzündung
Perkussion
Beklopfen der Körperoberfläche
Pertussis
Keuchhusten
Petechien
punktförmige Blutungen in der Haut
Petit mal
„kleiner" epileptischer Anfall ohne oder mit nur angedeutetem Krampf
Phenylketonurie
Stoffwechselkrankheit infolge eines Enzymdefektes
Phimose
Vorhautverengung
Phonokardiogramm
Ableitung und Aufzeichnung des Herzschalls
Phonokardiographie
Registrierung der Herztöne über ein Mikrophon
physiologisch
normal, dem gesunden Lebensvorgang entsprechend
Physiotherapie
Behandlung mit natürlichen Mitteln wie Wasser, Wärme, Licht, Luft, Massage und Gymnastik
Pigmente
Farbstoffe
Pigmentnaevus
Schönheitsfleck
PKG
Phonokardiographie
PKU
Phenylketonurie
Plaque
Zahnbelag
Plazenta
Mutterkuchen, Nachgeburt
Pleura
Brustfell, Rippenfell
Pleuraempyem
eitriger Erguß im Brustfellraum
Pleuritis
Brustfellentzündung
Pneumonie
Lungenentzündung
Pneumothorax
Eindringen von Luft in den Brustfellraum
Poliomyelitis epidemica
Kinderlähmung
Polyarthritis
Entzündung zahlreicher Gelenke
Polyneuritis
Erkrankung mehrerer Nerven
Polypen
vergrößerte Rachenmandel, adenoide Wucherung
pränatal
vor der Geburt
präparalytisch
vor der Lähmung
Präpubertät
Zeit vor der Pubertät
Prophylaxe
Vorbeugung
Protozoen
tierische Einzeller
Pseudo-Cushing
durch Behandlung mit Kortisonpräparaten hervorgerufene Symptome des Cushing-Syndroms
Pterygium colli
Faltenhals, Symptom bei Turner-Syndrom
Pubertas praecox
vorzeitige Geschlechtsentwicklung
Pubertät
Entwicklungsperiode zur geschlechtlichen Reife
pulmonal
die Lunge betreffend
Pulmonalarterie
Lungenschlagader
Pulmonalstenose
Verengung der Klappen am Übergang des rechten Herzens in die Lungenarterie
Purpura
einem Ausschlag gleichende Hautblutungen
Pyelitis
Nierenbeckenentzündung

Pyelonephritis
entzündliche Erkrankung des Nierenbeckens und des Nierenzellgewebes
Pylorus
Magenpförtner
Pylorusstenose, hypertrophische
Einengung des Magenausgangs, Magenpförtnerkrampf
Pyrogene
fiebererzeugende Substanzen

Q
Quincke-Ödem
plötzlich auftretende Gesichtsschwellung, meist als Folge einer Allergie; eventuell mit lebensgefährlicher Schleimhautschwellung in Mund, Rachen, Magen-Darm-Trakt und am Kehlkopf

R
Rachitis
Vitamin-D-Mangelkrankheit
Reflex
automatische Reaktion auf einen Reiz
rektal
den Mastdarm betreffend
Rektum
Mastdarm
Resorption
Aufsaugen, Aufnahme
Respiration
Atmung
Retardierung
Verzögerung, Zurückbleiben der geistigen Entwicklung
Rezidiv
Rückfall
Rhagaden
kleine, schmerzhafte Einrisse in der Haut
Rhesusfaktor
erbliche Blutgruppeneigenschaft
rheumatisches Fieber
Zweitkrankheit nach einem Streptokokkeninfekt
Rhinitis
Nasenschleimhautentzündung, Schnupfen
Roseola infantum
Dreitagefieber
Rubeola
Röteln

S
Salmonellose
durch Salmonellen hervorgerufene Infektionskrankheit
Scarlatina
Scharlach
Scheuermann-Krankheit
Wirbelsäulenerkrankung mit Gewebeveränderungen in den Zwischenwirbelscheiben und Deformation der Wirbelkörper
Schock
lebensbedrohliches Kreislaufversagen bei Unfällen, Herzinfarkt, Vergiftung durch Bakterien, Allergien
Seborrhoe
gesteigerte Absonderung der Talgdrüsen
Sepsis
Blutvergiftung
Septum
Scheidewand
Shunt
Kurzschlußverbindung zwischen Blutgefäßen
SIDS
Sudden Infant Death Syndrom, plötzlicher Kindstod
Sinobronchitis
Kombination entzündlicher Vorgänge in den Nasennebenhöhlen und den Bronchien
Sinusitis
Nasennebenhöhlenentzündung
Skleren
weiße Lederhäute, äußere Hülle der Augen
Skoliose
Verbiegung der Wirbelsaule
Skrotum
Hodensack
Smegma
Absonderung der Eichel und der Vorhautdrüsen
Somatogramm
graphische Darstellung der Beziehung zwischen Alter, Größe und Gewicht
Sonographie
Ultraschalluntersuchung
Soor
Pilzerkrankung von Haut und Schleimhaut
Spasmophilie
Stoffwechselkrankheit, verbunden mit Neigung zu Krämpfen
Spasmus
Verkrampfung
Spermien
Samenzellen, Samenfäden
Spina bifida
„Offener Rücken", Wirbelsäulenspaltbildung
Stenose
Verengung
Sterilität
Unfruchtbarkeit
Stethoskop
Instrument zum Abhorchen
Stomatitis
Mundschleimhautentzündung
Stomatitis ulcerosa
geschwürige Mundschleimhautentzündung, Mundfäule

Strabismus
Schielen
Stridor
pfeifendes Atemgeräusch
Strophulus
Juckpöckchen
Struma
Kropf, Vergrößerung der Schilddrüse
Struma, blande
Kropfbildung bei normaler Schilddrüsenhormonproduktion
Symptom
Krankheitszeichen
Syndrom
gleichzeitiges Auftreten mehrerer Krankheitszeichen, Erkrankung mit charakteristischem Symptomenkomplex
Systole
Zusammenziehung des Herzmuskels, wodurch das Blut aus den Herzkammern in den Kreislauf gepreßt wird
Szintigraphie
Untersuchungsmethode, bei der dem Körper radioaktive Substanzen zugeführt werden, die sich räumlich verteilen und dann registriert werden

T

Tachykardie
Beschleunigung des Herzschlags
Tachypnoe
Beschleunigung der Atmung
Taenien
Bandwürmer
Testis
Hoden, männliche Keimdrüsen
Tetanie
Übererregbarkeit von Nerven und Muskeln mit Muskelkrämpfen, Gähnkrämpfen bei Krankheiten, die zur Verminderung des Kalziumspiegels im Blut führen (zum Beispiel Niereninsuffizienz, Rachitis)
Tetanus
Wundstarrkrampf
Therapie
Behandlung
Thorax
Brustkorb
Thrombopenie
Blutplättchenmangel
Thrombose
Bildung eines Blutpfropfens innerhalb der Blutbahn
Thrombozyten
Blutplättchen, für die Blutgerinnung wichtige Blutzellen
Thyreoidektomie
teilweise oder vollkommene Entfernung der Schilddrüse
Thyroxin
jodhaltiges Schilddrüsenhormon
Tinea pedis
Fußpilz
Tomographie
Röntgenschichtbildverfahren
Tonsillektomie
Entfernung der Gaumenmandeln
Tonsillen
Gaumenmandeln
Tonsillitis
Mandelentzündung
Tonus
Spannungszustand der Muskulatur
Torsion
Drehung (eines Organstiels)
Toxikose
Vergiftungszustand
Toxine
Gifte
Toxoplasmose
durch Parasiten verursachte Infektionskrankheit, die über rohes Fleisch und Katzen auf den Menschen übertragen werden kann
Trachea
Luftröhre
Tracheotomie
Luftröhrenschnitt
Transfusion
Übertragung von Flüssigkeiten, insbesondere Blut
Translokation
Verlagerung oder Austausch von Chromosomenbruchstücken eines Chromosoms
Transplantation
Übertragung von Gewebe und Organen
Trauma
Wunde, Verletzung
Tremor
Zittern
Trigeminus
im Mittelhirn entspringender 5. Hirnnerv
Trisomie
Anomalie der Chromosomenzahl; statt 46 liegen 47 Chromosomen vor, da zu einem Chromosomenpaar noch ein drittes, überzähliges Chromosom hinzugekommen ist
Trisomie 21
siehe Mongolismus
Tuberkel
Tuberkuloseknoten
Tuberkulose
durch Tuberkelbakterien hervorgerufene Infektionskrankheit, zum Beispiel von Haut, Lunge, Knochen
Tumor
Geschwulst, örtlich begrenzte Gewebewucherung

Turner-Syndrom
durch eine Chromosomenstörung (es fehlt das zweite weibliche Geschlechtschromosom) verusachte, nur beim weiblichen Geschlecht auftretende Fehlbildung, begleitet von Minderwuchs, Faltenhals, schildförmigem Brustkorb und Beckenhörnern
Typhus abdominalis
Unterleibstyphus

U
Ulkus
Geschwür
Ultraschalluntersuchung
Diagnoseverfahren, das mit Schallwellen arbeitet, die vom Körpergewebe – je nach dessen Dichte unterschiedlich stark – reflektiert werden; wird zur Diagnose innerer Krankheiten eingesetzt
Urämie
Harnvergiftung
Urtikaria
Nesselsucht, Hautausschlag
Uterus
Gebärmutter

V
Vagina
Scheide
Varizellen
Windpocken
Vene
Blutader
Ventrikel
Kammer; Herzkammer, Hirnkammer
Ventrikelseptumdefekt
Loch in der Scheidewand zwischen den Herzkammern (Kammerscheidewanddefekt)
Verrucae
Warzen
Virushepatitis
infektiöse Leberentzündung, meist zusammen mit Gelbsucht
Volvulus
Verdrehung von Darmschlingen

W
Wilms-Tumor
bösartige Geschwulst der Niere
Windeldermatitis
Wundsein

Z
Zentralnervensystem
Gehirn und Rückenmark
Zirkumzision
Beschneidung des männlichen Gliedes
ZNS
Zentralnervensystem
Zöliakie
Erkrankung der Dünndarmschleimhaut durch Aufnahme glutenhaltiger Nahrungsmittel bei Glutenunverträglichkeit
Zyanose
bläuliche Verfärbung der Haut
Zyklus
siehe Menstruation
zystische Fibrose
erbliche Stoffwechselerkrankung der schleimbildenden Drüsen, Mukoviszidose
Zystitis
Blasenentzündung
Zytomegalie
Viruskrankheit, charakterisiert durch in bestimmten Zellen auftretende große Einschlußkörperchen; Symptome sind unter anderem Lungenentzündung, Krämpfe, spastische Lähmungen
Zytostatika
zellteilungshemmende Medikamente

Register

Halbfette Seitenzahlen verweisen auf eine ausführliche Erläuterung des Begriffs.